皇太后の山寺

—山科安祥寺の創建と古代山林寺院—

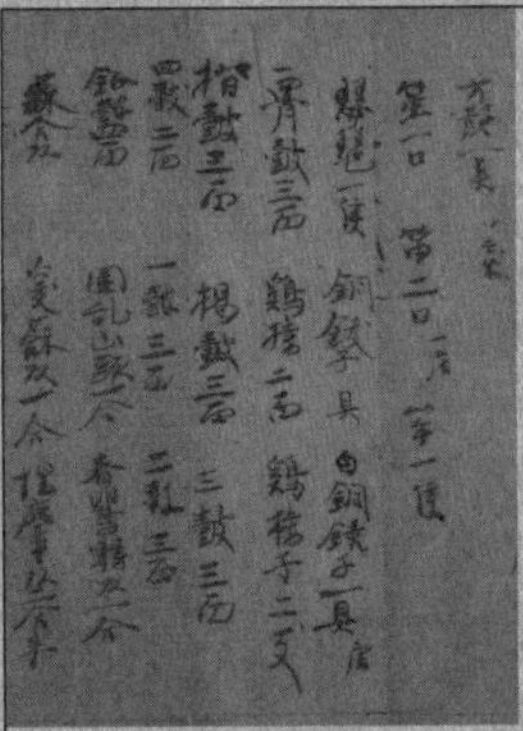

上原真人 編

柳原出版

皇太后の山寺

―山科安祥寺の創建と古代山林寺院―

皇太后の山寺——山科安祥寺の創建と古代山林寺院——　もくじ

目次

目次

序論●古代山林寺院研究と山科安祥寺

上原　真人
梶川　敏夫

一――安祥寺への招待状

安祥寺への道　東京・名古屋方面から京都を訪れる場合、いそぎの人なら東海道新幹線、地元の人や青春18切符利用者なら東海道本線（JR琵琶湖線）、自家用車や高速バスなら名神高速道を使って西へと向かう。鉄道を利用した場合、右手に琵琶湖が見え隠れする滋賀県に別れを告げて、やや長めのトンネルを二度くぐると、列車は京都駅に到着する。新幹線なら最初が音羽《おとわ》山《やま》トンネル、琵琶湖線なら逢坂山《おうさかやま》トンネル、二番目は東山トンネルで、この間、列車は山科盆地の北端近くを東から西へ横断したことになる。[注一] 新幹線なら、あっという間だが、琵琶湖線なら両トンネル間に駅が一つある。JR山科駅だ。車窓の南を見ると、東西を丘陵ではさまれた盆地内に住宅がびっしり建ち並び、北を見ると比叡山から南に連なってきた急峻な山並が間近にせまる。山科盆地の北を限るこの山中と山裾に、本書の主題となる平安時代初期に創建された安祥寺《あんしょうじ》がある（図0－1）。

安祥寺は、伏見区に現存する醍醐寺[注二]と同様、山上伽藍（＝上寺）と山下伽藍（＝下寺）

注一●古代日本において、山科盆地が果たした歴史的意義に関しては、本書第Ⅰ部第1章参照。

注二●真言宗醍醐派の総本山。

とからなる。安祥寺下寺は近世に移転し、創建時の寺地や堂塔は不分明になっているが、今なお千百数十年にわたる法灯を伝える。上寺はJR山科駅から指呼の場所に立地しているにもかかわらず、人跡稀な山中に、良好な状態で遺構を残す。典型的な古代山林寺院跡である。

教科書には、仏教寺院勢力の政治介入を嫌い、東寺・西寺を例外として、平安京には寺院を建てなかったと書いてある。事実、日本史上の独裁的政治家として必ず名があがる藤原道長（九六六—一〇二七）が、自邸（土御門《つちみかど》邸）の隣に建てた浄土教寺院（法成寺《ほうじょうじ》）は、東京極大路のさらに東、すなわち平安京外にあり、その東は、かつて鴨川の河原だった。現在の京都御所の東隣、鴨《おう》沂《き》高校の敷地が法成寺の中心部に当たるが、発掘しても、まだ遺構は確認できない。たび重なる鴨川の氾濫が原因のようだ。法成寺薬師堂の

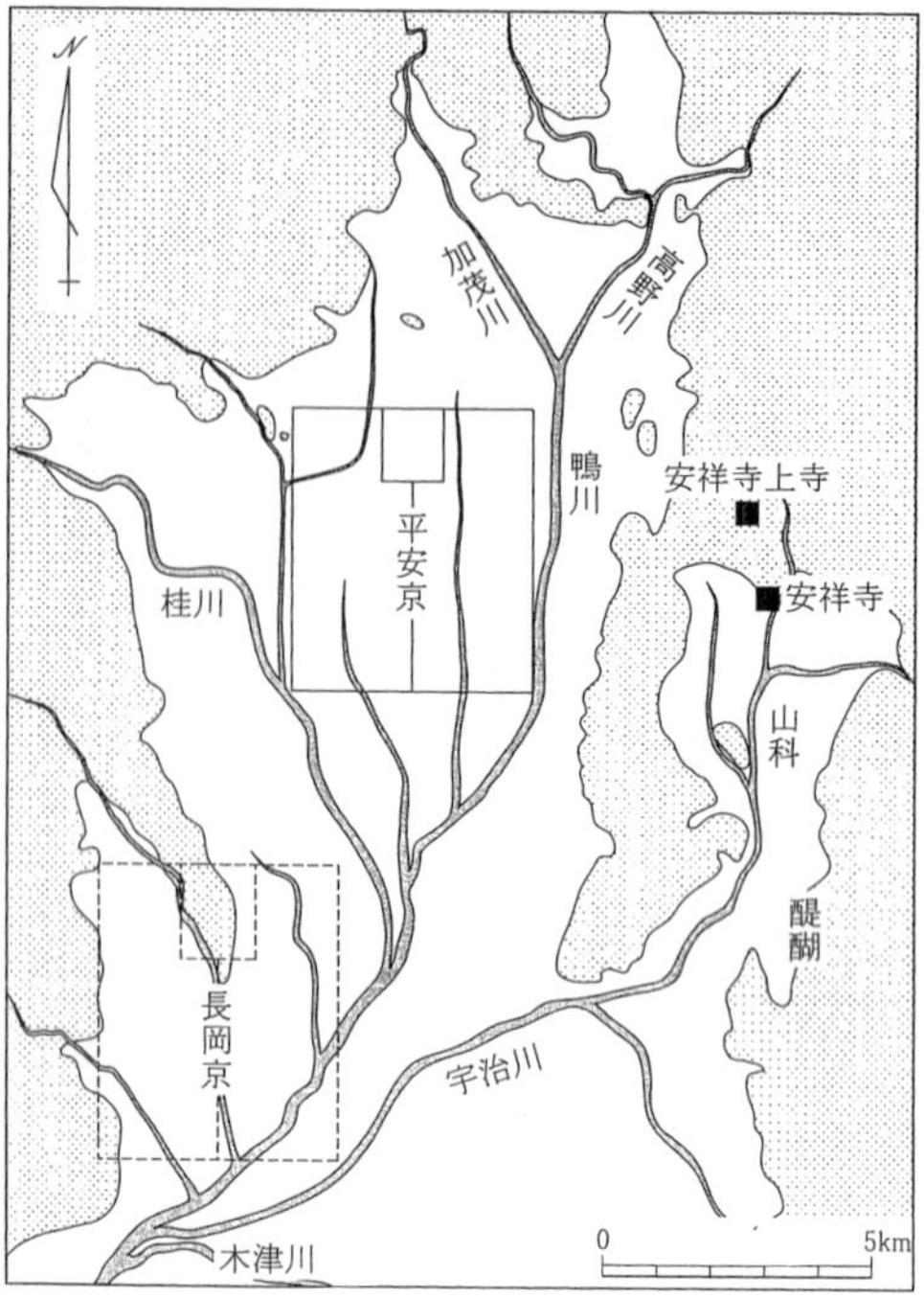

図０－１　平安京と安祥寺の位置

貞観一六年（八七四）、聖宝が笠取山上に准胝・如意輪の二観音を奉安し草庵を営んだことに始まる。延喜七年（九〇七）に醍醐天皇の御願寺となり、飛躍的に発展。准胝堂・如意輪堂・延命院・五大堂・薬師堂など、上醍醐の伽藍が整う。聖宝没後は、直弟子の観賢が継承し、御影堂を建立。延喜一三年一〇月二五日には太政官符によって定額寺となる。延喜一九年に山下で宿院の造営が始まり、以後は延長四（九二六）年供養の釈迦堂・天暦五（九五〇）年供養の五重塔など下醍醐の伽藍が整う（『醍醐雑事記』）。山上寺院（上寺）が先行し、おくれて山下伽藍（下寺）が整った山林寺院の典型である。本書第Ⅰ部第３章参照。

造営に際しては、平安宮穀倉院や神泉苑乾臨閣《しんせんえんかんりんかく》・同東門、羅城門などの礎石を掘り起こして、法成寺に運び込み、再利用している（『小右記《しょうゆうき》』治安三年〈一〇二三〉六月一一日条）。いかにも日本史上に名を馳せた権力者らしい、無法行為だ。その道長と言えども、平安京内に自分の寺を造る気にはならなかったのは、京内における寺院造営を忌避する気持ちが、平安貴族の間で強く作用した結果と理解してよいだろう。

道長が浄土教に傾倒する以前から、平安貴族の間では、天台・真言を中心とした仏教が篤く信仰されていた。平安京内に寺は造れなくても、一〇世紀の平安京周辺には、七世紀以来の広隆寺なども含め、百数十もの寺があった。[注三] とくに京の三方を囲む東山・北山・西山やその連峰には、多くの山林寺院が造営された。[注四] そのなかには、比叡山延暦寺や栂尾《とがのお》山高山寺、神護寺、清水寺、醍醐寺のように、現在なお、法灯を伝える寺院が少なくない。しかし、多くの寺院に関しては、史料が欠落したり、現在に至るまでの各種の営みによって遺構が不分明となり、本尊が残っていても、創建の由来や創建時の様相は不明確な場合が多い。

そうしたなかで、安祥寺は平安時代初期における創建時の姿を遺構にとどめ、創建の由来や創建時の堂塔の様子、さらには寺領をはじめとする所有した各種財産の全貌が史料に残り、創建当初に安置した仏像の一部も伝存する稀有な山林寺院である。つまり、安祥寺は、日本史学、美術史学、建築史学、考古学などの隣接分野が、平安京周辺に立地する平安時代初期の山林寺院について、学際的に共同研究を進める上で、格好の材料を提供しているのである。

安祥寺研究グループ　二〇〇二年度に発足した京都大学大学院文学研究科二一世紀CO

注三●田中重久「一〇世紀の平安京内外の諸寺」『日本歴史』第二六七号、吉川弘文館、一九七〇年。

注四●本書第I部第3章参照。

Eプログラム『グローバル化時代の多元的人文学の拠点形成』（代表・紀平英作）は、携帯電話やインターネットによって、一瞬のうちに地球の裏側と連絡ができるようになった現代社会において、哲学・文学・史学などの各分野からなる人文学が、いったい何をなし得るのかを再考し、新たな研究拠点を構築する意欲的な試みだ。複数の研究グループが国際的、学際的なテーマを掲げて、研究会活動を行なった。その中の一四研究会[注五]は、日本史学、東洋史学、美術史学、建築史学、考古学などの各分野の研究者からなり、王権とモニュメントとの関係を多面的に解明する研究グループだ。具体的には、メンバーそれぞれの研究分野やフィールド・ワークにもとづき、日本、内蒙古、アフガニスタン、レバノン、オセアニアなど、世界各地のモニュメントとその背景にある王権について考えをめぐらせた。しかし、一方で、共通のフィールドとして、安祥寺を選んだ。単に地理的な利点だけでなく、まさに学際的な共同研究の対象としてふさわしいと判断したからにほかならない。

JR山科駅の北方山中にある安祥寺上寺跡に関しては、すでに一九八一年、京都国立博物館が測量調査を行ない、その概要を報告していた[注六]。その成果を受けて、京都市埋蔵文化財調査センターの梶川敏夫さんを中心としたグループが、何度か現地を踏査し、上寺跡の実態を次第に明らかにしつつあった[注七]。一四研究会「王権とモニュメント」は、その考古学的検討成果を引き継ぎ、梶川さんを先達として、上寺跡の新たな測量調査を実施した。さらに、その結果を踏まえて、日本史・建築史・美術史・考古学の各分野から多面的に安祥寺を検討した。一四研究会の成果は、二冊の報告書によって公表され[注八]、各方面から高い評価を頂戴した。しかし、二一世紀COEプログラムの成果報告書という関係上、報告書は

注五●本書の出版計画を立案した平成一七年度段階における一四研究会構成員は以下の通りである。京都大学大学院文学研究科歴史文化学系（日本史）教授・鎌田元一、同・勝山清次、助教授・吉川真司、（考古学）教授・泉拓良、同・上原真人、助教授・吉井秀夫、思想文化学系（美学・美術史学）教授・根立研介、京都大学大学院工学研究科（建築史学）助教授・山岸常人、京都大学総合人間学部国際文化学科教授・西山良平、京都府立大学文学部助教授・菱田哲郎、滋賀県立大学人間文化学研究科教授・田中俊明、名古屋大学大学院文学研究科（考古学）講師・梶原義実、花園大学文学部教授・山田邦和、京都市埋蔵文化財調査センター副所長・梶川敏夫、独立法人文化財研究所

公共機関に優先的に送付して、一般に配付することはできなかった。

二〇〇五年一一月二〇日（日）、京都市醍醐交流会館において、シンポジウム「皇太后の山寺―山科安祥寺創建の背景をさぐる―」を開催し、おもに地元山科在住の方々を対象に、安祥寺に関わる一四研究会の研究成果の一端を披露した。思いがけない遠方からの参加者もあり、好評であった。シンポジウムの内容を本にする計画はないのか、と尋ねる人もいた。報告書をもとに、学生さんを連れて、安祥寺上寺跡を訪ねようとした先生もいたと聞く。そこで、このささやか冊子を、安祥寺への招待状として計画した。私達、一四研究会の構成員の専門、関心に沿って、第Ⅰ部において、古代山科盆地や安祥寺周囲の歴史景観、平安京周辺の山林寺院の分布、古代東アジアの国際交流、平安時代の宮廷仏教の世界など、安祥寺成立の歴史的背景を明らかにし、第Ⅱ部において、建築跡、仏像、資財帳をはじめとする安祥寺に関わる文物を個別に取り上げて、その歴史的意義を論じる。本章では、古代日本の山林寺院と安祥寺に関わる基礎知識を整理して、第Ⅰ部、第Ⅱ部への導入口とする。（注九）

二――古代山林寺院研究の意義と現状

山科安祥寺について語る前に、古代日本の山林寺院とは何か。その研究の現状について、簡単にふれておきたい。

その呼称と対象　本書で用いる「山林寺院」あるいは「山岳寺院」の語は、普通の国語辞典を引いても出てこない。しかし、関連する用語として「山林斗藪《とそう》」や「山岳仏教」

東京文化財研究所特別研究員・岩井俊平、大阪府教育委員会文化財保護課（指定文化財グループ）土屋みづほ、京都大学大学院理学研究科生物科学専攻（動物学）日本学術振興会特別研究員・石村智、文学研究科歴史文化学系（考古学）日本学術振興会特別研究員・下垣仁志、（日本史）博士後期課程・中町美香子、同・阿部健太郎、（考古学）博士後期課程・向井佑介、同・橋本美佳。

注六●八賀　晋「安祥寺上寺跡」『学叢』第三号、京都国立博物館、一九八一年。

注七●梶川敏夫「平安時代前期山林寺院の実態―京都山科「安祥寺上寺跡」―」『挽歌伊達宗泰先生追悼録』伊達宗泰先生追悼録「地域と古文化」刊行会、二〇〇四年。

注八●第一四研究会編『安祥寺の研究Ⅰ』『安祥寺の研究Ⅱ』二〇〇四年・二〇〇六年。

注九●本章は、（一）（二）節を上原が書き下ろし、（三）は

「山林仏教」という言葉が、やや大きめの国語辞典には載っている。「山林斗藪」は、人里離れた山林に入って、山野に寝て食し、不自由を堪え忍んで修行すること。「山岳仏教」「山林仏教」は、人里離れた山林に入って寺院などを構えて修行する仏教で、天台宗や真言宗および修験道などを指し、平安仏教の別称でもある。などと解説される場合が多い。

「山林寺院」「山岳寺院」はなくても、「山寺」の語は比較的小さな国語辞典にも載っている。しかし、その説明は「山の中の寺」という程度のそっけないものが多い。実は、「山寺」や「山房（坊）」は普遍的な歴史的な用語で、古代日本の正史（六国史）や『日本霊異記』あるいは古い文書にもでてくる。その用例を一つ一つ検討すると、地域や時代あるいはその寺に関与した階層によって、「山寺」の内容は実に多彩で、その最大公約数的な定義として、「山の中の寺」しか残らない結果になるようだ。そして、「山寺の和尚さん」や「山のお寺の鐘が鳴る」のように、近年の童謡中の牧歌的「山寺」に至るまで、その用語の系譜をたどることができる。しかし、長期間にわたって使い続けられた言葉を、学術用語にしようとすると、いろいろと支障がでてくる。言葉も歴史的な産物なので、時代ごとに意味する内容が、少しづつ異なる。古代の「山寺」を研究し、その成果を伝えようとするときに、「山寺の和尚さん」のイメージが先行すると、なかなか正確に表現し伝えることが難しくなる。あえて国語辞典にはない「山林寺院」「山岳寺院」の語を用いる理由である。

　編集者の取捨選択を経ないインターネットならば、「山林寺院」も「山岳寺院」も検索できる。両方を検索すると、「山岳寺院」の用例が圧倒的に多い。それは「山林寺院」のほうが学術用語としては新しいためだ。（注一〇）「山岳」と言うと、どうしても高く険しい山の姿

『安祥寺の研究I』において、梶川・上原が執筆した「第一章　安祥寺の歴史と環境」の「二　安祥寺の歴史」節の部分、（四）は梶川・上原と岩井俊平が執筆した『同書』「第二章　安祥寺上寺跡の測量調査成果」の中から岩井の担当した「四　表面採集遺物」節を除外した部分をもとに、上原が再構成した。

注一〇●歴史用語としての「山

が思い浮かぶ。人によっては、岩だらけで低木しかない高地、そして「登山」の対象としての山を「山岳」と呼ぶだろう。これに対して、「山林」と言うと、もっと身近にある山が思い浮かぶ。山岳が登山なら、山林はハイキングの対象だ。実際の山林（山岳）寺院を訪れるときは、登山スタイルよりもハイキングスタイルが似合うことがはるかに多い。以下、本稿で「山林寺院」の語を主用する理由である。にもかかわらず、「山岳寺院」のほうが学術用語として定着しているのには理由がある。それは、山林寺院が、山岳信仰と深く結びつくと考えられているためである。

山岳信仰と山林寺院　山林寺院を性格づけるとき、避けて通れないのが「山岳信仰」の問題である。仏教が日本に伝わる以前から、列島では山を神とあがめた。山林（山岳）仏教は、もちろんインド起源の仏教の一形態なのだが、一方で、列島に「固有」の「山岳信仰」が変形した一つの姿だと理解されている。高野山金剛峰寺と狩場《かりば》明神《みょうじん》・丹生《にゅう》津《つ》姫《ひめ》神社の関係、比叡山延暦寺と日吉大社の関係をはじめとして、山林寺院に隣接して土地の神（地主神）や山自体を御神体とする神社が祀られ、寺と神社が深い関係にある事例はいくらでもある。

日本列島には、「霊峰」「霊山」と呼ばれ信仰された「山岳」が少なくない。福井県越前町が実施した白山信仰を主題としたシンポジウム「山と地域文化を考える―霊山の謎を探るために―」の資料集では、「全国の主要な霊山」として、白山（福井・石川・岐阜県境、標高二七〇二メートル）以外に、岩木山（青森県、標高一六二五メートル）、鳥海山《ちょうかいさん》（秋田・山形県境、標高二二三七メートル）、出羽三山（山形県、最高峰標高一九八〇メートル）、磐梯山（福島県、標高一八一九メートル）、男体山《なんたいさん》（栃木県、標高二四八六メート

林寺院」は、『続日本紀』宝亀元年（七七〇）一〇月丙辰、僧綱が山林寺院における修行（六年前に禁じられていた）の許可を願い出た条文中に見られる。また、学術用語としての「山林寺院」の語は、一九九五年一一月二五日に湖西市で開催された「大知波峠廃寺跡シンポジウム」の基調講演（斎藤忠「いわゆる山寺の諸問題」）において提起された。湖西市・湖西市教育委員会『大知波峠廃寺跡シンポジウム事業報告書』一九九六年。

ル）、筑波山（茨城県、標高八七六メートル）、富士山（静岡・山梨県境、標高三七七六メートル）、伊吹山（岐阜・滋賀県境、標高一三七七メートル）、立山《たてやま》（富山県、標高三〇一五メートル）、大峰山（奈良県、標高一九一五メートル）、信貴山《しぎさん》（奈良県、標高四三七メートル）、甲山《かぶとやま》（兵庫県、標高三〇九メートル）、大山《だいせん》（鳥取県、標高一七二九メートル）、剣山《つるぎさん》（徳島県、一九五五メートル）、石鎚山《いしづちやま》（愛媛県、一九八二メートル）、英彦山《ひこさん》（福岡・大分県境、標高一二〇〇メートル）、阿蘇山（熊本県、標高一五九二メートル）、霧島山（宮崎・鹿児島県境、標高一七〇〇メートル）の一八峰を挙げて解説している。（注一一）

　ただし、こうした「山岳」の頂には「奥の院」の祠（神社）があったり、祭祀遺跡や経塚が（注一二）あったりしても、そこが山林寺院の造営地となるわけではない。霊峰・霊山への信仰にもとづいて造営した寺院でも、通常はその中腹や麓近く、あるいははるかに霊峰を望む景勝地に営むのが普通である。高山の峰々が修行・斗藪の舞台となったとしても、山林寺院はそのための拠点施設であり、生活不能な山頂に建てるはずもない。その立地は「山岳」と言うよりは「山林」がふさわしいのである。

　なお、「固有」信仰の対象としての山を論じるとき、霊峰と呼べるような「山岳」への信仰よりも、生活する平野に隣接する見目のよい山（神南備山《かんなびやま》）やそこにある岩（磐座《いわくら》）を信仰するほうが、より原初的な信仰形態であるとする議論もある。たしかに、古墳時代以前の祭祀遺物が「山岳」の山頂近くで出土することはほとんどない。しかし、祭祀遺物の有無は、それが出土する場所での祭祀行為の有無を示すにすぎない。山麓や中腹、あるいは遠く霊峰を仰ぐ平地での祭祀行為も含めれば、山の高低によって信仰の時期差を論じることができるのか疑問である。少なくとも、身近な里山や磐座と、遠く仰ぎ見る霊峰と

注一一●堀大介・高木久史・村上雅紀「全国の主要な霊山」『第二〇回国民文化祭・ふくい二〇〇五　シンポジウム（山と地域文化を考える）資料集』第二〇回国民文化祭越前町実行委員会、二〇〇五年。

注一二●経典を土中に埋納した施設で、山頂や寺社境内などに造られることが多い。末法の世に、未来仏である弥勒が出現するまで、釈迦仏の教えを残すことをおもな目的としたが、作善行為の一つとして、極楽往生や先祖供養など、多様な意義をもって造営された。日本独自の信仰形態で、一一世紀初頭に藤原道長が金峰山に埋経した例を最古として、一二世紀以降、全

が、二者択一的な信仰対象であったとはとうてい思えない。ただし、身近な山林には、仰ぎ見る霊峰よりも、より生活に密着した機能があったことも確かである。

里・都市と山林寺院　現在なお法灯を伝える山林寺院でも、すでに廃墟となった山林寺院跡でも、訪問すると堂塔の近く、あるいはやや降った谷間で、清冽な泉や流れを目にすることが少なくない。京都観光の定番である清水寺で、行列して音羽の滝の水を飲んだ人も少なくないはずだ。もちろん水は山林寺院で修行する僧侶の日常生活に欠かせないから、そうした場所を選んで寺を建てたとも言える。しかし、それは単なる生活用水ではなく、仏にささげる聖水＝閼伽《あか》水にもなる。聖水の湧き出る場所は、寺院建立以前から信仰されていた。そして、山は里の水源地であるからこそ、聖なる場所として信仰の対象になるのだ。

聖なる山、山を神とあがめる風習は、決して日本「固有」の信仰ではなく、それぞれの地理的環境や生活様式にしたがって、世界各地で展開した信仰形態である。しかし、土地土地にそくした山を、生活様式にしたがって信仰する形態は、土地に「固有」の信仰と言えるかもしれない。少なくとも日本においては、その「固有」信仰の上に、普遍宗教である仏教が覆い被さったところで、山林寺院が発生することが多い。しかし、山林寺院造営の論理的基盤は、決して「固有」信仰にあるわけではない。仏教自体の宗教活動の中に、山林寺院を選択する論理があり、それが「山岳」ではなく「山林」を選択した理由にもなっている。

もともと仏教寺院は、僧侶が集団で生活し、勉学・修行する場として発生した。仏教の故地ガンダーラの仏教寺院は、僧侶の生活・勉学・修行のための施設である僧院と、仏陀

国的に流行する。一般的には、銅製の経筒に経典を納め、陶器などの外容器に入れて、石室内に安置する。鏡・合子・仏具などを副納する場合も多い。

の遺骨をまつるストゥーパを中心とした塔院とからなる。パキスタンのラワルピンディの北西にあるタキシラ遺跡は、イギリスの考古学者マーシャルが二〇年以上かけて発掘した、前六世紀〜後七世紀の古代都市遺跡およびそれに関わる仏教寺院遺跡群だ。(注一三)平地部に広がるビール・マウンドやシルカプなどの都市内には、在家信者が建てた塔院のみからなる寺院はあっても、僧院を中心とした仏教寺院は存在しない。僧院を中心とした仏教寺院は、都市近郊の山中や山麓に隠れるように立地する。仏教寺院は、僧侶が集団で生活し、勉学・修行にはげみ、かつ布教の拠点でもある。都市に近すぎれば修行のさまたげとなり、遠すぎれば布教に適さない。(注一四)そうした条件に合致した立地は、まさに日本の山林寺院と重なる。

大和国葛木上郡の高宮《たかみや》山寺にいた願覚は、朝に里に行き、夕に房に帰るのを業としていた（『日本霊異記　上巻』第四話）。また、平群《へぐり》山寺に住む練行の沙弥尼《にゃみに》は、河内国若江郡遊宜村で知識を率いて六道図を描いた（『同』第三五話）。『日本霊異記』が描く練業者は、一定の距離を置きつつ、村里との交流を忘れていない。こうした乞食や民間伝道は、日本古代の律令国家においては、反国家的行為としてしばしば禁止されたが、山林寺院を拠点とした仏教は、必ずしも国家仏教と対立するものではなかった。

都市寺院と山林寺院　東アジアに伝播した仏教は王権＝都市をめざし、各地の政治権力と結びついて、布教の網を広げた。(注一五)藤原京の四大寺（飛鳥寺、川原寺、大官大寺、薬師寺）や平城京の六大寺（元興寺、興福寺、大安寺、薬師寺、東大寺、西大寺）は、そうした都市内平地寺院の典型である。しかし、日本仏教の直接の故地である百済扶余では、軍守里廃寺・東南里廃寺・定林寺などの平地寺院や、扶蘇山城に付属する扶蘇山廃寺（西腹

注一三●Marshall, J. H.'A Guide to Taxila'Cambridge 1960.

注一四●西川幸治『仏教文化の原郷をさぐる—インドからガンダーラまで—』日本放送出版協会一九八五年。

注一五●田村圓澄『仏教伝来と古代日本』講談社学術文庫、一九八六年など。

寺）が羅城内に立地する一方で、王興寺・外里寺・金剛寺などの同時代の寺院が、羅城外の山麓にも分布する。同様の寺院分布は、扶余に先行する熊津（公州）における大通寺（都市寺院）と西穴寺・南穴寺（石窟をともなう山林寺院）、新羅慶州における皇龍寺・興輪寺・芬皇寺などの王京内寺院と南山仏跡をはじめとする都市周辺の山林寺院との棲み分けにも認めることができる。（注一六）つまり、東伝した仏教寺院は、単なる都市志向だけでなく、都市と一定の距離を置く、仏教寺院の本義に合致した立地をも志向しているのである。

同じ志向は、大和飛鳥地方の寺々にも認められる。日本最初の本格伽藍である飛鳥寺をはじめとする六世紀末～七世紀に造営された飛鳥の大寺院は、おもに平地部に立地する。しかし、一方、定林寺・檜隈寺・岡寺など、南や東の丘陵部で展開する七世紀の寺院も少なくない。その背景には、飛鳥では平地部の開発が早くから進んでいたため、後発氏族や劣勢氏族の氏寺は、丘陵上以外に、占有すべき土地が得られなかったという事情があったと想定できる。（注一七）事実、飛鳥寺は飛鳥衣縫造祖樹葉《あすかのきぬぬいのみやつこがおやこのは》の宅地を壊して造営され（『日本書紀』）、豊浦寺や川原寺の発掘調査では、寺院に先行する宮殿・邸宅跡が発見されている。しかし、韓国における古代寺院の立地を参照すれば、王京内の平地寺院と都市周辺丘陵地の山林寺院という区別を、源流にみとめてよいだろう。

天智天皇が造営したと伝える崇福寺は、志我山寺の異名をもち（『続日本紀』大宝元年八月甲辰条）、明らかに山林寺院として造営された。比叡山系から東に延びる三つの尾根にまたがって立地する崇福寺は、現在なお、山寺の名にふさわしい環境を保っているが、同時代に存在した大津宮とは指呼の距離にある。大津宮の周囲には、穴太廃寺・南滋賀廃寺・三井寺先行寺院などの平地寺院が分布するが、崇福寺は、これらの都市寺院に対する

注一六●東潮・田中俊明『韓国の古代遺跡』①新羅篇（慶州）②百済・伽耶篇、中央公論社、一九八八・八九年。

注一七●上原真人「仏教」『岩波講座　日本考古学』第四巻、集落と祭祀、岩波書店、一九八六年。

山林寺院として機能したと考えられるのである。

おもに七世紀の日本古代寺院の多くは氏寺で、特定氏族の繁栄や先祖供養を目的に造営されたと考えられがちである。しかし、寺院には、氏族のような造営者・発願者・出資者の枠を越えた公的な性格がある。そして、寺院と寺院の間には、経典の貸し借りや、僧尼の往来を通じて、氏族的紐帯を超越したネットワークが形成される。僧寺と尼寺のネットワーク、平地寺院・都市寺院と山林寺院のネットワークなどがそれである。少なくとも畿内およびその周辺地域では、すでに七世紀代には、こうしたネットワークが形成されていた可能性が高い。

深遠で、私達のような凡人にはうかがい知ることができない秘密の教えが密教である。通常は真言宗や天台宗のもとで、日本密教は隆盛したと考えられているが、すでに八世紀の奈良仏教においても、十一面観音や不空羂索《ふくうけんじゃく》観音、執金剛神《しっこんごうしん》のような密教的な仏像が祀られていた。平安密教以前の、こうした密教的な仏教を雑密と呼ぶ。奈良時代の山林寺院における修行は、雑密とも深く関わっていた。奈良仏教の代表的な学僧が請来した「求聞持法」という密教的山林修行の作法にもとづき、平城京内にある本寺に所属しながら、一方で山房をもち、月が明るく照らす半月（白月）には山に籠もり、暗い夜の半月（黒月）には寺に帰るという如法修行の生活を送る学僧が八―九世紀にはいた。(注一八) 古代仏教は、都市寺院や宮廷世界で完結するものではなく、山林修行の拠点となる山林寺院もまた重要な構成要素となっていたのである。

律令社会と山林寺院　奈良仏教における僧尼の主要任務は、法会を通じて鎮護国家を祈願することにある。願いをかなえるほどの強力なパワーを得るには、山林修行は不可欠で

注一八●薗田香融「古代仏教における山林修行とその意義―とくに自然智宗をめぐって―」『南都仏教』四号、南都仏教研究会、一九五七年。

あり、その拠点あるいは修行の場としての山林寺院も、当然必要とされた。国家仏教のもとでは、僧尼はすべて国家公務員であり、もともとは教団の権利であった正式の僧尼となるための手続き、すなわち得度権・授戒権を、直接、国家が把握した。（注一九）当然のことながら、山林修行にも、国家の認可が必要だった。

養老「僧尼令」禅行条は、禅行修道のために山居を求める場合の手続きについて、以下のように規定している。すなわち、在京の僧尼の場合は、三綱の連署をもらい、（注二〇）僧綱・玄蕃寮を経て、太政官に申し、可否をきいて公文を下す。（注二一）一方、地方の僧尼の場合は、三綱と国郡司を経て、太政官に申し、可否をきいて公文を下す。その山居の場となる国郡は、僧尼の居る山を把握しておかねばならず、勝手に他所に移動してはならないとする。すなわち、「僧尼令」においては、山林修行は、全国規模で法的に認められていたのである。また、山林修行の場を、国郡が把握せねばならないという規定は、山林修行の拠点となる山林寺院もまた、国郡レベルで把握する必要があったことを示す。近江国分寺僧として叡山に籠もった最澄も、当然、こうした法的規制下にあったはずだ。

一方、山林寺院にかかわる養老「僧尼令」として、よく非寺院条が引用される。すなわち、僧尼が所属する寺院以外に道場を建てて、衆を集めて教化し、みだりに罪福を説くことを禁じた条である。この道場を山林寺院とみなし、天平宝字八年（七六四）の詔勅で、逆党の徒が山林寺院において一僧以上を集めて読経悔過するのを禁じた事実（『続日本紀』宝亀元年一〇月丙辰条）を援用して、山林寺院が律令国家の仏教政策に背反する存在であったと考える意見もある。しかし、これらは勝手な布教活動や反国家的な政治集会を禁止したもので、山林寺院自体の存在が否定されているわけではない。『続日本紀』宝亀

注一九●松尾剛次『鎌倉新仏教の成立─入門儀礼と祖師神話─』吉川弘文館一九八八年。

注二〇●諸寺に設置された寺院の運営機構。上座・寺主・都維那の三役からなる。

注二一●仏教を統括する僧官で、推古天皇三二年（六二四）に僧尼を検校するために観勒を僧正、鞍部徳積を僧都に任じた（『日本書紀』）のがはじまりと言われる。令制の僧綱は、僧正、大小の僧都、律師と佐官からなり、治部省玄蕃寮の下で、おもに京内の寺院や僧尼に関わる行政と、教学の振興にたずさわった。

元年（七七〇）一〇月丙辰条は、むしろ、天平宝字八年の禁制の結果、「山林樹下、長く禅迹を絶ち、伽藍院中、永く梵響を息む」という弊害が生じたことを嘆き、山林修行の復活を願い出ているのである。山林寺院を拠点とした山林修行は、国家仏教にとって必須な存在であった。

もちろん、平地寺院や都市寺院と比較して、律令国家にとって、山林寺院が把握、管理しにくい存在であったことは、その立地条件から容易に推定できる。あるいは、国郡による直接的把握が困難であったからこそ、平安時代になると、新興の真言宗や天台宗による山林寺院の造営、あるいは以前から存在した山林寺院の真言化・天台化が急速に進んだ可能性も考えられる。いずれにしても、以上に述べた前史のもとで、山林寺院をおもな拠点として、平安仏教は出発する。

本書の主題である安祥寺においては、毎年、国家試験にパスした三名の僧（年分度者）は、七年間にわたって寺家に籠もって、山を出ることを許されなかった（『日本三代実録』貞観元年〈八五九〉四月一八日条）。しかし、七年の修行を終えた安祥寺僧は、諸国講読師として各地に派遣され、地元の国分寺僧を指導した（『延喜玄蕃寮式』）。安祥寺は、そうした山林修行の場として機能し、その結果得た法力を鎮護国家に役立てる役割を担った平安時代初期山林寺院の一つなのである。

現代社会と山林寺院　現在、日本各地で、古代・中世における山林寺院の考古学的な調査研究やその整備顕彰事業が進展している。岩手県北上市の国見《くにみ》山《やま》廃寺、福島県磐梯町の慧《え》日寺《にちじ》跡、福井県越前町の大谷寺跡、同勝山市の平泉寺遺跡、静岡県湖西市の大知《おおち》波《ば》峠《とうげ》廃寺跡、愛知県豊橋市の普門寺跡、岐阜県下呂市大威徳寺跡、香川県まんのう町の中寺廃寺跡、愛媛県鬼北町の旧等妙寺跡、鳥取県大山町の大山僧坊跡、大分県国東半島の六郷満山、熊本県熊本市の池辺寺《ちへんじ》跡などは、その顕著な例である。なかには、シンポジウムや山寺サミット、市民講座などを開催して、地域住民の関心を高め、地域活性化をはかり、地域交流を進める試みもある。

何故、今、山林寺院なのか？　場合によって、山林寺院が注目された理由は様々だが、地域に即して言えば、「里・都市と山林寺院」の項で述べた山林寺院跡の立地が、注目すべき第一の点となる。近年、山に住んでいるはずの熊やイノシシ・サルなどが、突如、町中に出現し、人に害を及ぼしたり、大騒ぎになることが増えてきた。かつて、これらの動物と人間との共存空間だった「里山」が荒廃した結果だという。多くの山林寺院跡は、その「里山」にある。京都府下の山林寺院跡を訪れると、イノシシのヌタ場や牙を研いだ痕を見かけることが少なくない。熊本市池辺寺跡の発掘担当者は、イノシシが方形石積塔を破壊するのを嘆いていた。湖西市大知波峠廃寺では、発掘調査の様子を、サルたちが不思議そうに眺めていたという。また、遺構を探して山林寺院跡を踏査すると、近世・近代の炭焼窯跡によく遭遇する。現在では、うっそうとしたスギの人工林であったり、背の高い松の下に灌木・竹などが密生していても、かつては照葉樹林の雑木林だったのだ。

私達が測量調査を実施した安祥寺上寺跡においても、密生した竹と松の倒木が行く手を拒み、その伐採と除去に一週間近くを費やした。倒れていない松も、多くは立ち枯れており、まさに荒れ果てた「里山」状態だった。後述のように、開祖恵運が取得した安祥寺上寺の土地も「松山一箇峰」だったという。天智天皇陵が築造される以前、七世紀前半を中心に操業した山科窯跡群の燃料獲得活動の結果、安祥寺上寺付近の植生が大きく変わった可能性もある。安祥寺創建後も、「松山」状態が継続したかどうかは明らかでない。しかし、近世初頭に、安祥寺上寺の地を、地元の百姓が費用を負担して管理している様は、まさに「里山」である（『本光国師日記』）。人間と自然の共存状態を「里山」として無限定に理想化することが多いが、「里山」は自然ではなく歴史的産物である。そこにある人間の営みの痕跡から、歴史景観としての「里山」を再考する作業が、今後、必要となる。山林寺院は、その作業の格好の材料となるはずである。

山林寺院の調査研究が近年注目されている原因は、考古学という学問自体の問題にも関わる。昭和四〇年代以降、道路・住宅建設や圃場整備など、日本列島の開発・改造は、平地部を中心に進展した。その開発・改造にともなう遺跡破壊に対し、行政は発掘調査担当職員を置き、事前調査という形で対応した。新たな考古学的発見が、新聞紙上をにぎわし、その成果は、展示会・報告会や書物を通じて広く公開された。しかし、一部を例外として、事前調査で発掘された遺跡の大半は破壊され、あるいは現代施設の地下に封じ込まれて、現地を訪れても、先人の営みを偲ぶことはできない。また、たまに残った遺跡でも、周囲を住宅でびっしり囲まれて、歴史景観の中にそれを置いて考えるのは難しくなっている。

バブルが崩壊し、事前調査から少し解放された発掘調査担当者の眼についたのが、比較的身近なところで、周囲の景観を含めて良好な状態で残されていた山林寺院だった。もちろん、開発にともない事前調査された山林寺院も少なくないが、僧尼の修行を主目的に営んだ遺跡から、皆が刮目する遺物が出土するはずもない。新聞紙上をにぎわすことも少なかったのだ。しかし、周囲の景観も含めて遺跡を保存し活用するには、山林寺院は最適な素材である。眼下に浜名湖を一望できる大知波峠廃寺跡は、休日ともなると訪れるハイカーが絶えない。仏堂があった平場でお弁当を広げ、千年前の修行僧と同じ絶景を楽しむ。湖西市教育委員会が、国指定史跡として維持管理に努めた成果が見事に生かされている。安祥寺上寺跡も、そうした素材の一つとして活用され、その活用に際して私達の研究成果が参考になれば、これ以上の幸せはない。

三――安祥寺の歴史

安祥寺の創始者たち　安祥寺は西暦八〇〇年代（九世紀）の中頃、藤原順子《のぶこ》（八〇九―八七一）を願主、恵運《えうん》（七九八―八七一）を開基として創建された。順子は藤原冬嗣の娘(注二二)で、五四代仁明天皇の后（皇太夫人）、五五代文徳天皇の母。仁寿四（八五四）年に皇太后、貞観六（八六四）年には太皇太后となる。本書の題名「皇太后の山寺」の由来である。ただし、新帝の后が決まると、旧皇后は皇太后、旧皇太后は太皇太后と、順送りに格上げするのが当時の慣例なので、順子が平安時代前期において特筆すべき存在だったというわけではない。特筆すべき点は、寺院造営に関わるような平安時代前期における仏教の重要な一部分を、後宮に身を置いた女性が担っていたという事実である(注二三)。

一方、恵運は入唐八家《にっとうはっけ》の一人で、東大寺や薬師寺で法相教学、東寺で真言密教を学び、承和八―一四年（八四一―七）に唐に留学。帰国の翌年に安祥寺を開き、貞観三年（八六一）には東大寺大仏修理落慶供養の導師を務めた(注二四)。入唐八家とは、平安時代初期に唐に渡り、日本に密教を伝えた僧侶八名、すなわち真言宗の空海、常暁、円行、恵運、宗叡、天

注二二●藤原冬嗣（七七五―八二六）は、藤原北家繁栄の礎を築いた人物だ。嵯峨天皇に東宮時代から仕え、弘仁元（八一〇）年、平城上皇の皇位復活をはかった政変（薬子の変）に際し、蔵人頭となってこれを阻止した。以後、参議、権中納言、大納言などを歴任し、弘仁二（八二一）年、右大臣として政界の頂点に立った。娘（順子）を正良親王（仁明天皇）の妃としたのは、光明皇后以来の伝統であるとともに、後の摂関政治における国政関与形態の先駆と

台宗の最澄、円仁、円珍の総称である。周知のように、八―九世紀における唐との交流は、おもに遣唐使と呼ばれた公式の派遣使節によって推進された。ところが、上記八名のうち、恵運、円珍、宗叡の三名は、遣唐使船ではなく、唐人の商船などを利用して唐に渡り、帰国している。その背景には、九世紀半ばに急転した東アジア情勢、国際環境の変化があった。安祥寺成立の歴史的背景を考える上で、見逃せない重要な事実である。[注二五]

「安祥寺資財帳」　恵運は、自分の略歴にはじまり、安祥寺造営の経緯や、安祥寺が保有する施設などの財産目録を記した書物を、自ら監修して作成した。貞観九（八六七）年六月一一日に筆録・検討を終えた「安祥寺資財帳」[注二六]である。寺院資財帳は、もともと京内外の官営寺院やそれに準ずる定額寺、あるいは各地国分寺など、国家が造営や経営に関与した寺院の実態を把握するために、寺から国に提出させた公文書で、天平一九年（七四七）の法隆寺や大安寺の資財帳が著名である。しかし、寺の開祖が自ら作成した資財帳はきわめて珍しく、さらに、恵運の個人的な事績まで筆が及んだ「安祥寺資財帳」は、公文書とやや趣を異にするように見えるので、寺家を運営する次世代のために、安祥寺や保有する財産の由来を書き残した「置文《おきぶみ》」的性格を推定する説もある。しかし、太皇太后の御願によって造営された安祥寺の資財帳にも、太皇太后宮職印が押捺され、寺家に下された。貞観一三年八月一七日のことである。公印を押した資財帳は公文書（公験《くげん》）であり、訴訟や裁判に際しては、証拠書類として絶大な力を発揮する。

残念ながら、恵運が作成した「安祥寺資財帳」の原本は残っていない。原本作成後、二百余年を経た保延二（一一三六）年一〇月、同じ山科盆地にある勧修寺宝蔵で発見された「安祥寺資財帳」を、真言宗勧修寺流の開祖寛信が散位広兼に書写させた。勧修寺法務御

も言える。順子の生んだ道康親王が文徳天皇に即位した後、太政大臣を追贈された。永井路子『王朝序曲』は、冬嗣を主人公にした歴史小説である。

注二三●本書第I部第5章参照。

注二四●天平勝宝四（七五二）年に開眼供養された東大寺大仏は、斉衡二（八五五）年五月に突如、頭部が落ちる。同月二三日、東大寺から報告を受けた中央政府は事態を重くみて、六月七日には参議藤原氏宗が検分し、七月二日に聖武陵（佐保山陵）に修理を誓願、翌年五月二五日には修理着手の遅滞を詫びている。しかし、藤原家宗が造東大寺大仏長官に任命されたのは、天安二（八五八）年四月一九日とかなり遅れる（以上『日本文徳天皇実録』）。一二世紀初頭に成立した『東大寺要録』は、第三巻（供養章之余）に、貞観三（八六一）年三月一四日に挙行した大仏修理落慶供養関連史料を網羅しており、その中

持本である。しかし、宝蔵の梁上に数十年間放置された原本（あるいはその転写本）は、すでに湿損雨露のために、多くの文字が読めなくなっていたという。この勧修寺法務御持本を、至徳二（一三八五）年七月に、東寺観智院の賢宝が弟子の宗海に書写させた。それが現在『群書類従』や『平安遺文』などで活字化されて流布している「安祥寺資財帳」のもとになった観智院本である。所在不明となっていた観智院本「安祥寺資財帳」は、奇しくも一四研究会活動中にその所在が判明し、京都大学文学部図書館が収蔵することになった。今後、その研究が本格化するが、検討成果の一端は二〇〇五年一一月二〇日のシンポジウムや、本書で披露されている。(注二七)

いずれにしても、この「安祥寺資財帳」（以下、「資財帳」と略記する）によって、『日本文徳天皇実録』『日本三代実録』などの正史の記事では、断片的にしかわからない安祥寺創建の経緯や、創建時の安祥寺が保有した土地、建物、仏像、経典などの実態がはっきりするだけでなく、その内容を詳細に分析すると、安祥寺建立の経過や、安祥寺が保有した山や庄の性格にも見通しが与えられるのである。(注二八)

安祥寺創建　「資財帳」によれば、承和一四年（八四七）六月二一日、明州望海鎮頭から唐人張友信・元静等の船に便乗し、三日後には肥前国松浦郡遠値嘉島那留浦に到着して、恵運は唐からの帰国をはたす。同月三〇日には、唐から請来した真言経儀軌など一八〇巻の目録を上表する（『平安遺文』四四五四号文書）。中国に留学することは、単なる自己研鑽ではなく、経典などの書物や珍しい文物を持ち帰り、最新の知識を目に見える形で日本にもたらすことでもあった。こうした帰国報告を通じて、宮廷と接触した恵運は、早くも翌嘉祥元年（八四八）八月、前摂津国少掾上毛野朝臣松雄の松山一箇峰を得て、太皇

に導師を務めた恵運による「恵運僧都記録文」も収録する。なお、『東大寺要録』によれば、修理工事遂行に当たって大きな力となったのは、平城天皇の第三皇子で、薬子の変に連座して皇太子の地位を追われた高岳親王（出家して真如親王）だったらしい。

注二五●本書第Ⅰ部第4章参照

注二六●本章においては、おもに鎌田元一・中町美香子「安祥寺資財帳　校訂・釈読」『安祥寺の研究Ⅰ』（前掲）、および『安祥寺の研究Ⅱ』（前掲）で示したその正誤表にもとづく「安祥寺資財帳」を利用するが、異体字や旧字体は正体字・新字体に改めている。

注二七●鎌田元一「安祥寺資財帳の新校訂」『皇太后の山寺―山科安祥寺創建の背景をさぐる―』第一四研究会「王権とモニュメント」、二〇〇五年。本書第Ⅱ部第7章参照。

注二八●本書第Ⅱ部第8章参照。

太后並びに四恩、すなわち父母・国王・衆生・三宝の恩のために安祥寺建立に着手した。工事は比較的順調に進んだらしく、仁寿元（八五一）年三月には、七人の僧を置いて、初めて法会を実施している。僧が居住できるほどの施設が整ったのである。

施設が整った後は、その維持管理のための資金を確保する必要がある。翌年閏八月、常燈分、すなわち仏前で灯火を絶やさないためという名目で、毎年、穎稲(注二九)一千斤を、山城国が負担するよう、太政官符で命じている。さらに確たる経済基盤を得るには、官寺として公認される必要がある。「資財帳」において、斉衡二（八五五）年に「言上編官額」とあるのは、定額寺(注三〇)に申請したことをさすらしく、同年六月一日には安祥寺を定額寺とする詔が出ている（『日本文徳天皇実録』）。さらに斉衡三年一〇月には、寺が建った松山一箇峰を囲む山々（寺之四辺山）を太皇太后宮が買い上げて、安祥寺に施入する。この時点で「東限大樫大谷、南限山陵、西限堺峰、北限檜尾古寺所」を四至(注三一)とする安祥寺の寺域五〇町が定まったのである。『日本文徳天皇実録』同月二一日条は、山城国宇治郡粟田山を安祥寺に施入したと記し、施入した山地が「粟田山」と呼ばれていたことがわかる。さらに、貞観元（八五九）年四月には「毎年度僧」、すなわち年分度者(注三二)を申請する。これも「縁皇太后御願置安祥寺年分度者三人」（『日本三代実録』同月一八日条）という形ですんなり認められている。

創建時の上寺と下寺　以上、「資財帳」に記された寺地の施入や定額寺・年分度者の申請・認可は、正史の記述でも、ほぼ跡づけることができ、安祥寺が後に太皇太后となる藤原順子の庇護のもとで順調に発展したことがわかる。なお、恵運が最初に安祥寺建立に着手した場所、すなわち「前摂津国少掾上毛野朝臣松雄之松山一箇峰」が上寺の場所を指す

注二九●穂についた状態の稲。

注三〇●古代寺院の寺格の一つ。官寺に準ずる存在として公認された寺院。官営の造営組織によって官費で創建された寺を官寺とすれば、私費で造営された寺院は私寺・氏寺となる。安祥寺は皇太后藤原順子が私費で造営した私寺であるが、定額寺と公認されたことにより、法会や施設の維持費を公費（正税）で賄えるようになった。

注三一●条里制・条坊制などが施行されておらず、方格地割にもとづく地点表示が不可能な場合、文書では、山・川・谷・道路など東西南北の境界にある地物、あるいは境界に隣接する地

のか、下寺の場所を指すのか、古くから論争がある。この論争は、平たく言ってしまえば、建ったのは上寺が先か、下寺が先かという問題でおもに美術史学界で論議された。それはこの問題が、後に述べる安祥寺創建時の仏像（五智如来）の制作年代と安置場所に深く関わっていたからである。

　安祥寺は山上伽藍（＝上寺）と山下伽藍（＝下寺）とからなるが、「資財帳」に列記した仏像・経典をはじめとする財産が、上寺・下寺のいずれ所属していたのか必ずしも明らかではない。「資財帳」の記載において、所属を明記した箇所は三つにすぎない。一つは、仏像を列記した段落で、尚侍従三位広井女王を願主とする地蔵菩薩等身像壱体を「彩色。安祥寺下寺」と注記した部分。もう一つは、安祥寺の建物・施設を列記した段落で、湯槽一口までを「已上上寺」とし、以下「堂院」「庫頭」の諸施設を「已上下寺」と明記した部分。三番目は、「下寺地拾町八段十二歩」の四至を「東限諸羽山、南限興福寺地、西限山陵、北限山川」と記載した部分である。これ以外の仏像・経典・仏具や荘厳具・各種公験文書などに関しては、上寺にあるのか下寺にあるのか明記されていないのである。上寺と下寺における建物・施設の違いは次項で紹介するが、その違いや充実度の差、あるいは仏像・資財から、両者の先後関係は確定できない。

　「資財帳」最初の段落の末尾では、山五十町の四至を記載した後で、その場所が「在山城国宇治郡餘戸郷北方、安祥寺上寺在其裏」に該当し、安祥寺建立後九ヶ年を経て、太皇太后宮が件の山を買い上げ、安祥寺に施入したと記す。「其裏」に上寺があるという記載を根拠に、嘉祥元年八月に取得した「前摂津国少掾上毛野朝臣松雄之松山一箇峰」は下寺の地で、それから九年後に「其裏」にある上寺の地が施入されたという解釈を示したの

物によって、所領や寺域を表示することが多い。これを四至記載とよぶ。

注三二●俗人は、師僧や教団などの承認を経て出家する。沙弥（見習僧）・沙弥尼となるには得度、比丘（正式僧）・比丘尼となるには受戒という通過儀礼が必要である。古代日本では、得度・授戒権を律令国家が直接掌握しており、官許なき出家は私度（自度）として厳禁した。律令国家が毎年一定数認可する得度者を年分度者といい、持統天皇一〇年（六九六）に制度化した。八世紀には、毎年一〇名の定員を、南都六宗が独占していたが、大同元年（八〇六）、最澄の上表により、天台宗を含めて一二名が定員化された。以後、真言宗や諸々の定額寺にも年分度者を割り当てて増員したが、一〇世紀後半には実体を失った。

は、毛利久さんである。(注三三)しかし、斉衡三年十月に施入されたのは「寺之四辺山」で、「寺之裏山」ではない。紺野敏文さんは「其裏」の「裏」は「うら」ではなく「うち」と読むべきで、「松山一箇峰」という表現が、山下伽藍地を指すとは考えられないと主張し(注三四)、吉川真司さんも古代の「裏」の用例から、紺野説を支持する(注三五)。

これに対して、副島弘道さんは、年分度者三人を決めた時の皇太后の願文に、「道場」が天智陵兆域に近く「疎鐘覚長夜之眠。雅梵驚重昏之聴」のため、「不改山岳之色。即開霊鷲之峯」と記載する（『日本三代実録』貞観元年四月一八日条）ことに注目し、「道場」が下寺、下寺が天智陵兆域に近いため、新たに開いた「霊鷲之峯」が上寺に相当すると考え、下寺先行説を主張した(注三六)。創建時の下寺が現在の吉祥山安祥寺付近にあり、山をへだてて天智陵と接していたという判断が、副島さんの議論の前提にある。しかし、後述のように、現在の吉祥山安祥寺付近は、中世の「西安祥寺」「上野御所」に相当し、創建時の安祥寺下寺はもっと東にあったと考えざるを得ない。また、天智陵の兆域は、東西・南北ともに一四町に及び、「資財帳」でも上寺の南限、下寺の西限とされている。下寺だけが天智陵の兆域に接しているわけではない。願文のような修辞麗句の多い抽象的な作文から、上寺・下寺の位置を特定しようという試み自体にも無理がある。

「資財帳」の四至記載にしたがうと、下寺の西限が天智陵の東限で、上寺を内に含んだ山五〇町南限が天智陵の北限に相当する。そのような位置関係で、恵運が最初に寺を建てた「松山一箇峰」の四辺山を施入した結果、山五〇町の四至が定まったとすると、「松山一箇峰」は上寺の所在場所でないと矛盾する。少なくとも、天智陵の東にある下寺の四辺山で定まった山五〇町を、天智陵の北に置くことは不可能である。「松山一箇峰」という

注三三●毛利　久「安祥寺五智如来考」『佛教藝術』第二四号、毎日新聞社、一九五五年。

注三四●紺野敏文「創建期の安祥寺と五智如来像」『美術史』一〇一号、美術史学会、一九七六年。

注三五●吉川真司「安祥寺以前—山階寺に関する試論—」『安祥寺の研究I—京都市山科区所在の平安時代初期の山林寺院—』第一四研究会「王権とモニュメント」二〇〇四年。

注三六●副島弘道「安祥寺五智如来像造立年代と承和以降の作風展開」『佛教藝術』第一三三号、毎日新聞社、一九八〇年。

表現からも、谷あいに立地する下寺の寺地にこれを当てるのには無理がある。八賀晋さんが述べたように、醍醐寺のあり方などから類推しても、上寺先行説の妥当性が高い(注三七)と私達は考えている(注三八)。さらに、吉川真司さんによる「山科郷古図」にもとづく安祥寺下寺地の比定によっても(注三九)、嘉祥元年に恵運が造営に着手した安祥寺の場所は、上寺の地のほうが妥当であろう。ただし、上寺先行説に立つと、安祥寺の由来を記載した「資財帳」の冒頭部には、下寺の寺地が定まった経緯が記されていないという矛盾が生じることも事実である。

次項で述べるように、上寺は僧が籠もって修行する場であるだけでなく、檀越を招いて法会などを施行する場としても機能した。これに対して、下寺は財産を管理し、寺院経営の中枢となった可能性が高い。そのような機能からみても、安祥寺の主体は上寺にあり、造営も上寺から着手したと考えておきたい。

創建安祥寺の堂宇と関連施設　「資財帳」には、創建の経緯に続いて、安祥寺が保有する仏菩薩像、祖師像、経典やそれを納めた厨子、密教法具類、堂宇と関連施設、灌頂壇具、説法具、荘厳供養具、楽器、西影堂什物、東影堂什物、僧房具、庫頭具、各種公験文書などを列記する。その中には太皇太后や従一位藤原女(注四〇)、尚侍従三位広井女王(注四一)など、発願者や施入者がわかっている経典や道具類、恵運が唐の高僧義真から授かった法具、恵果から空海・実恵を経て恵運に授けられた念誦珠など、由緒あるものも少なくない。しかし、ごく一部の仏像や石造物を除いて、大半の文物は歴史の荒波に翻弄され、現在は残されていない。しかし、次節で述べるように、安祥寺上寺跡は、開発が及ばない山中に、ひっそりと遺構を留めていた。その測量調査成果を紹介する前に、安祥寺の堂宇や関連施設については、「資財帳」の記述を、あらかじめ吟味しておこう。

注三七●八賀　晋「安祥寺上寺跡」『学叢』第三号、京都国立博物館、一九八一年。

注三八●梶川敏夫・上原真人「安祥寺の歴史と環境」『安祥寺の研究Ⅰ―京都市山科区所在の平安時代初期の山林寺院―』第一四研究会「王権とモニュメント」二〇〇四年。

注三九●吉川真司「安祥寺以前―山階寺に関する試論―」前掲書。

注四〇●藤原順子の妹で、文徳天皇の女御。貞観三年（八六一）、順子とともに出家した。

注四一●天武天皇の長親王の子孫。淳和・仁明・文徳・清和朝を通じて、尚膳（八三一年）、権典侍（八五〇年）、典侍、尚侍（八五七年）など、後宮の要職を歴任した。

「資財帳」によれば、貞観九年の安祥寺上寺には以下の堂宇や施設があった。

堂院

礼仏堂一間長五丈

五大堂一間長四丈

仏頂尊勝陀羅尼石童一基唐

恵蕚大法師所建

僧房

宝幢二基各高四丈一尺　金銅葱台獣頭 太皇太后宮御願

東房二間一檜皮葺　一板葺 各長一丈　二面有庇

西房二間一檜皮葺　一板葺 各長七丈　二面有庇

東西軒廊各長二丈　並檜皮葺

庫頭

檜皮葺屋一間長

檜皮葺井屋一間長

檜皮葺客亭十一間長一丈

板葺大宜所一間長二丈

浴堂一院

檜皮葺屋二間各長三丈二尺　床代二所

釜一口着二石五斗

湯槽一口

すなわち、上寺は礼仏堂と五大堂を主要堂宇として、僧房・庫頭・浴堂などの関連施設が存在した。後者の建物に関しては、檜皮葺・板葺の違いを明記しているが、主要堂宇の屋根葺材についての記載はない。「資財帳」は建物の棟数を「間」で表示するので、庫頭には「客亭」と呼ぶ長さ三メートル程度の小規模建物が一一棟も存在したことになる。しかし、同様の寺院関連施設は史料的にも考古学的にも確認できない。僧房以外にも「客亭」の呼称にふさわしい宿泊施設があったとすれば、上寺は単なる僧の山林修行の場ではなく、多くの俗人を招いて法会を行なう場としての機能を備えていたことになる。

一方、下寺には以下の堂宇や施設があった。

堂院
毘盧舎那五輪率塔婆一基
金翅鳥王宝幢二基 各高四丈一尺　金銅葱台 同鳥形
檜皮葺仏堂一間 長五丈六尺　四面有庇
檜皮葺軒廊二間 各長三丈五尺
檜皮葺門楼一間 丈四尺
檜皮葺僧房二間 各長五丈六尺　二面有庇
庫頭
檜皮葺倉一間 長三丈二尺
板葺屋四間 二長八丈八尺　二面有庇　一長五丈六尺
檜皮葺門屋三間 各長一丈五尺
築垣内縦七十二丈五尺　広三十二丈

上寺には門や塀などの区画施設がないのに、下寺の寺域は二〇〇メートル強×一〇〇メートル弱の範囲を築垣で囲み、三方に門があった。また、塔婆・仏堂・僧房からなる中枢伽藍（堂院）にも門楼があった。僧房の棟数や規模は上寺がまさり、井屋・客亭・浴堂など施設的にも充実しているが、倉があるのは下寺で、所属を明記しない寺宝類は、日常的には下寺にあった可能性がある。つまり、上寺は僧房・客亭・浴堂などの存在から、僧が居住し、檀越や信者を招いて僧が法会を執行する体制や施設が充実していると判断できるのに対し、倉や屋、区画施設が充実した下寺は、寺院経営の中枢をなしたと理解できる。

「資財帳」は、上寺に仏頂尊勝陀羅尼石塔、[注四二]下寺に毘盧舎那五輪率塔婆[注四三]という特徴的な塔があったことを明記する。『延喜主税寮式』によれば、土佐国の正税・公廨稲計二〇万束の中から「修理安祥寺宝塔料五千束」が計上されている。材質が明記されていないが、下寺「堂院」条の冒頭に記載された毘盧舎那五輪率塔婆が、この「安祥寺宝塔」に該当する可能性がある。建築史家の足立康さんは、これを多宝塔と考え、現在、京都国立博物館に委託されている五智如来[注四四]を安置した建物と解釈した。[注四五]それは、京都国立博物館に委託される以前、江戸時代に再建された現安祥寺下寺の多宝塔（明治三九年焼失）に、問題の五智如来が安置されていたからにほかならない。

安祥寺創建時における五智如来の安置場所については、足立さんの説を支持する立場[注四六]と、上寺の礼仏堂とする説[注四七]とが対立する。後者の説をとれば、本来、上寺にあった五智如来は、江戸時代以前に下寺に移座したことになる。後者の立場にある田中さんや紺野さんは、毘盧舎那五輪率塔婆は宝塔とは異なる小型塔であると主張する。[注四八]さらに、紺野さんは、「資財帳」成立後、『延喜式』成立以前、すなわち八六七～九二七年の間に、新たに宝

注四二●仏頂尊勝陀羅尼は八七句からなる陀羅尼、すなわち翻訳せずに梵文のまま読誦する呪文で、これを刻んだ石塔が「仏頂尊勝陀羅尼石塔」である。

注四三●一般には、宝珠（空輪部）、請花（風輪部）、笠（火輪部）、塔身（水輪部）、台座（地輪部）からなる形の塔を五輪塔と呼ぶ。工芸品の意匠にもあるが、石塔が圧倒的に多い。ただし、そのような定型化した五輪塔が出現するのは一二世紀以降のことで、九世紀中葉の「安祥寺資財帳」に記された五輪卒塔婆が、どのような形だったのかわからない。

塔を造立した可能性も指摘する。(注四九)しかし、「資財帳」における建物・施設の記載順序は、堂院→僧房→庫頭と中心伽藍から付属施設へ、上寺「堂院」条では、礼仏堂→五大堂→仏頂尊勝陀羅尼石塔→宝幢二基と、最も主要な堂から付属石塔や堂院を荘厳する宝幢へと筆が進む。この「資財帳」の記載順序を尊重すれば、下寺「堂院」における最も中心的な施設は、毘盧舎那五輪率塔婆一基とそれを荘厳する金翅鳥王宝幢二基と考えざるを得ない。上寺が創建時安祥寺伽藍の中枢施設であったことは確実でも、「資財帳」には仏像の安置堂宇は記載されていない。現在、支持者は少ないが、五智如来の安置場所として、下寺の宝塔を想定する足立・毛利説が成立する余地がまったくないわけではない。(注五〇)

創建安祥寺の仏像と安置堂宇　現在、京都国立博物館の一室を占拠して常設展示中の安祥寺五智如来が、本来は上寺の礼仏堂の本尊だったのか、それとも、もとから下寺にあって、毘盧舎那五輪率塔婆＝宝塔に安置されていたのか。それが問題になったのは、この安祥寺五智如来が平安時代前期における仏像彫刻の基準となっているからにほかならない。基準となる作例には、可能な限り厳密な年代を与えたいと考えるのは、研究者として当然である。

「資財帳」は、創建時の安祥寺が保有した三五体の仏像と一六体の密教祖師像、曼陀羅図や仏画など二九点を列記するが、先述した等身大の地蔵菩薩像一体が下寺にあったことがわかるだけで、残りは上寺にあったのか下寺にあったのか明記していない。しかし、問題の五智如来、すなわち「資財帳」記載の毘盧遮那《びるしゃな》仏・阿閦《あしゅく》仏・宝生《ほうしょう》仏・観自在王《かんじざいおう》仏・不空成就《ふくうじょうじゅ》仏の「五仏金押」は、列記した仏像・仏画の筆頭に挙がっており、上寺を核に安祥寺が創建されたならば、本尊となる五智如来も上寺にあった蓋然性が高い。(注五一)つい最近

注四四●安祥寺五智如来については、本書第Ⅱ部第9章参照。

注四五●足立　康「安祥寺五智如来像の造顕年代」『建築史』第二巻第六号、一九四〇年（後に『日本彫刻史の研究』一九四四年所収）。

注四六●毛利　久「安祥寺五智如来考」前掲書。

注四七●田中重久「安祥寺の五智如来と同寺旧蔵五大虚空蔵菩薩像の研究」『史迹と美術』第一四四号、一九四二年。金森　尊「安祥寺と五智如来像とに就いて」『密教研究』第八四号、一九四三年。紺野敏文「創建期の安祥寺と五智如来像」前掲書。副島弘道「安祥寺五智如来像造立年代と承和以降の作風展開」前掲書。

注四八●田中さんと紺野さんは、注三〇の論文で、「資財帳」「仏菩薩像」条の田邑天皇（＝文徳天皇）御願の仏像を列記した最後に「毘盧遮那五輪率都婆壱基樫木。高五尺五寸。」と記載されていることに注目する。

にも、私達の上寺測量調査成果を踏まえて、安祥寺五智如来が斉衡三年（八五六）～貞観元年（八五九）の間に作られたとする論考が公表された（注五二）。

五智如来以外に、創建安祥寺が保有した仏像のなかで現存するのは、「資財帳」が「五仏彩色。各騎鳥獣。並大唐」と注記した法界・金剛・摩尼・蓮華・業用の五大虚空蔵菩薩像である。現在、東寺観智院が所蔵する五大虚空蔵菩薩は、もともとは安祥寺上寺に安置されていたもので、それぞれ馬・獅子・象・孔雀・迦楼羅《かるら》像上に置いた蓮台に結跏趺坐《けっかふざ》し、「各騎鳥獣。並大唐」という注記を裏づけるようにエキゾチックな容貌をしている。ただし、一方では、恵運が渡唐した時代の中国彫刻に、この五尊像に似たものはないという指摘もある。近年、X線写真などを含めた総合調査報告書が刊行され（注五三）、五大虚空蔵菩薩像に関する知見が大きく前進した。

東寺観智院所蔵の五大虚空蔵菩薩像が、本来は安祥寺上寺にあったことは、中世の記録からわかる。すなわち、観智院所蔵の軸「五大虚空蔵様」（『大正新修大蔵経図像』第六巻所収）が引用する「賢宝法印記」によると、安祥寺金堂が先年の大風で転倒して本尊以下が破砕し塵土にまみれた。参詣した観智院二世の賢宝（一三三三―九八）はこれを嘆き悲しみ、わずかに残った五大虚空蔵菩薩像を見いだし、永和二年（一三七六）二月に勧修寺の先の門主に願い出て東寺観智院に持ち帰り修理したのである。「賢宝法印記」は五大虚空蔵を「根本北堂安置像也、形像唐仏也」と注記する。次章で詳述する安祥寺上寺の建物配置から判断して、根本北堂が安祥寺上寺の五大堂を指すことは間違いない。

安祥寺上寺五大堂の呼称は、文徳天皇が発願した不動・降三世・軍荼利・六足・金剛薬叉の五大明王を安置したことに由来すると、通常は理解されている。しかし、根本北堂に

すなわち、安祥寺仏堂内に高さ一六七センチ程の小型の木製「毘盧遮那五輪率都婆」を安置しているので、下寺堂院の「毘盧舎那五輪率塔婆一基」も小型塔と判断するわけだ。たしかに、後世の五輪塔には巨大な構造物は存在しない。しかし、宝塔には大きな構造物の木塔も、小さな工芸品の木塔もある。少なくとも、下寺堂院の「毘盧舎那五輪率塔婆一基」を工芸品のような小型塔と解釈すると、その前に立つ「金翅鳥王宝幢二基」が、高さ四丈一尺（約一二メートル）もあるのと釣り合わない。平安時代前期には、五輪塔・宝塔などの密教的な塔の呼称は固定しておらず、その大きさや形状を、呼称から判断するのは慎んだほうが無難だと思う。

注四九●紺野敏文「創建期の安祥寺と五智如来像」前掲書。

注五〇●このあたりの解釈は、私達の間でも完全に一致しているわけではない。上原が「毘盧

五大虚空蔵菩薩像が安置されていたのなら、五大堂の呼称がそれに由来する可能性もでてくる。堂の規模から見れば、五大明王も五大虚空蔵も一緒に安置できそうだ。しかし、「賢宝法印記」の「本尊以下破砕而混合塵土」の記述から判断すれば、五大虚空蔵は本尊ではなかった可能性が高い。つまり五大堂の本尊は、やはり五大明王であったと考えたほうがよい。

なお、「賢宝法印記」写真版を見ると、「根本北堂」の「北堂」の文字を抹消し、右傍に「上安祥寺」の文字を書き加えている。岡田健さんは、賢宝自身が五尊像を安置した「堂宇の確定はなかなか難しいと判断した」結果の抹消・加筆と解釈している。[注五四] しかし、倒壊した堂宇の中から救い出した以上、仏像を安置していた堂宇が確定できないはずがない。加筆した「安」「寺」字は、「賢宝法印記」の他の「安」「寺」字と異なるので、現地を訪れず「根本北堂」の意味が理解できない者、もしくは時間の経過とともにその意味を忘れた者が、抹消・加筆した可能性が高い。

平成になって五大虚空蔵菩薩像を修理した時、法界像の後補台座から、永享七年（一四三五）、元禄一六年（一七〇三）、大正八年（一九一九）の各時期の修理墨書が見つかった。永享七年の権大僧都宗賢による修理墨書銘は、「賢宝法印記」を根拠に「根本上寺安祥寺安置、唐尊躰也」と記載する。この記載においては、賢宝が上寺で実見したはずの「根本北堂」の存在は認識されていない。

中世の安祥寺　『延喜玄蕃寮式』によれば、安祥寺で修行を終えた僧は、諸国の講読師に任命された。各地の国分寺に出向して、仏典を講説したのである。つまり、平安時代前期の仏教界で、安祥寺僧は主導的な立場にあった。また、『延喜大膳職式（下）』には安祥

舎那五輪率塔婆」が「安祥寺宝塔」そのものであると考えるのに対し、梶川は「安祥寺宝塔」は上寺の測量調査で判明した三間×三間の方形堂で、「資財帳」には記載されていない後世の建物と理解する（第I部第3章参照）。

注五一●先述した上寺と下寺の先後関係が、おもに美術史学界で論争された理由もここにある。

注五二●佐々木守俊「安祥寺五智如来坐像について」『国華』第一三〇六号、朝日新聞社、二〇〇四年。

注五三●東京文化財研究所美術部『東寺観智院蔵五大虚空蔵菩薩像』美術研究作品資料第二冊、中央公論美術出版、二〇〇三年。

注五四●岡田健「東寺観智院五大虚空蔵菩薩像」前掲注三五文献所収。

寺年分度者を試する証師六人の菜料が計上されており、一〇世紀初頭に至るまで、安祥寺が平安仏教界で一定の役割を担い、そのための経済面も保証されていたことがわかる。しかし、『小右記』永祚元年（九八九）五月一日条には、上安祥寺に山籠していた法師等が飢えに苦しんでいるため米塩を運んだ記事があり、一〇世紀末には経済的な翳りが生じていたらしい(注五五)。しかし、年分度者が修行のため七年間山に籠もるという安祥寺創建時の精神は、この時点でも墨守されていたのである。

保元三年（一一五八）五月一〇日の「山城国安祥寺領寺辺田畠在家検注帳案」（『平安遺文』二九二三号文書）には、安祥寺が山科近辺に保有していた六六町三段の内訳が列記されている。しかし、その過半数の三四町二反六〇歩は「荒野」であり、「元作田」「本免」「燈分」「見作畠」のなかにも論田・論畠、すなわち係争地が少なくない。一二世紀になると、安祥寺の経済基盤は大きく揺らいでいたと考えざるを得ない。

『山科安祥寺誌』によると、平安時代中期以降は勧修寺の勢力が強まり、勧修寺第五世長吏の深覚が安祥寺座主職を兼任した後は、勧修寺長吏が安祥寺寺務も兼ねることが多かった。勧修寺第七世長吏の厳覚も安祥寺を管したが、彼の門下で第八世長吏の寛信が勧修寺流を、安祥寺を中興した宗意が安祥寺流（安流）を、小野曼荼羅寺に住した増俊が随心院流を開き、それぞれ真言宗小野流三派の祖となった。宗意は保安元年（一一二〇）九月に厳覚から安祥寺座主職を授かったが、安流第二代を門下の実厳に伝え、安祥寺座主職は寛信に譲ったため、以後は法流相続と門跡寺務相続とが分れることになった。さらに、南北朝期の永和三年（一三七七）三月、安祥寺の二一世興雅が高野山宝性院の宥快に安祥寺を継がせてからは、おもに宝性院が安流を伝えるにようになった。

注五五●ただし、山籠した修行僧は、托鉢や布施によって食料を確保するのが原則なので、『小右記』の記事は、安祥寺の経済的窮乏ではなく、布施する側の体制的変質を示すのかもしれない。天安元年（八五七）六月己丑には、勅により左右近衛各五〜六人を派遣して、平安京西北の深山にある寺と修行僧の名を記録し、米・塩を施供する（『日本文徳天皇実録』巻九）。九世紀後半には、政府が実施した平安京周辺の山籠修行僧に対する布施は、一〇世紀末には平安京に居住する貴族に委ねられていたのかもしれない。

安流は当初、第二代実厳が安祥寺寺域に建てた大勝金剛院（西安祥寺、上野御所）を中心に伝流した。上野の地名は、天智陵と現在の吉祥山安祥寺を隔てる尾根筋の東斜面から山裾に残り、本来の安祥寺下寺がもっと東方にあったことがわかる。しかし、少なくとも中世における宗教活動の場は、下寺の存在する谷一帯が中心となっていた。安祥寺上寺が台風で崩壊し、五大堂にあった五大虚空蔵菩薩像が賢宝によって救い出された一四世紀後半には、上寺の存在意義はほとんどなくなっていたのである。

安祥寺の衰微を決定づけたのは、一五世紀後半の応仁・文明の乱である。『山科安祥寺誌』が引用する「仟遍法印之記」によると、文明一一年（一四七九）二月一三日に安祥寺を訪ねたが、天下動乱によって醍醐山科あたりはことごとく焼失し、上野御所＝西安祥寺も焼失してしまったと門主が語ったという。また、同誌所引の「安祥寺別記」によると、この時から寺門は荒廃し、以後は「宝塔本尊丈余観音尊像」と「青龍十二所社」だけが残ったという。『山科安祥寺誌』はさらに、元亀元年（一五七〇）八月、織田信長・足利義昭が三好三党と対決して大坂に軍を進めた虚に乗じて、浅井・朝倉・叡山衆徒の連合軍が二一日に醍醐山科に放火した事実を挙げ「元亀の兵火は又もや当寺を焼き廃頽益々甚し」と述べているが、具体的な被害状況についてはふれていない。

近世・近代の安祥寺　現在の吉祥山安祥寺はＪＲ山科駅の北方、京都府立洛東高校西隣の山科区御陵平林町二二に所在する。徳川幕府の庇護によって一七世紀に復興した安祥寺である。以下、その復興の経過を『山科安祥寺誌』を参照しつつ略述する。

慶長一七年（一六一二）五月、宝性院第一四世で安祥寺第二八世の政遍は、家康に安祥寺四辺の山と境内地の還付を願い出た（『高野春秋』一二）。これを受けて、翌年八月二日、金地院崇伝・本多上野介は、京都所司代板倉伊賀守重勝に、山科安祥寺再興のため、かつての境内山林などの調査を命じた。それに対し、京都所司代は八月二三日付の書状で、以下のように答申した（『本光国師日記』）。

「今月二日付の書状を、高野山宝性院が届け、つぶさに拝見した。山科安祥寺のかつての姿を、詳細に調査し書き上げるよう命じられたので、安祥寺村を訪ねて、そこに住まう古老に質問した。昔、安祥寺には七〇〇余りの坊があったと伝える。現在なお、村中は入り組んでおらず、山ぎわに堂の跡などが多数残っている。安祥寺が退転した後、田畑や屋敷地となった土地は二五〇石分ほどで、門前屋敷もそのなかに含む。大山（上寺のある安祥寺山のことか）も入り組んでおらず、共有地となり、現在は、米二〇石を地元百姓が負担して、下草などを刈って管理している。これは二五〇石分以外の土地である。これらの田畑・山・年貢はすべて禁裏御領所となっている。去年、高野山宝性院に対して、安祥寺村内で寺屋敷を引き渡すよう命じられたが、それ以前に宝性院が再興した五間四面の瓦葺本堂が存在した。その周囲三〇間×四〇間の土地を屋敷地として引き渡した。引き渡した屋敷地には、五間×一〇間の寺一つ、四間×六間の庫裏一つが、いずれも柿葺きで建てられているのは、右の分となる」。

この答申により、十七世紀初頭の安祥寺（下寺）においては、山ぎわに堂跡が多く確認できるが、寺域の大部分は田畑や屋敷地となっていたことがわかる。しかし、安祥寺の寺務を受け継いだ宝性院は、瓦葺本堂や庫裏などを含む五〇メートル×七〇メートルほどの寺屋敷を再興していた。また、「大山」が上寺のある安祥寺山を指すならば、同地は地元百姓が資金を出し、下刈りなどの管理をしていたことになる。典型的な「里山」管理形態である。『雍州府志』（一六八四年刊）巻五の安祥寺条にある「一説に、此の寺、始め東山如意が嶽、壇の谷に在り。慶長年中に今の十二所権現の山に移す」の記事を根拠に、安祥寺上寺の廃絶時期が、慶長年間（一五九六―一六一四）まで降るとする解釈(注五六)は、成立しないだろう。

寛文六年（一六六六）には、安祥寺山内十万坪が天台宗延暦寺派の門跡寺院である毘沙門堂（護法山出雲寺）に譲与される。毘沙門堂は平等寺・尊重寺・護法寺の三ヶ寺を統合して、鎌倉時代初頭に現在の上京区出雲路に建てられたが、中世後半、戦乱などで廃絶していた。後陽成天皇の命を受けた天海の遺志を継いだ公海が、寛文五年に勅許を得てこれを再興したのである。この代償として、寛文一二年九月二日、安祥寺は宇治郡御陵村内一〇石の地を与えられる。現在の吉祥山安祥寺境内地が、これに該当すると考えられる。

以後、宝暦九年（一七五九）七月には、第四一世弘範が宝塔を再興し、寺観を整えた。明治三年七月には宝性院の兼務が解かれ、安祥寺住職が別置されるようになったが、廃仏毀釈の影響などもあって衰退。明治三九年一一月八日には、宝塔が原因不明の火災で焼失。しかし、堂内に安置されていた五智如来座像五体は、京都帝室博物館に寄託していたため難を免れた。さらに、一九五三年五月六日、青龍権現社の祠の下から蟠龍石柱が発見され、一八日に京都国立博物館に運ばれ調査された(注五七)。唐代の石灯籠や石幢に類品があり(注五八)、上寺にあった「仏頂尊勝陀羅尼石塔一基唐」に該当する可能性が指摘されている(注五九)。「資財帳」は、これを「恵蕚大法師所建」と注記する。恵蕚は仁明天皇の母である橘嘉智子の命で、承和五年（八三八）頃に従僧三人と共に入唐し、嘉智子に依頼された宝幡と鏡奩などを五台山寺に施入した（『日本文徳天皇実録』嘉祥三年五月五日条）ほか、何度か入唐し

注五六●景山春樹「安祥寺上寺址について」『西田直二郎先生頌寿記念　日本古代史論叢』古代學協會一九六〇年（後に『史蹟論攷』一九六五年所収）。

注五七●景山春樹・毛利久「安祥寺新出の蟠龍石柱について」『佛教藝術』第二〇号、毎日新聞社、一九五三年。

注五八●唐代石灯籠の竿に使用した蟠龍石柱に関しては、第Ⅱ部第10章参照。

注五九●延暦五年（七八六）―嘉祥三年（八五〇）。嵯峨天皇の皇后。橘奈良麻呂の孫。嵯峨に檀林寺を創建し、檀林皇后と呼ばれた。

ており、円仁の『入唐求法巡礼記』にもその消息が記録されている（巻三、会昌元年九月七日条。巻四、会昌五年七月五日条）。恵運との年齢差は不詳であるが、入唐経歴では恵運の先輩となる。しかし、恵運が開基となった安祥寺に、恵蕚が関わるようになった経緯は明確ではない。「唐」の注記は唐から招来したことを示すのであろう。

なお、青龍権現社は文禄三年（一五九四）に高野山の木食興山上人が、方広寺大仏殿修造を祈願して再興したものであるが、現在の場所、すなわち吉祥山安祥寺本堂北西の谷奥には、元和五年（一六一九）五月に移されたことが、私達の研究グループによる棟札調査で判明した（注六〇）。

以上、安祥寺は皇室の庇護を得て、九世紀中頃にまず山林寺院として上寺が造営され、後に下寺を加えて発展した。とくに藤原順子が夫の仁明天皇、息子の文徳天皇の菩提を弔う寺として、多くの寺領が施入された。順子自身も没後は寺域内に葬られた（注六一）。その後、法流は真言宗安祥寺流として後世に受け継がれたが、中世には衰退し、上寺は廃絶。下寺も本来の位置さえ不明となったのである。

四――安祥寺上寺跡

創建時の安祥寺下寺が、現在の吉祥山安祥寺境内地よりも東方の安朱地区にあったことは確実だが、住宅が密集したなかで、場所を特定することはむずかしい。これに対して、中世に廃絶した安祥寺上寺は、安祥寺山中にきわめて良好な状況で遺構が残る。以下、その測量調査を通じて、安祥寺上寺の創建時の姿と、その歴史的な意味を検討してみよう。

注六〇●山岸常人「安祥寺下寺の建築的調査」『安祥寺の研究Ⅰ』前掲書。

注六一●本書第Ⅰ部第2章参照。

(一) 安祥寺上寺跡の測量調査

安祥寺上寺跡の立地　安祥寺上寺跡は、山科盆地の北方山中、現在の吉祥山安祥寺から北方へ約一・七キロの安祥寺山の南山腹(京都市山科区御陵安祥寺山国有林内)にある。遺跡地の北方背後の安祥寺山頂は三つに分かれ、その鞍部に連なる二つの谷にはさまれて、中央頂から南へ張り出す舌状の尾根端近くの山腹を造成し、主要伽藍地にしている。主要伽藍地は東西約五〇メートル、南北約六五メートルのやや南下がりの平坦地をなす。標高は南端付近で三四八・五メートル、北の五大堂基壇上面で三五一メートルをはかる。遺跡地の北方以外は急傾斜で谷へと落ち込む急峻な地形である。上寺が存在した当時の参道はすでに失われ、寺跡に至るには急斜面をよじ登るか、安祥寺山山頂から谷筋を下るほかはない。二〇〇二年度、厳冬のさなかに、私達が実施した測量調査に際しては、壇ノ谷と呼ばれる谷に設けた貯水ダム(標高約二二〇メートル)の北側から東の谷川に沿って山道を登り、上寺跡東側の急斜面にロープを架けてよじ登った。この急斜面の途中、主要伽藍地の東を一〇メートルほど下った場所にも、等高線に沿って南北約七〇メートル、幅約六メートルの細長い平坦地が存在する。ここにも上寺跡に関連する施設があったのだろう。

現在の遺跡地は赤松を主体とした雑木林で、下草には竹が密生し、見通しはきわめて悪い。赤松は枯死しつつあり、管理されない里山が、照葉樹林へと回帰する傾向を示す。南方の山科盆地方面の眺望はすぐれているが、見える幅は限られている。背後の安祥寺山は標高四〇〇メートル。三つの峰上には、平安時代後期に経塚が築かれた。

上寺跡の既往の調査　安祥寺上寺跡は、一九五一年に京都国立博物館の景山春樹さんたちが踏査し、その存在を明らかにした。(注六二)また、一九七八年には橘女子大学考古学研究会が二個の礎石を確認し、須恵器や布目瓦などを採集している。(注六三)そして、一九八一年二月、当時、京都国立博物館に在職していた八賀晋さんを中心に、平板による地形測量と航空写真撮影が実施され、はじめて安祥寺上寺跡の全体的な状況が公表された。(注六四)この時点で、上寺跡は通称「観音平」の尾根端にあり、造成した平坦地に南北二つの基壇が確認できること。南基壇が「資財帳」の礼仏堂、北基壇が五大堂に推定できることをなどを、八賀さんはすでに指摘している。

その後、平安京周辺の山林寺院の踏査を精力的に進めていた梶川が、この京都国立博物館作成の地形測量図に、「資財帳」に記載された上寺の建物すべてを重ね合わせた推定復原図を公表した。(注六五)その後の調査で、東西僧房などは、ほぼ梶川の推定位置で確認された。発掘調査を経ずに、現状と史料から創建時の姿を彷彿とさせた梶川の研究成果は、山林寺院研究に関心を寄せていた上原にとってかなり衝撃的であった。これが一九九八年に始まる梶川を中心とした有志による安祥寺上寺踏査、(注六六)およびそれを継承した二〇〇二年度の測量調査の引き金となる。

二〇〇二年度の測量調査の目的と方法　梶川を中心とした有志の調査成果を引き継ぎ、京都大学大学院文学研究科二一世紀COEプログラム『グローバル化時代の多元的人文学の拠点形成』一四研究会「王権とモニュメント」(代表・上原真人)では、二〇〇二年度の冬に、安祥寺上寺跡の地形測量調査を実施した。発掘は行なわず、遺跡保存を前提とした地表からの遺構観察や探査に限定した。おおよその状況は既往の調査で判明しているので、より精密な地形図の作成を主眼とし、今後の安祥寺上寺跡研究のための基礎資料を提

注六二●景山春樹「安祥寺上寺址について」前掲書。

注六三●橘女子大学考古学研究会『第一次山科分布調査概報』一九七八年。

注六四●八賀　晋「安祥寺上寺跡」前掲書。

注六五●梶川敏夫「山岳寺院」『平安京提要』古代學協會編、角川書店一九九四年。

注六六●二〇〇二年度に実施した測量調査よりも前の踏査成果については、梶川敏夫「平安時代前期山林寺院の実態―京都山科「安祥寺上寺跡」―」前掲書、参照。

供することを目的とした。

安祥寺上寺跡は国有林となっており、土地管理者である近畿中国森林管理局の京都大阪森林管理事務所の入林許可を得て、測量の支障となる倒木や雑木・下草を撤去・伐採し、併行してトランシットによる基準測量杭を設置した。これをもとに、数台の平板とレベルを駆使して、五〇分の一の平面地形実測図と断面図を作成した。

一九八一年に京都国立博物館が作成した地形図は、五〇センチ単位の等高線であるが、その後、地表面近くで多くの礎石を確認していることから、さらに詳細な地形図が必要であると判断し、二五センチ単位の等高線で測量を行なった。また、一九八一年の地形図の範囲外にある、主要伽藍地東方の一段低い南北に長い平坦地も測量範囲に含めた。急傾斜地では、トータルステーションなどを駆使して測量を行なった。倒木や雑木が繁茂して巻尺による測距が困難なため、レーザー距離計を使用した。測量のための基準点・標高は、(財)京都市埋蔵文化財研究所に委託してGPS測量成果による国土座標を使用した。

基準測量杭の設定に際しては、東・西僧房跡における礼仏堂寄りの側柱列礎石の北から二番目の礎石を基準にした。すなわち両礎石の中心を結んだ直線の垂直二等分線を伽藍南北方向の中軸線と仮定し、これを基準に二メートル方眼で測量原点を設置した。

調査組織と調査期間　調査は京都大学、京都府立大学、花園大学、京都女子大学の学生を募集して実施し、現地ではCOE研究会員や京都市埋蔵文化財調査センター職員等が指導に当った。現地では、JR山科駅に集合し、壇ノ谷の貯水ダムまでは車で、壇ノ谷と上寺跡とは徒歩で往復した。測量調査は二〇〇二年一二月から翌年の一月までを当てた。上寺跡での実働期間は二週間ほどであったが、前後に準備期間や訓練期間を必要とした。

(二) 安祥寺上寺跡の遺構

以下、二〇〇二年度に作成した地形測量図をもとに、既往の調査成果も含めて、明らかになった安祥寺上寺跡の建物跡などの遺構について解説する。解説に際しては、「資財帳」の記載と対応させて、可能な限り建物名を推定した(図0-2)。

礼仏堂跡(南基壇)と西雨落溝　「資財帳」の「礼仏堂一間間長五丈」に相当する。尾根端を造成した平坦地のほぼ中央に、亀腹《かめばら》状に基壇が残る。遺跡地に立った時、もっとも目立つ存在である。基壇は基底部で東西約二一メートル、南北約一五メートル。基壇高は北では約一メートル、一段低い南では約二メートルをはかる。基壇の上面中央は、東西約一〇メートル、南北約七メートルの長方形に若干高くなる。須弥壇《しゅみだん》基底部の痕跡であろう。長方形の高まりの周囲には、人頭大の自然石がいくつか散在するが、原位置を保っていない。

外見では基壇化粧の有無は不詳だが、ボーリング棒で探ると、土壇まわりの腰部の一部に石があるので、基底部に石列もしくは石積があるかもしれない。しかし、基壇上の礎石に関しては、ボーリング棒で探っても、根石にすら当たらない。基壇土はかなり硬く、版築ではなく、地山を削り出して基壇を造成している可能性もある。基壇上に須弥壇痕跡がある以上、基壇上面が著しい削平を受けているとは考えにくい。たとえ基壇土が流出した場合でも、基壇周辺には礎石やその破片が残るはずなので、礼仏堂廃絶時に礎石を下寺に運んだ可能性、さらには礎石を含めて建物を移築した可能性も想定できる。

基壇南端の両側は東西に等高線が翼状に張り出し、僧房に向けて緩やかに下降する。僧房と礼仏堂をつなぐスロープ状の施設と考えられるが、確認した軒廊《こんろう》礎石位置からは南にずれるので、後世の造作かもしれない。

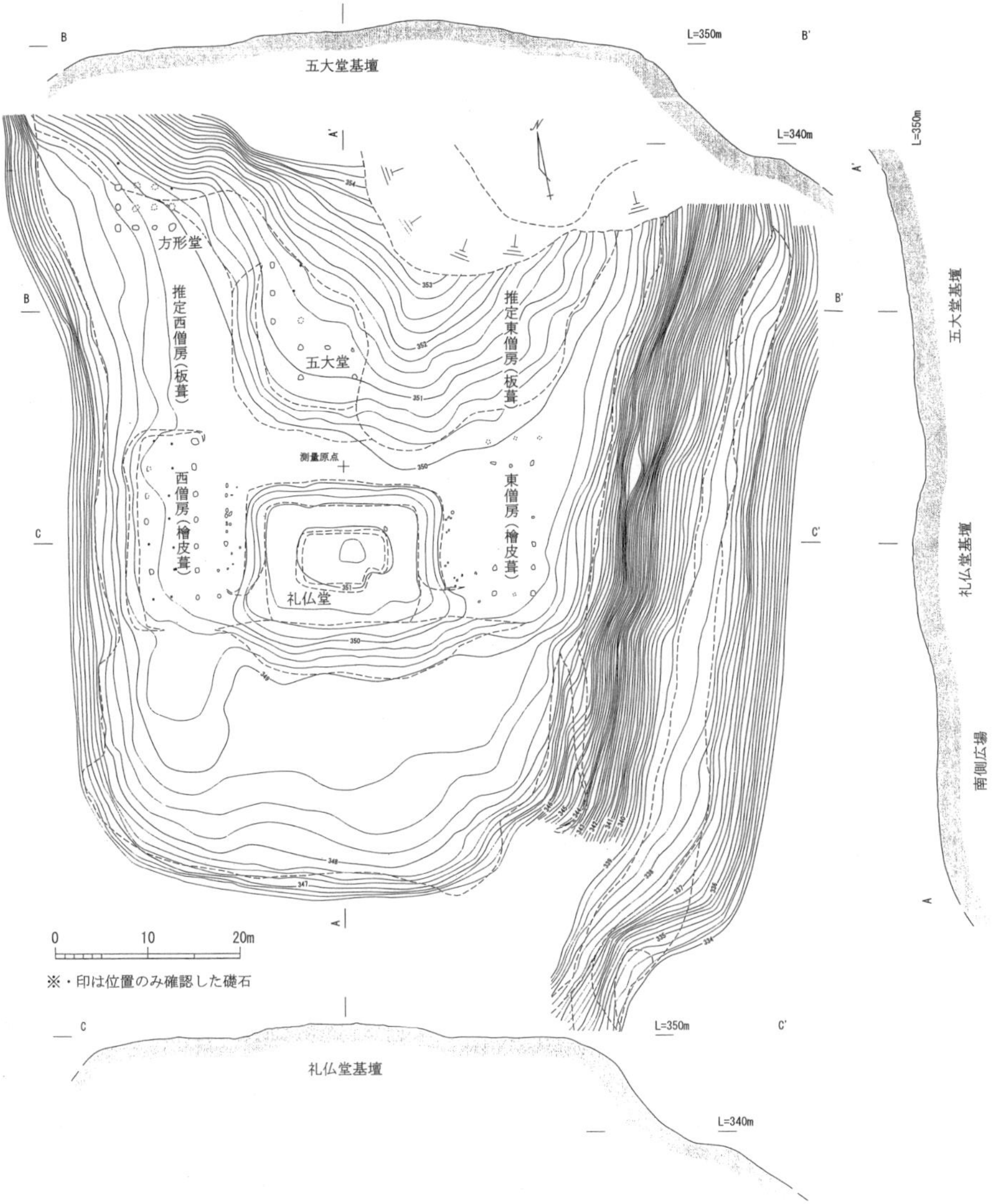

図０－２　安祥寺上寺跡地形測量図

基壇の西側では、地表直下で長辺二〇〜四〇センチの自然石一七個を両側に並べた雨落溝を、南北に長さ約一〇メートルに渡って確認した。溝幅は六〇〜六六センチ、深さ一五センチ前後で、溝内には石が若干落ち込んでいる。礼仏堂基壇南端が翼状に東西に張り出すので、溝の南端は暗渠になっていた可能性もあるが確認できない。北端は基壇に沿って東に曲がると予想されるが、ボーリング探査では北雨落溝は確認できない。基壇の東側には、雨落溝と思われる石数個が並んでいたが、これに続く石列は見つからない。一段低い基壇南側でも雨落溝は確認していない。

五大堂（北基壇）で得た南北中軸線を基準に、西雨落溝を東に折り返すと、礼仏堂軒先における屋根の東西幅は二四メートル（八〇尺）となる。基壇上の礎石位置が確認できないので、建物規模は復原できないが、仮に柱間寸法を一〇尺（三メートル）等間とすれば、東西は桁行七間で七〇尺（二一メートル）、軒の出は五尺（一・五メートル）となる。南北規模の確定要素はさらに少ないが、梁間五間とすれば五〇尺（一五メートル）、四間とすれば四〇尺（一二メートル）とかなりの規模が予想される。

基壇の南は二メートル近い高低差があり、数メートルの長い傾斜をもつ。基壇は伽藍地のほぼ中央に位置し、基壇の南方には広い儀式空間がある。八賀晋さんがすでに指摘しているが、堂宇の名称が示すように、南に長い庇《ひさし》の付いた建物であった可能性が考えられる。

五大堂跡（北基壇）　「資財帳」の「五大堂一間長四丈」に相当する。礼仏堂基壇の北五メートルにある雛壇状の高まりが五大堂の基壇である。基壇の上面、地表直下の九カ所で礎石が見つかり、さらにボーリング棒で数カ所の礎石位置を確認した。露出した礎石は、いずれも上面が平坦な自然石である。

確認した礎石位置から、建物規模がほぼ復原できた。すなわち、東西桁行が五間。柱間寸法は西から一〇尺、一〇尺、九尺、（一〇尺）、（一〇尺）で計四九尺（一四・七メートル）となる。ただし、中央間が狭いのは不審で、再考の余地があるかもしれない。南北梁間は四間。柱間寸法は一〇尺等間で、総長四〇尺（一二メートル）をはかる。

基壇の西辺および南辺の西半分は残りが良好で、高さ約一メートルをはかる。しかし、基壇の北西から南東に向けて舌状に土砂が覆いかぶさり、基壇南辺の東半分と東辺は基壇の輪郭が不分明になっている。寺院廃絶後に背後の谷が氾濫して、あふれ出た土砂が基壇を覆ったためである。この谷の浸食は五大堂基壇の北東隅付近まで及んでいる。礼仏堂基壇が地山を削り出して造成しているのならば、同じ尾根筋の高い位置にある五大堂も、地山を削り残して基壇としたと推定できる。現在の等高線で判断する限り、基壇北側は地山を大きく削り込まず、背後の尾根筋から連続するように平坦面を作り出した可能性がある。ただし、氾濫した土砂が覆いかぶさっているので確言はできない。

残りのよい基壇西辺および南辺の西半分でも、基壇化粧の痕跡は見えない。礎石位置から判明する南北中軸線で基壇西辺を東に折り返すと基壇基底部の東西幅は約二三・六メートルとなり、西雨落溝の位置から推定した礼仏堂の東西屋根幅に近い。

なお、五大堂の基壇の北東隅を浸食するV字形の谷地形は、安祥寺山から南下し五大堂の背後でL字形に折れて東の谷へ落ちる。おそらく、これは上寺存続期に、背後の山からの雨水や土砂を防ぐために掘った水切り用の溝で、当初はもっと北で東に排水していたのが、長い年月の後、五大堂基壇近くまで浸食が及んだものと考えられる。現状では谷筋は深くえぐられ、谷の法面は不安定でオーバーハングしている部分もある。早期に手を打たないと、上寺の遺構に甚大な被害を与える恐れもある。

檜皮葺西僧房跡　「資財帳」で「西房二間一檜皮葺 各長七丈 一板葺 二面有庇」と記載された二間（＝二棟）の僧房のうち、檜《ひ》皮葺《わだぶき》のものに相当すると考えている。礼仏堂の西雨落溝の西方において、一一個の礎石を見つけ、ボーリング棒でさらに一〇個の礎石位置を確認した。つまり、当該建物の礎石は、すべて残っていることになる。露出した礎石はすべて上面が平坦な自然石である。これらの礎石から桁行六間（柱間寸法は九尺等間で総長五四尺＝一六・二メートル）、梁間二間（柱間寸法は八尺等間で総長一六尺＝四・八メートル）の南北棟が復原できる。側柱筋には、礎石と礎石の間に自然石を並べた地覆が部分的に残る。西側柱筋の礎石の中には、造成した平坦地の西端にあるため、地盤が沈下して西に傾いたり、原位置から西方にずれたものがある。

　等高線は西僧房の北と南でわずかに東に入り込み、西でわずかに張り出す。建物に対応して、基壇上の高まりが若干あるのだろう。ただし、東にある礼仏堂の西雨落溝との間に、その痕跡はない。

　西僧房南端の東には、礼仏堂に取り付く軒廊の礎石二個がある。確認したのは東西八尺、南北九尺の一間分であるが、「資財帳」に記載された「東西軒廊各長二丈 並檜皮葺」の西軒廊に相当するならば、東の礼仏堂基壇の西端にも、軒廊の礎石二個が南北に並んでいた可能性がある。また、西僧房の南から三番目の礎石列に対応して、礼仏堂の西雨落溝の西側石列を構成する一石が礎石状を呈している。用途・機能は不詳である。

檜皮葺東僧房跡　「資財帳」で「東房二間一檜皮葺 各長一（七カ）丈 一板葺 二面有庇」と記載された二棟の僧房

のうち、檜皮葺のものに相当すると考えている。礼仏堂の東方において、一三カ所の礎石位置を確認し、桁行六間（柱間寸法は九尺等間で総長五四尺＝一六・二メートル）、梁間二間（柱間寸法は七尺等間で総長一四尺＝四・二メートル）の南北棟が復原できた。

つまり、東・西僧房は伽藍中軸に対して対称位置に造営されているが、東僧房の梁間総長は西僧房よりも二尺短い。尾根端を造成して伽藍地とし、礼仏堂・五大堂を中軸線上に置いて、東西対称に僧房を配する伽藍配置を計画したが、地形的制約で梁間の柱間寸法を変更したのであろう。

東僧房南端から二列目の柱筋の西には、礼仏堂に取り付く軒廊の礎石一個が残る。東西七尺、南北九尺で一間分の軒廊が復原できる。西軒廊と同様、礼仏堂基壇の東端にも、もう一間分の軒廊礎石があったと想定する。また、東側から礼仏堂基壇に取り付く翼状地形の北入隅部に東西に細長い石一個が露出している。東僧房から礼仏堂に登るスロープ状施設北端の耳石の可能性がある。その位置も、東僧房南端の礎石位置から推定できる軒廊とは大きくずれ、僧房に柱筋を揃えた創建軒廊が、後に位置を南にずらしてスロープ状施設に改作された可能性を示唆する。

確認できない二棟の僧房跡　「資財帳」には東西各二棟、計四棟の僧房が記載されている。西房二棟も東房二棟のいずれも、一つは檜皮葺、一つは板葺で、それぞれ長さは七丈、二面に庇が付くという。礎石位置から復原した上述の東西僧房は、礼仏堂のほぼ東西対称位置にあって、礼仏堂正面の広場＝儀式空間に立った時に目に入る、きわめて目立った存在である。檜皮葺建物と板葺建物では、前者の格が高く、正面観を重視する建物配置では、檜皮葺建物を正面に、板葺建物を背後に置いたはずである。（注六七）上述の東西僧房を檜皮

注六七●上原真人『瓦を読む』歴史発掘一一、講談社、一九九七年。

葺僧房と推定した積極的な理由である。礎石位置から明らかになった東・西僧房は庇がつく構造ではなかった。とすれば、板葺の東・西僧房が、二面に庇をもつ建物であった可能性もある。

この板葺の東・西僧房はどこにあったのだろうか。位置を確認した檜皮葺の東・西僧房の北側延長、すなわち五大堂の東西には、細長く平坦な空閑地がある。複数棟の僧房を配するときは、棟通りをそろえたり、棟筋を平行させて配するのが一般的である。したがって、この空閑地に板葺の東・西僧房を南北棟で納めるのが穏当な理解であろう。

東の板葺僧房推定地は、北方から流入した土砂が厚く堆積しているので、今次調査では、西の板葺僧房推定地を対象に、地表からボーリング棒で礎石位置を探った。しかし、礎石や根石の痕跡は確認できず、場所によっては地表下二〇—三〇センチでチャート質岩盤に当たった。礎石が失われたか、岩盤上に直接柱を立てた可能性もある。発掘でその存在を確かめるほかはない。

方形堂跡　伽藍地北西で三間×三間の礎石建物跡一棟を新たに発見した。一九八一年に京都国立博物館が作成した地形図には、五大堂の西方に単独で一個の石が書き込まれている。これがこの建物跡の西南隅の礎石であった。今次調査時にも、この礎石は枯木の根で覆われていたが、これを基準にボーリング棒で地表直下の礎石位置を確認した。ただし、北側背後の造成法面の崩壊により、建物跡の北東部分は深く埋没しており、南西隅の礎石を共有して西側柱列と南側柱列四個ずつ、計七個の礎石を明らかにし、そのほか六カ所で地中に礎石が存在することをボーリング棒で確かめた。東西三間の柱間は六尺・七尺・六尺の計一九尺＝五・七メートル、南北三間は七尺等間で計二一尺＝六・三メートルとなり、南北が六〇センチほど長い方形堂＝一間四面堂である。

礎石は僧房や五大堂と比べて大きく、長辺が八〇センチを越えるものがある。この方形堂の建立場所は、尾根端を造成した平坦面の北西隅に当たり、建物の西側は谷に向かって急傾斜で下降する。そのため礎石は不等沈下を起こしている。沈下の度合は、比較的安定している南東隅の礎石上面の高さを基準として、南側柱列を西に向かって、マイナス〇・五センチ、同一六・五センチ、同二七・五センチ、西側柱列は北から南へ向かって、マイナス三・五センチ、同六・五センチ、同三九・五センチとなる。つまり、方形堂建設地は西南方向に向けて、かなり地盤沈下していたのである。

なお、「資財帳」の記事の中から、この方形堂に該当する建物や施設は特定できない。「庫頭」の「板葺大宜所」は長二丈で規模が近似するが、近くに「檜皮葺屋」「檜皮葺井屋」「檜皮葺客亭」を配置する「庫頭」空間を確保できない。「浴堂一院」に関しても同様である。方形堂建設地が、伽藍地の奥まった地盤の悪い場所であることを配慮するならば、「資財帳」には記載されていない、後になって造営された建物跡と考えるのが無難であろう。なお、前章で述べたように、「資財帳」成立後、『延喜式』成立以前に、安祥寺宝塔が造営された可能性も指摘されている(注六八)。しかし、南北に長い方形堂は宝塔ではあり得ない。地盤沈下で「宝塔」本来の礎石位置がずれた可能性も、無視してよいだろう。

東側平坦地　尾根端を造成した主要伽藍地から東の谷に向けて一〇メートルほど下った標高三三八メートル前後の位置に、山腹東斜面を造成した南北に長い平坦地がある。繁茂した竹や雑木を伐採すると、南北七五メートル、幅は五〜七メートルほどの広さであることがわかったが、上の主要伽藍地との間が急傾斜をなしており、平坦地の山側にはかなり

注六八●紺野敏文「創建期の安祥寺と五智如来像」前掲書。

の土砂が堆積していると思われる。ボーリング棒で探査しても礎石は確認できず、中央や南寄りの平坦地東端の地表で見つけた石一個は、上方の主要伽藍地礎石が転落したものである可能性がある。上寺に関わる建物や施設があった場所と考えるが、性格を特定するのは困難である。「資財帳」の「庫頭」や「浴堂一院」の候補地とはなり得ても、それを主張する積極的根拠はない。

平坦地の南端は地形に沿って細い通路状となり、その東側二メートルほど下方に、七メートル×四メートル程度の平面三角形に造成した平坦地がある。これも通路など上寺に関わる遺構かもしれない。それよりも南方は、主要伽藍地から南へ下る尾根に沿って、狭隘は平坦地が散在するが、それ以南は谷に向かって落ち込む急峻な斜面となる。

上寺への参拝道　上寺への参拝ルートを探ろうと、主要伽藍を中心に広範囲に歩き回ったが、明確な道の痕跡はなかった。上寺へのアクセスが困難なのは、今に始まったことではない。永祚元（九八九）年五月一日に上安祥寺に山籠した僧が飢饉となった時、米塩を持って馳せ向かった人の話によると、道がわからず、たまたま会った講忠という法師の案内で歩いて寺を尋ねた。しかし、「自嶺攀登、羊腸難堪」と苦労の連続で、午後（未刻）になって、ようやく寺に到着。山籠僧八人に米塩を施したという（『小右記』）。私達の調査時には、上寺の中心伽藍が立地する尾根の東の谷から、ロープを使って急斜面を一気によじ登ったが、一〇世紀の終わりには、羊腸のようなつづら折りをたどって上寺に至る道が存在したのである。藤原順子等が法会に列席する時は、輿に乗ってこのルートをたどったのであろう。

しかし、背後の安祥寺山からは、谷筋に沿った出入り以外は急傾斜で、ルートの設定はむずかしい。西斜面は急傾斜であるだけでなく、岩盤が露出している場所もあって、道を造成することは不可能である。主要伽藍からのびる尾根筋に沿った南のすぐ下方には狭隘な緩斜面があるが、それより南は急傾斜で谷に落ち込んで、道を切り開くこと自体が困難である。残された東斜面には、上述したように、主要伽藍東側の平坦地に至る通路状の痕跡があり、さらに東南へとのびるルートが確保できる。おそらく、上寺へは東の谷の入り口付近から参詣道を設定したのであろう。

(三)　まとめ

調査成果と問題点　既往の調査成果を踏まえた二〇〇二年度の測量調査の結果、「資財帳」における上寺に関する記載とほぼ対応する形で、礼仏堂、五大堂、檜皮葺の東・西僧房、僧房と礼仏堂を結ぶ東・西軒廊の計六棟の建物や施設の位置や規模を推定できるに至った。一方、伽藍地北西で明らかになった方形堂（一間四面堂）は、「資財帳」との対応が指摘できず、「資財帳」成立後に造営された建物の可能性を指摘した。

これ以外にも「資財帳」は、板葺の東・西僧房や庫頭、浴堂院などの建物を記載する。その位置や規模は不明だが、五大堂東西の空閑地や主要伽藍地よりも一段低い東側平坦地などが所在候補地となる。また、「仏頂尊勝陀羅尼石塔一基」（蟠龍石柱）や「宝幢二基」は、「石」という材質や「四丈一尺」という高さから推定して、堂内ではなく屋外に置かれたはずで、かつて梶川が推定したように（注六九）、礼仏堂前の広場に石塔を立て、二基の宝幢が、そこで執行した仏教儀式を荘厳したと考えるのが妥当である。今次調査においても、ボーリング棒で据え付け痕跡の有無を探ったが、確認できなかった。

注六九●梶川敏夫「山岳寺院」前掲書。

「資財帳」には僧房や庫頭、浴堂院にあった建物の葺材を、それぞれ檜皮葺あるいは板葺と明記しているにもかかわらず、上寺の中心的堂宇である礼仏堂と五大堂の屋根が何で葺かれていたのか記載していない。主要伽藍地に瓦が散布していることを根拠に、八賀晋さんはこれらを瓦葺建物と推定した。(注七〇) 今次調査においても、平安時代の平瓦片数点を礼仏堂の周辺などで採集したが、総瓦葺屋根を復原するには瓦の量があまりにも少ない。屋根自体は檜皮葺で、大棟だけを瓦で覆う屋根構造であった可能性が高い。しかし、礼仏堂の礎石はすべて抜き取られている可能性が高く、これが移築にともなうものならば、仏像などと一緒に屋根瓦を下寺に運んだ可能性も捨てきれない。

また、本書で「資財帳」との対応を指摘した六棟の建物や施設に関しても、細部の寸法まで完全に一致するわけではない。「資財帳」に記載された建物の「長」は、礼仏堂と五大堂の場合には、南北方向（奥行）の長さ、すなわち梁間方向の長さを示していると考えると遺構によく合致する。しかし、東・西僧房の場合は、「資財帳」の長七丈＝二一メートルは、遺構の南北方向の長さ（この場合は桁行方向の長さ）五丈四尺（五四尺）＝一六・二メートルよりも長い。さらに、東・西軒廊に関する「資財帳」の記載「長二丈」＝六メートルは、遺構のどの長さに相当するか判断に迷う。また、東・西僧房に関する記載「二面在庇」は、檜皮葺僧房・板葺僧房の両方に関する説明のはずだが、檜皮葺僧房と判断した遺構に庇の痕跡は確認できない。

いずれにしても、「資財帳」に記載されたのは、創建後、間もない頃の安祥寺の姿であり、我々が観察した安祥寺上寺跡は廃絶後の姿である。創建から廃絶までの間に、上寺の建物や施設に加えられた改変の痕跡を、地表観察から読みとることは不可能である。東西

注七〇●八賀　晋「安祥寺上寺跡」前掲書。

軒廊の礎石と礼仏堂から翼状に張り出すスロープの位置が合致しない点、所在を確認できない二棟の僧房や庫頭・浴堂院の建物の場所や規模の解明などを含め、将来の発掘調査に解決を委ねたい。

安祥寺上寺の歴史的特色　安祥寺上寺は、険しい山中の狭小な尾根端に平坦地を造成して、九世紀中頃に建立された。その願主が仁明天皇の后で文徳天皇の母（＝藤原順子）、開基が入唐八家の一人である恵運であったことは、この寺院の性格を大きく規定したはずである。「資財帳」を見ると、安祥寺が保有する仏像・経典や説法具・荘厳具は、太皇太后宮（＝藤原順子）、文徳天皇、従一位藤原女（＝藤原古子。文徳帝の女御の一人で、文徳の死後、順子とともに出家）、尚侍従三位廣井女王など、文徳天皇を中心とした宮廷（後宮）ファミリーが願主となって施入したものが大多数を占める。また、五大虚空蔵菩薩や仏頂尊勝陀羅尼石塔（幡龍石柱）や「阿闍梨付法物」のように、唐伝来の品々が資財に含まれているのは開基の経歴に由来する。ただし、恵運は唐から多数の経典を招来した（「恵運禅師将来教法目録」『大日本仏教全書』第二冊）にもかかわらず、安祥寺保有の経典類は順子等の宮廷ファミリーを願主とした法華経や金光明経、大般若経など、一般的な経典類が主体で、恵運招来の経典は資財に加えられていない。

今次の調査で明らかになった安祥寺上寺は、険しい山中に作られた山林寺院であるにもかかわらず、礼仏堂や五大堂などの大規模な堂宇を中心として、東西対称に僧房を配するなど、平地伽藍と遜色のない構造をもつ。とくに礼仏堂前に広がる儀式空間としての広場は、安祥寺上寺が単なる山林修行の場としてよりも、文徳帝を中心とした宮廷（後宮）ファミリーの要請に応える法会施設として充実していたことを明示する。広場の両側に高さ四丈一尺（一二・三メートル）もの宝幢がそびえ、エキゾチックな仏頂尊勝陀羅尼石塔（蟠龍石柱）が据えられていれば、法会の効果も抜群だったはずである。背後の五大堂に安置された他に類のない騎獣の五大虚空蔵菩薩像を前にして執行される真言秘法に際して、唐長安青龍寺の義真から恵運が授かった仏舎利や密教法具、同じく青龍寺の恵果が空海に授け、実恵を経て恵運にもたらされた念誦珠などの諸道具は、祈願成就を十分期待させたに違いない。

山林寺院には僧の修学・修行の場というイメージがつきまとう。しかし、安祥寺上寺の場合には、恵運が唐から招来した品々のなかでも、仏像や法具という視覚的文物が資財として納められ、経典類は資財になっていない点など、修学・修行の場としてよりも、願主を招いて執行する法会の場として機能した感を強く受ける。今次の調査で明らかになった安祥寺上寺の実態は、それを如実に示す。さらに、安祥寺創建の経緯などを勘案すると、法会の出席者・招待客は、文徳天皇に関わる少数の宮廷（後宮）ファミリーであった可能性が高い。平安時代の宮廷仏教の実態を解明する上で、安祥寺が多くの検討課題を含んでいる事実を強調して結びとしたい。

第Ⅰ部　安祥寺成立の歴史的背景

第1章●近江京・平安京と山科

吉川真司

一――古代の山科　―序にかえて―

今も昔も、京都を発ってまっすぐ大津に向かおうとする人は、必ず東山山系を通過しなければならない。東山のゆるやかな峠を越えると、あるいは鉄路や国道のトンネルを抜けると、山々に抱かれた小さな盆地が眼前に広がる。そこが山科である。

本書の主題となる安祥寺は、下寺が山科盆地北端にあたる谷合いに、上寺がその北方にそびえる山峰に建てられた。安祥寺創建の意味を考えようとするなら、なぜこのような立地が選ばれたのかという問題を避けて通ることはできない。それはとりもなおさず、古代の山科がいかなる地域であったかを問うことでもある。この章では、特に近江京・平安京との関わりを中心にして、古代山科の地域性について考えてみたいと思う。

最初に、山科の地形について概観しておきたい(注一)（図1－1）。山科盆地は東を逢坂山山系、北と西を東山山系によって限られ、南は醍醐の狭隘部を抜けて、六地蔵で京都盆地につながっている。南北は約七・五キロ、東西は最大幅で約三・五キロを測る。山科とは、狭義には醍醐あたりより北方を指したものらしく、ほぼ現在の京都市山科区のエリアにあ

注一●金田章裕「平安時代の山科」（『本願寺と山科二千年』法藏館、二〇〇三年）。

旧東海道
安祥寺川
安朱
渋谷越
花山
四ノ宮川
旧安祥寺川
音羽川
滑石越
山階野
古北陸道
栗栖野
大宅
山科川
勧修寺
小野
宇治
(大岩山越)
醍醐
小栗栖
石田
日野
六地蔵
木幡
岡屋
0
1
2km

図１－１　山科盆地

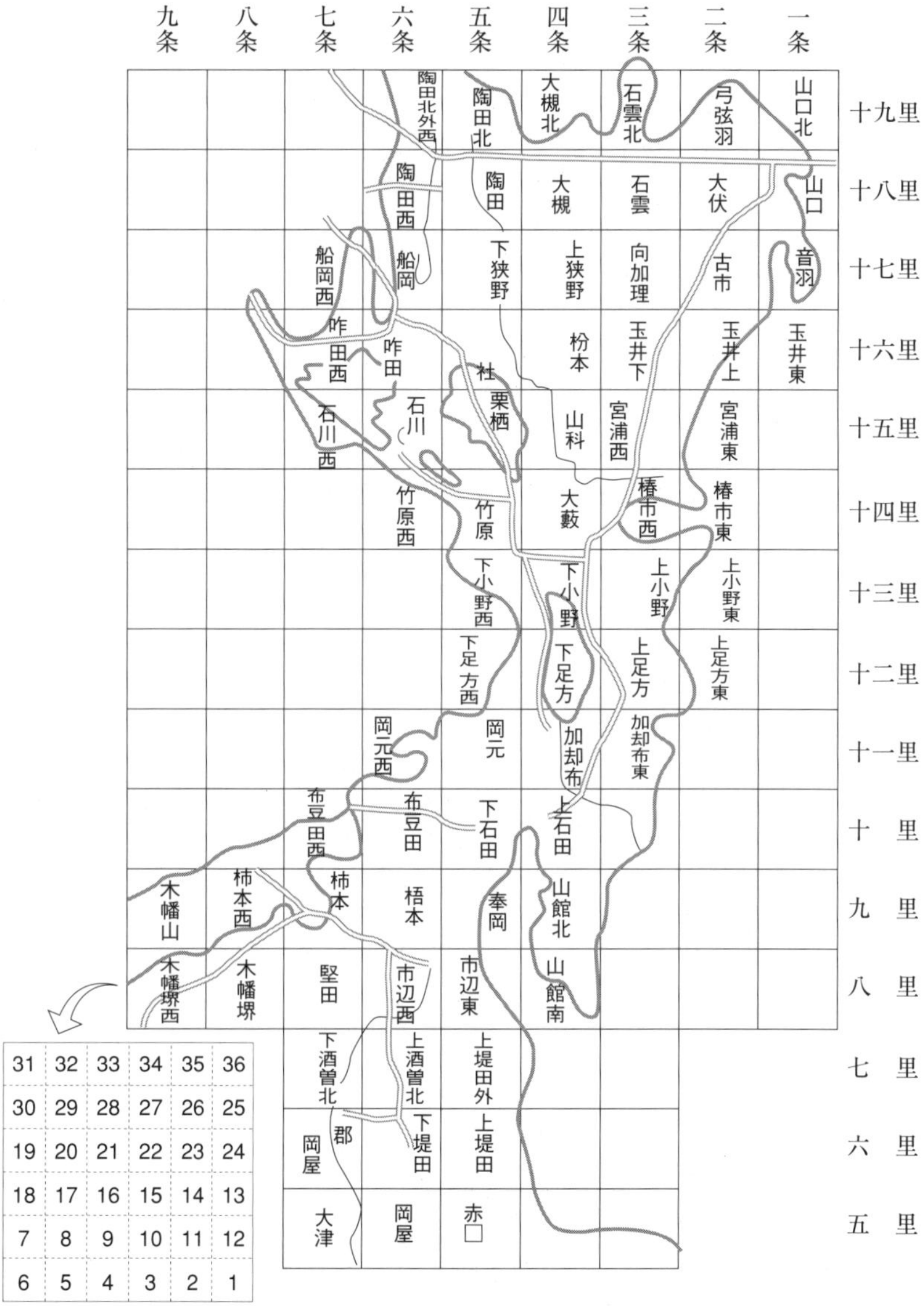

図１－２　「山科郷古図」の条里と坪並（左下）

たる。その北東部では、音羽川・四ノ宮川・安祥寺川が一つの扇状地を形作っている。扇状地上は最上流部を除けば水が得にくく、このため古代には水田開発が遅れて「山階野」などと呼ばれた。三つの川は扇状地の端部で合流して山科川となり、さらに盆地の西縁を流れてきた旧安祥寺川を合わせるが、これらの流域は一般に低湿地であり、古くより水田耕作が行なわれた。また、山科川・旧安祥寺川の合流点の北西には、川が削り残した小さな台地「栗栖野《くるすの》」があり、縄文時代から連綿と集落や墳墓が営まれてきた。そして一筋の流れとなった山科川は、小栗栖《おぐるす》・石田を経て、六地蔵まで下っていくのである。

山科盆地では、旧石器時代にさかのぼる人々の生活痕跡が見つかっており、縄文時代になると遺跡の数も増える。やがて水田耕作が始まり、政治・社会組織は高度で複雑なものになっていくが、そうした歴史の行き着く先が、七世紀半ばから形成される律令体制であった。大化改新とともに列島社会には〈国―評―五十戸〉という行政区画が施行され、そののち〈国―郡―郷〉として定着する。山科盆地は南に続く宇治川右岸地域とともに「宇治評（郡）」とされ、現地の集落はいくつかの五十戸（郷）にまとめられた。『和名類聚抄』によれば、九世紀頃の山城国宇治郡は八つの郷からなっていた。（注二）このうち宇治郷・大国郷・賀美《かみ》郷・岡屋《おかのや》郷が宇治川右岸地域（宇治橋～木幡）にあり、余部《あまるべ》郷・小野郷・山科郷・小栗郷が山科盆地にあったと考えられる。私見によれば、山科郷を盆地北東部の扇状地上、小野郷を北西部の山科川・旧安祥寺川流域、小栗郷を醍醐の狭隘部以南、そして余部郷を盆地北辺地域に比定するのが、おおむね妥当なようである。（注三）ちなみに余部郷とは、戸数が五十に満たない郷をいう。八世紀の一郷平均人口は一一〇〇人弱と推定されているので（注四）、山科盆地の人口はおよそ四〇〇〇人前後というところであろうか。

注二●『和名類聚抄』巻六、山城国郷。これは九世紀の資料に基づくものと考えられている（池辺弥『和名類聚抄郡郷里駅名考証』吉川弘文館、一九八一年）。

注三●『京都市の地名』（平凡社、一九七九年）、『京都府の地名』（平凡社、一九八一年）、『角川日本地名大辞典　京都府上・下』（角川書店、一九八二年）などに依拠しつつ、保元三年五月十日「山城国勧修寺領田畠検注帳案」（勧修寺文書、『平安遺文』二九二二号）の地域区分を参考にして、各郷の位置を推定した。

注四●鎌田元一「日本古代の人口」（『律令公民制の研究』塙書房、二〇〇一年、初発表一九八四年）。

律令体制の時代、列島の大地には方格と直線が刻み込まれた。都城には条坊制による方格の都市区画、農村には条里制による方格の耕地区画が施工され、また都城と全国を結ぶ駅路は直線道路の連なりであった。山科盆地にも七世紀後半に駅路が貫通し、やがて平安遷都によって大きく変貌するが、この点については三節で詳しく述べよう。一方、条里地割は八世紀半ばまでに形作られ、耕地はすべて「○条○里○坪」という呼称法によって管理された。山科盆地の条里呼称法は、宇治郡条里の通例として、東から西に一条、二条、と数えて九条で終わり、南から北に一里、二里、と数えて十九里で終わる。○条○里のブロックは、例えば五条十八里が「陶田《すえた》里」というふうに、みな固有の里名をもっていた。そして各ブロックは三六の坪（一町方格）からなり、それぞれの坪は南東隅を一坪としてそこから西へ二坪、三坪、と数えていき、北東隅を三十六坪とする連続式（千鳥式）の坪名が与えられた（図１－２）。ただし、実際の条里地割は地形条件に左右され、特に盆地の縁辺部においてはゆがんだり、斜めになったりする場合も多かった（注五）。

山科盆地の交通路と条里については、これまでに詳細な研究が行なわれてきた（注六）。それを可能にした条件として、多数の古文書や近代の地図とともに、「山科郷古図」の存在を特筆大書しなければならない。この「山科郷古図」は一二世紀中葉頃、勧修寺が寺辺所領の領有を主張するために作成した地図であり、条里界線や固有里名はもとより、道、山麓線、扇状地や台地の裾線、陵墓・寺社・堂舎・池など、実にいろいろな事物が書き込まれており、古代の山科を考える際の根本史料と言うべきものである（注七）。縦一一七cm、横一八六cmという大きな地図ゆえ、すべての記載を掲げることはできないが、図１－２にはそこから主要なものを抜き出しておいた。以下の論述でも何度か触れることになろう。

注五●金田章裕「平安時代の山科」（前掲）。

注六●足利健亮『日本古代地理研究』（大明堂、一九八五年）、金田章裕「山科盆地における一二世紀の土地利用と条里プラン」（野外歴史地理学研究所編『琵琶湖・淀川・大和川』大明堂、一九八三年）、鳥居治夫「山城国宇治郡条里に関する考察」（『近江』四、一九七三年）、など。

注七●寺嶋雅子「「山城国山科郷古図」の成立と伝来」（『中央史学』三、一九八〇年）。現存する諸写本はすべて水戸彰考館本を写したものであるが、その彰考館本は空襲のために焼失した。さいわい焼失前の写真が『大日本史料』第二篇之七に掲載されており、また忠実な模本のカラー写真が、所蔵者である東京大学史料編纂所の編による『日本荘園絵図聚影』二（東京大学出版会、一九九二年）に収録されている。

さて、ここまで古代の山科に関する基本的知識を整理してきたわけであるが、意識的に触れなかった点が一つある。それは山科が二度にわたって、首都に隣接する地域になったことである。一度目は近江遷都、二度目は平安遷都によるもので、特に後者は以後長く山科の地域性を規定していった。厳密に言えば、北京（保良宮《ほら》）や長岡京への遷都についても考察すべきであるが、やはり近江京・平安京ほどの影響はなかったようである。以下、二節にわたって、「京近郊域としての山科」について考えていくことにしたい。

二――近江京と山科

(一) 近江遷都と山科

天智六年（六六七）三月、中大兄皇子は都を大倭《やまと》から近江に遷した。大津宮（近江宮）を核とするこの都を、『日本書紀』天武元年五月是月条は「近江京」と表現している。まだ条坊制による都市計画はなかったと見られるが、遅くとも天智朝には行政区画「京」が存在し、また庚午年籍には京戸籍があったらしいので、(注八)「近江京」と呼ぶのは学問的にも適切である。読みは「アフミノミサト」であろう。

中大兄は翌六六八年に即位し、天智天皇となった。彼が近江大津の地を選んだのは、白村江敗戦後の首都防衛を考えての措置であろうが、もう一つの理由として、父舒明天皇・母斉明天皇が愛した「平浦宮《ひらうら》」が近傍にあったことが考えられる。藤原鎌足が死去したとき、天智は哀切なる別れの言葉を贈り、その中で「もし死者に霊があって、先帝（舒明）と皇后（斉明）にお目にかかれたならば、かつて遊覧された淡海と平浦宮処は、なお昔日

注八●岸俊男「日本における「京」の成立」（『日本古代宮都の研究』岩波書店、一九八八年、初発表一九八二年）、吉川真司「律令体制の形成」（『日本史講座』一、東京大学出版会、二〇〇四年）。

のままでございます、と申し上げよ」と述べた。[注九] 天智にも鎌足にも、平浦宮はなじみの深い場所であったらしい。また、『万葉集』巻一には額田王の歌として、

秋の野の　み草刈り葺き　宿れりし　宇治のみやこの　仮廬し思ほゆ

という和歌が見える。その左注は山上憶良の『類聚歌林』を引き、「一書に、戊申年（六四八）比良宮に幸すときの大御歌」と記す。作者は額田王とも斉明天皇とも決めがたいが、平浦宮行幸に際して、宇治の離宮で宿泊したことだけは史実と認められよう。

ここで近江遷都までの宇治・山科について、概要を述べておきたい。大倭から近江を経て若狭・越にいたる道は古くから存在したと考えられるが、この「プレ北陸道」は宇治で宇治川を渡り、山科盆地を経て逢坂山を越えるルートを取ったらしい（『日本書紀』仲哀元年閏十一月戊午条・神功摂政元年三月庚子条、『古事記』応神段）。渡子のいる宇治は交通の要衝として栄え、応神の子菟道《うぢの》稚郎子《わきいらつこ》は「菟道宮」で勢力を養い、王位継承にも関わったという。[注一〇] やがて大化改新によって交通政策が転換され、渡子の調賦（渡し料）などが廃止された。大化二年（六四六）に道登が宇治橋を架けたのは（宇治橋断碑）、新政策に呼応した行動と考えられる。逢坂山は畿内北限に定められたが（『日本書紀』大化二年正月甲子条）、それは「プレ北陸道」が通っていたことによるものであり、以後天智朝までに駅路として整備されていった。「山科郷古図」には、石田から醍醐を経て盆地北東隅に至る道が描かれており、これこそが七～八世紀の北陸道にほかならない。[注一一] 平浦宮を好んだ斉明天皇は、春に秋に山科を通って行幸したのである。

近江京の時代になると、この道は倭京との連絡道路として、いっそう重要性を増した。大津宮からまっすぐ南下すると、逢坂（小関越）の道にスムースに接続し、すぐ山科に出

注九●『家伝』鎌足伝。斉明の行幸は、『日本書紀』斉明五年三月庚辰条にも見える。

注一〇●菟道稚郎子の王位継承をめぐる記紀の物語は潤色が著しいが、五世紀の「菟道宮」に有力な王族がいたこと自体は、宇治部の存在が一つの傍証となるだろう。

注一一●足利健亮『日本古代地理研究』（前掲）第二章第二節。『万葉集』巻一三には、大倭から越への旅路を詠んだ歌が収められる（三二三六～三二四一）。平城山を越え、管木（綴喜）原を通り抜けて宇治川を渡った旅人は、石田社と逢坂山で幣帛を捧げて行路の安全を祈った。そして逢坂を越えると、琵琶湖に白波の立ち渡るのが望見されたのである。

ることができる。(注一二)天智一〇年一〇月、皇位継承を固辞した大海人皇子は、内裏仏殿の前で僧形となり、翌々日に大津宮を出て吉野に向かった。このとき近江朝の重臣たちは大海人を送って宇治に至り、その地で別れて大津に戻っている。この事実は山科盆地を含む宇治郡(評)全体が、首都近郊域として認識されていたことを示すものであろう。宇治には橋守が置かれていたが、彼らに命じて吉野への食糧輸送を妨げさせたように(『日本書紀』天武元年三月是月条)、宇治橋は物流と軍事警察の要地であった。

天智八年五月五日、山科野で遊猟が行なわれた。大海人皇子・藤原鎌足を始め、群臣がみな天智に付き従ったが、日付から見て、鹿の若角を獲る薬猟《くすりがり》の行事だったと推測される。(注一三)薬猟は前年五月五日にも蒲生野で催された。国王が儀礼的狩猟を行なう「野」が山科にはあり、あるいは額田王の歌で知られる野守も、蒲生野と同じように置かれていたのかもしれない。『日本書紀』の天智遊猟記事はこの二例のみであるが、壬申の乱で記録が散逸したことを思えば、実際には天皇・貴族の狩猟や遊宴がしばしば行なわれていたことも十分考えられる。そうであれば、後代と同じように、山科に彼らの山荘が設けられたことも想定できるのだが、具体的な手がかりはほとんど残されていない。

(二) 山階陶原家と山階寺

近江京時代の山科には、藤原鎌足の山階陶原家《やましなすえはら》があった。この陶原家には持仏堂が付属していたらしく、それが山階寺、あるいは山階精舎と呼ばれ、藤原氏の氏寺興福寺の起源になったと考えられる。八~九世紀の興福寺は公式記録でも「山階寺」と呼ばれており、前身寺院が山科にあったという認識は確かに存在したのである。それでは、山階陶原家・

注一二●足利健亮『日本古代地理研究』(前掲)第二章第二節。

注一三●和田萃「薬猟と本草集注」(『日本古代の儀礼と祭祀・信仰 中』塙書房、一九九五年、初発表一九七八年)。

山階寺は山科盆地のどこに建てられたのだろうか。(注一四)

山階寺（山階精舎）に関する基本史料は、ともに天平宝字年間（七五七〜七六五）に成立した次の二つの史料である。〈 〉内は原注で、〔 〕内の注記は私に加えた。

【史料①「宝字記」(注一五)】

興福寺〈旧名山階寺、亦名厩坂寺〉。この寺の興りたるや、飛鳥板蓋宮御宇天豊財重日足姫〔皇極〕天皇の代に創まる。天皇の四年歳次乙卯〔六四五年〕の際に至り、…〔中略。蘇我入鹿の専横と中臣鎌足によるクーデタ計画を記す〕…。なほ事の済らざるを慮りて、仰ぎて弘願を発し、釈迦丈六像一躯・挟侍菩薩ならびに四天王等の像を造り奉り、四天王寺に喝し奉らんとす。その後、天下遂に軽皇子に定まるなり。よって山階にて敬ひて真像を写し、能事ここに畢るといへども、然るに未だ遺請せず。近江大津宮御宇天命開別〔天智〕天皇の八年歳次己巳〔六六九〕冬十月に至り、内大臣〔鎌足〕、二豎夢に入り〔病気になり〕、七尺〔からだ〕安からず。嫡室鏡女王請ひて曰はく、別に伽藍を造りて、前像を安置せよと。大臣許さず。再三に至りて、始めてすなはち従ふ。便りに山階にて真院を就開す。世に伝ふる山階寺これなり。

【史料②『家伝』鎌足伝】

〔天智八年十月〕十六日辛酉、淡海の第に薨ず。…〔中略。天智哀冊と葬礼について記す〕…。ここに庚午〔六七〇年〕閏九月六日を以て、山階精舎に葬す。王公卿士に勅して悉く葬所に会せしめ、大錦下紀大人臣をして送終の辞を告げ、贈賻の礼を致さしむ。

①②は近江京時代から一世紀が過ぎようとするころ、興福寺・藤原氏の公式見解として

注一四●吉川真司「安祥寺以前」（『安祥寺の研究』Ⅰ、京都大学、二〇〇四年）。論証はすべてこの論考に委ね、ここでは結論のみを示すことにする。

注一五●「宝字記」は天平宝字年間に作成された「興福寺伽藍縁起并流記資財帳」と考えられ、『興福寺流記』や護国寺本『諸寺縁起集』に引用されて伝わっている。

記された史料である。まず①によれば、鎌足は四天王寺に安置するため、山科で釈迦三尊・四天王像を造顕したが、そのまま放置していた。やがて重病になった時、鏡女王の勧めによって伽藍を建て、仏像を安置したのが山階寺の始まりだという。また②は、鎌足は淡海の第で死去し、一年間の殯《もがり》の後、山階精舎にて葬送儀礼が行なわれたと述べている。

一方、山階陶原家については、『三宝絵詞』下に「大織冠内大臣鎌足ノオトド、山城ノ宇治ノコホリ山階ノ村ノスエハラノ家ニスム」と見え、『扶桑略記』斉明三年条にも「内臣鎌子、山科陶原家〈山城国宇治郡にあり〉に始めて精舎を立て、すなはち斎会を設く」とあって、ともに九～一〇世紀の縁起・表白類にもとづく文章と考えられる。(注一六)鎌足が何らかの施設を山科に有したことは史料①も述べており、その名が「陶原家」と伝えられていたのであろう。さらに注意すべきは、史料①も『扶桑略記』も、鎌足が近江遷都以前から山科に関わりをもっていたとする点である。つまり、山階陶原家が近江京時代に建てられた別荘とは限らないのであり、斉明朝以前に遡る可能性も一概に否定できないと言えよう。ちなみに近江京時代の鎌足の本邸は、②にいう「淡海の第」であった。

これまで山階陶原家・山階寺については、伝承・地名や発掘調査成果などにもとづき、いくつかの候補地が挙げられてきた。a東野説、b大宅説、c盆地北部説、d小野説、e中臣説、などである。(注一七)このうち現在でも学問的検討に耐えうるのはb・c・e説であって、b説は大宅廃寺と地名「興福寺橋」、c説は古代史料に見える地名「陶田」「興福寺地」、e説は中臣遺跡と地名「中臣」をそれぞれの判断材料とする。しかし、b説・e説は各遺跡を山階陶原家・山階寺と断定できるだけの論拠をもちあわせておらず、確実な古代史料から立論するc説こそが、最も信頼できる学説だと思われる。そこで新史料による

注一六●福山敏男「興福寺の建立」(『日本建築史研究』墨水書房、一九六八年、初発表一九三五年)。

注一七●薮中五百樹「興福寺の前身・山階寺と厩坂寺をめぐって」(『佛教藝術』二三四、一九九七年)。

知見を加えて、c盆地北部説にさらに磨きをかけることにしよう。

貞観九年（八六七）六月一一日「安祥寺資財帳[注一八]」には次の記載がある。

【史料③「安祥寺資財帳」】

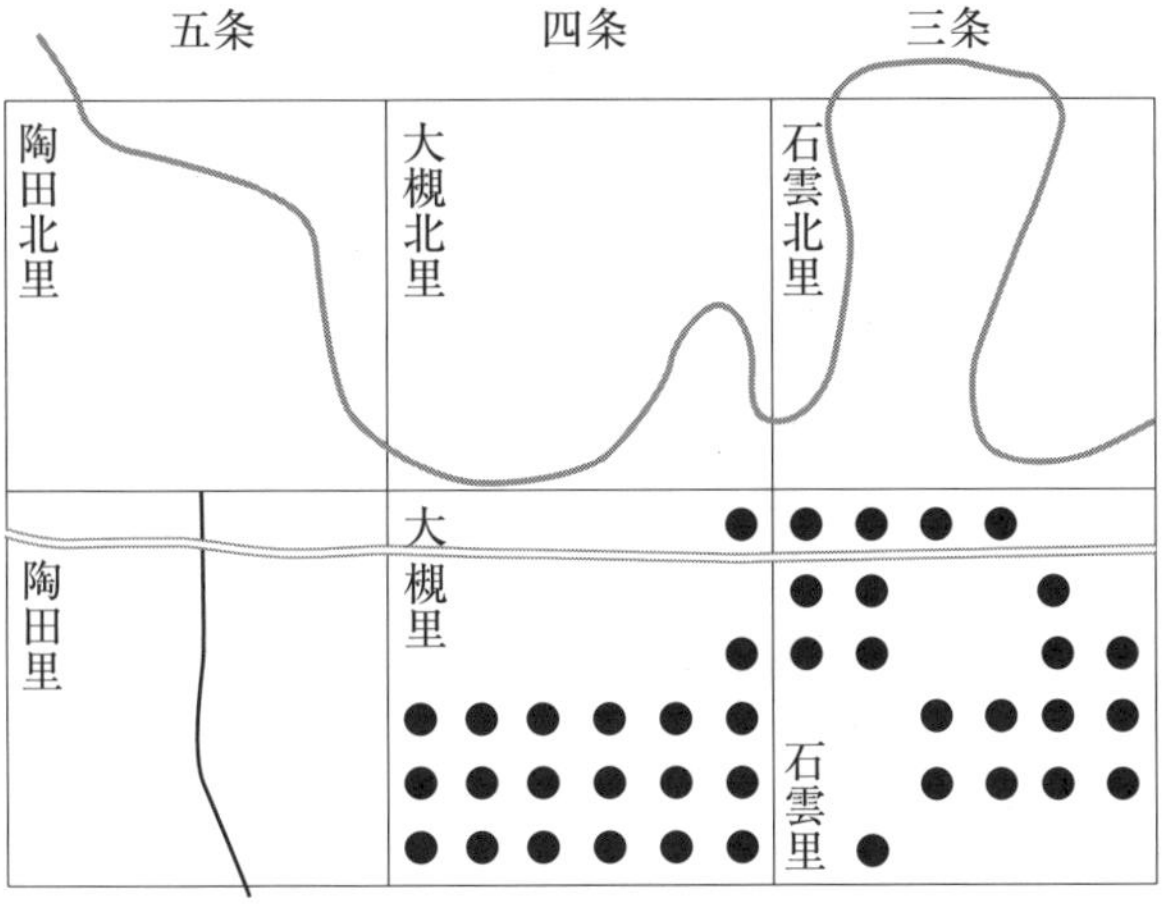

図１－３　安祥寺下寺に隣接する寺辺所領（●は所領のある坪）

下寺地拾町八段　十二歩

四至〈東を限る諸羽山　南を限る興福寺地　西を限る山陵　北を限る山川〉

安祥寺下寺の領域を述べた記事である。

下寺地については、「安祥寺資財帳」の他の部分の記載、保元三年（一一五八）五月一〇日「山城国安祥寺領寺辺田畠在家検注帳案[注一九]」の「寺中」記事、さらには中世の古文書に見える地名などを勘案するなら、JR山科駅北方の安朱地区の谷合い、条里で言えば三条十九里の石雲北里にあったことは、ほとんど疑問の余地がない。史料③の四至のうち、東限は諸羽神社背後の柳山、西限は天智天皇陵兆域内とおぼしき安祥寺山、北限は安祥寺川が山間に入っていく毘沙門堂近辺と考えられ、南限がここで問題となる「興福寺地」なのである。

注一八●京都大学文学部所蔵文書、『平安遺文』一六四号。中町美香子「『安祥寺資財帳』の成立」（本書第7章）が詳しい書誌的考察を行なっている。

注一九●勧修寺文書、『平安遺文』二九二三号。

「興福寺地」の場所はほぼ見当がついた。そこで改めて「山城国安祥寺領寺辺田畠在家検注帳案」をひもとくと、一二世紀中葉における安祥寺領の所在が一目瞭然なのだが（図1－3）、安祥寺下寺があった石雲北里周辺では、すぐ南の石雲里に安祥寺領が散在するのに対し、南西側の大槻里では北半分がすっぽりと空白になっている。そこには一六町を超える、安祥寺以外の所領があったらしいのだが、これこそが「興福寺地」なのではなかろうか。大槻里の西が「陶田里」である。「山科郷古図」では陶田里のほぼ中央に南北方向の線が描かれているが、これは扇状地裾のラインを示し、[注二〇]西側は「田」に適した土地だが、東側は水が得にくい「野」「原」であった。とすれば、陶田里の東半から大槻里にかけてが「陶原」と呼ばれたとしても、何の不思議もない。〈陶原家・山階寺→興福寺地〉という転変をたどった地は、この大槻里の空白部分だったと考えられる。

「興福寺地」は興福寺の史料にも現われる。ただし、古代寺領荘園によくあるように、郡名を冠した「宇治荘《うじのしょう》」として。すなわち、承安三年（一一七三）八月一五日「興福寺維摩会不足米勘文案」（興福寺文書九函一号、『維摩会引付』所引）によれば、藤原鎌足の忌《き》日法会《じっほうえ》である維摩会《ゆいまえ》の財源として、全部で一二箇所、推定総面積約一〇五町におよぶ荘園が置かれていた。その大部分は天平宝字元年（七五七）閏八月、鎌足の功田一〇〇町が興福寺に施入されて成立し、法会料に充てられた寺田の後身と考えてよい。宇治荘はその一つで、推定面積約一五町五段のうち、約七町五段は小作に出したが旱損のため収入がなく、残る八町は摂津国草和良宜《さわらぎ》村とともに「不沽田」（小作に出さない田）という特殊な位置づけがなされ、やはり収入がなかった。この文書は一二世紀末期のものだが、毎年の維摩会に際して作成される定型的な文書であり、おそらく一一世紀頃から同じ内容であっ

注二〇●金田章裕「平安時代の山科」（前掲）。

たと推定される。

興福寺は宇治郡に「興福寺地」以外の所領をもっていなかった。したがって、宇治荘は「興福寺地」そのものと考えることができるが、大槻里の空白部と宇治荘の面積がほぼ等しいことも一つの傍証となるだろう。そして「不沽田」という扱いをされていたことは、宇治荘が経済的な意味ではない、特別な存在であったことを物語る。摂津国草和良宜村も同じである。そこで私は両荘の所在地に注目し、宇治荘は山階陶原家、草和良宜村は三島別業、つまりともに藤原鎌足の邸宅に起源をもつ所領であろうと推定する。鎌足に功田が与えられたとき、彼に縁の深い土地を選ぶのは当然の配慮であったろうが、それが八世紀半ばに興福寺領に転化し、格別の寺領として伝えられてきたと考えるのである。

このように山階陶原家・山階寺は、安祥寺下寺の南に接して、条里で言えば大槻里北半部、つまり現在のＪＲ山科駅西南の地にあった、と見るのが妥当であろう。

(三)　田辺史氏

山階陶原家・山階寺に関わって、もう一つ述べておきたいことがある。斉明五年（六五九）、藤原鎌足と車持与志古との間に生まれた子が、古代貴族藤原氏の基盤を固めた不比等であるが、フヒトは史とも書く。ではなぜ史かと言えば、鎌足が「避くるところの事ありて、便りに山科の田辺史大隅等の家に養」ったためであった（『尊卑分脈』）。当時、乳母のウジ名をとって命名する慣例があった。理由はぼかされているが、鎌足は山科の田辺《たなべの》史《ふひと》一族をわが子の乳母ウジとし、その家に預けて養育させたのである。それが不比等の幼年期、つまり近江遷都以前のことであった可能性も十分考えられる。

山科の田辺史氏については、やはり「安祥寺資財帳」が興味深い事実を教えてくれる。史料③の安祥寺下寺の寺地は、資財帳の別項にいう中宮藤原順子が施入した「墾田并野地七町」に始まるものだが、その場所は「三条石雲之北里の内、田辺村の北」であった[注二一]。つまり「田辺村」は下寺地の南に位置したことになり、山階陶原家・山階寺の比定地とごく近接するのである。また嘉祥元年（八四八）、安祥寺上寺を創建しようとする恵運に、上《かみ》毛野朝臣《つけののあそん》松雄という人物が「山一箇峰」を提供したという。上毛野氏にはいくつかの流れがあるが、皇極朝に田辺史のウジ名を賜わり、天平勝宝二年（七五〇）に上毛野公、弘仁元年（八一〇）に上毛野朝臣となった渡来系氏族もその一派である[注二二]。おそらく松雄もこの上毛野朝臣氏の一員、つまりは田辺史氏の末裔であろう。九世紀になっても彼らは山科盆地北部で勢力を保っており、その住地が「田辺村」と呼ばれたものと考えられる。ちなみに下寺があった安朱の谷は、その西南の入口にあたるJR山科駅周辺を「上野」という。「上毛野」が転訛した地名であろう。先に述べた陶原家推定地と隣り合う場所にあり、まさしく「田辺村」の地にふさわしい。

このように山階陶原家と田辺史大隅等の家は、きわめて緊密な関係にあった。しかし、どちらが先にこの地に来たか、それがいつのことだったかという肝心な点になると、確かなことは何もわからない。ともに斉明朝に遡るかもしれず、近江遷都後には間違いなく存在したと言える程度である。壬申の乱において、近江朝廷は田辺小隅に命じて大海人軍を急襲させたが、この小隅こそ山科にいた大隅その人、もしくはその近親に違いない。ここで田辺史氏の分布を見ておくと、その本拠地は河内国安宿《あすかべ》郡と考えられるが、摂津国住吉郡田辺郷に住む一族もいた。近年では、更ノ町遺跡出土木簡から山背国乙訓郡に「田辺

注二一●前稿では「田辺村地（北カ）」としたが、京都大学所蔵の古写本（旧観智院本）によって「田辺村北」であることが確かめられた。

注二二●『新撰姓氏録』左京皇別下。佐伯有清『新撰姓氏録の研究　考証篇第二』（吉川弘文館、一九八二年）、大塚徳郎『平安初期政治史研究』（吉川弘文館、一九六九年）。

郷」があったことが判明し、長岡京市鞆岡廃寺でも「田辺史牟也毛」と刻書した瓦が出土している。(注二三)つまり山城国の田辺史氏は、宇治郡北部と乙訓郡南部という東西の玄関口に住んでいたのであるが、それがいつ始まり、何を意味するかは判然としない。

鎌足の死後、長い雌伏の時を過ごした不比等は、持統三年（六八九）に判事として正史に初見する。彼の法律知識は田辺史氏との関わりによって形成されたものであろう。と言うのも、白雉五年（六五四）の遣唐使に田辺史鳥が加わり、大宝律令編纂に田辺史百枝・首名《おびとな》の二人が携わっていて、彼らが唐制に関する素養をよく身につけていたことが知られるからである。(注二四)また不比等が県犬養三千代と結婚し、安宿媛《あすかべひめ》（光明皇后）を儲けたのも、あるいは三千代の本貫地＝安宿郡を本拠とする田辺史氏の介在によるものかもしれない。(注二五)やがて八世紀になると、藤原氏・光明皇后の家政機関に田辺史（上毛野公）氏が何人も登用されるが、これもまた七世紀以来の深い縁故に根ざすものである。

山階寺は厩坂、ついで平城京に新伽藍が建てられ、興福寺に成長していった。山科に残された邸宅・持仏堂の敷地と周辺所領は、そのまま維持されて鎌足功田、ついで興福寺領になるが、現地での経営は誰が行なったのだろうか。第一候補となるのは、むろん田辺史氏であろう。安祥寺成立の前提には、このような山階陶原家と田辺村の歴史があった。

(四) 天智天皇陵

天智一〇年（六七一）一二月、病に臥していた天智天皇がついに死去した。大津宮に殯宮が設けられ、翌年には山陵の造営が始まった。その場所としては山科盆地の西北隅、鏡山と呼ばれる山丘の南麓が選ばれた。現在治定されている天智天皇陵は真陵と見て問題な

注二三●『長岡京市史　本文編一』（長岡京市役所、一九九六年）。

注二四●福原栄太郎「藤原朝臣不比等の登場」（『続日本紀の時代』塙書房、一九九四年）。

注二五●岸俊男「県犬養宿祢三千代をめぐる臆説」（『宮都と木簡』吉川弘文館、一九七七年、初発表一九六七年）。

く、宮内庁書陵部の調査によれば、墳丘は上円下方形を呈し、墳頂には切石が八角形にめぐる。(注二六)条里で言えば陶田北里の北部になるが、「山科郷古図」にはちょうどその位置に「陵」の残画が認められ、一二世紀中葉になっても山陵と認識されていたことが知られる。天智陵は八世紀初頭から最も重要な山陵であり、しばしば奉幣使が派遣されたから、その位置が忘れ去られなかったのも当然ではあった。

天智の死の半年後、壬申の乱が勃発した。『日本書紀』によれば、天智陵造営を名目として差発された美濃・尾張の役民が武器を持たされ、それに危機感を抱いた大海人皇子が蜂起したとされる。そして大規模な内乱と近江朝廷の瓦解がもたらされたのだが、これにより天智陵の造営が中断して未完成のまま放置された、とする意見がある。(注二七)

山科の御陵より退散する時、額田王の作る歌一首

やすみしし　わご大君の　恐きや　御陵仕ふる　山科の　鏡の山に　夜はも　夜のことごと　昼はも　日のことごと　音のみを　泣きつつありてや　ももしきの　大宮人は　行き別れなむ

右の歌も、かかる観点からは「戦闘・防衛のため、人々は未整備の山陵にかたちだけの埋葬を済ませて退散して」行く、慌ただしい状況を詠んだものと解釈される。しかし本当にそうだろうか。乱により山陵造営が中断されたことは、必ずしも自明ではない。

文武三年（六九九）一〇月、天智の山科山陵は、母斉明の越智《おち》山陵とともに大規模な修造をうけた。天智陵未完成説に立てば、これが本格的造営ということになる。しかも藤堂かほるは、天智陵が藤原宮大極殿のぴたり真北に位置することに気づき、このとき大極殿の位置に合わせて天智陵が占地されたと論じた。(注二八)驚嘆に価する発見だと思うが、議論とし

注二六●笠野毅「天智天皇山科陵の墳丘遺構」(『書陵部紀要』三九、一九八八年)。

注二七●笹山晴生「「従山科御陵退散之時額田王作歌」と壬申の乱」(『国文学　解釈と教材の研究』二三―五、一九七八年)、藤堂かほる「天智陵の営造と律令国家の先帝意識」(『日本歴史』六〇二、一九九八年)。

注二八●藤堂かほる「天智陵の

ては無理がある。天智陵と藤原宮大極殿の距離は約五六キロ、その間に木幡、久世、平城山の山丘が立ちはだかる。これらを越えて真北を指向するのは困難であり、南北関係は恐るべき偶然と言うほかない。そもそも天智陵と同時に修造された斉明陵は、未完成の山陵などではなかった。文武三年には持統・文武の直系尊属である斉明・天智の山陵が再整備されたのであり、それまでにも一定の威儀は整っていたと考えられる。

このように天智天皇陵は当初から鏡山南麓にあり、造営は壬申の乱後に及んだ可能性があるが、一応完了したと推察される。従って、現位置のままに天智陵設定の理由を考えてよいことになり、①禁野《しめの》、②交通路、③山階陶原家、などとの関係が想定できるだろう。しかし、②交通路は理由になるまい。天智陵は盆地東縁を南北に貫く主要道路から遠く離れていたからである。のちの東海道はむろん存在しないし、前身道路があったとしてもさして重要性はない。また、①禁野であった可能性もあるが、積極的に主張できるだけの論拠もない。とすれば、山階山陵をここに設定したのは、やはり鎌臣鎌足ゆかりの地であったことが最大の理由だったのではなかろうか。もっとも、山陵に対して山階寺が何らかの役割を果たしたかどうかとなると、何もわからない。現時点にして言えるのは、近江京が廃都となった後にも、奉幣使がしばしばこの地を訪れ、彼らが山陵の東南、田辺村の南の野に広がる山階陶原家・山階寺の遺址を目にしたであろうこと、その一点だけである。

営造と律令国家の先帝意識」（前掲）。なお、早く鳥居治夫も「天智天皇御陵は藤原宮中軸線に当るラインにほぼ存在する」と考えていた（前掲「山城国宇治郡条里に関する考察」）。

三——平安京と山科

(一) 長岡・平安遷都と山科

山科がふたたび首都近郊域となるのは、八世紀末のことであった。桓武天皇は延暦三年(七八四)一一月に長岡宮に行幸し、それが実質的に長岡遷都となった。彼は〈天智—施基—光仁—桓武〉という直系皇統を重んじ、かつ父光仁天皇を「新王朝」始祖に擬する政策を行なったが、長岡遷都もそうした「新王朝」意識の現われであった(注二九)。そして、天智天皇への尊崇が高められ、山科山陵奉幣の意味も大きくなっていく。山科は京に近くなったこと、天智陵が重んじられたことなど、長岡遷都の影響を受けざるを得なかった。

さらに平城京から長岡京への移動は、京をめぐる道路体系の変更を伴った。平城京時代には、山科盆地を北陸道が南北に貫通していたが、東海道は平城京の北から伊賀国に向かい、東山道は宇治田原を抜けて瀬田に至った。ところが長岡京時代になると、この三道がともに巨椋池《おぐらいけ》北岸の「横大路」を東に向かい、六地蔵から旧北陸道ルートで山科を縦断して、逢坂を越えたところで分岐するようになったらしい(注三〇)。おそらくそれに伴い、延暦八年には鈴鹿・不破・愛発《あらち》の三関が廃止され、相坂剗《せき》に集約されたと見られる。山科盆地の交通量は一挙に数倍になり、軍事警察上の意味も高まったのである。

しかし、長岡京の時代はわずか一〇年で終わる。早良親王の怨霊、相次ぐ飢饉・疫病・天災、そして王宮の不体裁に悩まされ、桓武はついに長岡廃都を決意して、桂川対岸で新都建設を始めた。延暦一三年一〇月に遷都の詔が出され、翌月には「平安京」と命名され

注二九●吉川真司「平安京」(『日本の時代史5　平安京』吉川弘文館、二〇〇二年)。

注三〇●足利健亮『日本古代地理研究』(前掲)第二章第二節、第四章第三節。

た。宮都の造営は延暦末年まで続けられる。大同五年（八一〇）嵯峨天皇が平城太上天皇と争った際、平安京は「万代の宮」と言挙げされたが、この「薬子の乱」が収まってからは嵯峨の言葉が現実化し、首都はずっと平安京に固定されることになった。

首都近郊域としての山科の歴史は、平安遷都とともに本格的に始まったと言ってよい。東山で隔てられていても、京と山科はまさに隣接しており、京の影響が直接的・連続的に及んできたからである。桓武天皇は延暦一三年一二月に「山階野」で遊猟し、二〇年四月には参議紀勝長の「山階宅」に行幸した。山科盆地南隅の日野では、延暦一四年から実に一一回もの遊猟が行なわれている。また、嵯峨朝の右大臣藤原園人は「前山科大臣」、仁明朝の右大臣藤原三守は「後山科大臣」と呼ばれ、ともに山科に邸宅があったらしい。このように山科は、京に程近い遊宴・遊猟・別荘の地として、貴族たちに愛されることになったのである。また安祥寺・元慶寺・勧修寺・醍醐寺・慈徳寺などの寺院が建立され、天皇や上級貴族の陵墓が造られるなど、山科は信仰と鎮魂の地にもなっていく。こうした京近郊の地としての性格は、宇多、嵯峨、桂、深草、宇治などにも通じるところがあった。

平安京をめぐる交通路についても触れておこう。こと山科について言えば、南北軸を基本とする長岡京時代の交通路が、東西軸に改められたことが大きな変化であった。京から東山を越えて山科に入る道としては、日ノ岡越・渋谷越・滑石《すべりいし》越の三ルートがあり、このうち粟田口から北山科に出る日ノ岡越が、東海道・東山道・北陸道を兼ねる大路だったと見られる。三路とも山科盆地を東西に横断し、かつての北陸道に合流して逢坂を越えた。平安遷都直後には、相坂剗の廃止（延暦一四年）・山科駅の廃止（延暦二三年）などの施策が見られるが、これらは交通路の変化と連動していたのであろう。桃山丘陵南端をかすめる長岡京時代の道はすたれ、京から宇治に向かうには丘陵を斜めに横切る大亀谷越が用いられるようになった。これら日ノ岡越・渋谷越・滑石越・大亀谷越の道はすべて「山科郷古図」に描かれており、今とほぼ同じルートであったことが知られる。

(二) 藤原是公の墓

葬地としての山科について、もう少し詳しく考えてみることにしよう。

山科に葬られたと推測される貴人で、最も時代が遡るのは桓武朝の右大臣藤原是公である。是公は「牛屋大臣」と号し、延暦八年(七八九)に死去した(『公卿補任』)。彼の墓については、保元三年(一一五八)五月一〇日「山城国勧修寺領田畠検注帳案」に次のような記載が見える。(注三一)

【史料④ 「山城国勧修寺領田畠検注帳案」】

同〔布豆田〕西里

山四至〈東を限る公田、西を限る古道、南を限る本播林、北を限る牛屋大臣御墓〉

一坪一町〈作田五段、荒五段〉　武国

二坪一町〈已山〉

十一坪一町〈作田二段、八段山〉　有国

十二坪一町〈作田一段六十歩　八段大山〉　国任

十四坪一町〈已山〉　友成

勧修寺は宇治郡七条十里の布豆田西里に、山と田からなる所領をもっていた。その山の

注三一●勧修寺文書、『平安遺文』二九二二号。すでに鳥居治夫「山城国宇治郡条里に関する考察」(前掲)が言及しているが、ここで改めて文書・地図を吟味してみた。

北限が「牛屋大臣御墓」＝藤原是公の墓とされていたのである。

「山科郷古図」によれば（図1－4）、山麓線はほぼ史料④と合致し、しかも同里一三坪、すなわち一二坪（山が八段二四〇歩あった）の北隣に「高塚」が描かれている。おそらく「牛屋大臣墓」とは、この高塚を指すものであろう。現地は小栗栖南部、大岩山から南に延びる山丘の東斜面である。四至についてはなお慎重な検討が必要であるが、西限の「古道」は大亀谷越の道と考えられ、山はある程度の広がりをもっていたらしい。

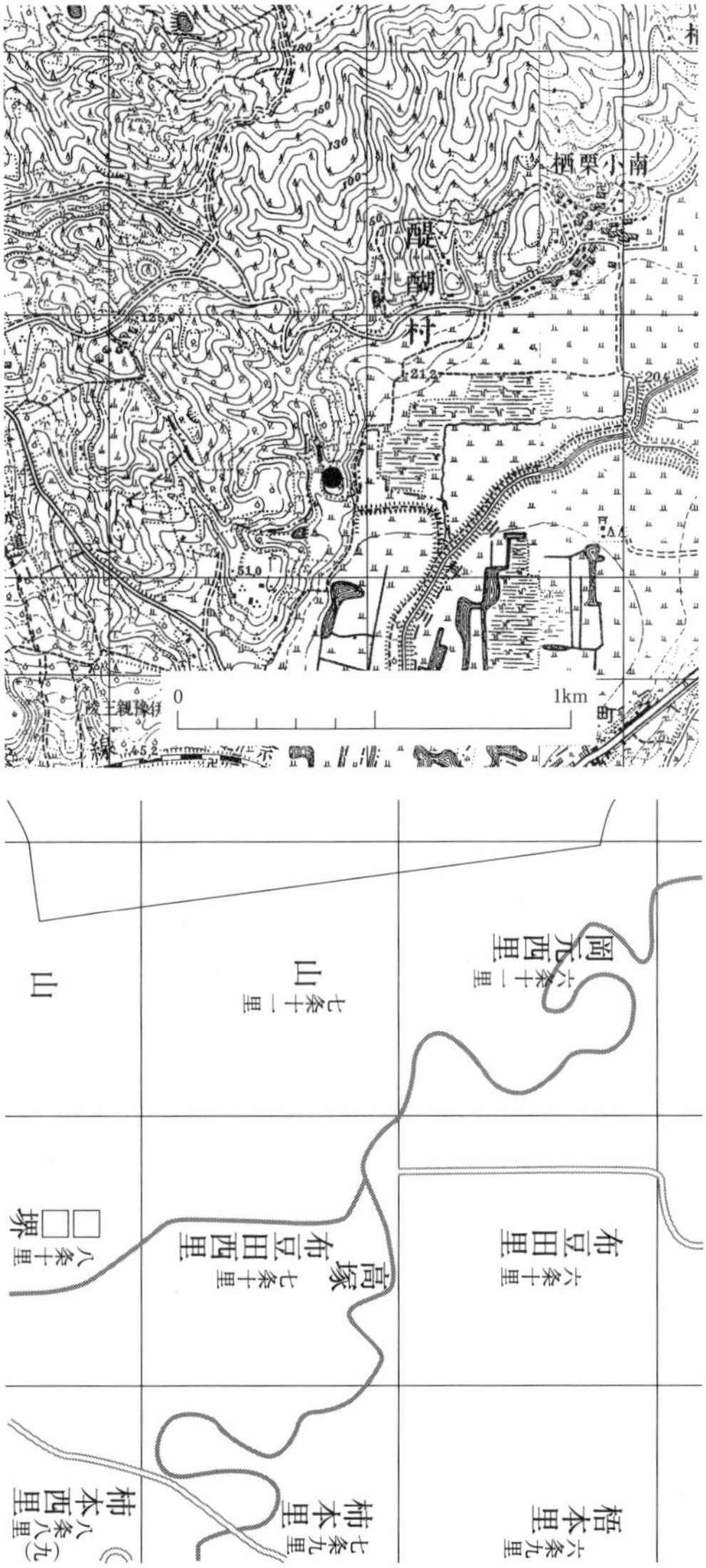

図1－4　牛屋大臣墓（●）とその周辺

この「牛屋大臣御墓」が事実を伝えていたとすると、それが長岡京時代の貴族墳墓だったことに注目する必要がある。長岡京の葬地としては、高野新笠の大枝陵、藤原乙牟漏の高畠陵、藤原旅子の宇波多陵などが知られ、すべて京に近接する山城国乙訓郡の地であった。したがって、山科盆地南部の事例が加わるのは貴重であるが、延暦一一年八月には「山城国紀伊郡深草山西面に葬埋することを禁ず。京城に近きによりてなり」という禁令が出されており（『類聚国史』巻七九、禁制）、東山に埋葬される人々は確かに存在したのである。ただし是公墓は深草山の東面にあり、長岡京からは望見できなかった。その意味では、平城京の葬地である田原や生駒谷（注三二）と同じような立地と言ってよい。

平安遷都後になると、山城国宇治郡に貴顕の陵墓が次々に築かれた。九世紀には伊与親王、坂上田村麻呂、藤原冬嗣・美都子夫妻、藤原長良、藤原順子、藤原基経、藤原胤子、藤原高藤らが宇治郡に葬られている。ただし、各陵墓は山科盆地の各地に点在しており、場所を特定できるものもほとんどない。藤原北家の奥津城として知られる木幡山を、「一門埋骨之処」としたのは藤原基経だという（「木幡寺鐘銘」『政事要略』巻二九）。しかし個々の墓のありかは、今となっては全くわからないのである。

このように見てくると、「牛屋大臣御墓」は山科における藤原氏墳墓の初例となる可能性があり、所在がおおむね判明するのも貴重である。今後なお検討されるべきであろう。ちなみに藤原是公の女吉子は、桓武天皇夫人となって伊予親王を生んだ。このため是公は親王を庇護したと見られ、ともに栗前《くりくま》野に山荘をもち、是公の子雄友も親王に近侍した。伊予親王は桓武に寵愛されたが、のちに平城天皇によって殺され「巨幡墓」に葬られた。巨幡は桃山丘陵をさす可能性があり（注三三）、だとすれば外祖父是公の墓とも近接する。二人の墳

注三二●岸俊男「太朝臣安万侶墓と葬地」（『日本古代文物の研究』塙書房、一九八八年、初発表一九八〇年）、金子裕之「平城京と葬地」（『文化財学報』三、一九八四年）。

注三三●『宇治市史1　古代の

墓の立地は、生前の深い関係を反映したものなのかもしれない。

(三) 坂上田村麻呂の墓

山科盆地の九世紀陵墓はほとんどが遺址不明となってしまった。ところが、坂上田村麻呂の墓だけは良質の文献史料が残されていて、ほぼピンポイントで場所を指し示すことができる。しかも驚くべきことに、ちょうどその位置に西野山古墓という重要遺跡があり、田村麻呂の墓である可能性がきわめて高いのである。この事実は、一九七三年に鳥居治夫が指摘したところであるが、最終的な位置比定を誤ったためか、全く承認されることなく今日に至っている。[注三四] しかし、鳥居の方法と発想自体は正しい。そこで私なりに考証をやり直し、〈坂上田村麻呂墓＝西野山古墓〉説に確証を与えたいと思う。

まず、墓の位置を決めることから始めよう。坂上田村麻呂は、周知のとおり、征夷大将軍として東北蝦夷戦争に勝利し、胆沢城・志波城を築いて支配拠点を固め、さらには薬子の変を鎮圧して嵯峨朝の確立に寄与した、歴戦の武人である。弘仁二年（八一一）五月二三日、大納言正三位の官位を帯びた田村麻呂は粟田別業で死去した。葬儀には勅使が派遣され、従二位が贈られた。そして一〇月一七日、「山城国宇治郡地三町」が彼の「墓地」として賜与されたのである（『日本後紀』）。この墓地賜与について、『清水寺縁起』は次の太政官符を引く。[注三五] 重要だが簡単な史料なので、原文を掲げることにする。

【史料⑤『清水寺縁起』】

太政官符　民部省

賜本願将軍墓地官符〈在山城国宇治郡七条咋田里西栗栖村〉

歴史と景観』（宇治市役所、一九七三年）第2章第4節。

注三四●鳥居治夫「山城国宇治郡条里に関する考察」（前掲）。『角川日本地名大辞典　京都府上』（前掲）の「栗栖里」の項目は、「本物の田村麻呂の墓は船岡西里にあったことを、墓地四至の記載によって明らかにした考証があり、説得力を持っている」と述べており、管見の限り、鳥居の田村麻呂墓論を取り上げた唯一の記述かと思われる。しかし、西野山古墓に比定した核心部分には触れていない。また、西野山古墳についても解説文がいくつかあるが、田村麻呂墓との関係を述べたものは見当たらない。

四至〈東限六七条間畔并公田、西・南限大路、北限自馬背坂上橋之峰〉
水田玖段壱百〔佰、下同〕弐拾陸歩〈廿五坪四段、廿六坪三段二百六十〔八脱カ〕歩、廿七坪三百五十四
歩、卌五坪二百廿四歩〉
陸田参段弐佰参拾陸歩〈百〔姓〕□口分、廿五坪弐段二百卌六歩、廿七坪一段〉
山弐町
右、被右大臣偁、「奉　勅、件地宜永為故大納言贈従二位坂上大宿祢田村麻呂墓地。
其百姓口分田之代、以祭〔乗〕田給」者。宜〔省宜〕有承知、依宣行之。符到奉行。
参議右〔左〕大弁従四位上兼行右〔左兵〕近衛督備中守秋篠朝臣安人
右大史正六位上勲七等坂上忌寸今継
弘仁二年十月十七日

写しであるため、誤りも少なくないが、ほとんどは修正可能である。形式・日付・官位などにも矛盾はなく、弘仁二年の文書として問題なく使うことができる。内容的には、田村麻呂墓地を賜与すること、百姓口分田の代替として乗田を給うことを、太政官が民部省に指令している。墓地は全部で三町三段二歩。うち水田が九段一二六歩、陸田が三段二三六歩、山が二町で、平地から山丘にかかる場所に墓があったことが推測できる。官符には、冒頭に墓地全体の四至が記され、水田・陸田については条里坪付も示されている。

では、その場所はどこか。まず四至の東限が「六・七条の間の畔」であるから、宇治郡七条のどこかであることが判明する。そこで表題部分を見ると、「七条咋田里西栗栖村」と明記されているではないか。咋田里は六条十六里であるから、これは「七条咋田西里、栗栖村」の誤りと考えるほかない。つまり、墓地はその全体が咋田西里に所在したので

注三五●『清水寺縁起』は、『続群書類従』第二六輯下および『清水寺史』第三巻（音羽山清水寺、二〇〇〇年）に翻刻がある。一〇世紀後半〜一一世紀前半に成立したと考えられる（逵日出典「清水寺縁起考」『奈良朝山岳寺院の研究』名著出版、一九九一年、初発表一九八七年）。史料⑤の太政官符は、『平安遺文』にも三四号文書として収めるが、表題部分を欠く。

(注三六)ある。粟栖村とは、五条十五里粟栖里あたりから西方にかけての広域地名であろう。こうして里名がわかれば、宇治郡の連続式坪並によって二五坪・二六坪・二七坪・三五坪の平地部分が位置決定でき、「山弐町」はそれに続く山丘部分ということになる。

　これらの坪を「山科郷古図」および条里復原図に落としたのが、図1－5である。両図には整合しない部分があるが、それは復原図が条里プランを単純に地図上に落としただけのものだからである(注三七)。この近辺では条里地割が北でやや西に傾いており、しかも畦畔のな

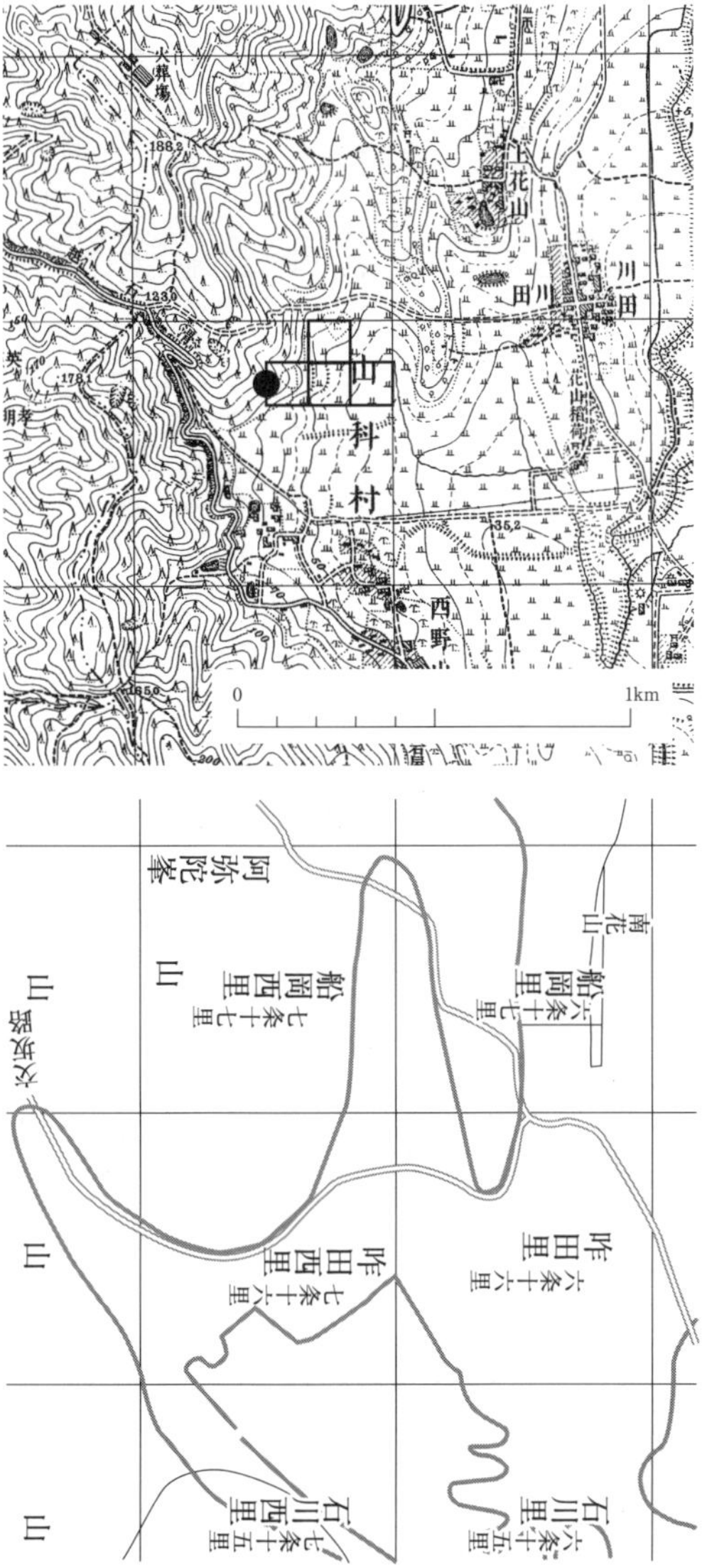

図1－5　坂上田村麻呂墓とその周辺
（小さい□は施入田のある坪、●は西野山古墓）

注三六●鳥居治夫「山城国宇治郡条里に関する考察」（前掲）は、表題記載を捨象して「船岡南里」に墓の所在を求めた。むろん、発給された官符にこのような表題があったはずはないが、内容面での齟齬はなく、端裏書などに基づく確実な情報と

い山中では条・里の範囲が不分明になるため、「山科郷古図」が現地に即した描写をするほど、机上のプランからずれてくる。しかし、平地部分での誤差は数十m以内に収まるはずだから、両図をにらみ合わせながら考えればよかろう。結論から述べれば、問題の四箇坪は、確かに平地と山丘の変換線（山麓線）付近に位置している。「山弐町」は二七坪・三五坪からその西側の坪（二八坪・三三坪・三四坪など）にかけて所在したのであろう。そしてこれらのすぐ南からやや西を、滑石越の道が湾曲しながら通っており、まさに「西・南限大路」に該当する。問題は北限の「自馬背坂上橋之峰」である。「馬背坂」が「山科郷古図」にいう「交坂」（マゼサカ）で、滑石越の峠道を指すことは鳥居の言うとおりとしても、全体としては解釈が難しい。一六里の北辺をなぞるように川田と滑石越を結ぶ道と見るか、六条山から延びる尾根の意と取るか、いずれであろうが、誤写の可能性を含めてなお検討を要する。しかし北限が船岡西里に入ることは、まず考えられない。

かくして田村麻呂墓の位置はほぼ確定できた。[注三八]そして、まさしくこの推定墓域の中に西野山古墓は存在するのである（図1－5の●印）。西野山古墓は、一九一九年に偶然発見された。東方に山科盆地を見わたせる山丘斜面に墓坑を掘り、木棺の周囲に木炭を分厚く充填し、さらに封土をかぶせていた。この遺跡が名高いのは、国宝に指定された副葬品によってである。[注三九]すなわち棺外に金装太刀一口、革帯飾石一括、金銀平脱《へいだつ》双鳳文鏡一面、刀子一口、鉄鏃十数本、鉄板二枚、瓦硯一面、陶製水滴一口が納められ、また木棺に打ち付けてあった鉄釘も数十本発見された。特に金装太刀と金銀平脱双鳳文鏡は正倉院宝物に匹敵する高級品であり、また革帯飾石は白玉の可能性が強く、そうであれば三位以上および四位参議の所用品となる（『延喜式』弾正台）。瓦硯の年代などから「長岡京の時期から平

考えられる。

注三七●復原に当たっては、藤岡謙二郎「古代の大津京域とその周辺の地割に関する若干の歴史地理学的考察」（『人文地理』二三―六、一九七一年）、『宇治市史』（前掲）第2章第4節、鳥居治夫「山城国宇治郡条里に関する考察」（前掲）、金田章裕「山科盆地における一二世紀の土地利用と条里プラン」（前掲）を参考にした。

注三八●鳥居治夫「山城国宇治郡条里に関する考察」（前掲）は、西野山古墓が「古図の船岡南里に所在する」として、同里二坪・三坪の境界あたりに図示する。しかしこれは、正報告（梅原末治「山科村西野山ノ墳墓ト其ノ発見ノ遺物」『京都府史蹟勝地調査会報告　第二冊』京都府、一九二〇年）の指図

安時代の初期頃」に位置づけられるという。

つまり西野山古墓の被葬者は、八世紀末~九世紀初頭に死去した公卿クラスの上級貴族ということになる。出土した鉄鏃からは弓矢の副葬が推測でき、きわめて豪華な太刀と相俟って、高級武官としての風貌がうかがわれる。これらは八一一年に正三位大納言兼右近衛大将として薨去した坂上田村麻呂と、何一つ矛盾しない。右の位置比定と総合することにより、西野山古墓は坂上田村麻呂の墓である、と結論づけるのが最も妥当であろう。

〈坂上田村麻呂墓=西野山古墓〉説が認められれば、その遺構・遺物は九世紀初頭の基準例として用いることができ、考古学の編年研究に寄与しうる。また、『清水寺縁起』や『田邑麻呂伝記』[注四〇]には、田村麻呂の葬礼に関する詳しい記事があり、遺跡の状況と突き合わせられるのも貴重であろう。かいつまんで記せば、田村麻呂が薨ずると、嵯峨天皇は常例より多額の絁《あしぎぬ》・調布・商布・米を賜与し、左右京から各五十人、山城国から百人の役夫を徴発した。葬礼は二七日に行なわれ、勅使が派遣されて贈位宣命を読み上げた後、戌二刻(午後七時半前後)に「山城国宇治郡栗栖村」に埋葬した。勅により「甲冑・兵仗・剣鉾・弓箭・糒塩」を調えて副葬し、「城東に向かひて立ちて窆《ほうむ》」ったという。最後の部分はいささか説話的な色彩を帯び、西野山古墓の墓坑・副葬品の実状と必ずしも合致しない。ただ、太刀(=兵仗)と鏃(=弓箭)の副葬は確認できるし、墓地の坪付は山丘の墓を東側から祀るさまを思わせ、東面して葬ったという記事とひとまず符合する。

『清水寺縁起』はこれに続き、田村麻呂墓が国家の変難時に鳴動したこと、将軍として坂東・奥地に向かう者がひそかに祈願に訪れたことなどを記し、いよいよ説話色を濃くしていくのだが、しかし東向きに立ったままで葬ったという話を含めて、いずれも古代山科

(七七頁「古墳」)と全然違う場所である。ただ、同指図だけでは遺跡の位置を正確に読みとることはできず、今では全く場所がわからない。図1―5に示したのは、報文の記述と地番から推定した位置である。

注三九●梅原末治「山科村西野山ノ墳墓ト其ノ発見ノ遺物」(前掲)、高橋照彦「山科西野山古墳出土品」(『週刊朝日百科』一一五六、朝日新聞社、一九九八年)。

注四〇●『田邑麻呂伝記』は『群書類従』第五輯所収。『清水寺縁起』の田村麻呂伝とほとんど同文で、やはり一一世紀までに成立したと考えられる。高橋崇『坂上田村麻呂 新稿版』(吉川弘文館、一九八六年)、参照。

の地域史を考える材料になる。特に注意すべきは、田村麻呂墓が滑石越（交坂路）の東の登り口に位置したことである。滑石越は東山を越える峠道のうち、平安京羅城門に最もスムースに接続するルートであった。(注四一)したがって渤海使の入朝、征夷大将軍の凱旋など、東海道・東山道・北陸道方面から威儀を整えて入京する場合は、この道が用いられたと考えられる。言わば、平安京の東の玄関だったのである。その山科側の登り口を押さえる墳墓は、東方・北方の勢力から平安京を守護する役割を担うことにもなり、まさしく征夷大将軍坂上田村麻呂の墓にふさわしい。東面埋葬・鳴動・将軍参詣といった説話的内容も、かかる観点からよく理解されよう。近世に考証され、近代に整備された勧修寺東栗栖野町の現「坂上田村麻呂墓」では、そうしたことはなかなか実感できない。

(四) 勧修寺の創建

九世紀中葉、山科盆地の北端に安祥寺が創建された。太皇太后藤原順子は檀越として力を尽くし、貞観一三年（八七一）に死去すると寺辺の後山科陵に葬られた。安祥寺の創建は、山科北部が改めて注目される契機になったと見られ、貞観一〇年に清和天皇女御の藤原高子が皇子（のちの陽成天皇）を出産した際には、花山に元慶寺が建てられた。

これに対して山科中南部には、古い由緒をもつ寺院として大宅の大宅廃寺、醍醐の小野廃寺・醍醐廃寺、小栗栖の法琳寺などがあり、なかでも法琳寺は承和七年（八四〇）六月、入唐僧常暁《じょうぎょう》の奏請によって大元帥法《たいげんのほう》の修法院とされた（『続日本後紀』）。小栗栖律師と呼ばれた常暁は出自がはっきりせず、「小栗栖の路傍の棄子なり」との伝承もある（『元亨釈書』巻三）。それはともかく、小野地域に寺院や陵墓が相次いで造営されるのは、九

注四一●金田章裕「平安時代の山科」（前掲）。

世紀末以降のことであった。その先駆けとなったのが勧修寺で、藤原高藤の女にして宇多天皇女御の胤子が、所生の敦仁親王（のちの醍醐天皇）を誓護するために創建したとされる。勧修寺草創をめぐる説話には、この地域を考えるさまざまな材料が含まれている。

まず『勧修寺旧記』(注四二)によれば、勧修寺の創建以前のこと、渤海からの使者が平安京羅城門に向かう入朝路は、のちの勧修寺の南の山麓を通っていた。使者はここで忽然として馬から下り、北に向かって礼拝して、「亀甲形を呈するこの地は勝地であり、伽藍を建てればその家には貴人が絶えないであろう」と予言したという。異国人観相説話(注四三)の一種であるが、渤海使の入京ルートについては事実が伝えられているかもしれない。平安遷都後、渤海使来航は二三回を数え、彼らは北陸地方か山陰地方に来航して京に上った。その際には郊労と言って、京近郊に勅使を派遣し、一度歓待してから入京させるという儀礼が行なわれたが、北陸に来着した渤海使が郊労を受けたのは「山科村」「山階野辺」においてであった。(注四四)そこからのルートは、先にも述べたように、平安京羅城門への道にスムースに接続する滑石越であったと考えられる。とすれば、逢坂山を越えてきた使者一行は山階野のどこかで接待され、そこから旧北陸道を経て小野に至り、西に折れて滑石越（交坂）を目指した可能性がある。勧修寺と深草を結ぶ大岩山越の街道は、豊臣秀吉の伏見城築城にともなって開かれたとされ、古代には存在しなかったようである。(注四五)

次に、『今昔物語』の勧修寺開創説話を見ておこう。(注四六)藤原冬嗣の孫に高藤という人がいたが、彼は若いころ鷹狩に出て、南山科の渚山の辺りで雷雨に逢った。西の山辺の人家に逃げこむと、そこは宇治郡大領宮道弥益《みやじのいやます》の家で、高藤は主人に勧められて泊めてもらい、彼の娘と一夜を過ごすことになった。六年後にふたたび訪れると、(注四七)娘はいよいよ美しさを

注四二●『続群書類従』第二七輯上所収。

注四三●後藤祥子「叛逆の系譜」（『源氏物語の史的空間』東京大学出版会、一九八六年、初発表一九八三年）。

注四四●『日本三代実録』貞観十四年五月十五日甲申条・元慶七年四月廿八日甲子条。

注四五●『今昔物語集』巻二二、高藤内大臣語。

注四六●醍醐寺と勧修寺の間にある山で、今は「中山」というが、「山科郷古図」には「渚山」と記されている。同図は渚山南端を「御霊山」とし、現地名「醍醐御霊ヶ下町」に受け継がれているが、誰の御霊かはわからない（伊予親王御霊の可能性も捨てきれない）。

増し、一人の姫君を育てていた。高藤はそれが自分の子であることを知り、母子ともに自邸に引き取って仲むつまじく暮らした。この姫君が藤原胤子で、宇多天皇の女御となって醍醐天皇を生んだ女性である。弥益の家は寺とされ、それが勧修寺の始まりになった、という。この説話は人口に膾炙したものだが、どこまで本当かはわからない。例えば宮道弥益であるが、宮道氏は出自不明の下級氏族で、九世紀前半に吉備麻呂・吉備継が初めて正史に見えた後、元慶元年（八七七）正月三日に至って「漏刻博士宮道朝臣弥益」が登場する（『日本三代実録』）。吉備麻呂・弥益とも主計頭に任ぜられており、実務能力によって官人社会に入り込んだらしい。宇治郡では八世紀以来、宇治宿祢が郡領氏族として卓越した力をもっていた。してみれば、宮道弥益が女の列子を高藤に入れたのは事実としても、彼がその時点で大領だったか、あるいは高藤との接点が山科での鷹狩であったかどうかとなると、やはり首をかしげざるを得ないのである。

　ただ、勧修寺が宮道弥益の家に起源をもつという話は信用してよいだろう。『勧修寺旧記』によれば、根本堂宇である御願堂や本堂は、弥益の力によって建立されたものだし、何より寺域の一郭には宮道明神社が建ち、「彼氏神竈神」と伝えられるからである。保元三年「山城国勧修寺領田畠検注帳案」（前掲）でも、下小野西里の勧修寺寺地のうち、二六坪が「宮道明神敷地」とされている。宮道明神は後世に「両社明神」と呼ばれたことから推して、『延喜式』神名帳の「山科神社二座」にあたる可能性が高い。毎年四月に奉幣使が派遣された山科祭は、宮道列子の氏神祭祀が寛平一〇年（八九八）に公祭化されたものだが[注四八]、それもこの神社で行なわれたのではなかろうか。山科の弱小氏族が平安遷都とともに官人社会に組み込まれ、ついに王権に密着するに至った過程を、宮道明神社はよく象

注四七●高藤は「阿弥陀ノ峰越二」山科入りした。「山科郷古図」では七条十七里に「阿弥陀峰」と記し、現在の阿弥陀ヶ峰とはやや場所が異なる。高藤が通った峠道は、渋谷越・滑石越いずれの可能性もある。

注四八●岡田荘司「平安前期神社祭祀の公祭化」（『平安時代の

徴しているように思われる。ながく藤原氏と関係を保ち、安祥寺建立にも協力した北山科の上毛野（田辺）氏の歴史と、それはかなり異なるものであった。

勧修寺は延喜五年（九〇五）に定額寺となり、着々と寺観が整えられていった。特に高藤の子定方が母列子のために建立した西堂は、一門の精神的紐帯としての役割を果たし、彼らは「勧修寺一流」などと呼ばれるようになる。[注四九] また寺辺には、胤子（小野陵）・高藤（小野墓）・列子（後小野墓）などの陵墓が築かれ、宮道明神社の背後にある鍋岡は「先祖の芳骨」を葬った地として尊崇の対象とされた（『勧修寺旧記』）。やがて勧修寺とこれらの陵墓は一体化し、中世勧修寺の寺域を形成していく。「山科郷古図」はまさにその領域を指し示し、排他的権利を主張するために作られた絵図だったのである。

＊　＊　＊

平安時代の山科については、まだまだ書くべきことがある。特に延喜七年（九〇七）に御願寺となった醍醐寺については、『醍醐雑事記』という基本史料があり、勧修寺とほぼパラレルに成長していった天皇御願寺の歴史を追うことができる。醍醐天皇陵が小野の地に築かれたのも、醍醐寺・勧修寺との関わりが前提としてあり、[注五〇] やがては醍醐寺寺域に取りこまれていった。醍醐寺は法琳寺、勧修寺は安祥寺などを末寺に組み込み、山科盆地に勢力を伸ばしていくが、それに権門諸家の動きが絡まり、複雑な様相を呈した。こうした一〇世紀以降の山科地域史についても、古文書・絵図・考古資料を十分に活用した総合的考察が必要であろう。そのことによって、古代都城の近郊域から中世権門都市の近郊域に変貌していく過程が、具体的な手触りをもって感得されるであろう。

国家と祭祀』続群書類従完成会、一九九四年、初発表一九八六年）。山科神社の所在については定説がない。現在の山科神社は「山科郷古図」に「西岩屋殿」と記され、鳥居と「東岩屋殿」が書かれる岩屋神社とは東西対称の位置にある。どちらか一つが山科神社であるとは、やや考えにくい。

注四九●橋本義彦「勧修寺流藤原氏の形成とその性格」（『平安貴族社会の研究』吉川弘文館、一九七六年、初発表一九六二年）。

注五〇●『醍醐寺要書』（『続群書類従』第二七輯上所収）に引く紀淑光日記によれば、醍醐陵は「醍醐寺・勧修寺・願興寺、此の三箇寺の中に安治するところ」だという。願興寺については未詳であるが、大和国添上郡の願興寺は小野氏の氏寺であったから（『東大寺要録』巻六、末寺章）、山科の願興寺も同様かもしれない。

第2章●太皇太后藤原順子の後山階陵

山田邦和

はじめに

安祥寺の創設者である太皇太后・藤原順子《のぶこ》は、大同四年（八〇九）に侍従・藤原冬嗣とその正妻の美都子《みつこ》（大蔵大輔藤原真作の女）との間に生まれた。順子の父冬嗣は同年に即位した嵯峨天皇の篤い信頼を受け、蔵人頭、参議、権中納言、中納言、大納言、右大臣と昇進し、天長二年（八二五）にはついに正二位左大臣兼左近衛大将の極官にいたることになる。母・美都子もまた嵯峨天皇の後宮において勢力をふるい、従三位尚侍へと昇った。こうした環境の中で育った順子は、やがて嵯峨天皇の皇子で淳和天皇の皇太子に立てられていた正良親王（仁明天皇）の妃となり、道康親王を儲けたのであった。嘉祥三年（八五〇）に道康親王が即位して文徳天皇となるや、順子は皇太夫人の称号を受け、次いで皇太后の尊位に昇り、貞観六年（八六四）には孫の清和天皇から太皇太后の尊号を贈られたのである。

藤原順子は平安京左京五条四坊一町の「東五条院（東五条第）」を御所としており（『日本文徳天皇実録』嘉祥三年四月二二日条）、それにちなんで彼女自身も「五条后」と通称されていた。したがって、彼女の崩御の場所はこの東五条院であったと考えてよいであろう。その地は、東を高倉小路、西を東洞院大路、北を四条大路、南を綾小路に囲まれた一町（約一二〇メートル）四方の範囲を占めていた。現在のその地は、大丸百貨店京都支店から四条通を挟んだ南側にあたっており、京都市の繁華街の中心部の喧噪に包まれた場所となっている。

ただ、一見すると栄華を謳歌し続けたかに見える順子の生涯であったが、彼女を悲嘆のどん底に陥れたのは、嘉祥三年（八五〇）に「夫」である仁明天皇に先立たれたこと、そして、それから間もない天安二年（八五八）に文徳天皇が急な病に倒れ、まだ三二歳の若さでありながら崩じたことである。順子はそれ以来、我が子の菩提を弔うために仏道への傾斜を強めていき、貞観三年（八六一）にはついに出家を果たすことになる。さらには、唐から帰国したばかりの僧・恵運を扶けて山科の地に安祥寺を建立させたのである。貞観一三年（八七一）九月二八日、太皇太后藤原順子はその六三年の生涯を閉じ（『日本三代実録』同日条）、「後山階陵」に葬られたのであった。

安祥寺にとって、同寺の創建者であった藤原順子の後山階陵は切っても切れない関係にあると言ってよい。しかし、後山階陵はその後に所在を失ってしまったため、その実態は明確ではない。そこで、本稿ではこの山陵に焦点をあて、可能な限りの復元を試みたいと思う。

一 ―― 仁明天皇の深草山陵

（一） 仁明天皇の崩御と葬送

藤原順子の後山階陵については残された史料があまりにも少ない。従って、その研究のためには、まずは順子の近親者の山陵や墓、さらには平安時代前期の山科地域の歴史的環境といった状況証拠を積み重ねていくしかないだろう。そこでまず、順子の「夫」であった仁明天皇の山陵の内容を検討することにしよう。

嘉祥三年（八五〇）二月、前月の二〇日頃より体調を崩していた仁明天皇は、その容態を急激に悪化させていった。名だたる高僧たちによる宮中での加持や霊験あらたかな諸寺院における読経も効を奏せず、もはや天皇の天運が尽きたことは日を追うごとに誰の眼にも明らかになっていった。三月一九日、天皇はついに出家入道することになる。在位中の天皇の出家というのはまったく異例のできごとであったけれども、これはおそらく、自らの死期を悟った天皇自身の強い希望によるものだったのであろう。そして、同月二一日、仁明天皇はついに平安宮内裏清涼殿において息を引き取ったのであった（『続日本後紀』嘉祥三年二月一日〜三月二一日条）。享年は四一歳であった。

同月二五日、天皇の遺体は山城国紀伊郡の深草山陵に葬られた（『日本文徳天皇実録』同年三月二五日条）。仁明天皇は自らの葬礼を簡素なものにするように遺詔していたが（『続日本後紀』嘉祥三年三月二五日条、『日本文徳天皇実録』同日条）、その葬送にあたっては装束司（注一）、山作司（注二）、養役夫司（注三）、作路司（注四）、前・後の次第司（注五）といった葬送関係の諸司が任じ

注一●葬儀の装束担当。
注二●山陵造営担当。
注三●役民の動員担当。
注四●葬儀のための道路整備担当。
注五●儀式の円滑な運営を担当。

られている（『日本文徳天皇実録』嘉祥三年三月二一日条）。とくに、山陵の造営を担当する山作司としては中納言源定、大藏卿平高棟、参議藤原助、散位正躬王、右京大夫源寛、木工頭興世書主、散位文室笠科等が配された上に、さらに勘解由次官山代氏益、中納言安倍安仁、散位藤原正岑、山口春方等が追加任命されており、やはりこれは堂々たる布陣といわなくてはなるまい。仁明天皇の葬儀と山陵造営は、父帝・嵯峨天皇や先帝・淳和天皇の時のように徹底した薄葬としておこなわれたのではなく、ある程度の規模を持っていたと見なすべきであろう。

（二）現在の仁明天皇陵

宮内庁が治定する現在の仁明天皇深草陵は、京都市伏見区深草東伊達町に所在し、陵の北側ぎりぎりのところに名神高速道路が通っている。現陵の本体は、東西二五メートル、南北四〇メートルの長方形の区画の周囲に溝を巡らしたものである。(注六)

江戸時代には仁明天皇陵は永く不明のままであり、元禄年間（『諸陵周垣成就記』）や文化年間（『文化山陵図』(注七)）の山陵調査の時にもついに決定されないままであった。松下見林（『前王廟陵記』）は深草の安楽行院の御骨堂（後深草天皇他の通称「深草一二帝陵」）の側の阿弥陀堂の建つ円丘を仁明天皇陵ではないかと考えたが、これも明確な根拠があるわけではなかった。蒲生君平（『山陵志』(注八)）は現・伏見区深草谷口町の浄蓮華院境内に所在する谷口古墳（浄蓮華院古墳）を推したが、当時は同古墳を桓武天皇陵とする説が支配的であり、仁明天皇陵説は少数派だったのである。幕末にいたり、平塚飄斎（津久井清影）（『聖蹟図志』、『陵墓一隅抄』、『柏原聖蹟考』）や谷森善臣（『山陵考』）が「西車塚」の通称を

注六●宮内庁書陵部陵墓課編『宮内庁書陵部　陵墓地形図集成』（学生社）一九九九年。

注七●山田邦和・外池昇「文化山陵図の一写本」『京都文化博物館研究紀要　朱雀』第一〇集（京都文化博物館）一九八八年。

注八●翻刻本として、有馬祐政編『勤王文庫』第参編「山陵記集」（大日本明道会）一九一九年、遠藤鎮雄訳『史料天皇陵』（新人物往来社）一九七四年、安藤英男『蒲生君平　山陵志』（りくえつ）一九七九年、等がある。

もっていた現在の場所を考定し、その説が採用されて「文久の修陵」で改築されたのが現在の仁明天皇深草陵なのである。平塚飄斎の『聖蹟図志』には、田園の中に古墳の残骸のようなわずかな盛土が見られ、それが「西車塚」とされている。また、谷森善臣はこのあたりの土中には石槨に使われていた大石が多数埋没しているとしているが、これは今となっては確かめる術はない。

ただし、文久の修陵の事業記録である『文久山陵図』(注九)を見ると、現在の仁明天皇陵の場所は単なる平坦な畑地であり、「塚」であった痕跡はまったく見受けられない。そして、その周囲に溝を掘ることによって山陵に仕立上げたのが現在の姿なのである。その点では、現・仁明天皇深草陵は同天皇の真陵であるかどうかは、まったく証拠に欠けるといわざるをえないのである。

注九●外池昇編、外池昇・西田孝司・山田邦和解説『文久山陵図』(新人物往来社)二〇〇五年。

(三) 仁明天皇陵の構造と嘉祥寺

仁明天皇の深草山陵の上には陀羅尼を納めた卒都婆が建てられ(『日本文徳天皇実録』嘉祥三年四月一八日条)、陵の周囲には一丈ごとに樹木が植えられていた(『同』同年四月一四日条)。また、仁明天皇陵の兆域内には、天皇の寵愛を一身に集めていた女御・藤原貞子(右大臣藤原三守《みつもり》女)の墓も営まれていた(『日本三代実録』貞観六年八月三日条)。

なお、一九六〇年、名神高速道路の建設にともなう発掘調査によって、現・仁明天皇陵の北側のところで「深草古墓」と名付けられた火葬塚が検出されている。(注一〇)平面L字形を呈する溝で、その中で火葬がおこなわれたらしい。出土遺物としては、中国製青磁(越磁)碗、緑釉陶器壺・皿・椀、灰釉陶器椀・皿、須恵器瓶子・長頸瓶・硯、黒色土器椀などが

注一〇●山田邦和「平安貴族葬送の地・深草」同志社大学考古学シリーズⅥ『考古学と信仰』(同志社大学考古学シリーズ刊行会)一九九四年。

ある。遺物には九世紀前葉から一〇世紀前葉までの時期差があるから、この古墓の築造年代は一〇世紀前葉である可能性が高い。この場所はおそらくは仁明天皇深草山陵の兆域の東南端附近にあたると推定されるから、ここで荼毘に付されたのは、皇族もしくは高位の貴族で、仁明天皇の皇統となんらかのつながりを保っていた人物であると推定される。その候補としては、宇多天皇中宮・藤原温子《あつこ》などを考えておくことができよう。

　仁明天皇陵で重要なのは、「清涼殿を移し、嘉祥寺の堂と為す。此の殿は、先皇の讌寝なり。今上、之に御するに忍びず。故に捨てて佛堂と為す」（『日本文徳天皇実録』仁寿元年二月一三日条）とある通り、山陵の側に内裏清涼殿の建物が移建され、それが「嘉祥寺」という寺院となされたことである。(注一一)このように、山陵に附属する寺院のことを「陵《りょう》寺《じ》」と呼んでいる。仁明天皇陵の陵寺としての嘉祥寺はその後も発展を続け、仁寿二年（八五二）頃には同寺に「西院」が増設され、それは貞観四年（八六二）に至って貞観寺と命名されて独立した寺院となった（貞観一四年七月一九日付「太政官符」〈『類聚三代格』巻二所収〉、『日本三代実録』同日条）。

　それでは、仁明天皇陵と嘉祥寺・貞観寺の関係はいかなるものだったのだろうか。貞観三年（八六一）に仁明天皇深草山陵の範囲は「東西は一町五段を限り、南は純子内親王の家地を限り、北は峯を限る」（『日本三代実録』貞観三年六月一七日条）と定められたが、同八年（八六六）に至って「東は大墓に至り、南は純子内親王家の北垣に至り、西は貞観寺東垣に至り、北は谷に至る」（『日本三代実録』貞観八年一二月二二日条）と改定された。(注一二)『延喜式』諸陵寮には「深草陵〈平安宮に御　宇《あめのしたしろしめす》仁明天皇。山城国紀伊郡に在り。兆域は東西一町五段、南七段、北二町。守戸五烟〉」と記されているが、これは貞観八年に兆

注一一●竹居明男『日本古代仏教の文化史』（吉川弘文館）一九九八年。

注一二●新訂増補『国史大系』本の『日本三代実録』では「純子内親王冢地」とするが、嵯峨天皇皇女・純子内親王は貞観五年（八六三）まで在世しており、「冢地」では意味が通らない。従って、これは「家地」と改めねばならない。

域が改定された後の深草山陵の姿を現していると考えてよい。すなわち、同年以降の仁明天皇陵の兆域は、東を「大墓」（注一三）、南を嵯峨天皇皇女・純子内親王の邸宅、西を貞観寺、北を谷に囲まれた、東西一町五段（約一六四メートル）、南北二町七段（約二九四メートル）の範囲を占めており、その中のやや南寄りのところに山陵の本体があった、ということになる。

ここで注意しなければならないのは、これらの記事の中には仁明天皇陵の陵寺である嘉祥寺の名がまったく登場していないことである。仁明天皇陵と嘉祥寺の関係がわかる史料として、中御門右大臣藤原宗忠の日記『中右記』がある。天仁元年（一一〇八）と保安元年（一一二〇）の二度にわたり、当時は権中納言であった宗忠は山陵使のひとりに選ばれ、仁明天皇深草山陵に参拝したのである。彼はその時のことを、「今日、御即位の由、告げ申さる。諸の山陵使を立てらるる所也。下官、深草山陵使を勤む可しに依り、（中略）網代車を用い、嘉祥寺に向う。西大門に従りて南行し、更に頗りて東行し、山陵前に下居す。先に再拝し、次に宣命を読み、次に再拝す〈幣物を具せず、只宣命ばかりなり。〉帰路し了んぬ」（『中右記』天仁元年二月二二日条）、「柏原、深草〈予〉、（中略）次に嘉祥寺に行向す。其の路、車通らず。仍ち共人と馬に乗り、大門の前より南行し、又東行す。合せて五・六町ばかり。鳥居前に至る。陵守、畳を敷き、手洗を儲く。且つ洗手、座に居る。幣物を焼かしめ、両段に再拝の間、心中にて殊に祈念す。今度、聊か思う事有るに依る也。火を慥に消され了んぬの後、帰路の間」（『同』保安元年一二月二五日条）と記録している。つまり、嘉祥寺西大門の門前の道路を南に進み、さらに東に折れ、大門から五〜六町（約五五〇〜六五〇メートル）（注一四）ほど行ったところに鳥居が立っており、その奥

注一三●深草古墓の発掘調査では、火葬遺構の周囲から多数の円筒埴輪（川西宏幸編年によるV期にあたり、実年代は五世紀後半〜六世紀前半）が出土しており、その附近に古墳が存在したことを推定できる。また、平塚飄斎の『聖蹟図志』『柏原聖蹟考』等には、現・仁明天皇陵である「西車塚」の北東方に「東車塚」と呼ばれる塚が存在したことが記録されており、特に『聖蹟図志』ではそれが前方後円墳のような姿に描かれている。これらのものを「大墓」の候補としておくことができよう。

注一四●ただし、実地と比較するならば、この数値は過大でありすぎるといわざるをえない。

に山陵の本体があったというのである。つまり、『延喜式』などに嘉祥寺の存在が記されていないのは、同寺の寺域は仁明天皇の深草山陵の兆域の中に含まれていたからであるとしか考えられない。つまり、仁明天皇陵と嘉祥寺はいわば表裏一体の関係であると認識されていたということになるのである。

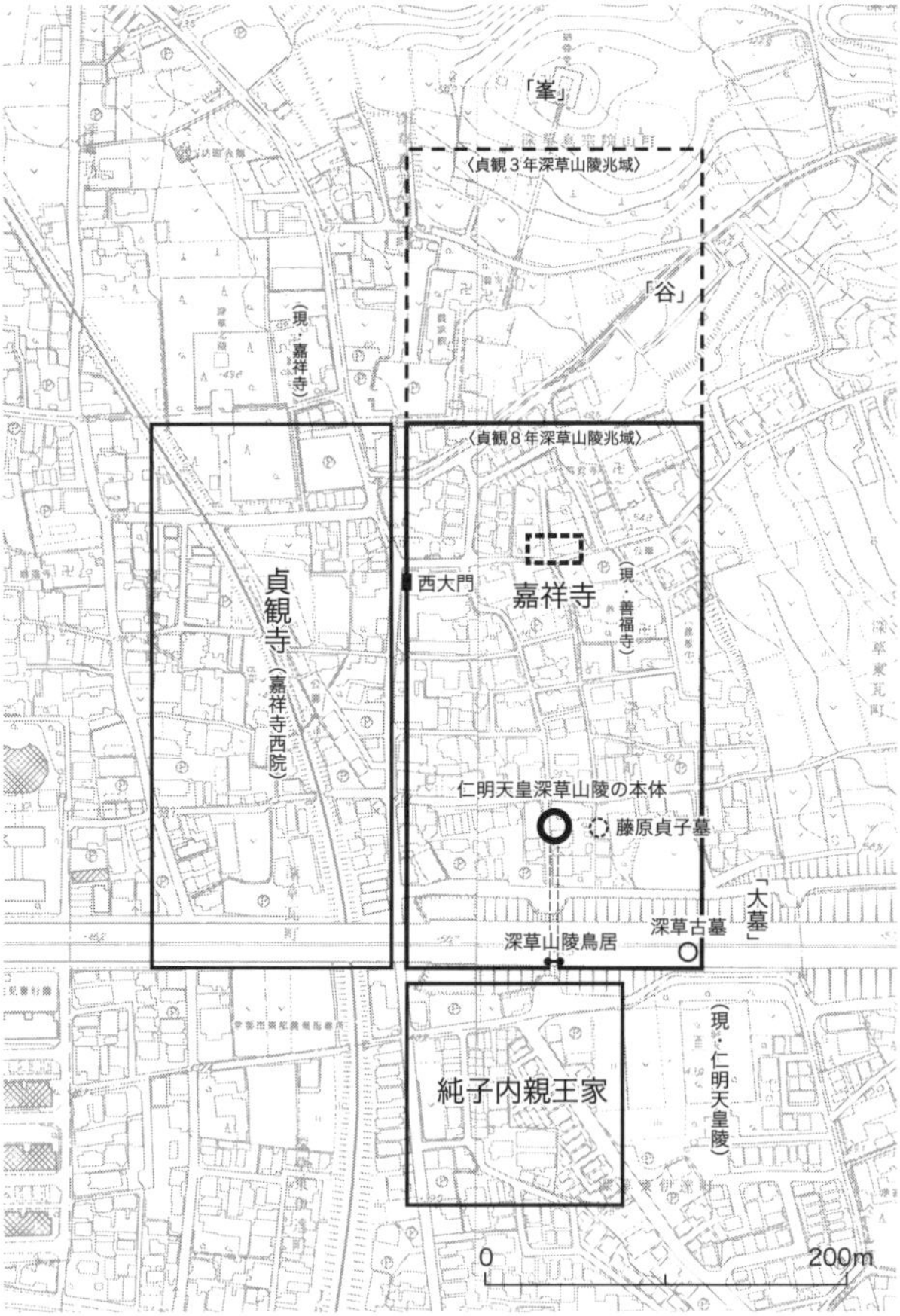

図2－1　仁明天皇深草山陵想定復元図

以上の考察にもとづいて仁明天皇深草山陵の概略を想定復元するならば、図2－1のようになるであろう。

二――藤原順子の後山階陵

(一) 藤原順子の崩御と葬送

貞観一三年（八七一）九月二八日に太皇太后藤原順子が崩じると、朝廷はただちに伊勢国（鈴鹿関）、近江国（愛発関）、美濃国（不破関）等の諸国に対して固関《こげん》[注一五]を命じた。ただし、通例であれば朝廷から「固関使」を派遣してこの任に当たらせるべきであったが、時節が秋の収穫期にあたり、慣例通りの固関の実施は農業に妨げがあることが配慮されて固関使の派遣は見送られ、その実行はそれぞれの国司に委ねられたのであった。また、諸国において挙哀[注一六]と素服[注一七]着用の停止が命じられたが、これは順子自身の遺令によるものであった（『日本三代実録』貞観一三年一〇月四日条）。

おもしろいのは、今上天皇である清和天皇の祖母である順子の葬儀にあたって、いったいどれほどの期間を服喪するべきか、朝廷内で赫々たる議論が繰り広げられたことである。大学博士兼越前権介菅野佐世・助教善淵永貞、大学頭兼文章博士巨勢文雄、民部少輔兼春宮学士橘広相、少内記都言道・菅原道真、勘解由次官安倍興行、守大判事兼明法博士桜井貞相といった錚々たる学者たちが古今東西の先例を縦横に駆使しながら論争に参加し、あるいは一年、あるいは五ヶ月、また五日、さらには三日などと主張しあって譲らなかったのである。そして、そうした議論を受けた上で朝廷では、心喪[注一八]の期間を五ヶ月、服制[注一九]の

注一五●国家の変事にあたって、畿内と東国の境界にあたる関を警護すること。

注一六●葬送にあたって泣き声を挙げる儀礼。

注一七●葬送儀礼の際の衣服。

注一八●心の中で喪に服すること。

注一九●実際に喪服を着して喪に服すること。

期間を三日と定めたのであった。これは、提案された中では最も短い服喪期間に決定されたということができよう。

これより先、嵯峨上皇や淳和上皇は薄葬思想の実践をはかり、嵯峨上皇は自らの鎮魂の儀を最小限にとどめることを命じたし、淳和上皇にいたっては自らの遺骨をばらばらに砕いて山の上から散骨するという徹底した薄葬を遺詔していた(注二〇)。さすがにここまでの急進性は当時の貴族社会に受け入れがたく、次代の仁明天皇は山陵祭祀の再開を決定するに至った(注二一)。ただ、仁明天皇自身も自らの葬儀はできるだけ費用を節減することを命じており、薄葬の流れ自体は当時の貴族社会の中に定着していったと見ることができる。藤原順子の葬儀に際しての様々な措置も、こうした薄葬思想の流れの中の一コマとして捉えられるべきであろう。

(二) 現在の藤原順子陵

貞観一三年(八七一)一〇月五日、太皇太后順子の遺体は「山城国宇治郡後山階山陵」に葬られた(『日本三代実録』同日条)。この山陵は、『延喜式』諸陵寮には「後山科陵〈太皇太后藤原氏。山城国宇治郡に在り。仮陵戸五烟〉」と記され、「遠陵」に列せられている。この山陵の陵号は、『日本三代実録』では「後山階山陵」、『延喜式』では「後山科陵」となっているが、これは双方ともに「ノチノヤマシナノミササギ」と訓み、別に存在する天智天皇山科陵に対してつけられた名称である。なお、明治以降には順子陵には「後山階陵」の陵号が採用されているが、これは醍醐天皇の山陵が同名の「後山科陵」と名づけられたため、それと区別するための措置であった。

注二〇●山田邦和「淳和・嵯峨両天皇の薄葬」『花園史学』第二〇号(花園大学史学会)一九九九年。

注二一●西山良平「〈陵寺〉の誕生」大山喬平教授退官記念会編『日本国家の史的特質』古代・中世(思文閣出版)一九九七年。

宮内庁が治定する現在の「尊称太皇太后順子後山階陵」は、京都市山科区御陵沢ノ川町の山間部に所在する。丘陵裾部を南北約七五メートル、東西約六〇メートル、面積三四七六・七九平方メートルの台形に区画して陵域としており、その中央にある直径約九メートル、高約二メートルの円墳を陵の本体としている。(注二二) 藤原順子陵についての同時代の文献史料は『日本三代実録』と『延喜式』に限られており、そこからは順子陵の位置は山科盆地のどこかにあったとしか知ることはできない。ただ、山科には順子創建になる安祥寺(盆地北端の丘陵裾部に下寺、その北方の山間部に上寺)が存在したことは明白なのであるから、彼女の山陵が安祥寺とまったく無関係に営まれたと考えるわけにはいかない。従って、藤原順子陵の探索にあたっては平安時代の山科盆地北部の安祥寺の故地の附近が考定され、その結果として現陵が治定されたのであった。

昭和初期の山陵研究家である上野竹次郎は「寺(山田註:安祥寺)、本願山陵タルヲ以テ古来奉祀ニ任ズ、明治ノ初メ周地ヲ収メテ兆域ヲ画シ修理ヲ加フ」とし、この円墳を順子陵とする伝承が安祥寺に存在したことを示唆している。(注二三) しかし、江戸時代にはさまざまな地誌が著され、そこには『拾遺都名所図会』や『山州名跡志』のように安祥寺について詳しく記述しているものもあるのであるが、その中にも順子陵についての記載を見いだすことはできない。『山城名勝志』(巻一七)だけは珍しく順子陵について触れているけれども、それも『日本三代実録』の記事を抄出しただけであってその所在地にすら言及していないのである。むしろこれは、その当時には順子陵の位置についての所伝がまったく失われていたことを示すものであろう。すなわち、現在の視点から見るならば、順子陵についての所伝は早くに失われた可能性が高く、現陵が真の順子陵であるかどうかはまったく確

注二二●宮内庁書陵部陵墓課編『宮内庁書陵部　陵墓地形図集成』(学生社)一九九九年。

注二三●上野竹次郎『山陵』(山陵崇敬会)一九二五年〈新訂版は、名著出版、一九八九年〉。

証を欠いているといわねばならないのである。

なお、『京羽二重織留』（巻五）は「仁明天皇陵　深草安楽行院にあり又山科の安祥寺の内に陵あり」、『扶桑京華志』（巻之二）は「深草ノ山陵（中略）安楽行院、又山科安祥寺・深草田邑郷に在り」としており、これによると仁明天皇陵とされているものが安祥寺の中にも存在したらしい。あるいは、これが順子陵の所伝の転訛であったという可能性も考えておかねばならないのかもしれない。しかし、安祥寺は平安時代と江戸時代では寺地が移動している上に寺運にも変転があるから、たとえ江戸時代の安祥寺の一角に仁明天皇陵といわれている石塔などがあったとしても、それに順子陵についての史実が投影されているかどうかはわからないのである。江戸時代には、たとえば嵯峨釈迦堂（清凉寺）にある三基の石塔が嵯峨天皇陵・同天皇皇后橘嘉智子（檀林皇后）陵・源融墓であると考えられていたり、二尊院境内の三基の石塔に土御門・後嵯峨・亀山各天皇陵との伝承が付加されたように、ゆかりのある貴紳の墓がその寺院の中に仮託されることは珍しくないからである。そうした点からいうならば、仮に近世の安祥寺に「仁明天皇陵」が実在したとしても、それは後世の建立になる供養塔であるか、または単なる仮託であった可能性が高いと見なくてはなるまい。

(三)　山科北部の景観

藤原順子陵についての文献史料が極めて限られている現状でその位置を考えていくためには、この時代の山科盆地北部全体の状況をトレースしていく中で状況証拠を積み重ねていくしかないであろう。この場合の基本となるのは、水戸彰考館に写本が伝えられていた

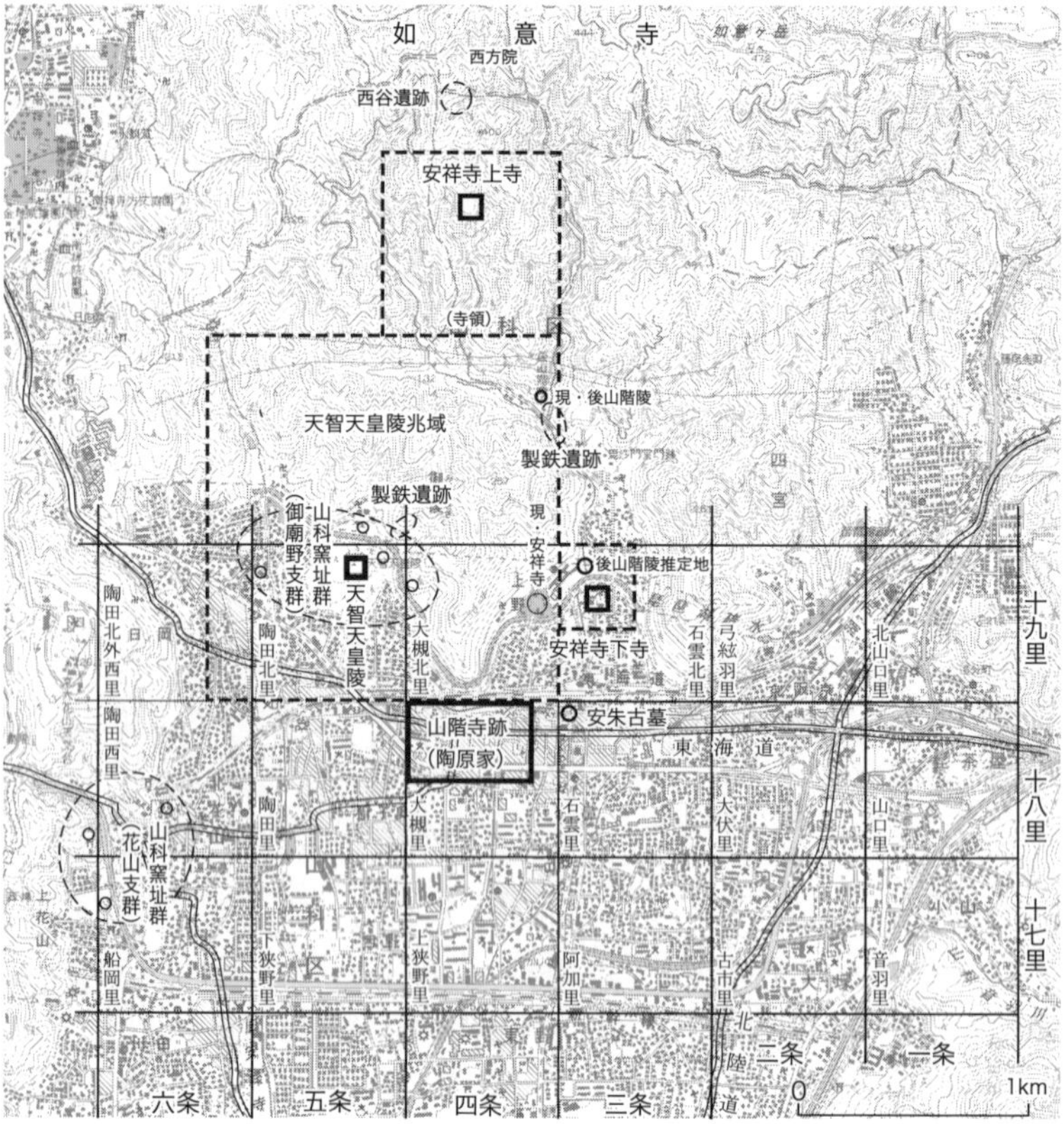

図２－２　山科盆地北部復元図

『宇治郡山科郷古図』である。これは鎌倉時代初期に作成されたと推定されているもので、山科盆地全体の条里を描き、その中に街道や寺社などを配置している。勧修寺（現・山科区勧修寺仁王堂町）についての記載が詳しいことから、同寺の寺域を表示する目的で作成された絵図であったと考えられている。その分、山科北部についての記載が簡略なのは残念であるが、基本史料としてこの絵図が重要であることは論を待たない。そこで、『山科郷古図』に見られる山科北部の景観を現在の地図上に重ね合わせてみたものが図2－2である。

天智天皇山科陵　古代の山科盆地北部の景観を規定した重要な要素は、天智天皇山科陵であった。『山科郷古図』の五条十九里の北端部分には破れ目があるが、ここには「陵」という字がかろうじて残存しているのを見ることができ、これが天智天皇山科陵をあらわしていることを知ることができる。現在、宮内庁が天智天皇陵に治定しているのは、現在の京都市山科区上御廟野町に所在する「御廟野古墳」である。墳形は上円下方墳といわれているが、厳密には上円部は八角形を呈し、「上八角下方墳」もしくは「方形壇を有する八角墳」というのが正しい。下方部は二段からなり、上段は一辺四六メートル、下段は一辺七〇メートルを測る。ただし、下段は南側のみに造成され、墳丘背後にまではおよばない。墳丘の本体となる八角墳は、対辺間長四二メートルを測り、墳頂の平坦面には八角形の石列が巡る(注二四)。このような堂々たる規模と八角形という墳形は飛鳥時代の天皇陵としてふさわしいし、また山科盆地には他に目立った終末期古墳は存在しないから、この古墳が伝承通り天智天皇山科陵であることに疑いをはさむ必要はない。

天智天皇陵について注目されることは、『延喜式』諸陵寮が「山科陵　近江大津宮に御

注二四●笠野毅「天智天皇山科陵の墳丘遺構」『書陵部紀要』第三九号（宮内庁書陵部）一九八七年。

宇天智天皇。山城国宇治郡に在り。兆域は東西十四町、南北十四町。陵戸六烟」とするように、その兆域（山陵の範囲）が一四町（約一・五キロメートル）四方の広大な範囲にわたっていたことである。その兆域の範囲を『山科郷古図』に落としてみると、おおむね、四条一九里（大槻北里）・五条一九里（陶田北里）の全域、六条一九里（陶田北外西里）の東端部、さらにその北側の丘陵部にあたると考えることができる。つまり、平安時代前期の山科盆地北西部のうちの大きな部分は、この天智天皇陵の兆域によって占められていたということになるのである。

安祥寺上寺・下寺　皇太后藤原順子の発願になる安祥寺は、上下の両寺に分かれていた。貞観九年（八六七）に成立した『安祥寺資財帳』には上寺が

「山、五十町

　四至〈東は大樫大谷を限り、南は山陵を限り、西は堺峯を限り、北は檜尾の古寺の所を限る〉。

山城国宇治郡餘戸郷の北方に在り。安祥寺上寺は其の裏に在る。建立已後、九箇年を経て。斉衡三年〈歳次丙子〉冬十月に至り、太皇太后宮、件んの山を買い上げ、安祥寺に施入す」

下寺が

「下寺地、拾町八段　十二歩

　四至〈東は諸羽山を限り、南は興福寺の地を限り、西は山陵を限り、北は山川を限る〉」

とある。安祥寺上寺の伽藍跡は本書の各論文で明らかにされている通り、如意ヶ嶽南方の

山中に今も良好な状態の遺構を留めており、同寺の寺領はその伽藍を中心とした五〇町（約五九万四千平方メートル）におよんでいたのである。また、安祥寺下寺は一〇町八段余（約一万二千八百平方メートル）の寺域を占めていた。上寺の南限、そして下寺の西限とされている「山陵」が天智天皇山科陵にあたることはいうまでもない。当然のことながら、安祥寺上下両寺の四至の目印としての「山陵」は、天智天皇陵の本体である墳丘を指すのではなく、その周囲に設置された一辺一四町（約一・五キロメートル）の兆域のことでなくてはならない。

　安祥寺上下両寺の寺域の四至は、吉川真司[注二五]や梶川敏夫[注二六]の研究によって明らかにされている。それによると、安祥寺上寺の寺地の東辺にあたる「大樫大谷」は現在の後山階陵から北に入っていく通称「菖蒲谷」であるし、北の「檜尾古寺所」は如意ヶ嶽の山上に築かれた如意寺《にょいじ》の一院である西方院およびその南斜面に位置する「西谷遺跡」[注二七]に対応するものである。また、下寺の東限の「諸羽山」は今も諸羽神社が鎮座する柳山と通称される丘陵であり、北限の「山川」は安祥寺川が山間に入っていく毘沙門堂のあたりの山と川を指すものだと推定されている。そうすると、安祥寺下寺は条里制による石雲北里の北半部を占めていたことになる。

藤原鎌足の陶原家と山階寺

　山科の地には、藤原氏の始祖であった内臣・藤原鎌足の別業である「陶原家」が存在し、鎌足は天智八年（六六九）一〇月一六日にここで薨じている[注二八]。この陶原家は後に寺院とされて「山階寺」と呼ばれ、藤原氏の氏寺となった。天武朝には山階寺は飛鳥に移転して厩坂寺《うまやさかでら》となり、さらに平城京遷都の後は平城京の外京《げきょう》に移されて興福寺になったのである。『山科郷古図』を見ると、山科盆地の北西端部に「陶

注二五●吉川真司「安祥寺以前―山階寺に関する試論―」『安祥寺の研究』Ⅰ（京都大学大学院文学研究科二一世紀COEプログラム『グローバル化時代の多元的人文学の拠点形成』）二〇〇四年。

注二六●梶川敏夫・上原真人「安祥寺の歴史と環境」『安祥寺の研究』Ⅰ（京都大学大学院文学研究科二一世紀COEプログラム『グローバル化時代の多元的人文学の拠点形成』）二〇〇四年。

注二七●平安時代前期の遺物散布地。

注二八●『帝王編年記』巻九、『今昔物語集』本朝仏法部第一四話・第二一話。

田里」「陶田北里」「陶田西里」「陶田北外西里」という地名が見られる。「陶原」および「陶田」という地名は、その周辺に「山科窯址群」と呼ばれる古墳時代後期～飛鳥時代（六世紀末～七世紀中葉）の須恵器生産地が存在したことに由来している。

山階寺の故地については従来は諸説があって定まらなかったけれども、近年、吉川真司が緻密な文献史料の操作によってそれを解明した。（注二九）それは、天智天皇陵兆域の東南部に接し、安祥寺山が南に張り出したところの南側である。現在でいうならば、JR東海道本線山科駅の南西方で京都薬科大学北校舎の東方にあたる地域、つまり山科区御陵大津畑町を中心とし、御陵鳥ノ向町・御陵天徳寺町・御陵中内町・上野寺井町・竹鼻竹ノ街道町などにまたがる範囲だということになる。おそらく、天智天皇陵が山科に設定されたのもこの山階寺の存在が意識されていたのであろうし、また同天皇陵の兆域の確定にあたってもこの寺の寺域が基準にされていたのではないかと思う。もちろん、安祥寺が建立された平安時代前期には、山階寺は平城京に移転して永い年月を経ていた。しかし、『安祥寺資財帳』に見える安祥寺下寺の南限が「興福寺地」とされているように、山階寺の跡地は平安時代前期にあっても興福寺領宇治荘の一部として永く記憶を留めていたのである。

安朱古墳　一九九三年、市営地下鉄東西線の建設にともない、山科区安朱中小路町において発掘調査がおこなわれ、平安時代前期の木炭木槨墓が検出され、「安朱古墳」と名付けられた（注三〇）（図2－3）。この遺跡は、現在のJR山科駅・京阪電車山科駅の南側にあたっている。古墳は、東西方向の長方形の墓坑（東西約三・四メートル、南北約二・〇メートル、深さ約〇・四メートル）の中に外槨と内槨のふたつの木槨を入れ、さらにその中に木棺（長さ約一・九五メートル、幅〇・四五～〇・五〇メートル）をおさめるという四重構

注二九●吉川真司「安祥寺以前―山階寺に関する試論―」『安祥寺の研究』Ⅰ（京都大学大学院文学研究科二一世紀COEプログラム『グローバル化時代の多元的人文学の拠点形成』）二〇〇四年。

注三〇●高正龍・平方幸雄「安祥寺下寺跡1」平成五年度『京都市埋蔵文化財調査概要』（京都市埋蔵文化財研究所）一九九六年。

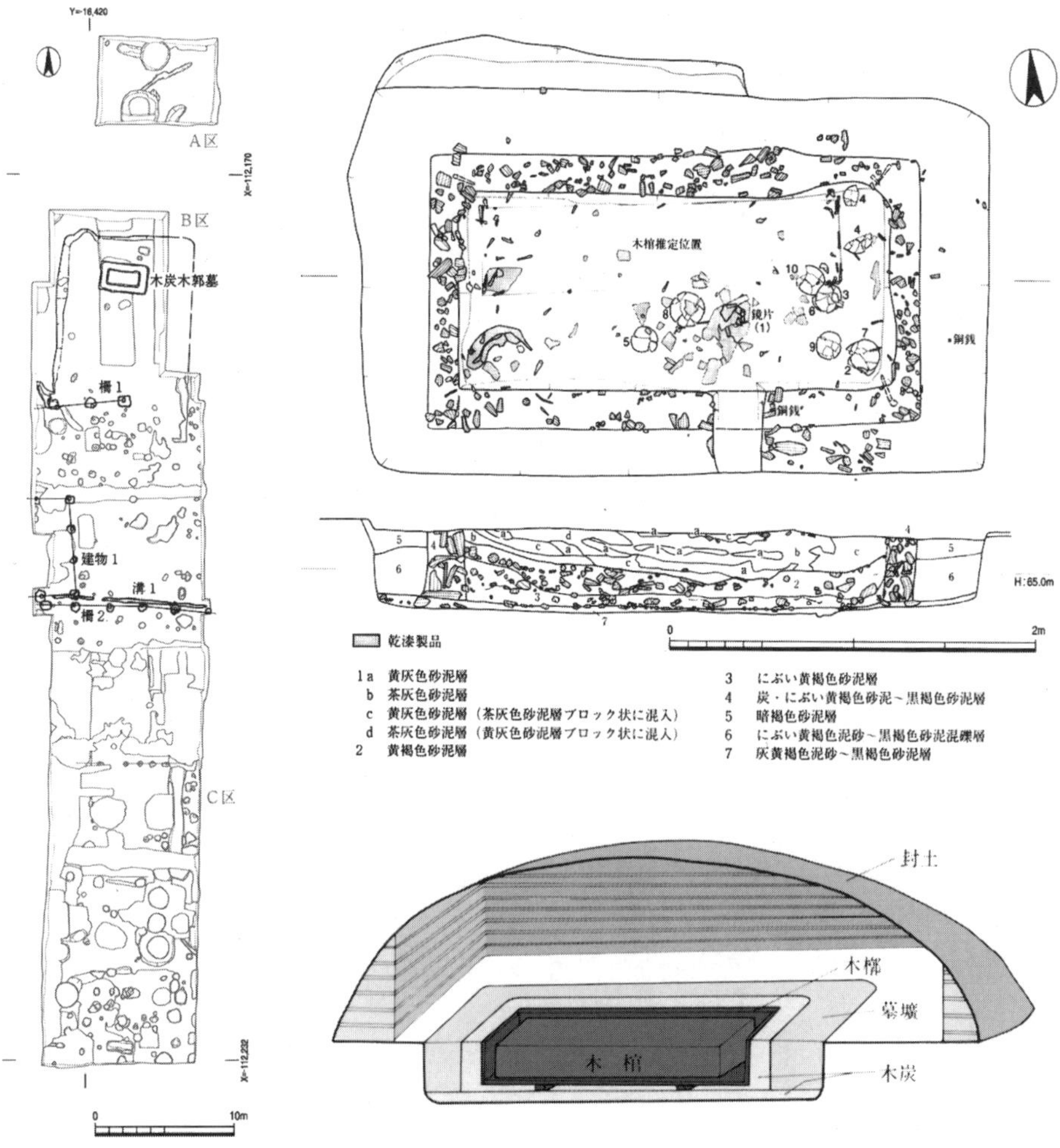

図2－3　安朱古墓
左：発掘区全景、右上：木炭木槨墓、右下：古墓復元（平成5年度『京都市埋蔵文化財調査概要』、『つちの中の京都』により作成）

造を持ち、さらに木槨の内外にはびっしりと木炭を詰めるという丁寧な造りであった。外部施設はほとんど失われていたが、土層の観察によると、版築によって築かれた小規模な墳丘を持っていたことが推測されている。(注三一)墓坑の周囲には南北約一二メートル、東西約一〇メートルの「コ」の字形の区画がめぐっていたというから、おそらく墳丘はその程度の規模のものだったのであろう。また、墓坑の南側約二二メートルのところには、東西方向の柵列が延びており、これは墓域の区画であった可能性が高い。副葬品としては白銅製蟠龍文鏡片、器種不明の乾漆製品（二点）、富寿神宝（二点）、土師器椀（五点）、同杯（二点）、同皿（一点）がある。確実なことはわからないけれども、銅鏡が副葬されていることは、被葬者が女性であった可能性を考えさせる。土師器が九世紀中葉に比定されること(注三二)から、この古墓の築造年代もまたその頃に求められよう。そうすると、この古墓は藤原順子が崩じた貞観一三年（八七一）に極めて近い年代のものだということになる。この安朱古墓こそが真の藤原順子陵ではないかという推測もあり、(注三三)築造年代、構造、地理的条件などを考え合わせると、確かにそうした可能性は充分にありうるといわねばなるまい。この古墓の被葬者についての私見は後述することにしよう。

山科北部の景観と藤原順子陵　平安時代前期の山科盆地北部は、中央に天智天皇山科陵の北域が広大な範囲を占め、それを安祥寺上寺、同下寺、山階寺跡地の興福寺領などが取り囲んでいるような景観を呈していた。このように復元してみると、藤原順子陵の有力候補のひとつである安朱古墓は安祥寺下寺の寺域内ではなく、その南側の石雲里の西北端に位置することになる。さらに、宮内庁治定の藤原順子後山階陵の場所は天智天皇山科陵の北域の北東端に含まれ、安祥寺上寺の寺地の範囲からはわずかに外れている可能性が高

注三一●高正龍「木炭木槨墓を発見」『つちの中の京都』（京都市埋蔵文化財研究所・京都市考古資料館）一九九六年。

注三二●小森俊寛の編年による「京《みやこ》Ⅲ期（京都Ⅱ期）古」に該当する。ただ、実年代については若干動く可能性もある。

注三三●小森俊寛『京から出土する土器の編年的研究』（京都編集工房）二〇〇五年。

い。上野竹次郎が「太皇太后ノ陵、天智天皇陵域東北角ノ外百歩ノ地ニ在リ、当初安祥寺界内南辺ニ属セシモノ、如シ」(注三四)と述べているように、現・後山階陵の地は安祥寺上寺の寺域に含まれていると考えられてきた。しかし、ここでの復元私案が正しいとするならば、それは当たってはいないと言わねばならないのである。

（四）藤原順子後山階陵の位置推定

藤原順子陵と安祥寺　平安時代前期の天皇の后妃の陵墓の位置を見てみると、おおむね三つの類型に分けられる。ひとつ目は、まったく独立した陵墓が営まれる場合である。たとえば、仁明天皇女御・贈皇太后藤原沢子《さわこ》（光孝天皇母）は東山の鳥部野の葬地の「中尾陵」に、文徳天皇女御・太皇太后藤原明子《あきらけいこ》（清和天皇母）は洛北の「白河陵」に葬られた（『延喜式』諸陵寮）。二つ目として、「夫」である天皇の山陵の域内や近辺に葬られる場合がある。前述した仁明天皇女御・藤原貞子の場合などがこれにあたる。また、嵯峨天皇皇后・橘嘉智子の上嵯峨陵も、同天皇の埋葬地である嵯峨山の近辺であった。三つ目として、出身氏族の墓所や、出身氏族関係の寺院などの近辺に葬られる場合がある。宇多天皇中宮藤原温子は、父の関白・藤原基経が建立した深草の極楽寺の隣接地の「後深草陵」に葬られた（『延喜式』諸陵寮）。淳和天皇皇后正子内親王（嵯峨天皇皇女）が父帝埋葬地の嵯峨山に葬られたのも、こうした事例に入れてよいであろう。

藤原順子の場合、「夫」である仁明天皇の埋葬地は深草山陵であるし、また父の左大臣藤原冬嗣と母の尚侍藤原美都子は藤原氏一門の墓所である宇治の木幡の「後宇治墓」「次宇治墓」に葬られていた（『延喜式』諸陵寮、『日本三代実録』天安二年一二月九日条）か

注三四●上野竹次郎『山陵』（山陵崇敬会）一九二五年〈新訂版は、名著出版、一九八九年〉。

ら、いずれも山科とは関係がない。そうすると、藤原順子陵はあくまで独立した山陵であったことになるし、それが山科の地に営まれたというのは、彼女の創建になる安祥寺との関係に基づくものであったことは確実だといわねばならない。

ただ、順子の後山階陵が安祥寺の寺域の中に含まれていたか、もしくはその近隣ではあるけれども寺域の外部であったかは、解決が難しい問題である。平安時代中期以降には天皇や皇后の山陵が特定の寺院と結びつくことが多くなり、寺院の境内に設けられた御堂や塔がそのまま山陵に宛てられることが通例となっていったけれども、それを平安時代前期の藤原順子の時代にまで遡らせることはできないのである。ただ、順子の「夫」であった仁明天皇の場合、その山陵の兆域の中に陵寺としての嘉祥寺が建立された。もちろん、安祥寺は嘉祥寺のように最初から陵寺としての意義をもって建立されたわけではないけれども、仁明天皇陵と嘉祥寺の表裏一体の関係は、順子陵と安祥寺とが同様の関係を結んでいたことを示唆していると考えてよいと思う（注三五）。

『延喜式』藤原順子陵記事の持つ意味　ここで改めて注目したいのは、『延喜式』諸陵寮が順子陵について「後山科陵〈太皇太后藤原氏。山城国宇治郡に在り。仮陵戸五烟〉」と記していることである。これは、『延喜式』諸陵寮としては極めて異例の書き方であるといわざるをえない。同書において、少なくとも天皇陵や皇后陵の場合には「深草陵〈平安宮に御宇《あめのしたしろしめす》　仁明天皇。山城国紀伊郡に在り。兆域は東西一町五段、南七段、北二町。守戸五烟〉」、「高畠陵〈皇太后藤原氏。山城国乙訓郡に在り。兆域は東三町、西五町、南三町、北六町。守戸五烟〉」、「後深草陵〈中宮藤原氏。山城国紀伊郡深草郷に在り。守戸三烟。東は禅定寺を限り、南は大墓を限り、西は極楽寺を限り、北は佐能谷を限る〉」と

注三五●安祥寺は順子陵の陵寺として創建されたわけではないけれども、実質的にはその役割を担っていたと推定される。このような寺院のことを「准・陵寺」と仮称している。山田邦和「平安時代天皇陵研究の展望」『日本史研究』第五二一号（日本史研究会）二〇〇六年。

いうように、「陵名、人物名、所在地、兆域の範囲、陵戸または守戸の数」を列記するという原則が貫かれているのである。そこから見ると、兆域が記されず、また陵戸が「仮」であるとされている順子陵の記載はまったく奇妙なことだといわねばならない。

そもそも、『延喜式』諸陵寮において天皇・皇后またはそれに準ずる人物の「陵」でありながら兆域が記されていないのは、神話上の存在であった天津彦彦火瓊瓊杵尊・彦火火出見尊・彦波瀲武鸕鷀草葺不合尊の「神代《かみよ》三陵《さんりょう》」(注三六)と、蘇我馬子による弑逆《しいぎゃく》という特異な死を遂げた崇峻天皇の陵の場合に限られているのである。おそらく、神代三陵や崇峻天皇陵は陵名帳に掲載されているだけの名目的な存在であって、平安時代には実在はしなかったのであろう。なお、『延喜式』諸陵寮は嵯峨天皇、淳和天皇、清和天皇等の山陵も掲載していないけれども、これらは遺詔によって山陵を置かないことを命じていたのであるから、それが陵名帳に掲載されていないことは当然である。

しかし、藤原順子の山陵が実在しなかったり、山陵が否定されていたというはずはない。また、『延喜式』諸陵寮の陵名帳は『弘仁式』や『貞観式』のそれを引き継ぎ、新たな情報を書き加えていったものであったことが知られている(注三七)のであるから、順子陵についての記載も『貞観式』にあったものがそのまま引き継がれているはずである。『貞観式』が編纂されたのは清和天皇の治世であり、同天皇にとって順子は祖母にあたるのであるから、彼女の山陵がおろそかに扱われていたということもまた考えがたいのである。

すると、『延喜式』が順子陵の兆域を記載せず、また陵戸を「仮」としていた理由は何だったのだろうか。私にはその答はひとつしか思いつかない。順子陵はもちろん実在していたけれども、その土地は諸陵寮の管轄下にはなかった、ということである。陵戸が

注三六●山田邦和「始祖王陵としての『神代三陵』」『花園大学考古学研究論叢』(花園大学考古学研究室二〇周年記念論集刊行会)二〇〇一年。

注三七●北康宏「律令国家陵墓制度の基礎的研究」『史林』第七九巻第四号(史学研究会)一九九六年。

「仮」とされていたことも、諸陵寮は順子陵の管理に協力していただけで、それを直轄していたわけではなかったことを示すのではなかろうか。こうした条件を満たすのは、山陵が独立した寺院の境域の中に含まれている場合しかありえない。そこから考えるならば、『延喜式』諸陵寮の記事は、順子陵が安祥寺の寺領内に存在したことを暗黙のうちに語っているものだということになる。

安朱古墓の被葬者　順子陵が安祥寺の寺領内に存在したとするならば、その立場から彼女の陵の候補を検討することが可能になる。まず、宮内庁が治定している現在の後山階陵は安祥寺上下両寺の寺領には含まれていなかった可能性が高く、その点では順子の真陵としての資格にはいささか欠けるものがあるといわざるをえない。

それでは、JR山科駅前の発掘調査で検出された安朱古墓はどうであろうか。この古墓の所在地は条里制でいう石雲里に含まれていると推定される。吉川真司は保元三年（一一五八）五月一〇日付の歓修寺文書「山城国安祥寺領寺辺田畠在家検注帳案」（『平安遺文』二九二三号）に見られる安祥寺領を詳細に分析しているが、(注三八)それによると安朱古墓の所在地は石雲里の西北端である三一坪に該当し、そこは全てが安祥寺領となっていた。つまり、安朱古墓の場所は平安時代後期には確かに安祥寺の寺領に含まれていたのである。ただし、貞観九年（八六七）の『安祥寺資財帳』の時の安祥寺下寺の寺地は十町八段余であり、それはすべて石雲里の北側の石雲北里の中におさまっていた。そうすると、安朱古墓のある石雲里三一坪が安祥寺領となった時期は同寺の創建期ではなく、かなり降るものと見なくてはなるまい。しかし、前述したように藤原順子陵はその当初から安祥寺の寺領内に含まれてた可能性が高く、その点からいうならば、安朱古墓は順子の真陵としては決定

注三八●吉川真司「安祥寺以前―山階寺に関する試論―」『安祥寺の研究』Ⅰ（京都大学大学院文学研究科二一世紀COEプログラム『グローバル化時代の多元的人文学の拠点形成』）二〇〇四年。

的な条件を欠いていることになるのである。

もちろん、安朱古墳の位置が安祥寺下寺の近隣であったことは疑いないし、かつ平安時代のある時期には、そこが安祥寺領に組み入れられていたことは確実である。それに、同古墳の造営時期は順子の時代に合致する九世紀中葉なのであり、これと安祥寺とがまったく無関係であったと考えるのは不自然であろう。そうすると、安朱古墳の被葬者は順子本人ではないけれども、彼女または安祥寺と極めて近い関係を取り結んでいた高貴な人物（おそらくは女性）であると推定できるのではなかろうか。

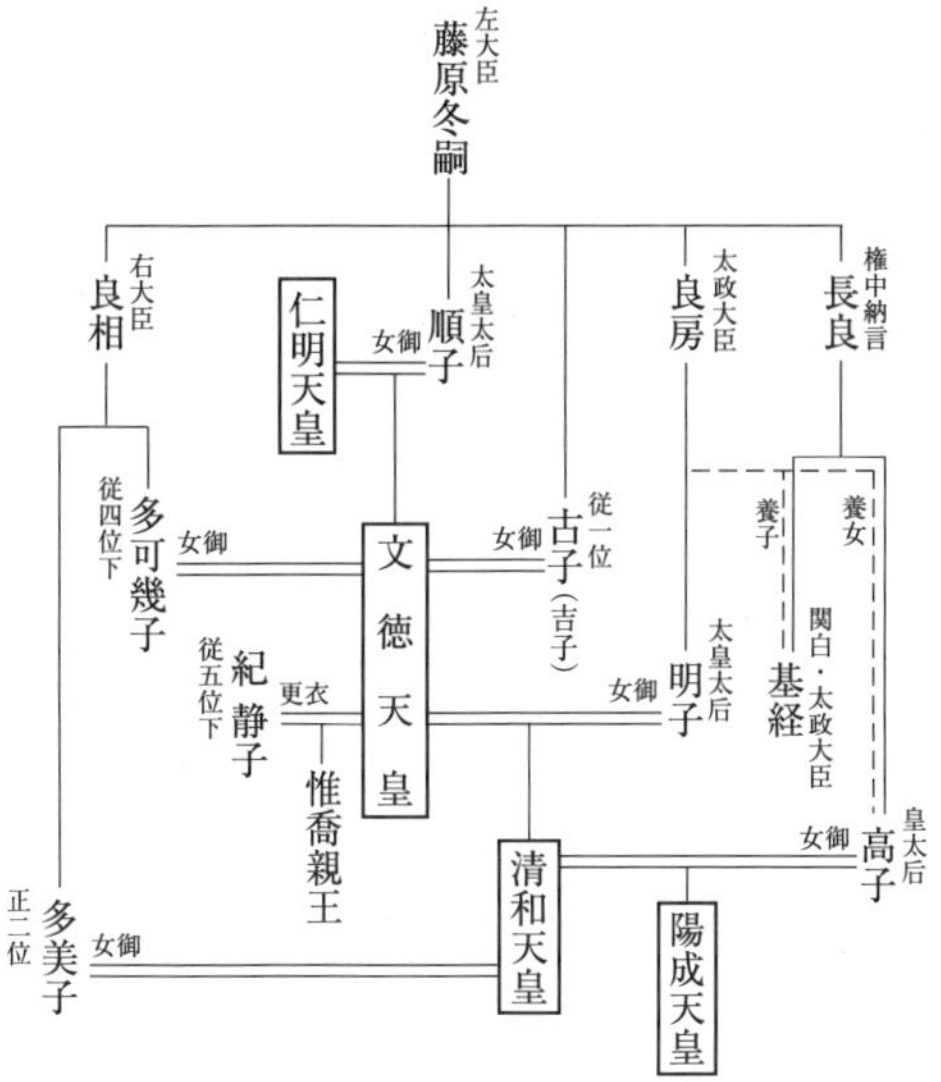

図２－４　藤原順子をめぐる系図

それでは、そうした条件に該当する人物がいるであろうか。ここで注目したいのは、貞観三年（八六一）三月二九日に順子が出家した際、文徳天皇の女御であった従一位・藤原古子《ふるこ》が（注三九）共に出家していることである（『日本三代実録』貞観三年三月二九日条）。彼女は左大臣藤原冬嗣の女であり、すなわち順子と太政大臣良房の妹であった。古子は嘉祥三年（八五〇）に文徳天皇の女御に立てられ、仁寿三年（八五三）には従三

注三九●『尊卑分脈』は「吉子」とする。

位、さらに天安二年(八五八)の清和天皇の即位とともに従一位を授けられている(『日本三代実録』天安二年一一月七日条)。そもそも、この時代には従一位というのはめったなことでは授与されることのない高位であった。従一位は太政大臣に相当する位階なのであり、事実、桓武朝から清和朝までの間に生前にこの位に昇った男性は藤原良房だけに限られる。ましてや、女性の場合には天皇の後宮といえども従一位に昇るというのはほとんど例がなかったのであり、皇太后・順子ですら尊号を受ける前の位階は従三位だったのである。つまり、藤原古子が従一位を授けられたというのは前例のない破格の待遇であったと言わねばならない。

もうひとり、この時代の女性で異例の従一位となっていたのは、古子と同じく文徳天皇女御であった藤原明子であった。彼女は藤原良房を父としていたから、順子・古子姉妹にとっては姪にあたることになる。天安二年(八五八)、明子が産んだ惟仁親王が即位して清和天皇となったことにより、彼女は従一位を授けられ、さらには皇太夫人、皇太后、太皇太后へと昇ったのであった。一方、古子はついに文徳天皇の皇子女を授かることはなかった。その彼女が従一位に叙せられたのは、ひとつには明子とのバランスを考慮した良房や順子の配慮があったのではなかろうか。また、もともとの文徳天皇の後宮の女性の中で良房の女の明子と妹の古子にだけ格別の待遇をあたえることにより、姪の従四位下・藤原多可幾子(右大臣・藤原良相の女)や、皇位継承の有力候補であった惟喬親王を産んでいた従五位下・紀静子(右兵衛督・紀名虎女)との差別化をはかるという良房の冷徹な意図があったのかもしれない。

古子はこうして女人としての最高の位階を帯びたのであるが、その後はほとんど表舞台に登場することはなく、おそらくはただひたすらに亡き文徳天皇の菩提を弔い続けたのであろう。その古子にとって、変わらぬ庇護者であった姉の順子と共に出家することは極めて自然なありかたであったに違いない。出家後の古子の動静はまったく知られるところがないし、彼女がいつ薨去してどこに葬られたかもわかっていない。しかし、彼女が姉の建立した安祥寺と深い関係を持っていたことは当然であろうし、出家していた彼女の墓が安祥寺の近辺に営まれたと考えても不都合はないだろう。そうすると、安朱古墓の被葬者として最もふさわしいのは、文徳天皇女御・従一位藤原古子であったと考えることができるのである。

もうひとり、安朱古墓の被葬者の可能性を持つ女性を挙げておくならば、同じく文徳天皇の女御であった従四位下・藤原多可幾子《たかきこ》ということになるかもしれない。多可幾子は右大臣・藤原良相の女であるから、良房・順子・古子の兄弟にとっては姪にあたることになる。彼女は父の良相《よしみ》の期待にもかかわらずついに皇子女を授かることはなかった上に、文徳天皇が崩御した直後には明子・古子の従一位への栄達を傍目にして従四位下のままに留められていた。そして、まるで「夫」である文徳天皇の崩御の後を追うかのように、彼女は天安二年（八五八）一一月一四日に卒したのである（『日本三代実録』天安二年一一月一四日条）。明子が産んだ清和天皇の即位のわずか七日後のことであった。ここで注目されるのは、彼女の四九日の法要が安祥寺でおこなわれていることである（『伊勢物語』第七七段・第七八段）。法要の主宰者は多可幾子の兄の右近衛大将・藤原常行であったが、その場所が安祥寺であったからには、これに太皇太后・順子が関与していなかったはずはない。おそらく、順子は薄幸に終わったこの姪に対してよほどの憐憫の情を覚えていたのであろう。そのことから考えるならば、法要が安祥寺でおこなわれただけにとどまらず、多可幾子の墓も安祥寺の近辺に営まれていたという可能性も否定するべきではないと思う。そして、安朱古墓出土の土師器の年代観は、多可幾子が卒した天安二年（八五八）を充分に含みうるのである。

しかし、多可幾子の父の良相と伯父の良房は、表面的には常に協調関係を保ち続けていたにもかかわらず、裏に回るならば最高権力の座をめぐって静かでありながら熾烈な闘争を繰り広げるライヴァル同士でもあった（注四〇）。良房と良相は競い合って、文徳天皇・清和天皇の後宮に自らの娘を入内させているのである（注四一）。順子は良房とは密接不可離の間柄にあったのはもちろんであるけれども、良相とも親しい関係を続けていた。それはたとえば、順子が貞観元年（八五八）から翌年にかけて一年間の永きにわたって良相の西三条第（注四二）を御所としている（『日本三代実録』貞観元年四月一八日条、貞観二年四月二五日条）ことにも示されているのである。ただ、良房とも良相とも近かった順子であればこそ、どちらかを一方的に支持するような行動は控えざるをえなかったように思う。したがって、良相の女の多可幾子の墓が順子の安祥寺の近辺に造られるということにはややためらいを感じるところがある。一方、良房・良相・順子共通の妹であり、さらには出家を遂げていた古子であれば、たとえ順子と行動を共にしたとしても政界に波紋を投げかけるとは考えられない。また、二重の木槨という厳重な安朱古墓の構造は、それが最高の地位にあった人物の墓であったことを示唆しているように思う。したがって、安朱古墓の被葬者としては従一位・藤原古子に最大の可能性を認めるとともに、従四位下・藤原多可幾子を第二候補と考えておくことにしたいと思う。

注四〇●角田文衞『王朝の映像』（東京堂出版）一九七〇年

注四一●ただし、良房は文徳天皇に入内した明子以外に実子を持たなかった。そこで良房は、兄・長良の子の基経と高子を養子・養女とし、前者を自らの後継者に指定するとともに、後者を清和天皇に入内させた。

注四二●所在地については、平安京右京三条一坊四町説（『拾芥抄』本文、『二中歴』、『簾中抄』）、同六町説（『拾芥抄』西京図）、同一三町説（『今昔物語集』巻一四）がある。

この推測が当たっているとするならば、不明なところが多い平安時代前期の高位の女性の墓について、安朱古墓は極めて重要な情報を与えてくれるということになる。特に、古子と順子は仲の良い姉妹だったのであるから、古子の墓と順子の陵は構造までも類似していたと考えてまちがいないだろう。つまり、私たちは安朱古墓を見ることによって、未だ発見されていない順子陵の構造を類推することができるのである。

藤原順子陵の位置　いささか煩雑な議論を続けてきた。ここにいたって私たちは、ようやく藤原順子の後山階陵の位置の想定にいたることができる。順子陵は安祥寺の当初からの寺領内に営まれていたはずである。ただ、安祥寺上寺はあまりに僻遠の地であり、その寺域は広大ではあるけれどもほとんどが険しい丘陵地であるから、順子陵の立地としては難があるよ

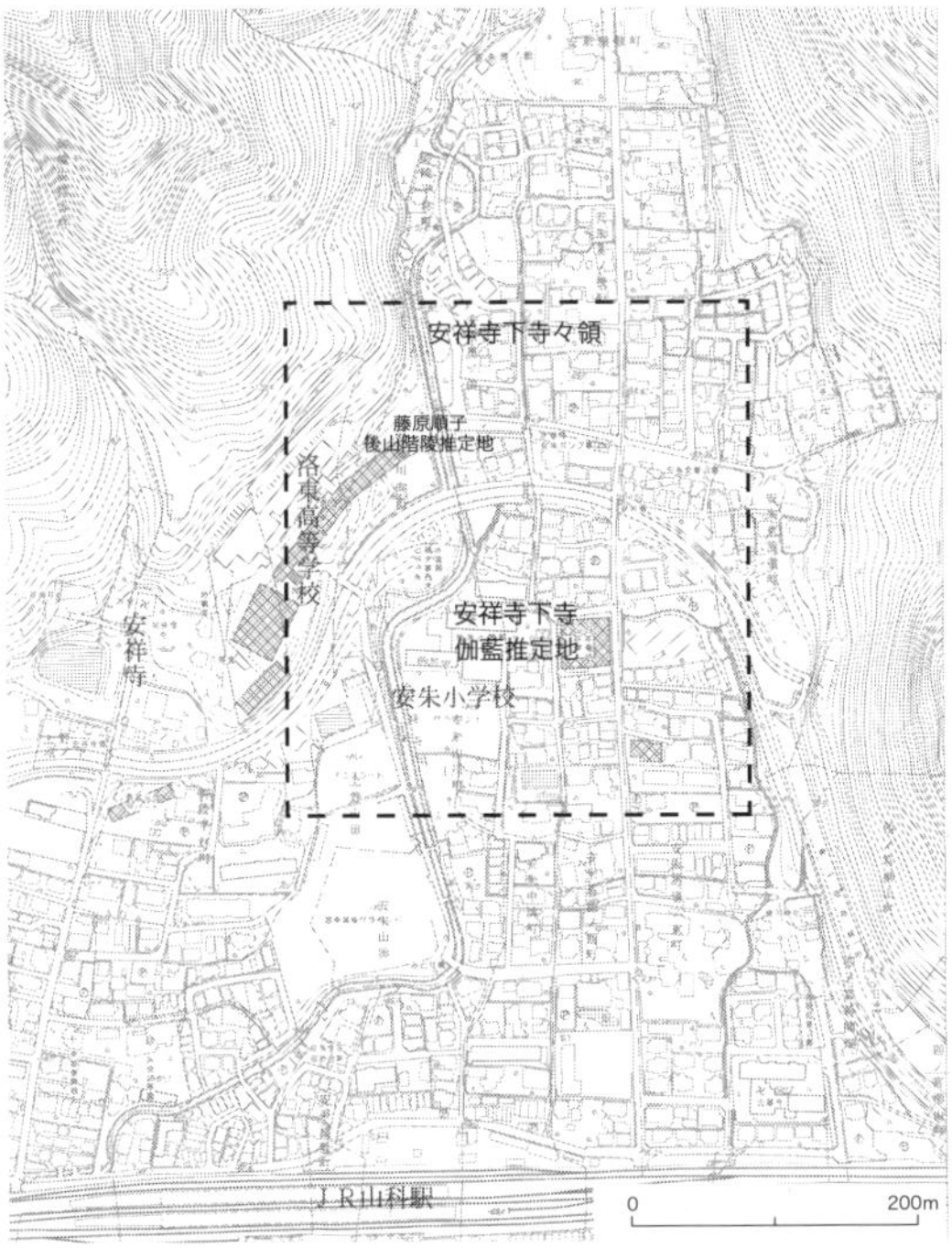

図２－５　藤原順子後山階陵想定復元図

うに思う。

そうすると、順子陵の所在地としては安祥寺下寺の寺領内こそがふさわしいと考えるべきであろう。もちろん、仁明天皇深草山陵の本体と嘉祥寺の堂宇とがやや離れていたように、安祥寺の伽藍そのものと順子陵の本体が密着している必要はないだろう。

ここから先はまったくの憶測となるが、十町八段余におよぶ安祥寺の寺地の中で順子の塋域としてふさわしいのは、伽藍の背後の丘陵裾部だったのではなかろうか。そうすると、順子陵は安祥寺下寺の寺地の西北端（条里制でいう石雲北里の西北端）のあたりに営まれていたのではないかと思う。つまり、藤原順子後山階陵の故地として最も可能性が高い場所として、山科区安朱川向町の洛東高等学校の校地の北端部附近を考えたいのである（図2－5）。

第3章●平安京周辺の山林寺院と安祥寺

梶川　敏夫

一――山林寺院

古来、山岳域に建立された仏教寺院を、山林寺院または山岳寺院と呼び、世俗を離れ静寂な環境で修行本位を目的として創建された仏教寺院をさす言葉として使用されてきた。

すでに七世紀代には、滋賀県大津市にある崇福寺《すうふくじ》（志賀山寺）のように自然尾根を巧みに造成して造営された山林寺院が存在し、また奈良県吉野郡大淀町にある比蘇寺《ひそでら》は、狭く急峻な地形に薬師寺式の伽藍配置を採用した山林寺院の例もある。しかし山林寺院が数多く建立されるようになるのは、密教が隆盛する九世紀代以降である。

山林寺院に関してよく引用される養老令『僧尼令』禅行条（注一）には「凡僧尼有禅行修道　意楽寂静　不交於俗　欲求山　居服餌者　三綱連署　在京者　僧綱経玄蕃　在外者　三綱経國郡　勘實並録申官　判下　山居所隷國郡（謂　假如　山居在金嶺者判下吉野郡之類也）毎知在山。不得別向他處」とあって、僧尼は一定の手続きさえ踏めば本寺を離れ、禅行修道を目的に山居で修行することが許されていたが、また一方では勝手に他所へは移動してはならないとされている。

注一●『令義解』巻二所収「僧尼令」。「僧尼は禅行修道のために、寂静を願う意志があり、俗に交わらずに山居を求めて服餌（神仙不死薬を服用）しようと欲したならば、三綱は連署すること。在京の場合は、僧綱・玄蕃寮に報告すること。在外は、三綱・国郡に報告すること。真実を検討し記録し、太政官に申告して判定を仰ぎ公文を下すこと。山居の付属するところの国郡は、所在の山を知っておくこと。その他の場所へ向かってはならない。」

そのほか、「僧尼令」には「凡

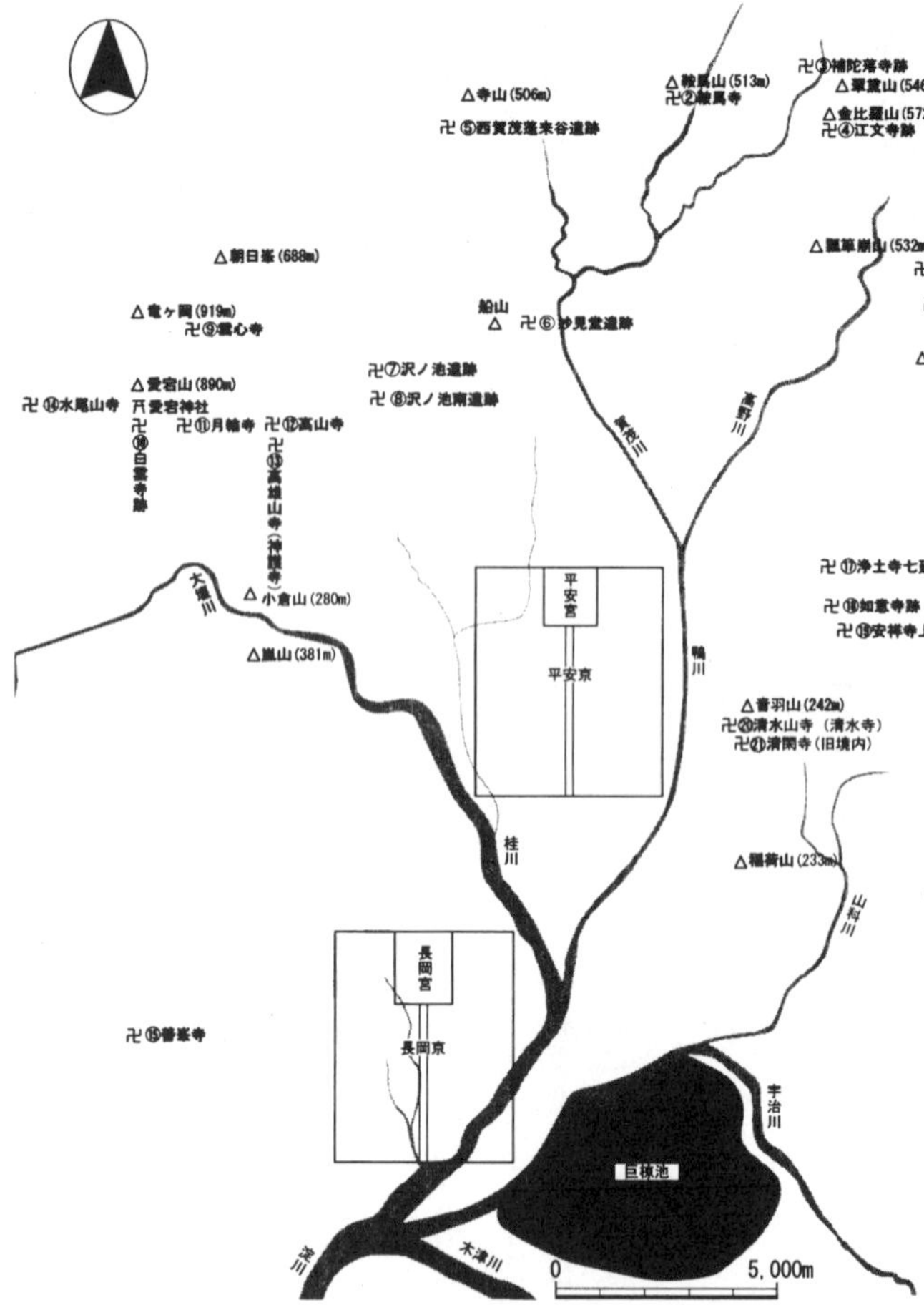

図３－１　平安京周辺の山林寺院分布図

平安京の艮の方角にある比叡山（南西から）

僧尼卜相吉凶。及小道。巫術。療病者。皆還俗。其依仏法持呪救疾。不在禁限」として、仏法による呪を持することのみは禁限としないとする。また「凡僧尼非在寺院。別立道場。聚衆教化。并妄説罪福。及殴撃長宿。皆還　俗…」とし、僧尼は寺院に非ずして、別に道場を立て民衆を教化するようなことは禁止する」などが記されている。

奈良末から平安時代にかけて、天台・真言など密教系寺院の隆盛により、山岳域に数多くの山林寺院が造られ、国分寺などを除いて全国で知られている山林寺院は、山嶺を覆うかの如く大伽藍を有するものから、小房や草庵程度の小規模なものまで、北は岩手県から南は熊本県まで三七〇箇所以上[注二]あるとされ、現在確認されていないものを含めると、さらにその数は相当数にのぼるものと考えられる。

律令国家の中心都市平安京の周辺においても、多くの山林寺院が建立されているが、延暦寺や醍醐寺のように現在に法灯を伝える大規模寺院以外に、立地環境を含め、檀越などの後ろ盾を失って維持存続が困難となり、または兵火にさらされて罹災を被り、人知れず山中に廃寺と化した寺院も数多くある。

かつて斎藤忠氏は、山林寺院について「僧侶などが山林修行を目的として建立した寺院、すなわち山麓・山間・山の懐・山頂付近などで、その周辺に叢林があって静寂な境地に立地しており、また、その寺の寺域、建物も、その地勢に順応して定められて建立された寺」[注三]と定義されている。しかし、山裾にある寺院であっても修行本位とするものもあれば、山岳域であっても平地と同様の伽藍を有し学解を中心とするもののほか、地理的に平地伽藍と区別が困難なもの、さらに文献を伴わない廃寺となれば、修行本位かどうかについても定義するのは極めて困難といえる。

このような山林寺院の立地環境は、創建当初以後に開発が進み、現在においては環境が激変している清水山寺（清水寺）の例を引くまでもなく、それらを定義することは極めて困難なものが多いことから、ここでは平安京周辺山岳域にある平安時代創建の寺院で、かつての立地環境が明らかに山林寺院であるものを取り上げ紹介し、改めて安祥寺上寺跡に

注二●松村知也「山岳寺院・山岳寺院一覧表」『山岳寺院の考古学』摂河泉文庫・摂河泉古代寺院研究会編、二〇〇〇年一二月九日。

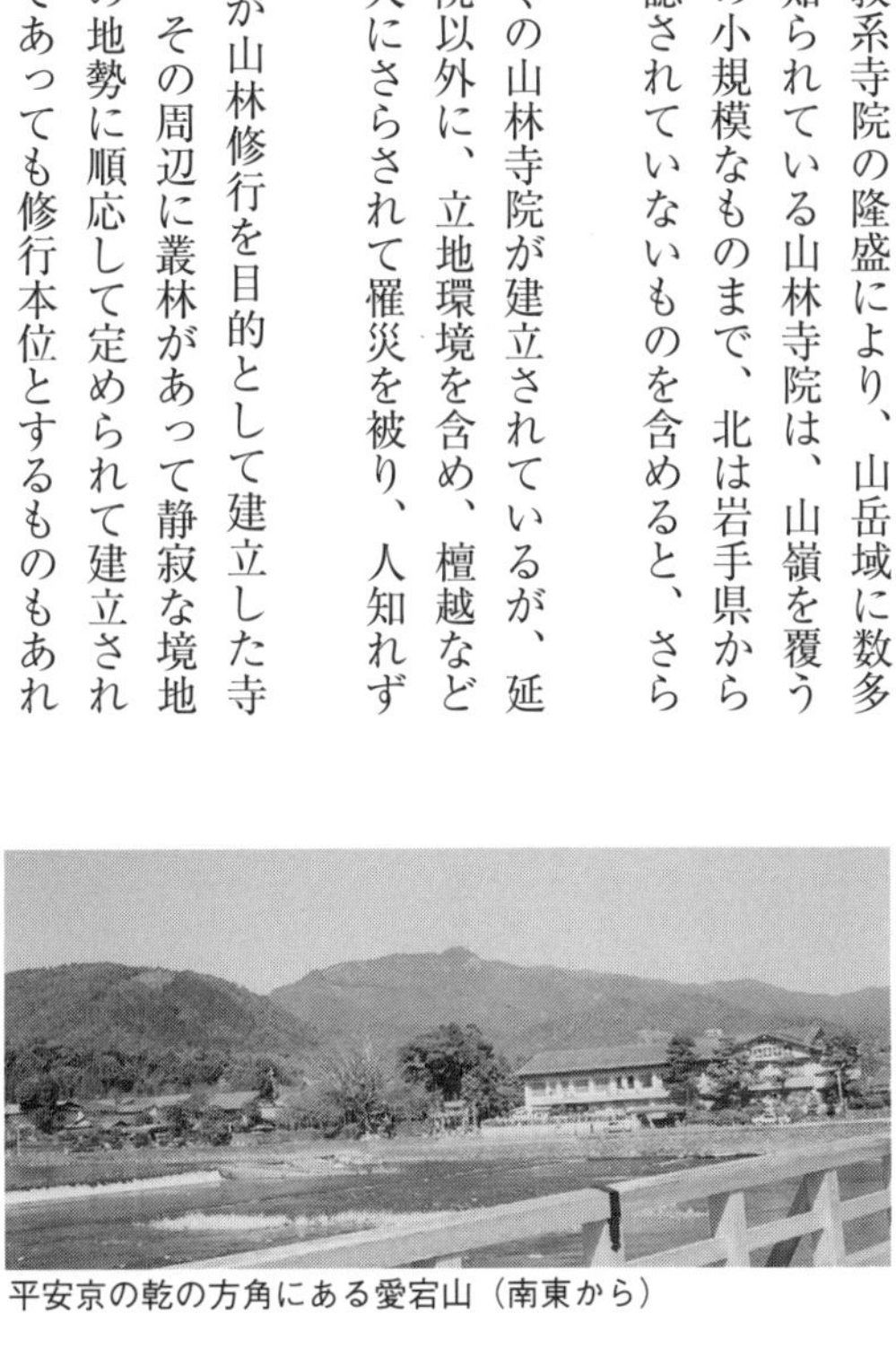

平安京の乾の方角にある愛宕山（南東から）

ついて論じてみたい。

二――平安京周辺山林寺院の歴史

平安京周辺部に建立された山林寺院は、天皇を頂点とする律令体制下の都城周辺部、つまり王権に最も近いエリアに存在し、自ずとその他の地域とは異なる環境下にあるといえる。

現在、確認されている山林寺院は、図3－1に及び一覧表（118～119頁）に示すとおり、現存するものを含めて二三箇所ほどあり、また、山中にはまだ未発見の寺院跡も数多く存在するものと考えられる。

桓武天皇は、西暦七九四年、山背国乙訓郡の長岡京から、北方僅か二・九キロしか離れていない葛野郡への遷都を敢行し、盆地の中央に平安京が建都されることになった。国名を山城国と改め、京域内には東・西寺の両官寺のみが創建され、大内裏（平安宮）内にある真言院(注四)を除き、京域内に寺院建立は認められず、最近までの考古学成果においても、平安時代前・中期の寺院遺構は京域内では確認されていない。

しかし、京域外においては、すでに平安京遷都以前に最澄により建立された比叡山寺や、遷都後も高雄山麓にある高雄山寺（神護寺）など、鎮護国家を標榜した密教系寺院が相次いで建立されてゆくことになる。

一方、平安遷都前の七世紀から八世紀にかけて、山背国の盆地周辺に建立されていた寺院として考古学的に知られるものは、北野廃寺・北白川廃寺・八坂法観寺・珍皇寺・大宅

注三●斉藤忠「（基調講演）いわゆる〈山寺〉の諸問題」『大知波峠廃寺跡シンポジウム事業報告書（平成七年度）』大知波峠廃寺跡シンポジウム実行委員会・湖西市・湖西市教育委員会、一九九六年。

注四●真言院は、正月八日から一週間、国家鎮護のために修法される後七日御修法に使用される建物で、空海により始められ、豊楽院北、中和院の西にあった。

廃寺・醍醐廃寺・法琳寺・オウセンドウ廃寺・広隆寺旧境内・御香宮廃寺・樫原廃寺・南春日町廃寺ほかがあり、多くが集落の中核部や主要幹線路近くなどに建立されている。

　これら多くの古代寺院が造営された背景には、天皇を頂点とする律令国家による仏教公認の歩みと合せるように、古墳時代における地域有力者の奥津城として競って造られていた古墳築造のエネルギーが、仏教伝来とともに寺院建立にとって変わり、飛鳥地方に始まった仏教寺院建立の芽が地方へ広がるとともに、地域豪族の支配エリアにおける新しい文化サロンというべき仏教寺院の建立へと変化していったものといえる。

　その後、平安京遷都を契機に、京を取り巻く周辺山岳域においても仏教寺院の建立が始まり、特に九世紀末から一〇世紀代の密教隆盛期に入ると、多くの山林寺院が建立されていった。

　その中には、皇室や貴族が檀越となり、高僧を開基として創建されたものや、僧が山域に分け入り独自に建立した寺院など、建立形態には様々なものがあるが、特に比叡山寺（延暦寺）は、最澄が延暦四年（七八五）に比叡山に登って草庵を結び、平安京遷都後は平安京鬼門（丑寅）を守護する、わが国最初の元号寺院である延暦寺となって飛躍的に発展、多くの高僧を輩出、後に各宗各派の祖師を輩出させた。また僧兵による強訴など、他の山林寺院とは様相を異にしており、その勢力拡大や武力闘争のあげく、中世末には織田信長の命による焼き討ちにより、西塔にあった瑠璃堂を除く三塔十六谷の堂塔はことごとく廃塵に帰したが、その後、豊臣政権や徳川幕府ほかの再建協力もあって、現在もその法灯を伝えている。

　鎌倉時代以後、京近郊に位置する多くの寺院は、権力支配層による政治的勢力に翻弄さ

醍醐寺上寺のある醍醐山（西から）

12	高山寺	右京区梅ケ畑栂尾町	山腹 ～谷あい 現存 標高150m	平安 ～中世	第13代天台座主尊意が貞観18年（876）の度賀尾寺に入山とあり、その後、文覚上人や建永元年（1306）には明恵上人が再興し、堂宇を建立する。	清滝川の渓谷を見下ろす山腹にある 詳細は不明（史跡）
13	高雄山寺（神護寺）	右京区梅ケ畑高雄町	山腹台地 標高200m	平安 ～中世 現存	高尾山の山腹にあり、延暦21年（802）に和気広世・真綱が南都の大徳、比叡山の最澄を招いて法華講会を行う。また、唐から帰国した空海は弘仁元年（810）に高雄山寺に入って真言密教を広める。創建は和気清麻呂が宇佐八幡の神託により延暦年間に氏寺である神願寺（河内？）を建立したが天長元年（824）に地勢が汚穢したため、高雄山寺へ移して創建し定額寺になったとする。空海の後を継いだ真済が伽藍造営し、のち衰退するが文覚上人により復興する。	境内からは平安時代の瓦のほか須恵器なども出土。古絵図が残る。
14	水尾山寺	右京区水尾宮ノ脇町	山腹 標高250m	平安	円覚寺の前身寺院とする清和天皇ゆかりの寺で、『三代実録』元慶4年（880）に記載あり、水尾集落中央にある水尾円覚寺付近にあった寺か？詳細不明	清和天皇陵は集落の西北の山腹にある。
15	善峰寺	西京区大原野小塩町	山腹 標高300m	平安 現存	長元3年（1030）僧源算の創建と伝える。 『山槐記』治承3年（1179）4月に記載あり、遺跡からは平安時代に遡るかどうかは不詳。	西国三十三所、天然記念物「遊竜松」がある。詳細不明
16	比叡山寺（延暦寺）	大津市坂本 京都市左京区	山腹 ～谷筋 標高500 ～700m	平安 現存	最澄が平安京遷都前の延暦年間に創建、後に大伽藍（東塔・西塔・横川・十六谷ほか）に発展し、多くの高僧を輩出する。織田信長の焼討で罹災し、後に再建された。	史跡・天然記念物指定。比叡山三千坊・三塔十六谷などとも呼ぶ大伽藍
17	浄土寺七廻り町遺跡	左京区浄土寺七廻り町	山腹谷筋 西向き 標高250m ～300m	平安	2001年5月に京都大学考古学研究会により銀閣寺裏山で発見された山林寺院とみられる遺跡である。谷筋に沿って13箇所余りの平坦地が残る。付近から平安時代の遺物が採取されている。	平安時代創建と伝える浄土寺に関係した寺院か？『第50とれんち』
18	如意寺跡	左京区鹿ケ谷如意ケ嶽町ほか	山腹 ～谷筋 標高300 ～420m	平安 ～中世	平安京に最も近い山岳寺院。10世紀前半頃創建か、山中に遺構が多数点在し遺物も多い。遺跡は大きく本堂・赤龍社・深禅院・大慈院・西方院・寶厳院・正寶院地区に分かれて点在する。	『古代文化』43-6号ほか。「園城寺境内古図如意寺幅」に境内が詳細に描かれており、『園城寺寺門伝記補録』にも説明書きあり。
19	安祥寺上寺跡	山科区御陵安祥寺山	山腹 ～尾根 標高350m	平安 下寺は現存	9世紀中頃、仁明天皇女御藤原順子が入唐僧惠運を開基として創建し、礼仏堂・五大堂・東西僧房・宝幢（幢竿支柱）などがあった。また山下にも下寺が存在し、現在も旧境内地の一画に法灯を伝える。2002～3年に上寺跡を京都大学が測量調査し、礎石を多数確認、新たに方形建物跡を発見する。	安祥寺山の中腹尾根上に基壇跡が良好に残る。八賀晋「安祥寺上寺跡」『京都社寺調査報告』Ⅱ、『安祥寺の研究Ⅰ』京都大学COE研究会
20	清水山寺（清水寺）	東山区清水	山腹 標高120m	平安 現存	平安京を東方から見下ろす京都東山の山腹斜面から谷筋に沿ってあり、平安京遷都頃に坂上田村麻呂と延鎮が協力して創建したとするが、現在のところ発掘調査例なく詳細は不詳。国宝の懸崖造の本堂があり、東側に清水の湧く音羽の滝がある。	音羽山中腹にあり、西国三十三所。 速水侑「奈良時代」『論集日本仏教史』ほか
21	清閑寺旧境内（清閑寺）	東山区清閑寺歌ノ中山町	山腹～谷 標高200m	平安 現存	音羽山南山腹にあり、一条天皇の時に佐伯公行が創建、長徳2年（996）に勅願所となる。大治4年（1129）に焼亡し後に再建。寺域は東北五町・南北六町とし、後に六条・高倉両天皇御陵（宮内庁書陵部管理）が境内に造営される。南向きの谷筋を挟んで平坦地が数多く点在、一部は陵墓内にも存在する。	「平安京周辺の山岳寺院（京都府）」『佛教藝術265号』
22	法厳寺	山科区小山長尾	山腹 標高360m	平安？ 現存	山科音羽山支峰の牛尾山の山腹に現存する。平安中期以後の観音信仰の霊場と考えられるが詳細不明。	
23	上醍醐寺（醍醐寺）	伏見区醍醐醍醐山	山頂 ～山腹谷 標高400m	平安 現存	醍醐山にあり、聖宝が貞観16年（874）に上伽藍から造営を始めたとする。山中には醍醐水が湧き、現在も堂社が点在する。平安後期（1121）建立の薬師堂（国宝）や清滝宮拝殿（国宝）が現存。	上伽藍東側山腹に廃仏稀釈により廃絶した坊跡が多数残る。 西国三十三所（史跡）

平安京周辺の平安時代創建山林寺院一覧

	遺跡・寺院名	所在地	立地場所	時代	概　　要	備　　考
1 番外	大悲山寺（峰定寺）	左京区花脊原地	山腹～谷筋 標高550m	平安～中世 現存	平安京から北へ約23km 離れた山間域の大悲山南山腹にあり，久寿元年（1154）に観空西念が創建したと伝える。貞和6年（1350）再建の懸崖造り（清水寺本堂と同様）の本堂が現存する。本堂背後の斜面からは今も閼伽水が滲み出す。本堂背後の山域は修験場となっており、谷間の北斜面山腹に南面する本堂からは南方の山間域を見下ろす景勝の地に本堂が位置する。	京都府環境保全地区。詳細不明。
2	鞍馬寺	左京区鞍馬本町	山腹 標高400m	平安 現存	延暦15年（796）藤原伊勢人の創建と伝え、鞍馬山の南山腹にあり、山域境内には平安時代中期以後に造営された経塚群がある。	平安時代の遺構については詳細不明
3	補陀落寺跡	左京区静市静原町	山腹谷筋 標高440m	平安	標高609m の通称クダラコージ山南東山腹にあり，天台僧延昌が天慶8年（945）に創建。谷川の北側上方山腹に数箇所の南向き平坦地があり、付近には柱座を造り出す礎石も散在し、平安時代の遺物が散布する。『平家物語』「大原御幸」に寺院名あり。	「京都静原補陀落寺」『古代文化』42-3ほか
4	江文寺跡	左京区静市静原町・大原野村町	山腹谷筋 標高400～450m	平安？	洛北大原の西方、金毘羅山中腹にある琴平神社付近にあった寺院。長暦元年（1037）以前に建立された天台系の修行の場か。付近から土師器・須恵器・緑釉陶器など平安時代の遺物が出土。「後拾遺往生伝」大治5年に寺院名あり。10世紀前半～13世紀に存続か？南向き山腹の湧水する場所に琴平神社が存在するが、その南西斜面山腹に東・南向きの小規模な平坦地が10箇所以上残存する。	京都大学考古学研究会『第46・47とれんち』
5	西賀茂蓬来谷遺跡	北区西賀茂蓬来谷町	山裾 標高400m	平安	北区の氷室集落背の山裾に雛壇状の平坦地が数箇所あり礎石11箇所が残存、付近から瓦のほか須恵器・土師器等が表採され寺院跡の可能性あり。発見者らは付近にある氷室を主水司管轄の鵜原氷室と考え、発見遺跡は鵜原寺跡ではないかと推測している。9世紀前葉～10世紀後葉に存在した寺院か。	2000年12月8日に確認。『京都考古』第91号
6	妙見堂遺跡	北区西賀茂妙見堂	谷筋 標高210m	平安	五山送り火「船」形のある船山（317m）の東方、標高210m ほどの谷筋斜面の南向き山腹にある。数箇所の小規模な平坦地が存在し、付近からは土師器・須恵器・灰釉陶器などが表採されている。踏査報告では霊厳寺に関係する山房跡ではないかとされている。	2003年3月13日に発見。『京都考古』第94号
7	沢ノ池遺跡	右京区鳴滝沢・鳴滝三本松	山中池畔 標高370m	平安	標高370m 程の山中にある沢ノ池の南東で三間四面建物跡のほか、南西では閼伽井、覆屋風の遺構が確認されている。	寺跡とは断定できないがその可能性がある。
8	沢ノ池南遺跡	右京区鳴滝沢・鳴滝三本松	山腹 標高370m	平安	山頂から南に下る山腹に平坦面が存在する。平安時代前期から中期にかけての土器や瓦が表採されていることから、寺院跡ではないかと考えられている。	屋木英雄氏からの情報提供による。
9	雲心寺跡	右京区梅ケ畑冷水	山腹 東斜面 標高600m	平安	1996～2000年の踏査で発見、東方に比叡山を眺望できる標高約600m の山腹東斜面に6箇所平坦地が残存。鎌倉期の古絵図に寺跡が記載されており、古絵図と遺跡が合致した稀有な例である。遺跡からは10世紀代の遺物が採集されている。	「主殿寮御領小野山与神護寺領堺相論絵図」に寺跡を示す土段が山中に描かれている。『仏教藝術』259号
10	白雲寺（愛宕神社とその周辺）	右京区嵯峨清滝	山頂～山腹 標高870m	平安？	標高924m の愛宕山山頂（朝日峰）にある愛宕神社下方付近にあったとする寺院。愛宕山の峰々には中国の五台山に見立てて五箇寺があったとする。愛宕神社下方の尾根筋にはいくつかの子院があったが明治期の廃仏毀釈で廃絶。頂上付近の尾根上には寺跡を示す大規模な平坦地が残る。	『扶桑京華志』ほか 遺跡調査例なく詳細不明。山中は古くから修験者の行場とされている。『京都考古』第92・93号
11	月輪寺	右京区嵯峨清滝	山腹南斜面 標高570m	平安？ 現存	愛宕山東南向き山腹。平安～鎌倉期の仏像（千手観音・阿弥陀如来ほか多くの仏像）を伝え収蔵庫に安置されている。境内に清泉竜女水が湧く。	文献からは平安後期まで遡り、鷲尾峰の山腹に現存する。

れ、主要堂宇の結界を門や築地などで厳重に囲み、居住環境も整っていたことから、軍事的に利用されることになり、応仁・文明の大乱など戦国期の動乱等による兵火によって、多くの寺院が罹災を被ったが、同じく山林寺院も戦災は避けられず廃絶の道を辿った寺院も多い。

しかし、その後に再興された寺院であっても、明治初期における廃仏棄釈により、廃絶の憂き目にあったものも少なくない。

三――平安京周辺の山林寺院の実態

平安京周辺部にある山林寺院跡については『京都市遺跡地図』改訂に伴う山岳域の遺跡探査成果のほか、筆者もこれまで何回か山林寺院について報告している(注五)。また近年では京都大学考古学研究会メンバーによる山域の踏査成果のほか、個人的な踏査事例もあり、山林寺院跡と考えられる遺跡が相次いで発見、報告されている。さらに近年、全国的にも、これまで不明確であった山岳域における遺跡調査例も増え、その実態が徐々にではあるが明らかにされつつある。

ただし、今回取り上げる平安京周辺部における大半の遺跡が、発掘調査など考古学の手が及んでいないのが実情であるが、改めて平安京周辺部に点在する山林寺院について概観してみたい。

注五●梶川敏夫「山岳寺院」『平安京提要』角川書店、一九九四年。梶川敏夫「平安京周辺の山岳寺院(京都府)」『佛教藝術』二六五号、山岳寺院の考古学的調査、西日本編、毎日新聞社、二〇〇二年など。

(一) 平安京北方の山林寺院

①**峰《ぶ》定寺《じょうじ》**は、平安京からは遠く洛北の奥地、左京区花脊原地町の山間地にあって大悲山寺とも呼ばれ、標高七四七メートルの大悲山の南山腹に位置する。観空西念が仁平四年（一一五四）に三間堂を建立したのが始まりとし、谷あいの山腹に貞和六年（一三五〇）再建の懸崖造本堂（重文）が現存、本堂東北にある最古の供水所とされる閼伽井屋からは今も水がしみ出している。

②**鞍馬寺**は、左京区鞍馬本町の鞍馬山南面中腹の標高四〇〇メートル程に位置し、延暦一五年（七九六）に藤原伊勢人が創建したと伝える。山岳を含む境内域には平安中期末から後期中心の多くの経塚が築かれているが、創建当初の寺観については明確でない。

③**補《ふ》陀《だ》落寺《らくじ》跡**（注六）（図3－2）は、京都市左京区静市静原町の山中にあり、『門葉記』天徳三年（九五九）四月一九日条に、はじめ明燈寺という寺であったが廃絶し、後の天慶八年（九四五）に天台僧延昌が花堂を草創したのが補陀落寺であるとし、また、ここはもと清原深養父の山荘があった場所とする。なお、『今昔物語』「北山餌取法師往生語第二七」には比叡山の僧、延昌が餌取法師から土地を貰いうけ、創建したと記している。

『日本紀略』天徳三年（九五九）四月二九日甲辰には、天台座主延昌が寺を供養したことを記し、また『日本紀略』應和二年（九六二）四月一七日甲辰には延昌の申請で御願寺となっている。さらに『拾芥抄』には「千手本願延昌僧正清原ノ深養父建立」とあり、本尊は千手観音で、『門葉記』には八尺の十一面千手観音像のほか、不動尊像、毘沙門天王像などがあったことを伝える。また『吾妻鑑』文治五年（一一八九）九月一七日条には、奥州平泉（岩手県平泉町）にある毛越寺の吉祥堂本尊は、京都にある補陀落寺本尊を模倣

注六●梶川敏夫「京都静原の補陀落寺跡」『古代文化』第四二巻第三号、古代學協會、一九九〇年。

して造らせたとし、当時著名な仏像であったことが分かる。

そのほか『平家物語』「大原御幸」には、後白河法皇が文治二年（一一八六）に、大原の寂光院に落飾した建礼門院徳子を訪ねる途中、補陀落寺を叡覧されたとする。しかし、鎌倉期以降は文献上には見えず、以後程なくして廃寺と化したものとみられる。

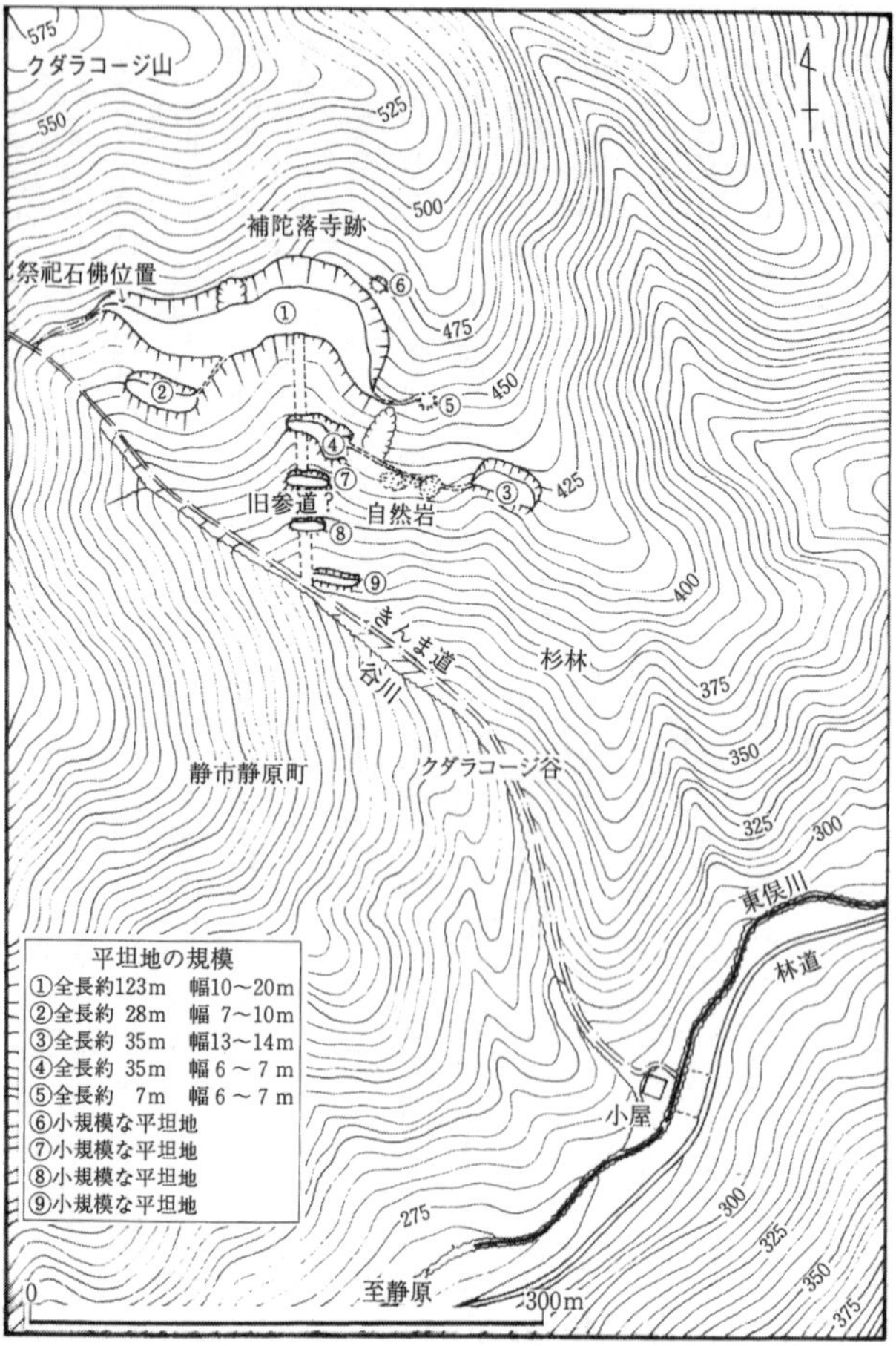

図３－２　補陀落寺跡位置図（『古代文化』第42巻第３号抜粋）

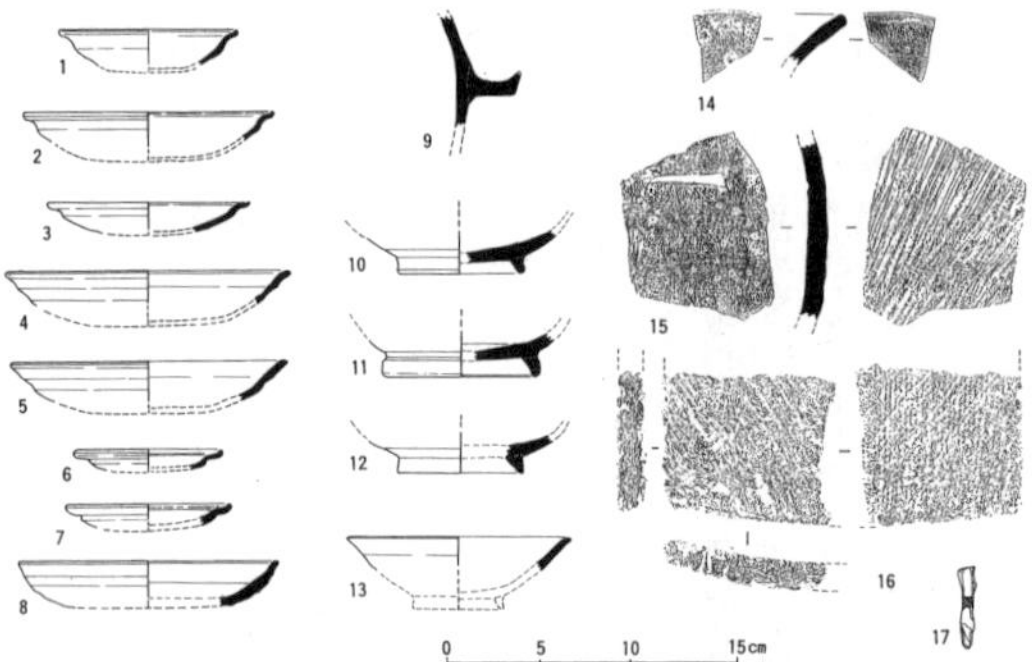

補陀落寺跡表採遺物

寺跡は、静原の集落の北々東にある標高六〇九メートルの通称クダラコージ山の南東向き山腹斜面の標高四四〇メートル前後に位置し、谷の水源が確保できる場所近くの斜面地を切り盛りして平坦地を形成し、寺域は東西二五〇メートル・南北二〇〇メートルほどの範囲とみられる。山腹北上にある東西約一二三メートル、幅一〇〜二〇メートルの平坦地

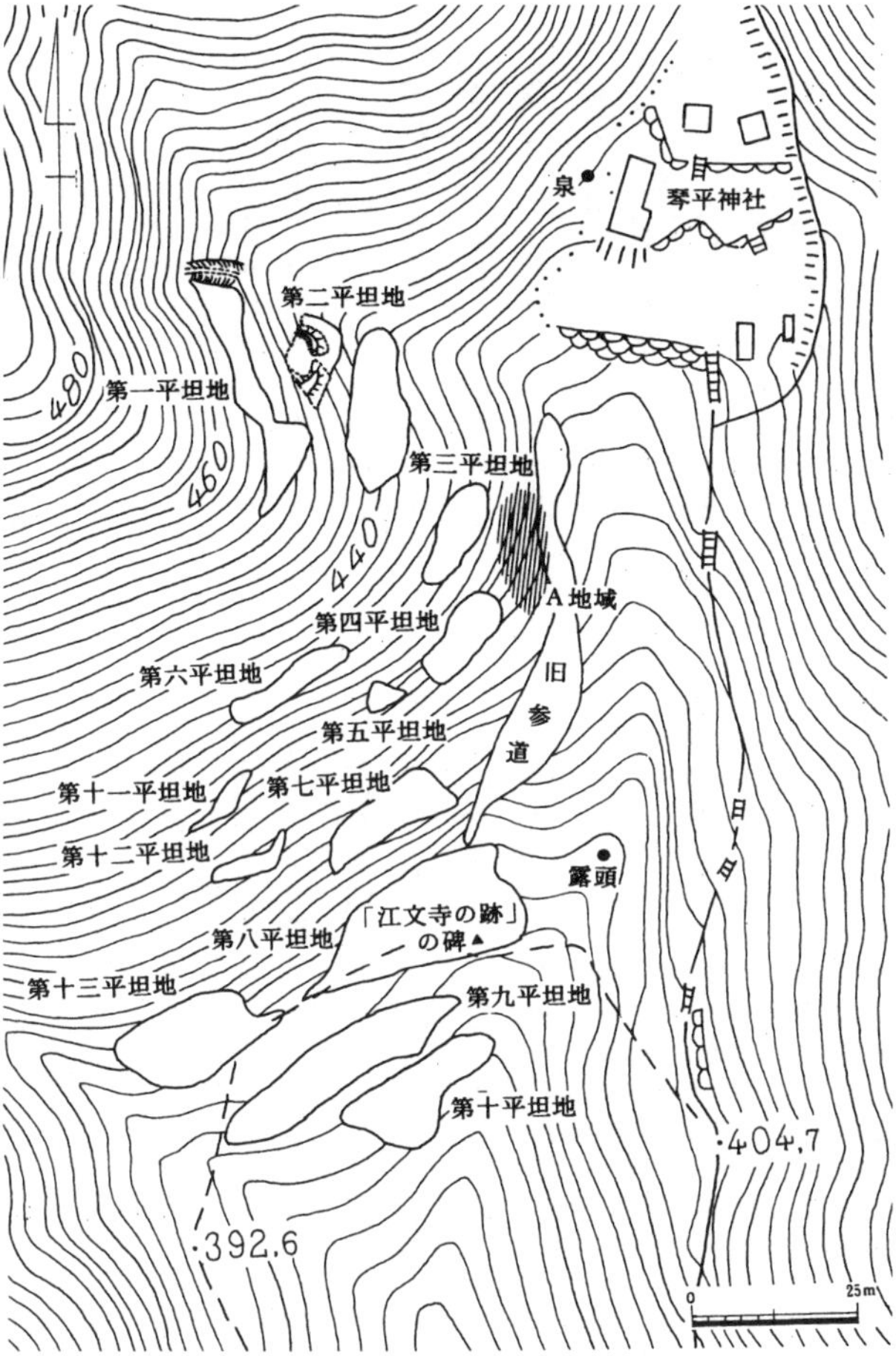

図３－３　江文寺跡遺跡位置図（『第47トレンチ』抜粋）

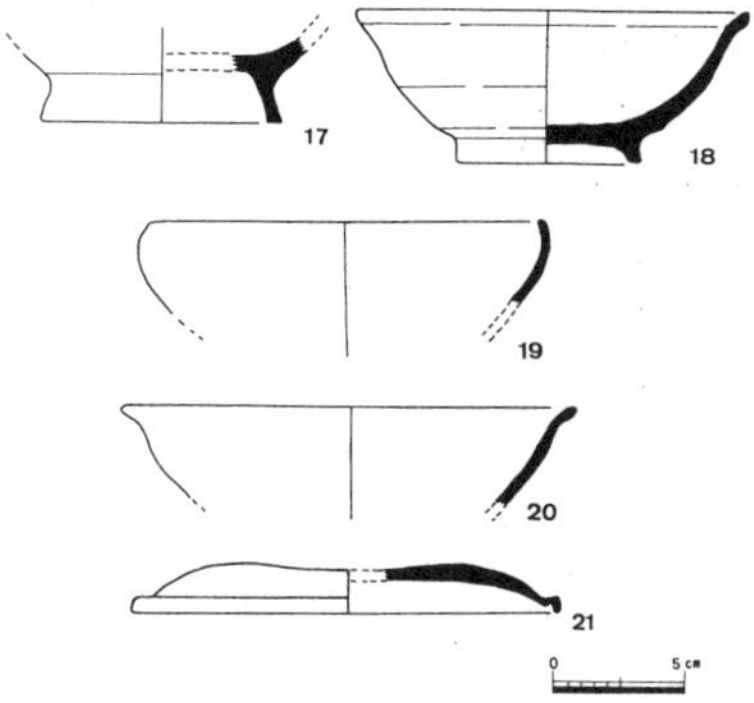

琴平神社境内出土遺物

を中心に、数箇所の狭隘な平坦地が山腹に取り付くように点在し、山寺にふさわしい雰囲気をもち、付近からは土器や瓦など平安時代（一〇～一二世紀頃）の遺物が表採されている。

　現在寺跡からの眺望は、南方は東俣川の渓谷から静原を見下し、また東南には翠黛山の山嶺が迫る景勝の場所で、東方の山を越えれば大原の寂光院に到る。

　④**江文寺跡**《えぶみでら》は、左京区大原野村町にあり、現在、金毘羅山の中腹、標高四三〇メートルほどの南向谷筋にあり、琴平神社を含む南西山腹斜面に十数箇所の小規模な平坦地が点在する（図3−3）。かつて神社からは、白色土器、緑釉陶器など平安時代の遺物が見つかっている。寺跡の調査者らによると天台系山林寺院で、出土遺物から一〇世紀前半から一三世紀頃に存続し、堂宇は六～七棟程度の小規模な山林寺院であったとする（注七）。

　⑤**西賀茂蓬来谷遺跡**は、京都市北区西賀茂氷室蓬来谷という山間域にある遺跡で、寺山という地名や付近からカワラケが出てくという情報から、二〇〇〇年一二月に屋木英雄氏が探索され確認された遺跡である。詳しくは『京都考古』第九一号参照（注八）（図3−4）。寺山（標高五〇〇メートル）の南山腹の標高四〇〇～四二〇メートルにあり、南面して四段の雛壇状の平坦地が残る。平坦地の二箇所で礎石が確認されており、中央の平坦地には東西六間かそれ以上の礎石建物跡が確認されている。付近からは須恵器・黒色土器・緑釉陶器・灰釉陶器や丸・平の布目瓦が表採され、九世紀から一〇世紀に遡る寺院跡の可能性があり、遺跡について屋木氏は、現在遺跡の西方にある『延喜式』所載「栗栖

注七●下川和浩・高橋佐栄・高田良太・佐藤啓介「江文寺跡調査報告」『第四七とれんち』京都大学考古学研究会、二〇〇一年。

注八●屋木英雄「鵜原氷室と鵜原寺—京都西賀茂氷室地区の氷

西賀茂蓬来谷遺跡と寺山

野氷室」（京都市指定史跡）は、文献資料等から、それは誤りで、「鵜原氷室」であるとされ、発見された遺跡についても『日本三代実録』元慶七年（八八三）七月二一日条に記載のある鵜原寺の跡ではないかとされている。

⑥**妙見堂遺跡**は、二〇〇三年三月に京都洛北西賀茂の山中で同じく屋木英雄氏により発見された山林寺院と考えられる遺跡である。大文字五山送り火の「船」火床のある西賀茂の船山（標高三一七メートル）東南東の谷筋にある小規模な遺跡で、地名が北区西賀茂妙見堂であることから「妙見堂遺跡」と呼ばれている。詳しくは、『京都考古』第九四号を（注九）参照されたいが（図3－5）、この遺跡で表面採集された須恵器や灰釉陶器などの遺物か

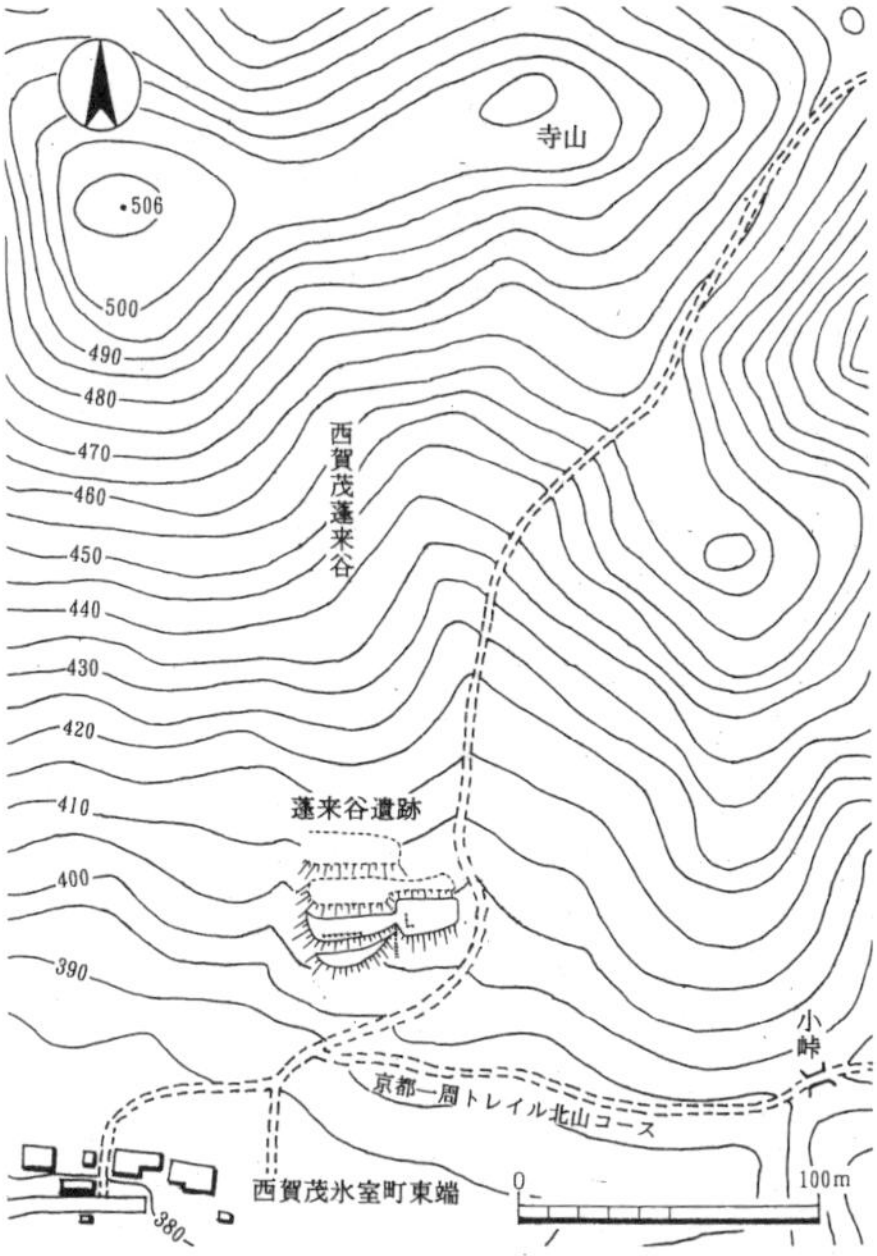

図3－4　蓬来遺跡（『京都考古91号』抜粋）

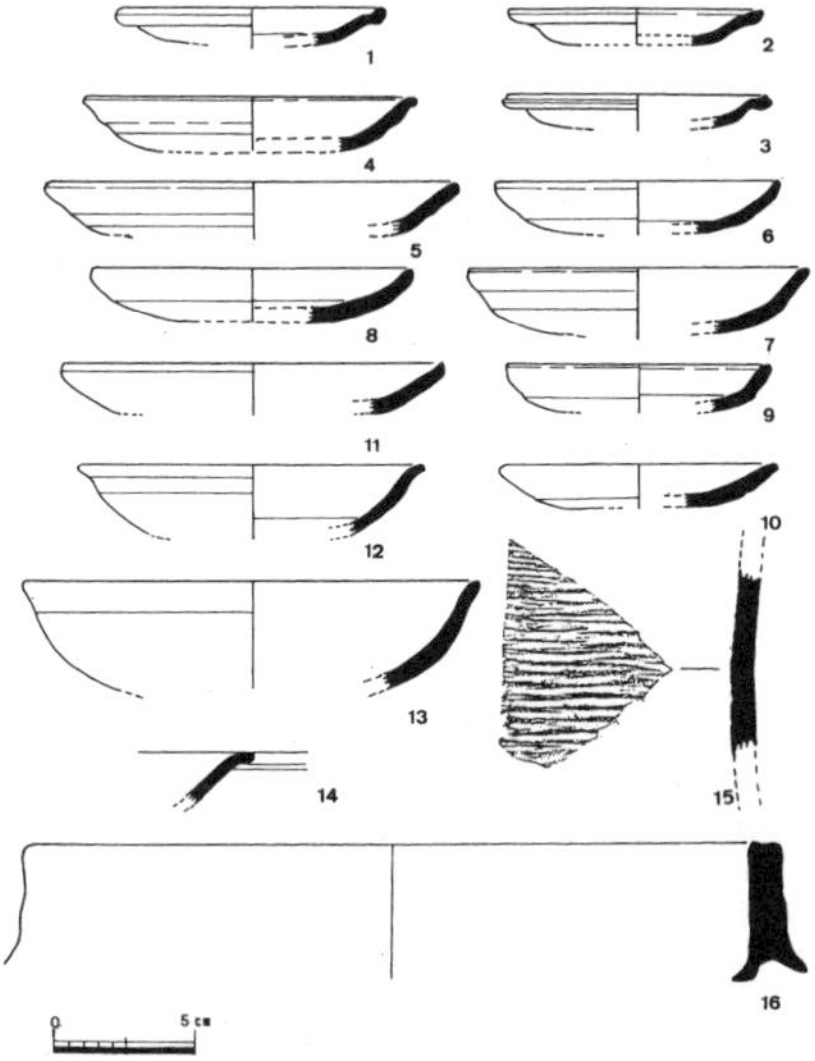

江文寺跡表採遺物

室跡と寺院跡―」『京都考古』第九一号、京都考古刊行会、二〇〇三年。

注九●屋木英雄「北区西賀茂妙見堂の遺跡」『京都考古』第九四号、京都考古刊行会、二〇〇五年。

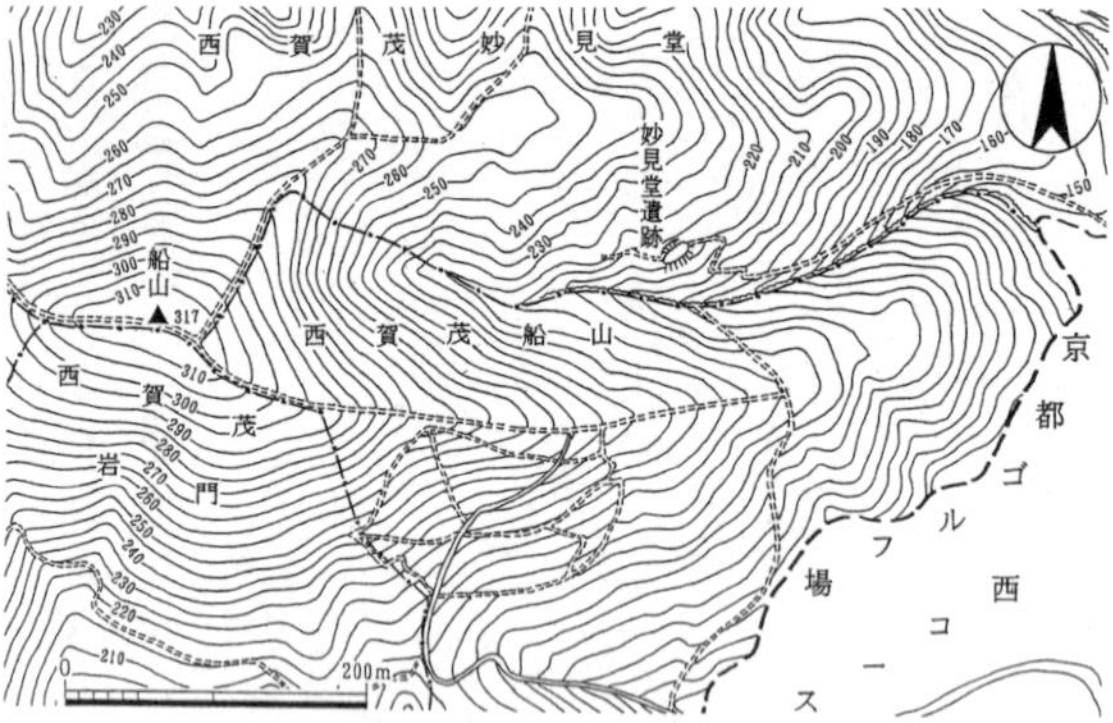

図３－５　妙見堂遺跡（『京都考古94号』抜粋）

ら、八世紀初頭から九世紀にかけて存続した山林寺院と推定され、かつて洛北に廃寺となった霊厳寺の山坊跡ではないかとされている。

遺跡は、船山頂上から東に向かって下がる尾根の北側、東へ下る標高約二一〇メートルあまりの東へ流れ落ちる谷筋の北側にあって、報告にも触れられているが、道脇にある東西約二〇メートル、南北約八・七メートルの平坦地以外、明らかに北と北西の二箇所にそれらしい狭隘な平坦地が存在する。また遺跡山側の山腹には、何箇所かに亘って自然露呈しているチャート系の巨岩が存在することを含め、修行本位といわれる山林寺院との関係が注目される。

環境は、南側には船山へ続く尾根があって冬季の日照時間の確保が困難であるが、南と北からの風の影響はほとんど受けない場所で、細い谷筋が北に緩斜面となって幅が若干広がる辺りに存在し、谷筋からの水源が一年中確保できる場所である。現在は植林され眺望は不良であるが、谷筋下方の東方にある比叡山をかなり意識して土地が選ばれたものと推測される。

⑦**沢ノ池遺跡**は、御室にある仁和寺の北西四キロ程の標高三七〇メートルの山中（北区鳴滝沢）にある沢ノ池（南北五〇〇メートル・東西五〇〇～一〇〇〇メートル）湖畔にある遺

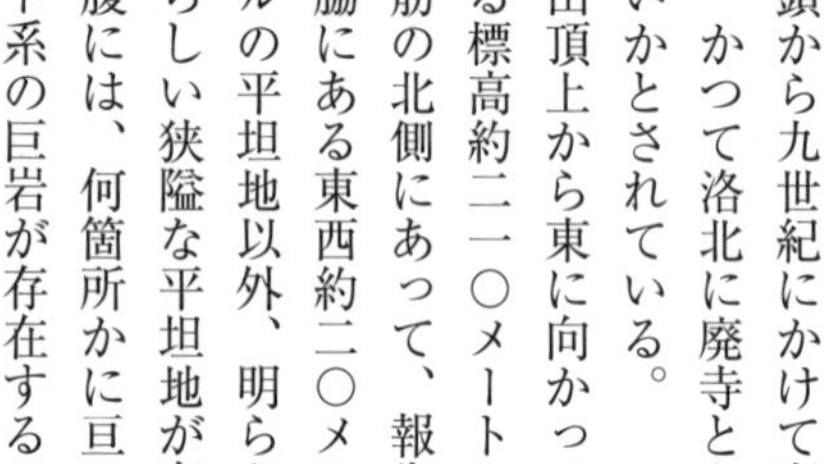
妙見堂遺跡のある船山（南東から）

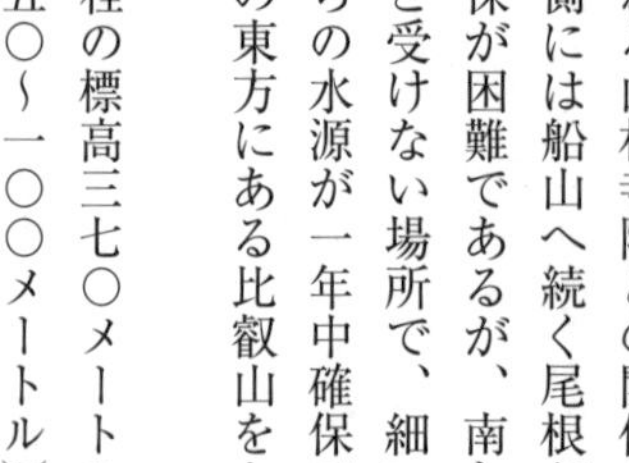
妙見堂遺跡の現状（西から）

跡で、池の南東で建物跡（三間四面堂）、南西では閼伽井と覆屋の跡かとみられる池状遺構のほか、石段、堂跡などが見つかっており、表採遺物から平安時代前期と、後期から鎌倉時代頃の遺跡と考えられている（注一〇）。

そのほか沢ノ池の南方、山頂から南に下る山腹に平坦面が存在するのが確認され、⑧**沢ノ池南遺跡**と呼ばれている。平安時代前期から中期にかけての土器や瓦が表採されていることから、寺院跡ではないかと考えられている（注一一）。

（二）平安京西方の山林寺院

平安京の乾（北西）を鎮護する霊峰、愛宕山（九二四メートル）は、『山城名勝志』所収「白雲寺縁起」によると愛宕山の開祖を泰澄とし、「光仁帝即位、勅慶俊僧都、中興此山、和気清磨所建也、白雲寺朝日峰、月輪寺大鷲峰、神願寺（神護寺）高雄、日輪寺竜上、伝法寺賀魔蔵、五寺外営五千坊」と記され、慶俊が中興し、和気清磨呂が愛宕山の五峰（朝日峯・大鷲峯・高雄山・竜上山・賀魔蔵山）に、中国の五台山を模して五寺院を建立し、五千坊を擁したと伝える。

この愛宕山の山中にあった寺々については、屋木英雄氏により広範なエリアの踏査が行われ、いくつかの場所で、狭隘な平坦地や平安時代に遡る遺物が見つかっている。詳しくは『京都考古』第九二・九三号（注一二）を参照されたい。

右京区梅ケ畑冷水にある⑨**雲心寺跡**は、屋木英雄氏ら有志による一九九六年から二〇〇〇年にかけての愛宕山中の踏査により、六箇所の平坦地が確認され、平安時代前期後半（一〇世紀頃）の土器などの遺物が表採されている（注一三）。

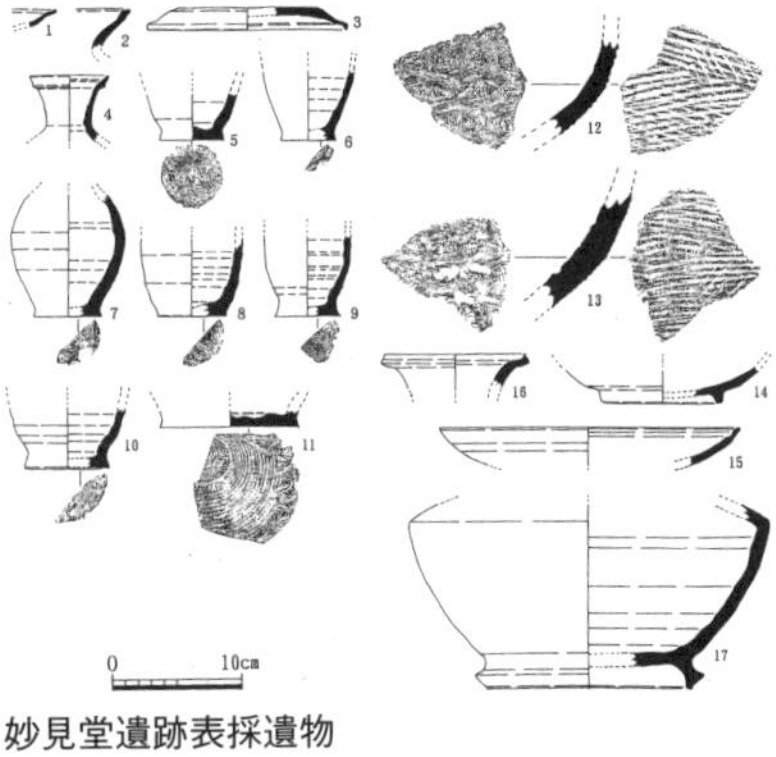
妙見堂遺跡表採遺物

注一〇●津々池惣一「沢池畔の建物跡」『リーフレット京都』№一四九号、京都市考古資料館・（財）京都市埋蔵文化財研究所、二〇〇一年。

注一一●屋木英雄氏からの情報提供により、京都市埋蔵文化財調査センターが探査を行う。

注一二●屋木英雄「京都・愛宕山中の遺跡—続報（前編）」『京都考古』第九二号、京都考古刊行会、二〇〇四年。

山中踏査の過程で鎌倉時代の「主殿寮御領小野山与神護寺領堺相論絵図」に、朝日峰北方の雷嵩下方に雲心寺舊跡壇と書かれた寺跡を示す土壇が描かれているのを確認、その絵図に描かれた位置を現地踏査で発見し、寺跡を確定されたものである。

遺跡は、愛宕山々頂から北北東約二・一キロ、頂部から急峻に下がる山腹がやや緩斜面となる辺り、標高六〇〇メートル前後の東南東向きの山腹に位置し、東正面に霊峰比叡山を眺望できる。いずれも南北方向に細長い雛団状平坦地が大きく四箇所確認（長さ二五～五三メートル、幅六～二〇メートル）され、平坦面の北寄りには方形の基壇状の高まりを残すものがあり、さらにそれに続く南方山腹にも平坦地や小規模な石垣・礎石などが残存しており、古絵図に描かれた寺跡を山中で発見し、場所を特定した意義は極めて大きい。

次に愛宕山の主峰である朝日峰にあったのが⑩**白雲寺**である。初期白雲寺の実態は不詳であるが、応仁の乱を含め度々罹災を被りながら、愛宕神社の朝日峰直下の参道両脇に、勝地院・教学院・大善院・威徳院・福寿院など社僧の住坊五箇寺が江戸末期まで存在していた。しかし慶応四年（一八六八）の神仏分離令によって廃絶、現在は愛宕神社の鉄鳥居に白雲寺の額を残すのみで、寺跡は草地広場として登山者の休憩場所となっている。

このほか愛宕山に現存する寺院としては、大鷲峰の⑪**月輪寺**があ

「山城国主殿寮小野山与神護寺領堺相論指図」（『日本荘園聚影二』より抜粋）

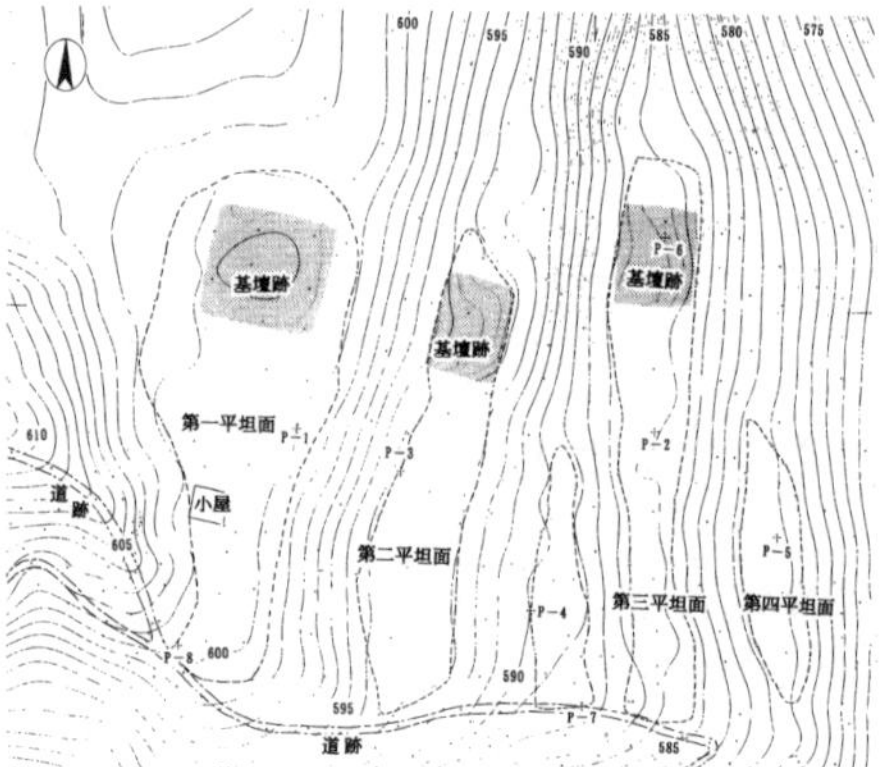

雲心寺跡地形測量図（『佛教藝術259号』抜粋）

る。愛宕神社東方の標高五七〇メートル前後の東南向き山腹谷筋の僅かな平坦地に現在も法灯を護り伝え、境内からは竜女伝説を持つ清泉竜女水が涌く。文献では平安後期の一二世紀前半頃までしか遡れないとするが、山腹の狭隘な土地に取り付くように寺院が営まれている様子は、山林寺院の雰囲気を実によく遺している。境内収蔵庫には千手観音像や阿弥陀仏像など平安から鎌倉期の仏像八体（重要文化財）ほかを今に伝えている。

そのほか、愛宕山の峰々に築かれたとされる滝上山の日輪寺と賀魔蔵山の伝法寺については、現在のところ所在は不明である。

⑫**高山寺**は、神護寺のさらに北方の右京区梅ケ畑栂尾町にある真言宗系寺院である。『日本高僧伝要文抄』「尊意贈僧正伝」によると、天台座主法性坊尊意僧正が幼少の頃、貞観一八年（八七六）に渡賀尾寺に入って修行したとし、元は天台宗の修行の場であったことが知られる。後に荒廃し、文覚上人の再興努力もあったが、一三世紀初頭、明恵上人が再建し高山寺と号した。

愛宕山の東方山裾に現存する**神護寺**（⑬**高雄山寺**）は、高雄山（標高四二八メートル）から東南に張り出した標高二〇〇メートル前後の平坦な尾根上にあり、境内東裾から南裾にかけては清滝川が流れ、急峻な崖を形成する。「高雄山」と号し、正式には神護国祚真言寺（真言宗別格本山）と呼ぶ。

延暦二一年（八〇二）正月、和気広世は最澄を高雄山寺に招請して法華会を修し、また延暦二三年（八〇四）に入唐し帰国した空海が入寺し、弘仁元年（八一〇）に国家鎮護のための修法を行った。さらに弘仁三年（八一二）一一月一五日には金剛界灌頂を最澄ら四人に伝授し、翌四年にも金剛界灌頂を弟子泰範らに伝授、弘仁一四年（八二三）頃まで壇

注一三●屋木英雄・丸川義広・宮原健吾・高橋潔「京都・愛宕山中の遺跡―雲心寺跡の発見―」『佛教藝術』二五九号、毎日新聞社、二〇〇一年。

愛宕山山腹にある月輪寺（南東から）

場となった。

天長元年（八二四）九月二七日の太政官符『類聚三代格』巻二によると、延暦年間に和気清麻呂が建立した神願寺（河内国？）が、地勢汚穢のため壇場に不適当となり、天長元年に清麻呂の子真綱らの奏上で、和気氏に縁故の深い高雄山に移し、この地に元からあった高雄山寺と合併して、神護国祚真言寺と命名することを請い、和気氏の氏寺として創建したのが神護寺であるとする。

その後、空海の弟子である真済は一重宝塔を建立するなどして伽藍も次第に整い、また仁寿三年（八五三）には、真言宗年分度者三人を賜って真言寺院としての基盤を固めていった。初期の伽藍は、承平元年（九三一）『神護寺交替実録帳写』によると堂院（根本堂・礼堂・根本真言堂・五仏堂・五大堂）、宝塔院（一重宝塔・廊・護摩堂・僧坊・中門ほか高欄）など、十字余りの建物が存在したことが知られる。

神護寺は平安時代に二度の罹災を被って荒廃したが、文覚上人や弟子の行尊らによって諸堂を再建、さらに豊臣・徳川政権の援助によって再建が進められたが、明治に入って寺領の多くが上地され、子院や坊の多くは廃絶に至っている。

境内の多宝塔付近に平安時代の布目瓦や須恵器などの遺物が散布し、境内には隆盛時に築かれた数多くの堂坊跡を示す平坦地が今も残っている。

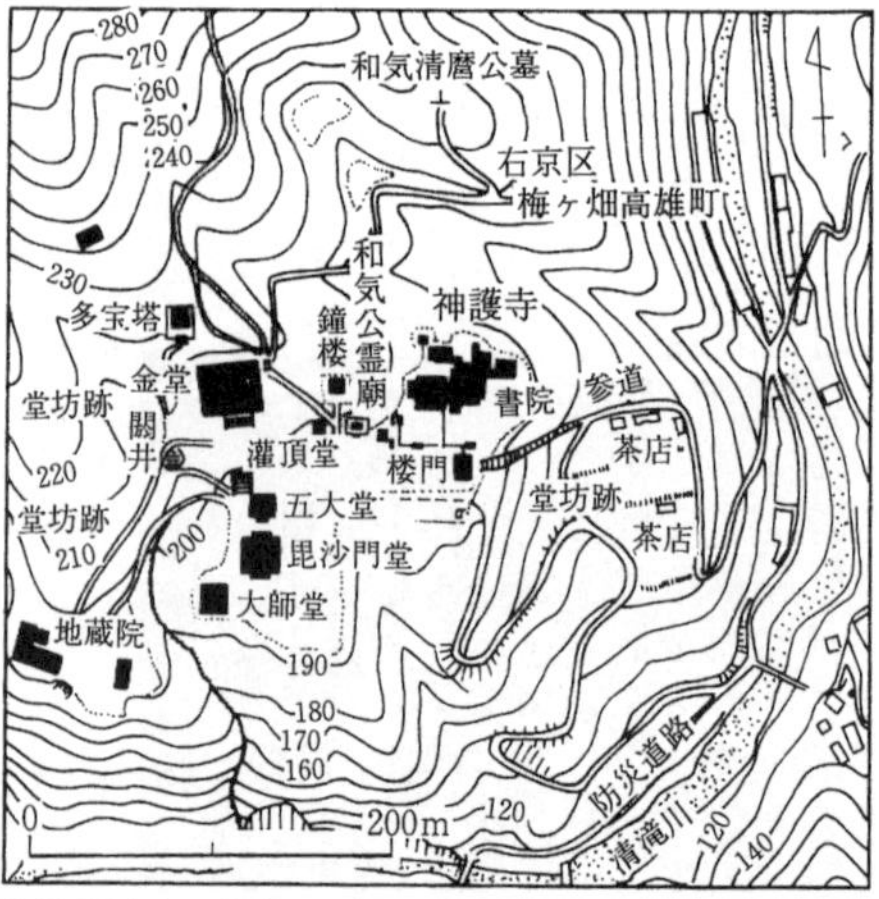

神護寺境内の伽藍

そのほか⑭**水尾《みずお》山寺**は、愛宕山の西麓、右京区嵯峨水尾宮ノ脇町の水尾集落の中ほどにある円覚寺付近にあったとされる清和天皇ゆかりの寺であるが、創建時期や遺跡については明確でない。

清和天皇は藤原順子の生んだ文徳天皇の第四皇子で、水尾の集落を東方に一望できる山腹に遺骨を安置した陵墓が築かれている。清和院は生前より終焉の地を水尾の地に定め（『日本三代実録』元慶四年（八八〇）一二月四日条）、同史料によると、譲位後の院は元慶四年（八八〇）三月一九日「巡幸大和摂津名山仏?・廻御水尾山寺」、同年八月二三日「遷自水尾山寺御嵯峨棲霞観以水尾有営造仏堂也」とあり、院の御願による寺院として建立されたものと考えられる。

そのほかの山林寺院として西京区大原野小塩町にある天然記念物の遊龍松があることで知られる⑮**善峰寺《よしみねでら》**がある。釈迦岳の東北山腹、標高三一〇メートル程のところにあり、『元亨釈書』によると、天台僧源算が長元三年（一〇三〇）に伽藍を建立したとされるが、山林寺院としての初期の実態はよく分からない。

（三）平安京東方の山林寺院

⑯**比叡山寺**（**延暦寺**）は、大津市坂本本町及び京都市左京区にまたがる平安京鬼門（丑寅）方向にある峰々に千二百年以上の法灯を護る天台宗寺院（台密）である。

水尾山寺跡と考えられる現円覚寺

水尾の清和天皇陵（山腹中央の森部分）

開祖最澄没後も円仁・円珍・相応のほか鎌倉時代には当山で修行した法然・親鸞・一遍・真盛・栄西・道元・日蓮など、わが国のその後の仏教に大きな影響を与えた高僧が輩出したことから、「日本仏教の母山」とも呼称される。

比叡山の最高峰は四明ケ嶽（標高八三八・八メートル）と東方の大比叡（標高八四八・三メートル）で、延暦寺は大比叡北方から東方の標高五〇〇〜七〇〇メートルの山頂部や山腹、丘陵尾根、谷筋などに堂塔社殿が営まれ、東塔・西塔・横川（北塔）の大きく三地区、すなわち三塔十六谷に分かれて伽藍が成立している。

『比叡大師伝』によると、最澄は平安京遷都前の延暦四年（七八五）七月、日吉社の神宮禅院での修行を経るとすぐに比叡山中に止住し。虚空蔵尾とよばれる場所に一宇の草堂を構えて薬師如来像一体を刻み修行研鑽に励んだとされ、延暦七年（七八八）には草堂を廃して比叡山寺（一乗止観院）を創建、貞観元年（八五九）の『比叡山寺資財帳』には、根本薬師堂の左右に文殊堂・経蔵を配置する三宇の檜皮葺五間建物をのせるが、これが後の根本中堂と呼ばれるものの原型である。最澄は延暦二三年（八〇四）七月からの入唐求法の後、延暦二五年（八〇六）正月三日に南都諸宗以外に天台法華宗の年分度者二人を加えるように朝廷に公認を求め、同年正月二六日には勅許が下っている。そして最澄は、延暦二五年三月一七日の桓武天皇崩御の後に『山家学生式』を上奏し、山門の結界（法界地）を定め、山岳域の修行区域を明確にしたうえで、僧の育成を目指した。その後、最澄は弘仁一三年（八二二）六月四日に示寂するが、その月の一一日には念願の大乗戒壇建立の勅許が下り、弘仁一四年（八二三）二月二六日には、嵯峨天皇の勅命で最初の元号寺院「延暦寺」となった。

それ以後、円澄（七七一～八三七）は根本中堂から西へ少し離れた場所に転法輪院（釈迦堂）を建立、後に発展して西塔となり、また円仁（七九四～八六四）は、西塔よりさらに北に離れた場所に根本如法塔（首楞厳院）を建立し、後に横川として発展してゆく、また、相応（八三一～九一八）は叡南に無動寺谷を開き、回峰行の基盤を確立している。

延暦寺はその歴史の中で平安京の鬼門を守護し、王城鎮護の役割を担うとともに、皇室や多くの貴族層を檀越として援助を受け、平安時代を通じて山中の造成と伽藍整備が次々と行われ、俗に「三塔十六谷」とか「比叡山三千坊」などと呼ばれる大伽藍を出現させた。

特に皇室との関係では、桓武天皇の御願により鎮護国家の道場として出発、その後、仁明・（定心院）・文徳（四王院・総持院・釈迦堂）・清和（随自意三昧院・宝幢院）・陽成（安楽院）・宇多（千光院）・醍醐（護念院）・朱雀（延命院・新延命院・護念院）・村上（大日院）・円融（大乗院）・花山（静慮院）・一條（檀那院・法華堂・勝蓮華院・妙香院・観心院）・後冷泉（五仏院・実相院）・後三條（金剛寿院）・白河（持明院）・後白河（浄行院）など、平安時代の各天皇の御願寺のほか、延暦寺は貴族層が檀越となって密接な関係を築き、外護を得ながら発展してゆき、『山家最略記』には「比叡峰寺、大略の地は三十六町、周山は四方おのおの六里、四十丈を一町とし、六町を一里とする」とあり、寺

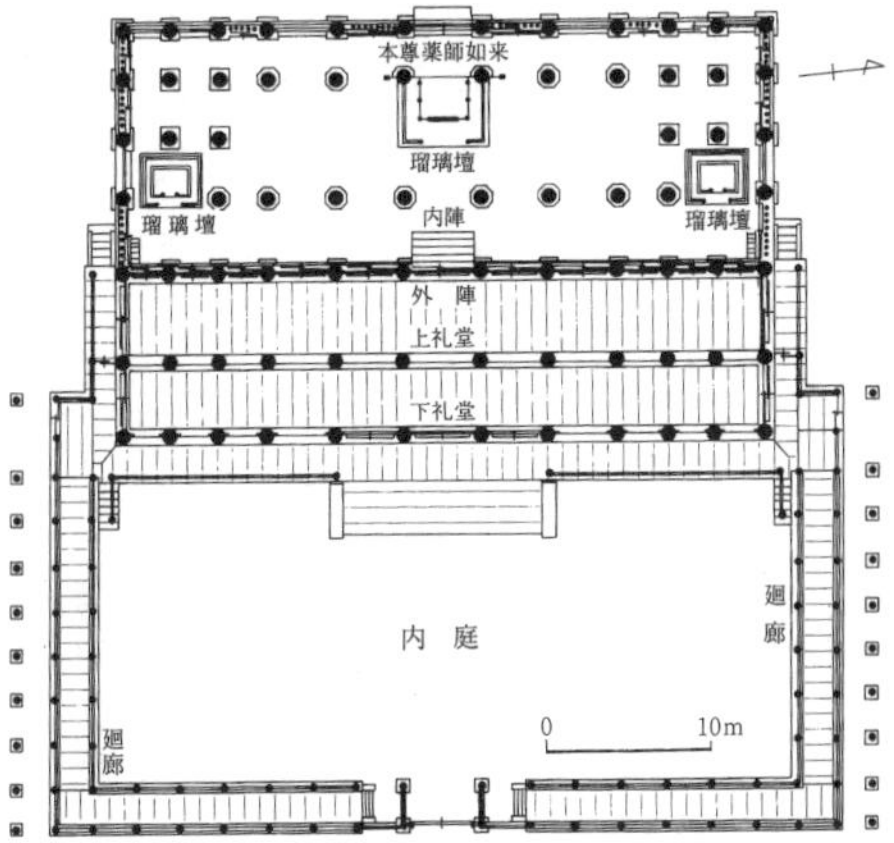

延暦寺根本中堂平面図

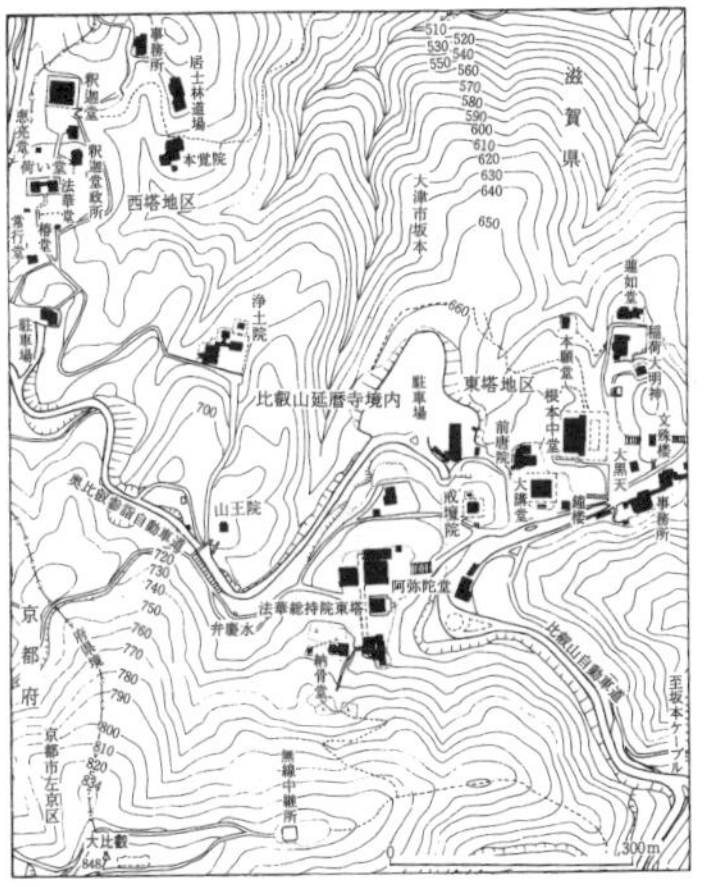

比叡山延暦寺東塔・西塔伽藍位置図

域全体では三十六町（四・三二キロ）四方と広大なものであった。

このような広大な寺域の発展が可能となったのは、王城の地である平安京に近く、また、比叡の山域が壮大な伽藍を展開できるバックグランドを持ち、その発展ともに堂塔を廻る山道の整備が進み、ネットワークが形成されていったことによる。

延暦寺は、三箇所の主要伽藍を中心に、山中の広範囲に亘り、水の便のよい尾根、山腹、谷などの斜面地を切り盛りして平坦地化し、東塔から横川に至る山中には、堂坊跡を示す数多くの平坦地が林間にひっそりと残存している。

武覚超氏の調査された「比叡山三塔十六谷の堂舎僧坊分布図」(注一四)を見ると、大比叡頂上背後にある根本中堂（所謂、一乗止観院）を中心に尾根、谷筋に沿って堂塔社殿が点在し、さらに横川地区及び飯室地区、大比叡の南東にある無動寺谷まで、古道にそって寺院が発展してきた様子が伺える。

しかし、他の山林系寺院と比べて、わが国の仏教の歴史や全国の仏教寺院のあり方に与えた影響の大きさや圧倒的な伽藍規模、輩出した多くの高僧など、通常の山林寺院とは一線を画する大勢力寺院であり、単なる山林寺院の範疇に含めることには躊躇を覚える。
⑰**浄土寺七廻り町遺跡は**、大文字五山送り火の「大」火床のある銀閣寺裏山の如意ヶ嶽の北方山中にあり、二〇〇一年五月に京都大学考古学研究会メンバーによって発見された山林寺院と考えられる遺跡で、寺院名不詳のため地名をとって遺跡名とされている。尾根下方の谷が形成される辺り、標高二五〇～三〇〇メートルの西向き山腹に一三箇所ほどの平坦地が点在し、付近から平安時代の瓦や土師器などが見つかっている。(注一五)報告では、慈照寺の前身寺院で平安時代創建と伝える浄土寺に関係した寺院の可能性があるとされるが、

注一四●武覚超『比叡山三塔諸堂沿革史』付図「比叡山三塔十六谷の堂舎僧坊分布図」一九三五年。

注一五●川原吉貴ほか「浄土寺七廻り町遺跡調査報告」『第五〇とれんち』京都大学考古学研究会、二〇〇一年。

注一六●園城寺所蔵の境内古図については、泉武夫「〈園城寺境内古図〉の制作年代」『金沢文庫研究』第二八四号、一九九〇年（後に、『古代文化』第四三巻第六号、特輯・如意寺の諸問題、古代學協會、一九九一年に転載）参照。

近くに如意寺もあり、その詳細は不明である。

⑱**如意寺跡**は、大津市にある寺門派総本山園城寺（三井寺）の別院で、如意ケ嶽（標高四六六メートル）南方山中から大津市の園城寺に至る山岳域に、平安時代中期から室町期にかけて存在した大規模な山林寺院である。

一四世紀前半の『園城寺境内古絵図（如意寺幅）』[注一六]や『寺門伝記補録』・『三井続灯記』などの史料からも概略を知ることができ、本堂安置仏とされる重要文化財指定の木造千手観音立像なども園城寺に伝わっている。

如意寺の創建については、藤原忠平『貞信公記』天慶元年（九三八）四月一三日条に記載があり、創建はそれ以前に遡る。また『阿娑縛抄』第二『諸寺略記上』には、時望の孫にあたる平親信が如意寺を建立したとし、親信の日録『天延二年（九七四）記』六月一三日にも親信が花を摘んで如意寺に墓参りをしたことを記す。そのほか、慶滋保胤『日本往生極楽記』「沙門増祐」の項には、如意寺僧の増祐が天延四年（九七六）正月晦日に死去したと伝える。鎌倉時代に入っては『吾妻鏡』巻四三、建長五年（一二五三）一〇月二日の条には、鎌倉鶴ヶ岡八幡の若宮の別当が如意寺興隆のために上洛したことを記し、また、先述の境内古図の大慈院には「鎌倉右大将家の朝敵の怨霊を宥めんがため、平家一族の姓名を記し、弥陀丈六の尊像に納」と墨書された貼紙があり、鎌倉右

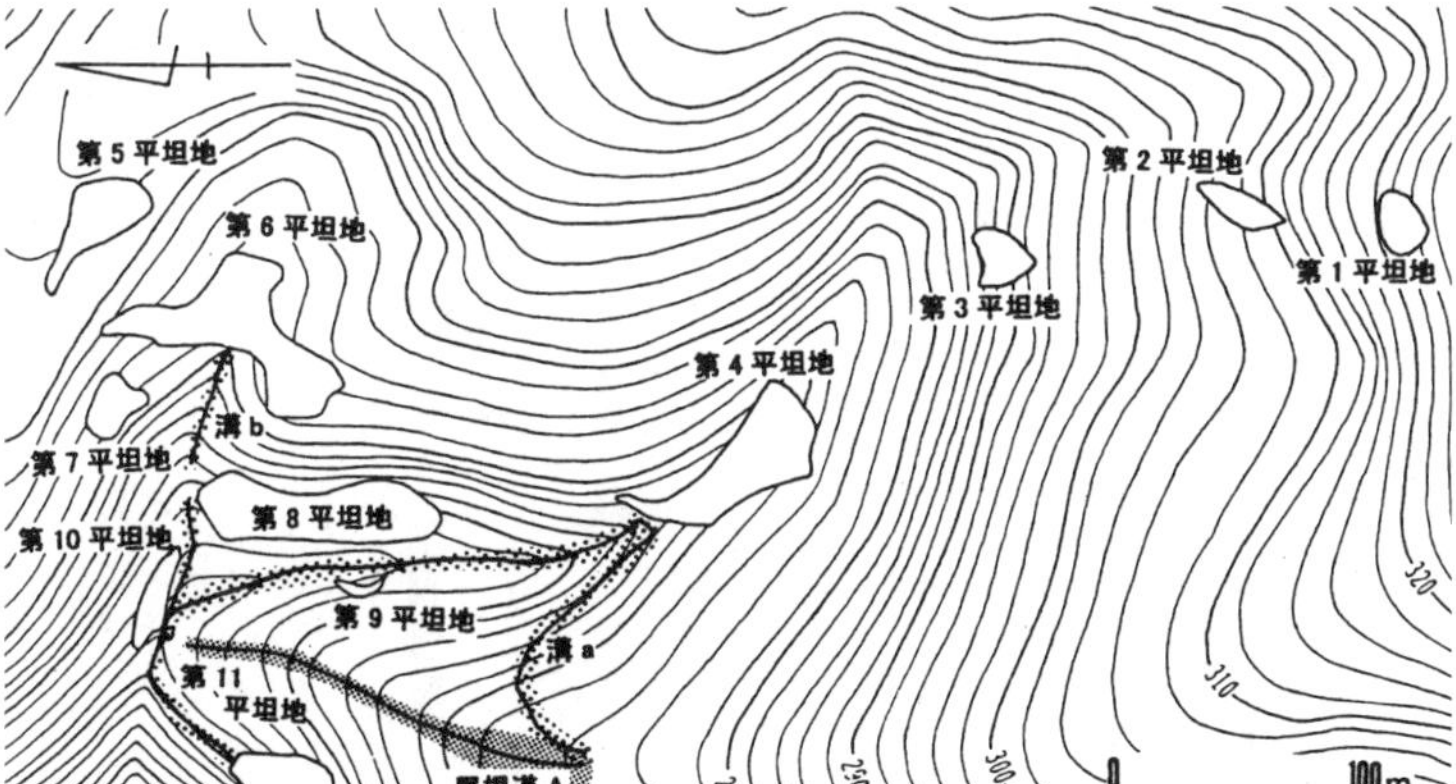

浄土寺七廻り町遺跡略測図（『第50トレンチ』抜粋）

大将が源頼朝とすれば鎌倉幕府との深い繋がりが読み取れる。しかしこの時期隆盛を誇った如意寺も、南北朝期から応仁・文明期にかけて大きく罹災を被り、その後山中に廃寺と化した。

如意寺は「絵図」及び『補録』などの資料を見ると、山岳域に大きく五箇所に分かれて六七棟もの堂塔社殿等が描かれ、それぞれ建物配置や構造・規模などを含めて、当時の山林寺院の実態を如実に伝えており、平地伽藍と比べ、ほとんど遜色なく山中に様々な堂社建物が存在していたことが分かる（「園城寺境内古図」参照）(注一七)（図3－6）。

寺跡は京・近江を結ぶ古道「如意越え」に沿った標高三〇〇～四〇〇メートルの東西約三キロ・南北約一キロの山岳域に点在し、絵図や補録に極めて近い形で本堂地区の建物基壇跡や住吉大明神礼拝座石のほか、石垣や階段跡を確認した（図3－7）。また赤龍社跡（雨神社）には池跡や祠跡、深禅院跡には礎石の残る基壇跡、大慈院跡・西方院跡及び寶厳院跡には多数の建物跡を示す平坦地や礎石を残す基壇跡及び築地跡、正寶院・山王社跡からは多数の建物跡平坦地のほか、庭園跡も一部見つかっている。そのほか表採遺物は、平安時代中期から中世にかけての瓦・土師器・緑釉陶器・灰釉陶器・輸入陶磁器のほか花崗岩製五輪塔や一石五輪塔、懸仏の破片なども見つかっている。

遺跡発見後しばらくして（財）古代學協會による分発掘、地形測量などが行われ、その成果を見ると、本堂の位置及び講堂、三重塔跡付近も元の地形をよく踏襲しており、食堂前に描かれている住吉大明神礼拝座石と書かれた石が、現在は本堂基壇上に移動している

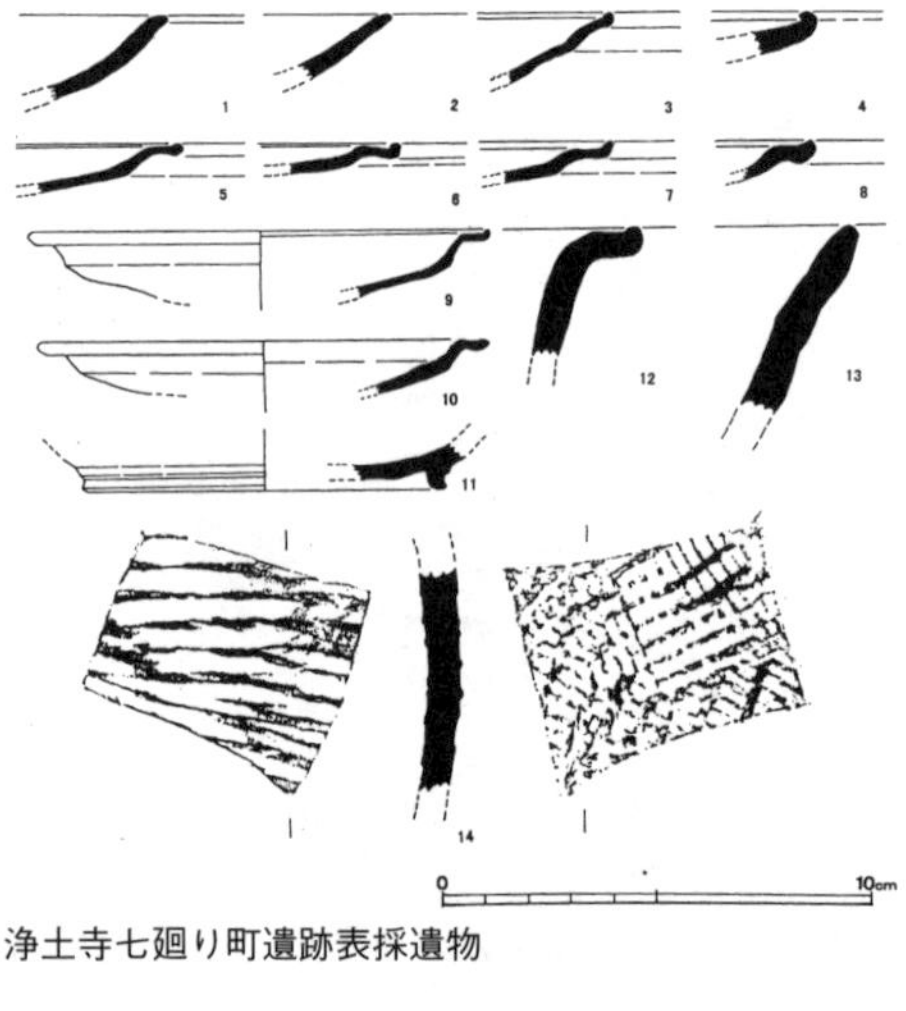

浄土寺七廻り町遺跡表採遺物

注一七●梶川敏夫「如意寺跡発見への挑み」『園城寺』第五六—五八号、総本山園城寺、一九八六・八七年。梶川敏夫「如意寺跡—平安時代創建の山岳寺院—」（『古代文化』第四三巻第六号、前掲書。

ほか大きな改変はない(注一八)。また本堂跡前の楼門跡付近で、鎌倉時代頃の懸仏の仏像破片が表面採集されており、今回初めて写真を掲載しておくが、鎌倉時代における如意寺の実態を伺える重要な資料である（コラム参照）。

⑲安祥寺上寺跡は、京都東部の山科盆地の北方山中にある。『安祥寺資財帳』（以下『資財帳』という）には「上寺・下寺」と記され、下寺は現存するものの、下寺の元の中心伽

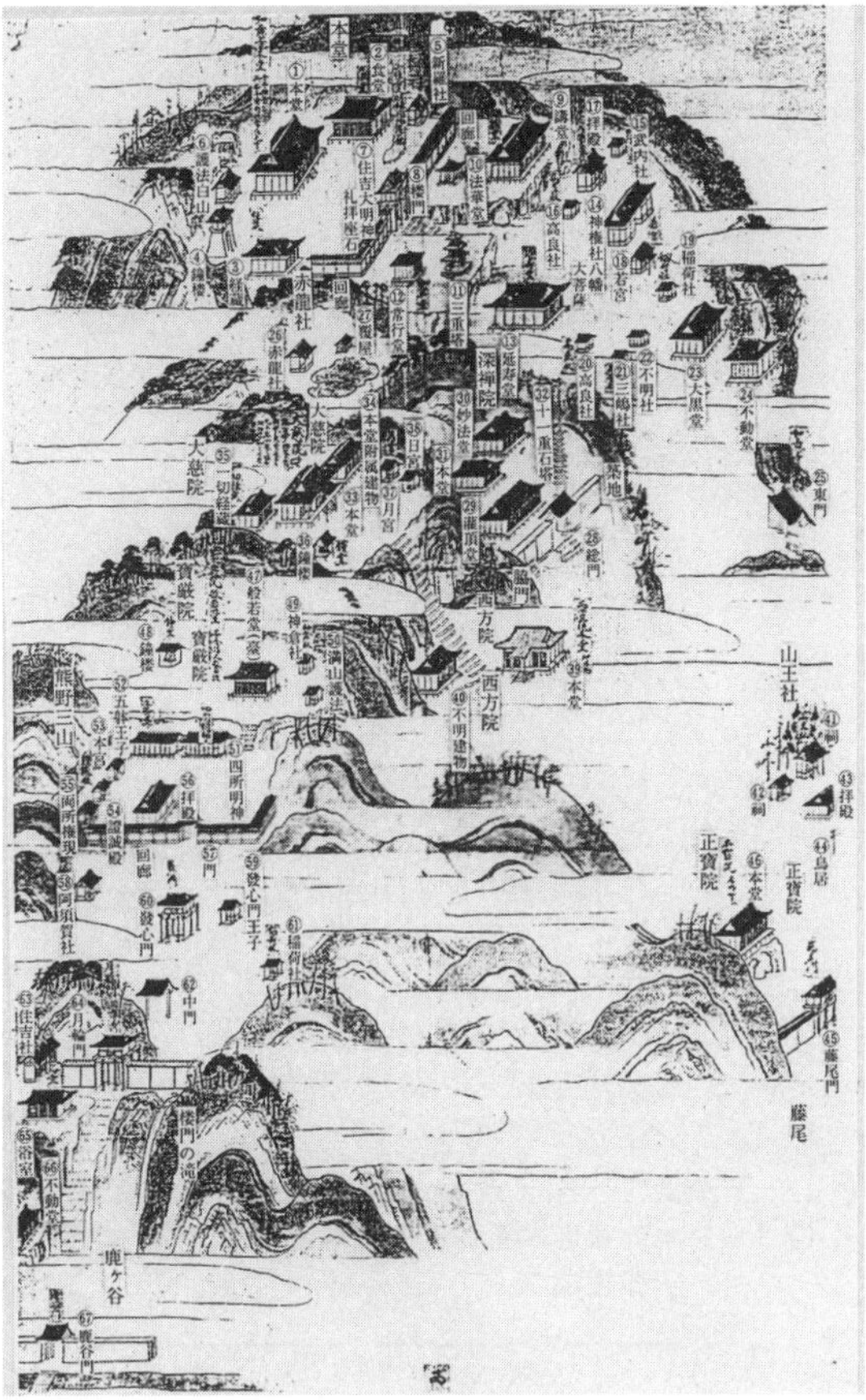

図３－６　園城寺境内古図（如意寺幅）一部加筆修正

如意寺本堂跡上の住吉大明神礼拝座石

注一八●如意寺本堂跡地区の地形測量図は、（財）古代學協會の江谷寛氏から提供を受けた。

藍跡は、JR山科駅北方付近とされるが、今のところその位置は確定されていない。

上寺跡は、通称「観音平」と呼ばれる標高三五〇メートル程の山腹尾根上の狭小な造成平坦地（東西約五〇メートル・南北約六五メートル）にあり、北方以外は急傾斜で谷へ落ち込み、現在ではアクセスが極めて困難となっている。眺望は手前の山越しに南方が開け、山科盆

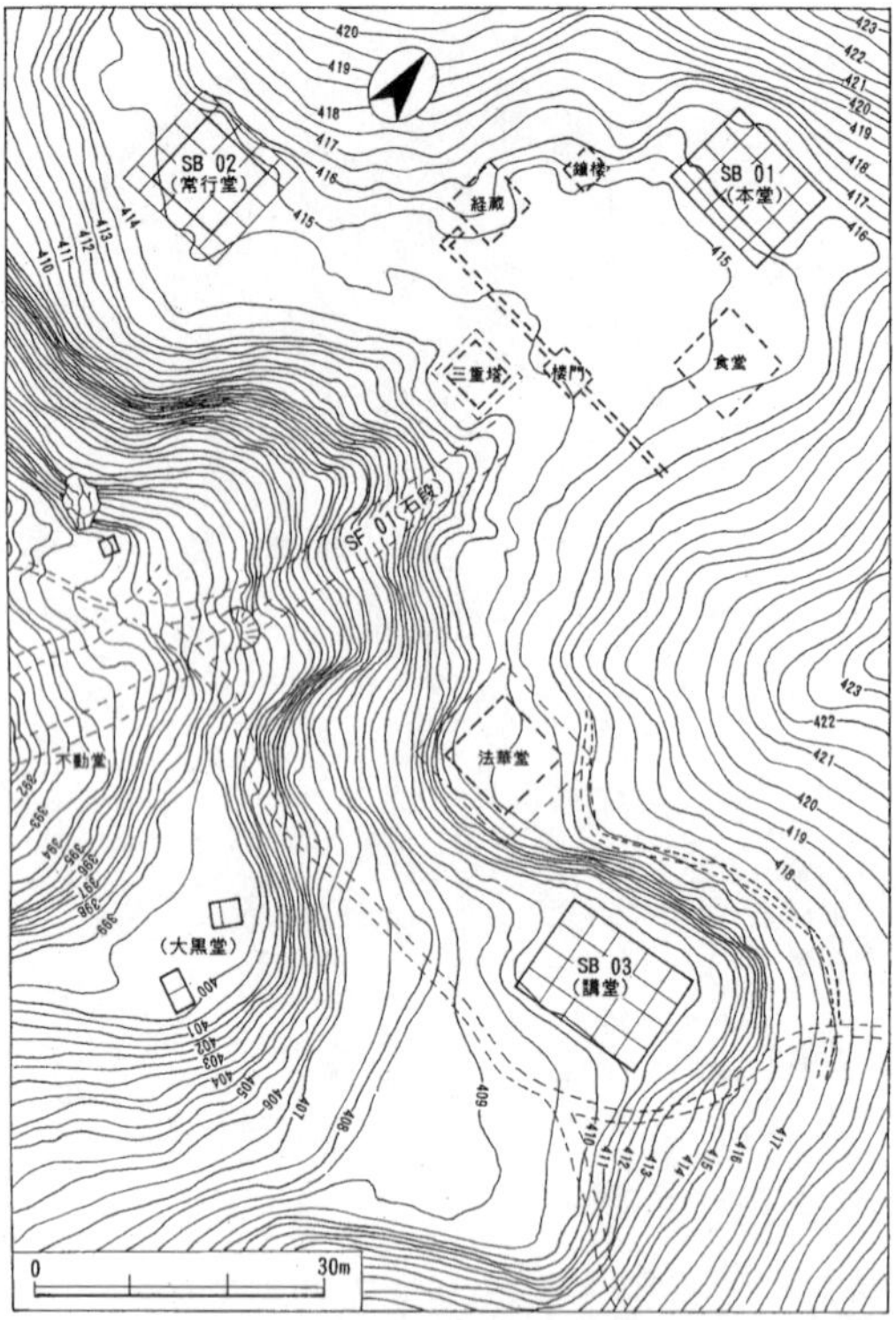

図３－７　如意寺本堂付近の地形測量図（財)古代學協會提供

如意寺跡遺跡分布図

地を一望に眺めることができる。

この平坦地の中央部に明瞭な基壇跡と、そのすぐ北側にも建物跡が残り、これまでの調査で中央基壇跡は礼仏堂、北側の基壇跡は五大堂であることが明らかになっている。詳しくは『安祥寺の研究Ⅰ』（注一九）参照。

創建は『資財帳』嘉祥元年（八四八）八月条に、仁明天皇の女御藤原順子が入唐僧恵運を開山として安祥寺を創建したことを記し、同じく仁寿元年（八五一）三月には「太皇太后宮始置七僧、以持念薫修…」とする。　また仁寿二年（八五二）閏八月には「稲一千斤以為常灯分　即下官符　付之山城国…」とあり、さらに『文徳実録』斉衡二年（八五五）六月一日には「以安祥寺預於定額　施稲一千束以充灯油」として安祥寺は定額寺となっている。また『資財帳』によると、同三年（八五六）に文徳天皇の生母皇太后順子によって山五〇町が安祥寺に施入されている。

『資財帳』上寺の条には

堂院　　礼佛堂一間長五丈　　五大堂一間長四丈

佛頂尊勝陀羅尼石童（塔）（注二〇）一基唐

恵蕚大法師所建

寳幢二基各高四丈一尺　金銅葱臺獣頭　太皇太后宮御願

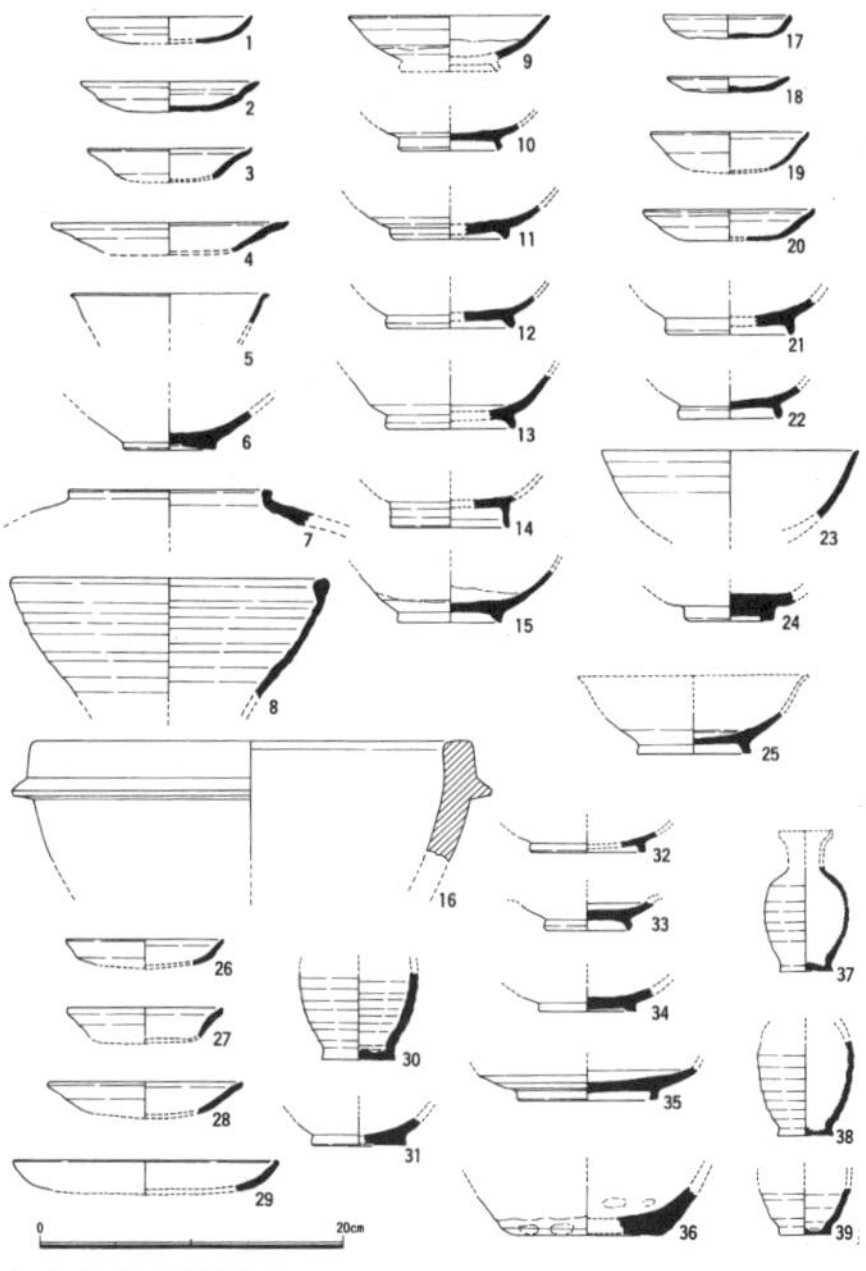

如意寺跡表採遺物

注一九●『安祥寺の研究Ⅰ—京都市山科区所在の平安時代初期の山林寺院—』京都大学大学院文学研究科二一世紀COEプログラム「グローバル化時代の多元的人文学の拠点形成」成果報告書、二〇〇四年。

僧房　東房二間一檜皮葺 一板葺 各長一(七カ)丈二面有庇
　　　西房二間一檜皮葺 一板葺 各長七丈二面有庇
　　　東西軒廊各長二丈 並檜皮葺
庫頭　檜皮葺屋一間長□□　檜皮葺井屋一間長□□
　　　檜皮葺客亭十一間長一丈　板葺大宜所一間長二丈
浴堂一院　檜皮葺屋二間各長三丈二尺 床代二所　釜一口着二石五斗
　　　湯槽一口
　　巳上々寺

とあり、『資財帳』成立時の山上伽藍の様子がよく分かる。今回の測量調査では、礼仏堂及び東・西軒廊、五大堂のほか、礼仏堂両脇で見つかった東・西二棟の建物を檜皮葺僧房とし、そのほか伽藍北西域では背後からの土砂に埋まった状態で『資財帳』に記載のない方三間の建物跡を新たに発見した(図3－8)。この建物跡は、東西一九尺、南北二一尺で、南北がやや長い建物で、礎石も他の建物よりも一回り大きく長辺八〇センチほどの自然石が使用されていた。文献に該当する建物が見当たらず、後世に建立された建物と考えた。(注二一)

五大堂の桁行は五間一四・七メートル、南北梁間は四間一二メートルと比較的規模の大きな堂と判明、また中央の礼仏堂基壇跡西辺から南北雨落溝跡の一部を発見し、伽藍中心線から得た寸法から東西屋根幅が約二四メートルと判明し、仮に建物柱間寸法を一〇尺等間と仮定すれば、この中央基壇の建物は桁行七間(二一メートル)、梁間四間(一二メートル)又は五間(一五メートル)規模の建物と復元することができ、基壇南面が緩やかな

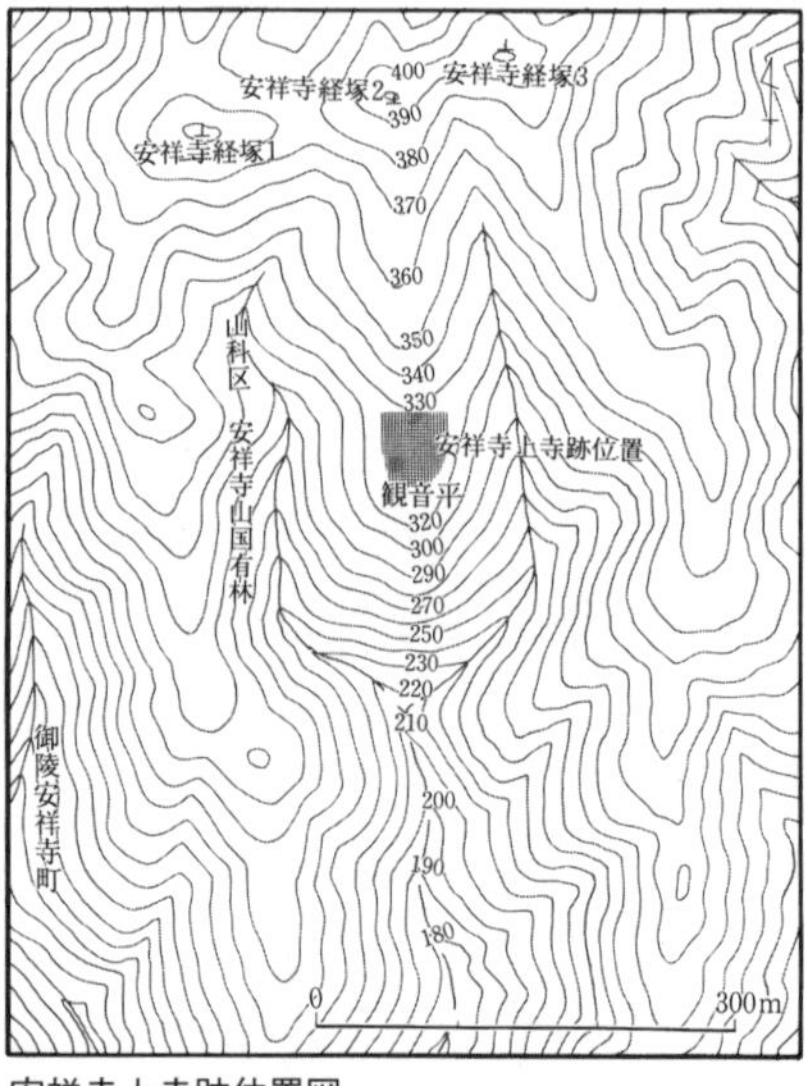

安祥寺上寺跡位置図

注二〇●景山春樹・毛利久「安祥寺新出の蟠龍石柱について」(『佛教藝術』二〇号、毎日新聞社、一九五三年)は、一四一頁の図の三例の復元図を掲げ、灯籠の形状をした石幢の幢身部分で、この上には中臺・龕・蓋が乗っていたのではないかとされている。

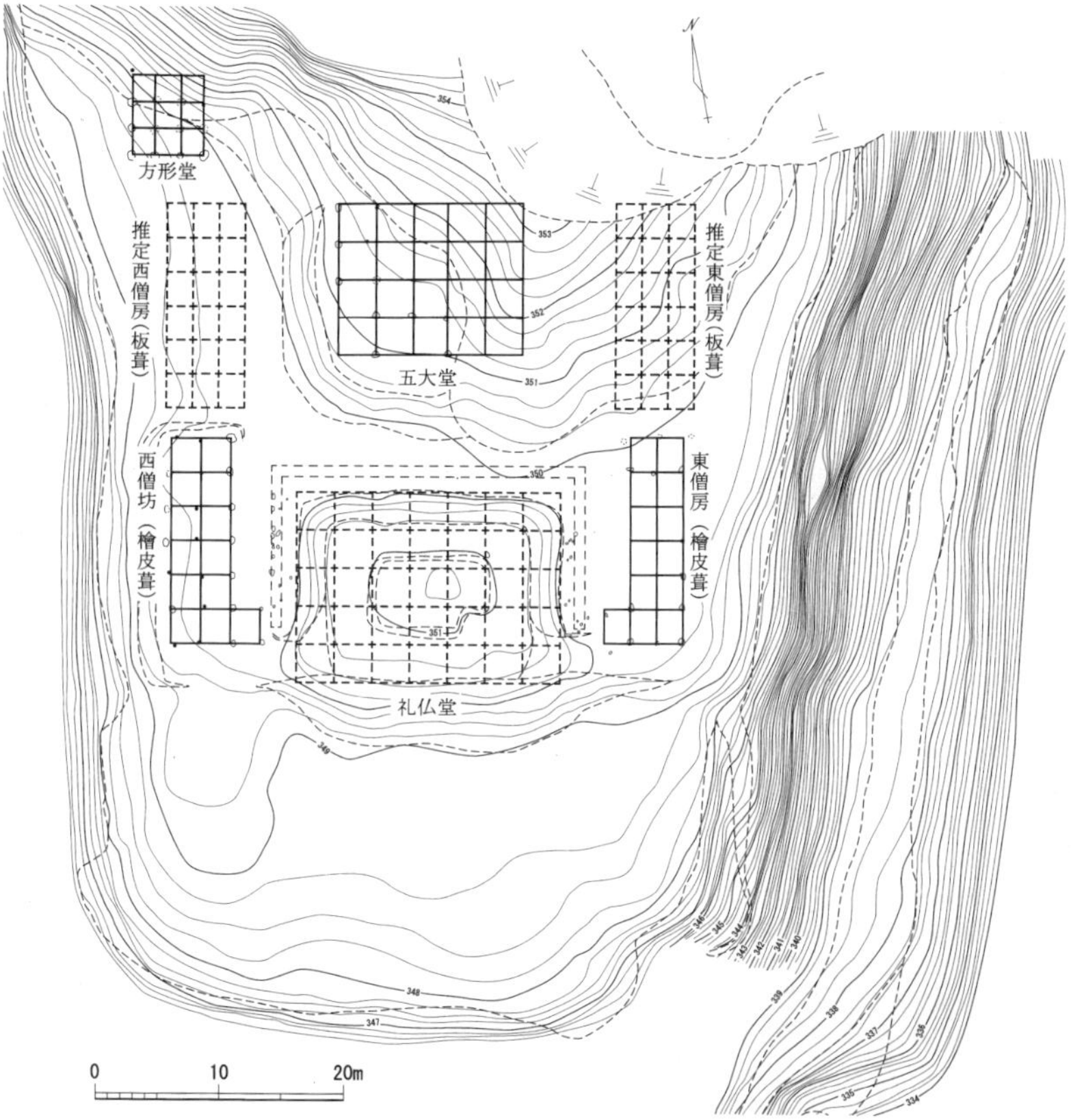

図3－8　安祥寺上寺跡地形測量図と遺構復原図

注二一●一〇世紀には成立した『延喜式』主税寮には「修理安祥寺寶塔料五千束」との記載があり、『資財帳』に記載されていない寶塔が存在したことが伺えるが、それが上寺か下寺かは不明である。

傾斜を持つことから、堂名から前面に礼堂の庇が取り付く建物であった可能性がある。そのほか、礼仏堂前面東西に翼状に張り出すスロープを確認したが、これは軒廊より南に外れるため、基壇へ上るための後世の造作と考えられる。

西僧房は、確認した礎石から南北六間（九尺等間）、東西二間（八尺等間）の建物と判明、南端は軒廊により礼仏堂物へ繋がることも明らかになった。一方の東僧房は礎石を一三箇所確認した結果、南北六間（九尺等間）、東西二間（七尺等間）と判明、東僧房の梁間とは柱間寸法に一尺の差があり、地形等を考慮して意識的に寸法を縮小して建設されたものと思われる。

そのほか文献にある東・西板葺き二面庇僧房、庫頭及び浴堂関係の建物が未確認であるが、そのうち東・西板葺僧房は、確認した東・西檜皮葺僧房北側の空間地がその跡と考えられるが、今回、建物跡を示す礎石などは確認していない。

それ以外の建物は、主要伽藍の東側一段下方にある南北に長い平坦地がその候補地と考えられるが、そこでは元位置を保つ礎石などはまったく確認できなかった。また、礼仏堂前面の広場に設置されていたと考えられる石塔・寶幢の痕跡についても、ボーリング探査を行ったが確認出来なかった。

上寺跡は測量図のとおり、今回、境内北西域で新たに方形建物跡を見つけたことから、伽藍北側は、背後からの土砂で遺構が埋没している可能性があり、南北七〇メートル

安祥寺幡龍石柱（京都国立博物館寄託）

超える寺域を有していた場合、シンメトリックな伽藍を考慮すれば、谷水でえぐり取られた伽藍東北域にも、もう一棟別の建物があった可能性も棄てきれない。また、礼仏堂前面にある東西約四〇メートル、南北約一七メートルの広場は、山科盆地を一望する場所にあり、仏教セレモニーを行うには最適な空間が存在したことを伺わせる。

⑳清水山寺は、京都東山の一峰、音羽山の西麓に抱かれた北法相宗本山、京都を代表する有名観光寺院である清水寺のことで、現在では開発が進んで付近には住宅も多く、山林寺院と呼ぶにはふさわしくない環境となっている。

創建には諸説あり、『扶桑略記』に引く清水縁起には、大和高市郡にあった子嶋山寺の僧延鎮と坂上田村麻呂が延暦二年（七八三）に出会い、協力して山寺を創建したとし、また『清水寺縁起』（群書類従本）には創建を延暦一七年（七九八）七月二日とし、金色十一面観音菩薩像を造り、仮の宝殿を建立して清水寺（また北観音寺）と号したとする。この坂上田村麻呂

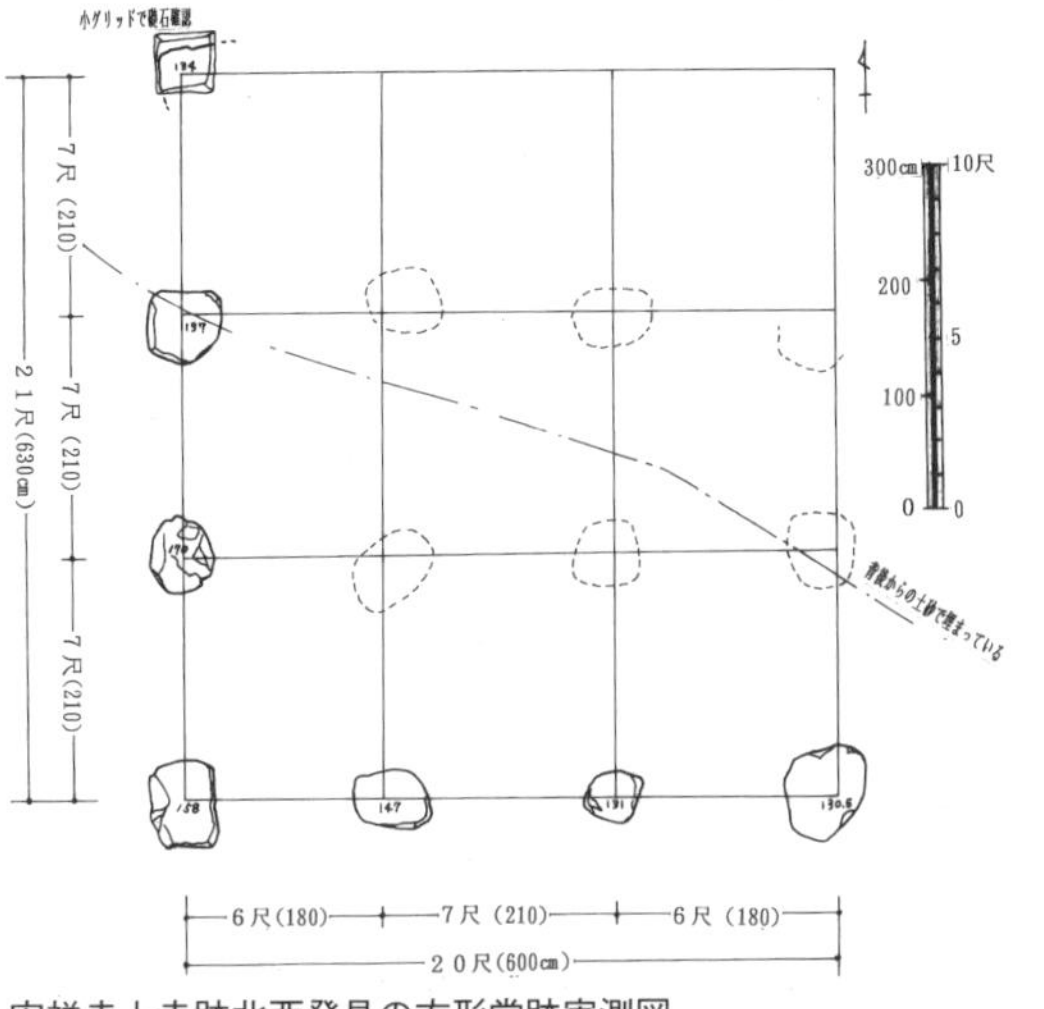

安祥寺上寺跡北西発見の方形堂跡実測図

新しく発見した方形堂跡の礎石（北から）

上寺復原想像図（南東から）

は渡来系氏族である倭漢氏の末裔で、大納言征夷大将軍として活躍した人物として広く知られるが、『清水寺縁起』（続群書類従本）の延暦二四年（八〇五）一〇月一九日付太政官符に、清水山寺の寺地（四至、東限高峰、西限公地、南限尾振谷、北限大道）を田村麻呂が賜ったこと、さらに弘仁元年（八一〇）に嵯峨天皇より私寺として認められ「北観音寺」の法号を賜ったという記録を載せる。

平安京を西眼下に眺め、千手観音立像を本尊とし、清水の舞台といわれる制約のある斜面地を克服した大規模な懸崖造本堂など、永年の建物の創意工夫を忍ぶことができる。これまで考古学的な調査は行われておらず詳細は不明で、現在の地形から創建当時の姿を想像するのは困難であるが、「音羽の滝」に象徴される清水が確保できる西向きの谷筋に沿って伽藍が展開し、後に発展して現在の北尾根上に地主神を祭祀し、そして本堂が建立されたのが清水寺といえる。

㉑清閑寺《せいかんじ》旧境内跡は、清水寺の南々東、清水山（音羽山）南面山腹に位置し、元は天台系寺院で延暦寺に属したが、現在は真言宗智山派寺院、江戸期建立の本堂（本尊十一面千手観音）や庫裏、鐘楼などがある。

創建については『伊呂波字類抄』に「伊予守正四位下佐伯朝臣公行　往年上奏　奉為鎮護国家　下所以利益衆生　王城東　清水南　結構一院　勤修法花三昧　号清閑寺　去長徳二年寄進於御願寺」とし、『拾芥抄』にも「清閑寺佐伯公行建立」と記されている。佐伯公行については『扶桑京華志』に「藤公行者播州人　藤太秀郷六世之胤　佐伯公光之子也　累代武林之曹也　任上総介　長徳五年八月二十五日任播磨守」とある。

すなわち、平安時代中期の一条天皇在位中（九八六〜一〇一一）に佐伯公行が建立、長

清水寺本堂（国宝）南東から

清閑寺境内にある高倉天皇陵(南から)

徳二年（九九六）に御願寺となっている。ただし『後法興院記』には桓武天皇の建立。『山州名跡志』には天台僧詔継法師が延暦二一年（八〇二）草創し、廃絶後に佐伯公行が再興したとする。

『百練抄』によると、大治四年（一一二九）一〇月四日に焼亡し、その後に再建、安元二年（一一七六）には六条天皇、治承五年（一一八一）には高倉天皇を境内に葬り、法華三昧を修したとされ、高倉院崩御に関する記述は『名月記』や『平家物語』に詳しい。また高倉天皇の愛妃である小督局が当寺で剃髪して出家させられたとし、陵の東傍らには小督局の墓と伝える石塔がある。

『吾妻鏡』建保元年（一二一三）八月一四日条には、七月二五日に清水寺の法師が清閑寺領内に無断で堂宇を建立したことを発端に、それぞれの本寺である台嶺（延暦寺）と南都（興福寺）の間の争いに発展している。

中世期、応仁・文明の大乱では寺は被害を被って荒廃し、その後、江戸時代の慶長年間（一五九六〜一六一五）に根来寺の僧性盛が復興し、その時に真言に転宗した。『京都坊目誌』によると、盛時は法華三昧堂・宝塔などを擁して、東西五町、南北六町の寺領を有していたとされ、現在、旧境内の主要部は宮内庁書陵部管轄の六条・高倉両帝の陵墓地であるが、その背後の谷筋には、扇状に展開する谷筋を切盛りして造成し、多くの建物跡を示す平坦地が存在する。遺跡の規模は、東西約二三〇メートル、南北約二一〇メートルあり、最も高所で標高二〇〇メートル弱、低い場所は一三〇メートル程で、谷を挟んで二〇箇所余りの平坦地が残る。また山腹尾根上には詔継開山一千年を記念して建

山腹に建つ清閑寺石塔

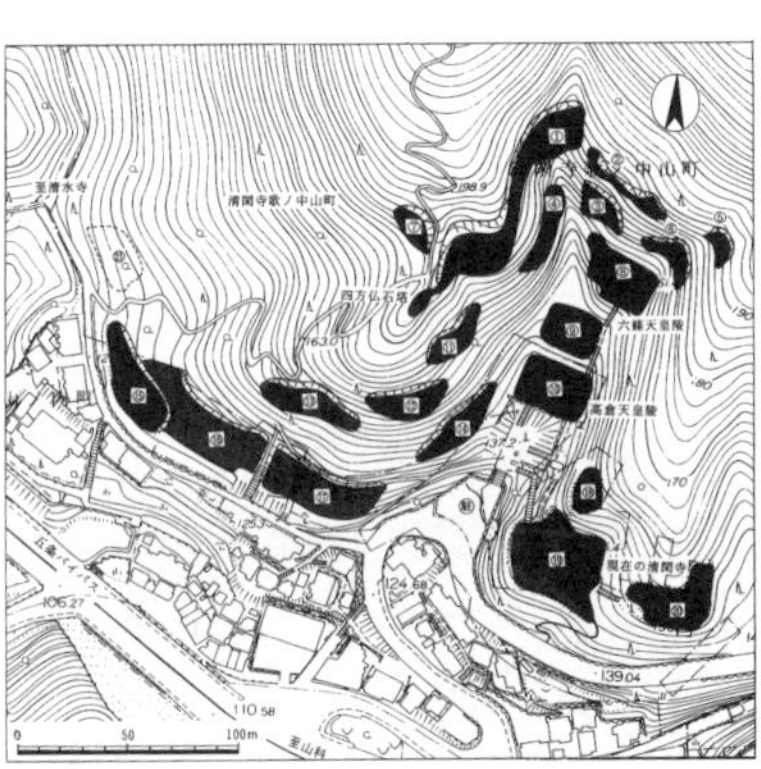

清閑寺旧境内にある平坦地

立された石製宝塔一基が建つ。

平坦地からは表採遺物も殆ど見当たらず、西山腹で平安時代布目瓦一点を採集した程度である。また地形の観察から、現在の高倉・六条天皇陵のある谷の中心部には、もと本堂または講堂、あるいは食堂があって、御陵を挟む両脇に法華堂や常行堂などの多数の堂塔社殿が存在した可能性がある。伽藍は山科方面から京へ抜ける古道に面した南向き谷筋に成立し、谷からの水の確保も容易で、見晴らしは西に渋谷を見下ろし平安京の南半を眺めることができる。地形も安定し、南々西には『枕草子』十二段「峰は阿弥陀ケ峰」と記され、後に秀吉の墓所となった霊峰阿弥陀ケ峰があり、立地環境を含め山林寺院の特徴をよく示す。

㉒法巌寺《ほうごんじ》は、山科盆地東の音羽山の支峰である牛尾山の中腹、標高三六〇メートル余りにある本山修験宗の寺院である。『山州名跡志』には清水寺の奥の院とも称し、詳細は不明ながら音羽川の源流に位置し、千手観音を本尊とするなど、平安時代中期以後に山林寺院として建立され可能性がある。

㉓上醍醐寺は、京都市伏見区醍醐にあり、『醍醐寺縁起』によると、貞観一六年（八七四）六月一日に聖宝（理源大師）が山城国宇治郡笠取山醍醐峯に草庵を営み、准胝・如意輪両観音の加持を行って本尊の造立と堂の建立に着手したのを始まりとし、その二年後の貞観一八年（八七六）六月一八日、両尊像とそれを安置する三間四面の檜皮葺の堂が完成したとする。また『源運僧都記』には創建を貞観一九年（八七七）、延喜一三年（九一三）の太政官符には貞観末年と記し、醍醐寺は上伽藍（上醍醐）から出発した。そして『醍醐根本僧正略伝』には「延

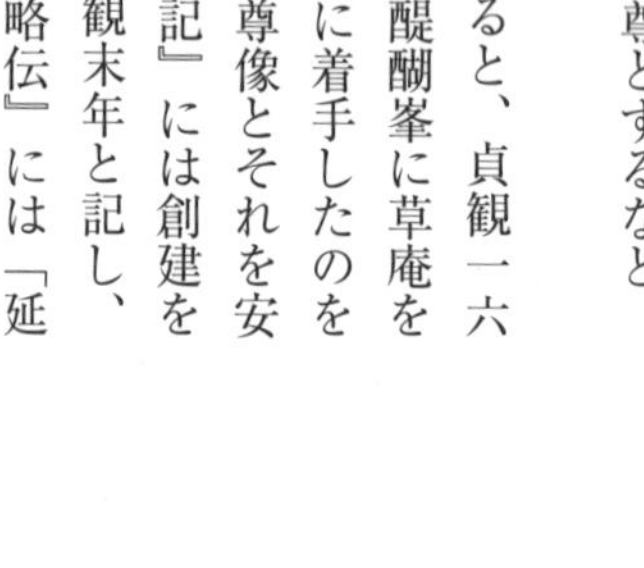
上醍醐寺の国宝薬師堂（平安後期）

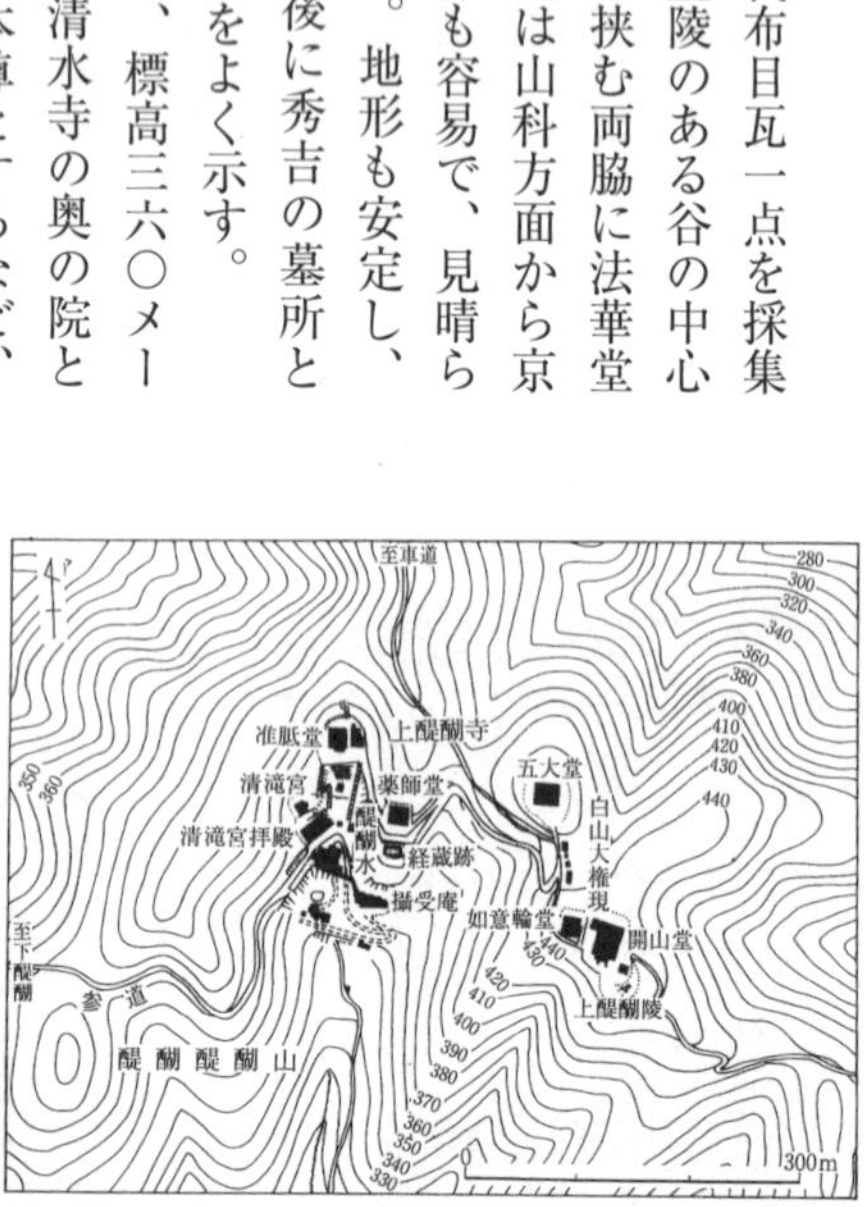

上醍醐寺の伽藍

喜七年（九〇七）醍醐寺を以て御願寺となす」とあり、これより御願寺となって飛躍的に発展してゆく。

このころ山上伽藍には、如意輪堂、延命院のほか、醍醐天皇の発願による三間四面檜皮葺の薬師堂と五大堂が建立され、聖宝の弟子観賢は、延喜九年（九〇九）七月六日に没した聖宝のために、上醍醐に三間四面の御影堂を建立しており、上醍醐に造営された諸堂宇は、いずれも三間四面の建物であった。『醍醐寺要書』によると、観賢は延喜一三年（九一三）に醍醐寺を定額寺とする奏上を出して認められ、同年一〇月二五日の太政官符をもって定額寺となった。また延喜一九年（九一九）には下醍醐に宿院造営が進められ、後に大伽藍に発展してゆく。上醍醐は、標高四四九メートルほどの笠取山（醍醐山）山頂尾根から南方の谷筋にかけて東西五〇〇メートル、南北三〇〇メートルほどの範囲に堂宇が点在し、現在上伽藍で最も古い建築物は、保安二年（一一二一）建立の薬師堂がある。またそのすぐ南下方に経蔵跡の基壇が残り、ほかに室町期の永享六年（一四三四）建立の清滝宮拝殿や、山頂付近には如意輪堂や開山堂（桃山期再建）のほか、再建された准胝堂《じゅんていどう》や五大堂などがある。

また上伽藍に伴う住坊跡は、明治期の廃仏棄釈により惜しくも廃絶した[注二二]が、開山堂から東方の西笠取へ下る山路途中、標高三五〇メートル前後の眺望のよい山腹東斜面にあり、参道・築地・石段・石垣・湧井・建物礎石・庭園及び景石などが良好に存在している。

近年の上醍醐寺の防災整備事業に伴う埋設管工事の立会調査でも、国宝薬師堂付近からは平安時代中期の須恵器や平・丸瓦を含む軒平瓦片など平安時代の遺物が出土しており、それらは上寺の発展経緯を知る上からも重要な資料でもある。

注二二● 山岸常人「上醍醐寺総画図と上醍醐の院家の遺跡」『研究紀要』第一七号、醍醐寺文化財研究所、一九九九年。

まとめ

平安京を取り巻く峰々には、いくつかの山林寺院が建立され、その中には遷都前に創建された寺院もあった。そして、これらの寺々は、平安京という王土の近傍に建立され、そこに集まる僧尼達にとって、平地にある官寺や氏寺から離れ、修学・修行を実践し、呪術を感得する場として存在し、相互に有機的な関連をもって繋がっていたものと考えられる。

今回紹介した寺院及び遺跡については、大半が本格的な考古学的調査が行われておらず、延暦寺を除いて、如意寺跡が（財）古代學協會によって部分的な地形測量及びトレンチ調査が行われ、近くそれが報告書として出版（注二三）されることになっているが、大半が地表からの遺跡略測や表面採集遺物を紹介した概要報告にとどまっている。従って全体的に考古学的な成果が極めて乏しいという現状を指摘し、敢えてそれらの山林寺院からみた安祥寺上寺の特徴について述べてみたい。

まず、安祥寺の創建に関しては、仁明天皇女御の藤原順子が入唐僧恵運を開基として九世紀中頃に創建され、その後様々なものが施入され、順子の子文徳天皇を中心とする宮廷（後宮）の私的寺院として発展していった。

一方、平安京周辺の多くの山林寺院は創建経緯が不明なものが多いが、水尾山寺は順子の孫に当たる清和院が、御願として寺院建立を計画した可能性があるが、寺跡そのものが不明である。それ以外は、延暦寺・醍醐寺など高僧や修行僧による開山、あるいは補陀落

注二三●如意寺跡の調査を担当された（財）古代學協會の江谷寛氏のご教示による。

寺・神護寺などのように、貴族層が関わって建立された寺院が大半であり、安祥寺は、修行本位の寺というより、天皇家の菩提を弔うための皇室の私的寺院という性格が強い。

次に、安祥寺上寺の立地環境は、アクセスが極めて困難で水源の乏しい尾根上に伽藍が存在する。上寺へは、壇ノ谷と呼ばれる谷筋までは楽に登れるが、寺下のY字状に谷が分岐する標高二三〇メートル辺りから一気に三三〇メートルの上寺まで急傾斜を登らなければならない。

『小右記』永祚元年（九八九）五月一日条（註）には、「或者云、上安祥寺山籠法師等飢饉云々、仍米塩等裹紙密々随身馳向、向山不知其道、偶有一法師、名稱講忠、以彼為指南、歩行尋寺、自嶺攀登、羊腸難堪、未時許到寺、山籠僧八人施米塩等、一僧云、建立師慧雲入唐之時香水、納瓶在西方天御足下、令祈申事由、一升許乞取持之、於途中遇雨」とあり、創建後一四〇年ほど経った一〇世紀末には、飢饉に陥った上寺山籠の僧を救援しようと道を探すが、上安祥寺への道が不案内で、道を知る僧を指南に登るものの曲がりくねった羊腸の耐え難い道であったとしており、この時代の上寺の様子を窺い知ることができる。

多くの山林寺院が、アクセスや水の確保が容易で、風水害の少ない谷筋の山腹斜面に沿って造営され、そこから尾根や山頂付近へ発展している例が多いのに比べて、安祥寺上寺は、それとはかなり異なる場所に単独で寺院が建立されていることになる。つまり、上寺は極めて急峻な斜面を登りつめないと到達できない尾根上にあって、井戸を掘って水を確保するのは困難であり、雨水を溜めるか、水のある谷筋から割竹などを繋いで導水するか、伽藍北背後の法面から染み出す水を確保するしかない場所ということになる。

現在の安祥寺（下寺）山科区安朱

山科盆地と安祥寺山遠望（南西から）

二〇〇二年度の踏査でも、上寺へのアクセスルートは上寺から見て南東側の山腹斜面しか候補地がないと考え、その場所にジグザグの道をつけて参拝道にしていたものと考えている。また水源についても、背後の小規模な谷からの水の確保は極めて困難であり、東側一段下の山腹にある平坦地（浴堂院推定地）へ、北東の谷筋から水を導水していた可能性が高い。

さらに、本堂前面に広場を設けた山林寺院の例は、延暦寺根本中堂や如意寺本堂など多く認められるが、安祥寺上寺の場合は、尾根がテラス状に突き出した先端部にあり、北背後を除いて三方からの風雨のほか落雷の危険性の高い悪条件の場所といえる。

上醍醐寺も後の発展段階で山頂部近くに堂宇が築かれているが、これはむしろ例外で、安祥寺上寺が、アクセスの容易さや水源確保など、最低限の寺院生活条件が整った場所というより、眺望良好な尾根上を最大限重視して選定、創建された可能性が高いということになる。

これについては、現在、東寺観智院が所蔵する木造五大虚空蔵像修理時（一九一九）に、法界虚空像の後補台座から各時代の修理墨書が見つかり、その中に安祥寺金堂が先年の大風で顚倒し本尊以下が破砕して塵土にまみれた。そのとき参詣した観智院二世の賢宝（一三三三〜九八）が、わずかに残った五大虚空蔵像を見出し、永和二年（一三七六）二月に、勧修寺の先の門主に願い出てこの霊像を観智院に遷御し、これを修理したと記されている。[注二四] さらに賢宝が書いた「賢宝法印記」には、この像は上安祥寺の「根本北堂」の安置仏とされていることから、五大虚空蔵像は、安祥寺上寺の五大堂にあったということになる。

藤原順子後山階山陵

壇ノ谷から上寺跡方面を見る（南から）

注二四●岡田健「五大虚空蔵像」『新東寶記』東寺、一九九五年。

台風により礼仏堂の背後でしかも僧房に囲まれた中心部にある五大堂だけが顛倒したとは考えにくいが、そのときの大風により、大きく被災していること自体、寺の立地環境の厳しさをよく物語っており、その後に上寺が廃絶への道を歩むことになったのであろう。

次に伽藍の特徴としては、尾根上の狭隘な土地を造成し、主要伽藍を配置、その東側一段下方山腹を細長く造成し、主要堂宇以外の建物（浴堂院や客亭などの庫頭）を配置している。主要堂宇は、東・西僧房の梁間寸法が若干異なる程度で、全体は極めてシンメトリックな伽藍配置を持ち、隣接し合う建物はやや密であるが、平地寺院と較べても何ら遜色のない配置といえる。また、礼仏堂前面の空間を確保するために、窮屈と思えるほど、建物を後方に集中して建立していることも特徴である。いいかえると、礼仏堂前面広場が極めて重要な役割を担う空間であったことを物語っている。この広場には、『資財帳』にある、恵蕚大法師が唐から持ち帰って建てた佛頂尊勝陀羅尼石塔や、高さ四丈一尺もある寶幢二基があった場所と考えられることから、皇室ファミリーにおける仏教セレモニーに対する空間意識がここに現れているのではないだろうか。

そのほか今回の調査では、未確認の板葺僧房を五大堂の東・西に想定したが、その西板葺僧房推定地の北側から後世に建立されたと考えられる方三間の建物跡一棟を新たに発見した。その結果、反対の伽藍北東側にも同様の建物があった可能性も否定できない。今では確かめようもないが、そうすると完全に左右対称の伽藍が上寺に存在したことになる。

東寺観智院「五大虚空蔵像」（重文）
『新東寶記』より転載

上寺跡東側山腹の平坦地（北から）

安祥寺の上寺と下寺との関係については、上寺には檀越や信者を招いて僧が法会を執行する体制がよく整っており、下寺は築垣の区画施設の中に倉や屋など寺院経営の中枢を担っていたと見られ、双方が有機的な関係をもって寺院経営を行っていたものであろう。

文末にあたり、今回の調査で明らかになった安祥寺上寺の実態から浮びあがる法会のすがたを想像してみよう。

法会の早朝、下寺から輿に乗った天皇、皇后クラスの高貴な人達や宮廷関係者、招待者らは、羊腸の険しい山路を喘ぎながら登り、やがて境内前面広場に参集、前夜から客亭に宿泊していた人達も加わり、法会が始まるのを静かに待っている。あるいは僧房に詰めていた僧侶達は法会の準備に勤しむ姿が想像される。

やがて、堂内外は様々な飾り物で荘厳され、仏前には施入された数多くの密教法具が準備された。

礼仏堂前面の広場には、憧れの国である唐の文化を象徴する龍の彫刻のある石塔〈佛頂尊勝陀羅尼石童〉を中心に、二基の寶幢〈幢竿支柱〉が天に聳え、その上部には金色に輝く獣頭〈龍か〉が飾られ、その大きく開いた口からは幡が吊り下げられ空に翻っていた。

そして扉が開け放たれた礼仏堂内に安置された五智如来坐像ほか多数の仏像たちが法会を静かに見守っていた。また、背にある五大堂には、恵運が唐の長安から持ち帰ったとされる極めて異国風の仏顔を持つ五大虚空蔵像や五大明王像などの諸仏が静かに控え、やが

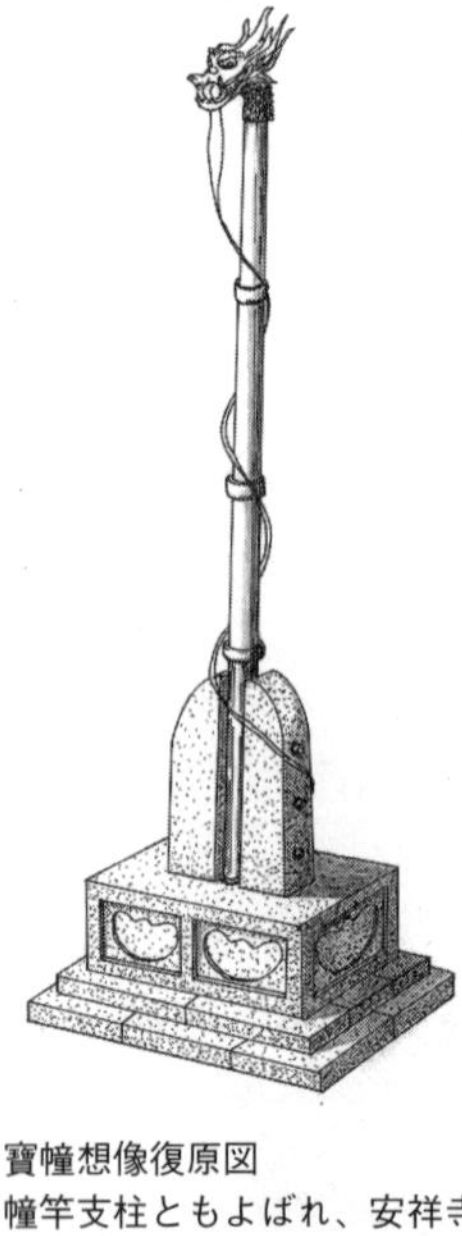

寶幢想像復原図
幢竿支柱ともよばれ、安祥寺上寺には高さ四丈一尺（一二・三m）あったとする。

上寺の礼仏堂跡（南西から）

て導僧による法会が始まると、静寂な山中に楽器演奏が流れ、厳かな雰囲気で仏事が執り行われたものと想像される。そして、大規模な礼仏堂の屋根や広場に高く翻る寶幢の幡は、遠く下方の山科盆地からも眺めることが出来たことであろう。

創建当初の上寺復原想像図（南東から）

コラム●

如意寺跡発見の懸仏

梶川　敏夫

八八年秋頃、如意寺本堂跡地区の平坦地中央部（楼門跡推定地）付近で表採された金銅製懸仏の破片で、発見者により暫く保管されていたが、二〇〇三年に考古資料として京都市へ寄贈された。

千手観音像（図C－1）と菩薩像（図C－2）と見られ、やや立体的な表現から制作年代は鎌倉時代から南北朝期のものとみられる。千手観音は左脇手が離脱せずに残り、この左脇手及び同仏像の光背とみられる二点を加え、四個体（躯幹部と左脇手・右脇手・光背二片）に分かれている。躯体の高さ八・七㎝、蓮弁台座の幅四・五㎝、厚み二・四㎝程で、右脇手と光背部を合わせると一二二gある。正面に合掌手と宝鉢手を持ち、髪頂部に一面、地髪部に省略された十一面を刻み、十一面千手観音を表している。左側光背右側の中央やや上方に打ち込んだ釘により、割れた薄い銅製鏡板破片が裏側に付着していたことから、懸仏の決め手となった。

菩薩像はほぼ完形品で、千手観音像と同一鏡板に取り付けられていたものかどうかは不明であるが、発見状況から同じ鏡板上の仏像の可能性がある。正面合掌形で、縦七・四㎝、蓮弁台座の幅四・五㎝、厚みが二㎝程、五弁の蓮華と四弁の覗き弁が線彫りされ、重さは六〇g程で、ブロンズの厚みは一～二㎜、部分的に厚みが変わる。頭髪部と底部の後には鏡板に取り付けるため上下方向に直径三㎜程の孔のある凸部がある。さらに蓮弁台座の両脇にも直径三㎜弱の孔が認められ、菩薩像はこの四箇所で鏡板に取り付けられていたものとみられる。

発見場所は、如意寺本堂南前面にあった楼門跡付近の可能性が高く、如意寺の信仰形態を解明する上で重要な資料である（京都国立博物館の浅湫毅・難波洋三両氏にご教示頂いた）。

図C－1　千手観音像

図C－2　菩薩像

第4章●安祥寺開祖恵運の渡海

——九世紀の東アジア交流——

田中俊明

安祥寺の開祖恵運は、唐にわたり、天台山に学んだ。しかし、同じころやはり入唐した延暦寺の円仁とは、大きな違いがあった。その点を中心にして、当時の日本をとりまく、国際的な交易のありかた、およびその変化について述べてみたい。

一——恵運渡海の史料

恵運の渡海に関する基本史料は『安祥寺資財帳』（『安祥寺の研究Ⅰ』所掲）である。そこには、

> 天長十年（八三三）、勅を奉じ、鎮西府観音寺講師兼筑前國講師に拜さる。以て九國二嶋の僧統と爲り、特に大藏經を寫するの事を勾當す。惠運固辭せるも許されず、強いて任所に赴き、翅《た》だ寸陰を競いて顯らかに心佛の曼荼を得、寧ろ樂しみて半紀を經て叩くも首領の浮事を爲す。儻《たちま》ち大唐商客李處人等の化來せるに値《あた》り、惠運他に就《いた》り、公の歸舩に乘りて入唐し、薦福・興善曼荼羅道場を巡禮し、青龍の義眞和尚に見うるを得て、秘宗を請益し、兼ねて南岳五臺の聖迹を看んことを要望す。舩主許諾し

て云わく、東西するは命に任せ、駈馳するは力に随わん、と。遂に則ち承和九年、即ち大唐の會昌二年【歳次壬戌】（八四二）夏五月端午日に、兩箇講師を脱躧し、即ち觀音寺を出去して大宰府に在り、博太津頭に始めて上船す。肥前國松浦郡遠値嘉島那留浦に到る。而して船主李處人等、唐來の舊船を棄て、使（便）ち嶋裏の楠木を採り、新たに船舶を織作すること三箇月日。其の功已に訖り、秋八月廿四日午後上帆す。大陽海を過りて入唐す【正東風を得て、六箇日夜に、船、大唐温州樂城縣玉留鎮府前頭に着けり】。五箇年を經、巡禮求學す。承和十四年、即ち大唐の大中二年【歳次丁卯】（八四七）夏六月廿一日、唐人張友信・元静等之舩に乗り、明州望海鎮頭従《よ》り上帆し【西南風を得て三箇日夜、遠値嘉島那留浦に皈着す。纔かに浦口に入るや風即ち止む。舩を擧げて歎じて云わく、奇怪々々なり、と。云云】、本朝に旋歸す。其の取來せる儀軌・經論・佛菩薩祖師像・万荼羅道具等、目録の如し。

と記している。これによれば、恵運は、天長一〇年（八三三）に勅命によって鎮西府観音寺講師兼筑前国講師となって筑前の観世音寺に行き、大蔵経を書写することなどに勤めていたところ、大唐の商客李処人と知り合い、入唐する意志を持つようになった。承和九年（八四二）五月に博多の津頭から乗船し、五島の遠値嘉島に向かい、八月二四日に李処人らが新たに造った船でそこから出帆し、六日目に唐の温州楽城県に到着した。五年間、唐で求法したあと、承和一四年（八四七）六月二一日に、明州望海鎮から出発し、三昼夜かけて遠値嘉島に戻った。

『本朝高僧伝』巻七・浄慧二之四・江州安祥寺沙門慧運伝にも、

承和九年（八四二）、唐商李氏の舶に乗り、秋八月に温州樂城縣に著けり。即ち武宗會昌二年なり。因りて青龍寺義眞和尚に禮し、灌頂壇に入り、諸部密印を受く。唐に留まること六年、夏六月、張支元諍の船に浮び、明州自り發す。三晝夜を經て肥前那留浦に著く。本朝承和十四年（八四七）なり。請來せる所の密經軌樣等二百餘卷を以て上表し進呈す。初め仁明帝、太皇后壽算が爲に、嘉祥元年（八四八）秋八月、安祥寺を山科縣に建つ。是に於て運に詔して焉を司らしむ。運、唐に在りて會昌の沙汰に逢えり。青龍寺鎮守神體を持ちて歸る。即ち今寺の鎮守と爲る。

とみえている。

唐においては、長安の青龍寺の義真和尚のもとで学んだ。また、天台山にも詣でたことは、「円珍行歴抄」（大中七年）仁寿三年（八五三）一二月一五日に、[注一]

又た徒衆曰わく、圓載乍いは日本人を見れば、惣じて怨家を作す。會昌三年（八四三）、本國の僧圓修・惠運、此の山に來到し、具さに圓載尼を犯すの事を知る。僧道詮和上曰わく、圓修道心、多く材學有り。禪林寺に在りて圓載の數々寺を出づるを見る。聲を擧げて大いに哭し、國家汝に糧食を與え、徒衆汝の學滿ちて本寺に却歸し、佛法を流傳するを待つに、何ぞ業に勤めず、此の惡業を作すや。蒼々天々、と。圓載此れに因りて怨を結び毒を含む。圓修の天台從り發し明州に去りて已後、載、新羅僧を雇い、毒を將ちて去き、圓修を殺さんと擬る。修便ち上舡し、發去すること多日。事著われず。便ち新羅却來して曰わく、他を趁《お》うも著かず、と。載曰わく、巨耐巨耐【和言、阿奈称太、々々々々】、と。

とみえることにより、確認することができる。

注一●小野勝年『入唐求法行歴の研究』上・智證大師円珍篇、法藏館、一九八二年。

二——円仁の渡海

ちょうど同じ時に、円仁も唐に渡っていた。円仁は、承和二年（八三五）に遣唐請益僧に任命され、三年には難波津から出発して博多へ向かい、博多から唐へ向けて出発したが、乗った船（四船のうちの第一舶）が逆風のために漂流し、かろうじて肥前に到着した。翌年再度出発したもののまた漂流し、結局三度目になる承和五年（八三八）に唐へ向かうことができた（全三船）。その旅行の日記である『入唐求法巡礼行記』は、実際に出発した承和五年の六月一七日よりも四日前の六月一三日からはじめられており、無事帰国した承和一四年（八四七）一二月一四日まで、九年余にわたっている。(注二)『行記』をもとに、経過を略年譜として簡単に紹介すれば、次のようになる。

承和五年（八三八）

六月一七日　博多を出発（二隻で。一隻は後発）して、唐へ向かう。

二八日　同船の新羅訳語金正南。

七月　二日　揚州郊外に上陸。

三日　第四舶も北の海に漂着したことを聞く。

二五日　揚州到着。

八月一〇日　後発の第二舶が海州に到着したことを聞く。新羅訳語朴正長。

一〇月　五日　大使ら、揚州から長安へ出発。

開成四年（八三九）

注二●以下二〜四の叙述については、すでに「アジア海域の新羅人」（『東アジア海洋域圏の史的研究』京都女子大学研究叢刊39、二〇〇三年）において整理したことを基にしており、参考文献も、そちらを参照されたい。ただし、基本的な文献としては、蒲生京子「新羅末期の張保皐の抬頭と反乱」（『朝鮮史研究会論文集』一六集、一九七九年）・李基東「張保皐とその海上王国」があり（『張保皐の新研究』莞島文化院、一九八五年。『アジア遊学』二六・二七、二〇〇一年に翻訳掲載）、ここでも多く参考にした。

二月二一日　揚州から楚州へ向け出発。

二四日　楚州で大使と会い、台州にのぼる許可がおりなかったことを正式に聞く。留学僧は許可さる。

二八日　留学僧（円載）、台州にのぼるため、揚州に向けて出発。

三月二四日　楚州を出発。

四月　四日　密州へ行って留住するため、渡海する第二船から第八船へ。

五日　海州界内で下船して密州へ向かおうとするも、炭を載

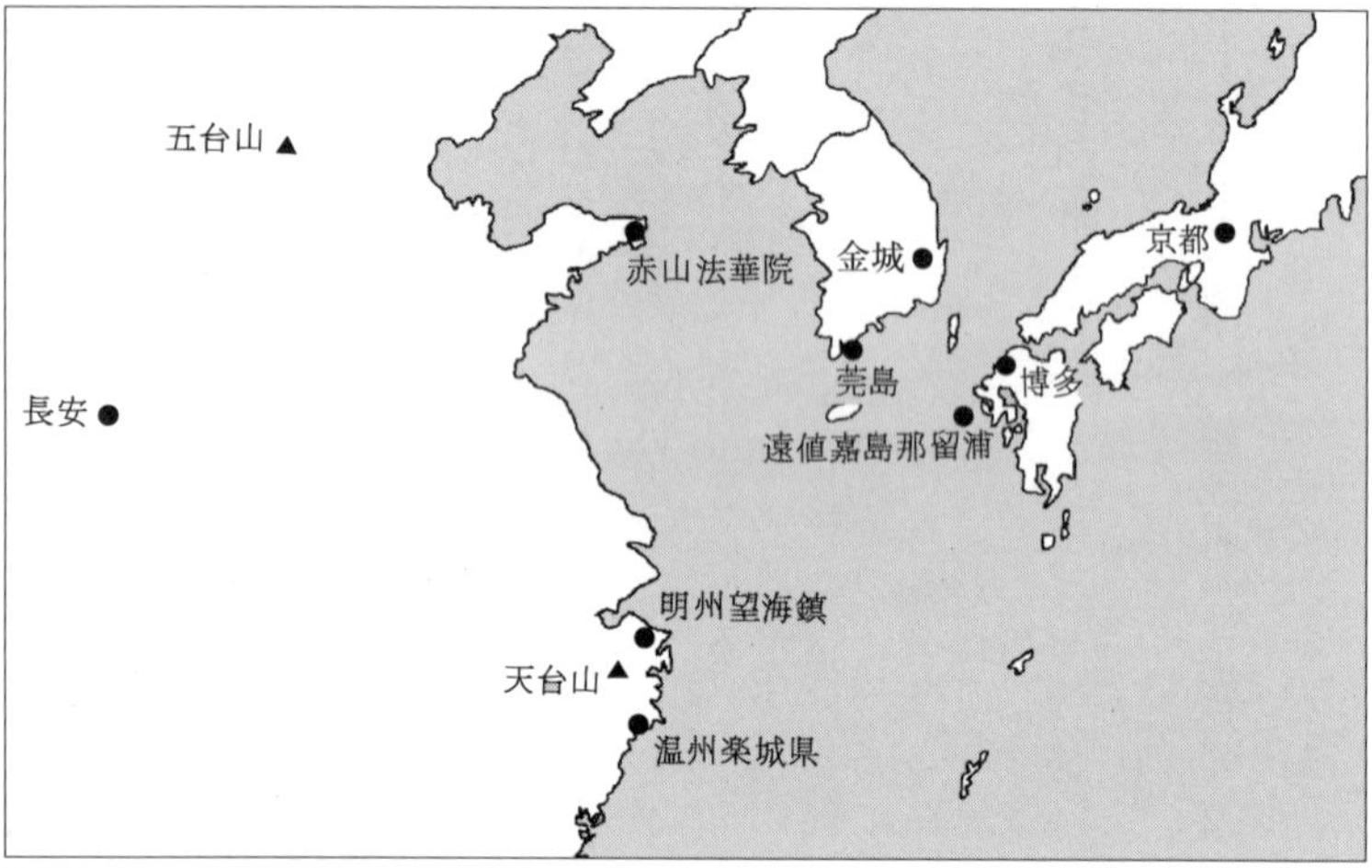

図４－１　関連地図

せる新羅船にあい、一人を案内につけられる。山を越えて宿城村の新羅人宅に至り、新羅僧と称するも、すぐに日本僧とわかり、巡検の兵士にも見つかり、のち一〇日に船にもどる。

二六日　乳山の西浦に停泊。新羅人三〇余が馬・驢に乗ってくる。

六月　七日　赤山の東辺に停泊。

八日　下船して赤山法華院（新羅の清海鎮大使張宝高が創建）に到着。以後、翌年二月まで九ヶ月滞在。

二七日　張大使の交関船、旦山浦（赤山浦）に到着。

二八日　張宝高の大唐売物使崔兵馬使が来寺。

七月一五日　乗っていた船が帰国のため出帆（翌年六月一八日大隅着）。

二三日　残りの船も出帆（八月一九日までに肥前に到着）。

八月一五日　新羅僧聖林より、五台山が、天台宗も盛んであることを知る。赤山院で設けられた新羅国独特の八月十五日の節に参加。

九月　一日　新羅僧諒賢より、五台山までの里程を聞く。

一一月　一日　新羅人王長文のまねきで宅内に行き斎を喫す。

一六日　赤山院では、新羅の風俗に従い、法花経を講ず（一月一五日まで）。ほとんど新羅語。集会の道俗らもすべて新羅人。

開成五年（八四〇）

一月一五日　法花会をおわる。昨日二五〇人、今日は二〇〇人。常住の僧二四、尼三人。

二月一四日　新羅僧常寂のまねきで劉村へ行く。
一七日　清海鎮大使に書状を送る。
一九日　赤山法華院を出発。
二一日　文登県の恵聚寺に入り、公験をまつ。
二四日　公験（文登県から登州へ）を得る。
三月　二日　登州に到着。開元寺に入宿。
一一日　登州より押兩蕃使（青州）に宛てた牒を得る。
一二日　登州を出発。
二一日　青州に到着。龍興寺に入宿。
二四日　同寺の新羅院に安置さる。
四月　一日　公験（五台山へ）を得る。
三日　青州を出発。
六日　長山県の西の醴泉寺に到着。同寺の新羅院に安置さる。
二八日　五台山到達。停点普通院に入る（旅程四四日）。
以後、五台をめぐる。
七月二七日　長安へ向けて出発。
八月二〇日　長安の春明門外に達す。
資聖寺に滞在。
会昌二年（八四二）
一〇月九日（一七日か）　還俗の勅、出される。

会昌三年（八四三）
七月二五日　弟子惟暁死す。
八月一三日　帰国を求め、もと新羅人の左神策軍押衙李元佐を訪問。
一二月　　　楚州の新羅訳語劉慎言の書が到着し、円載の帰国を伝える。
会昌五年（八四五）
三月　三日　還俗し、帰国することを求める。
五月一四日　長安を出発。
　一六日　昭応県で、長安の大薦福寺で新羅僧に侍奉していた僧と同宿。
七月　三日　楚州に到着。新羅坊に入る。訳語劉慎言と再会。
　五日　劉訳語の宅へ。
　九日　漣水県に到着。新羅坊に入る。
　　　偶然、崔暈第十二郎（崔兵馬使）と再会。
八月一六日　登州に到着。
　二四日　文登県に到着。
　二五日　勾当新羅所へ行き、張詠と再会。
九月二二日　赤山院の寺庄の一房に安置さる。
会昌六年（八四六）
四月二七日　新羅人王宗、揚州から弟子の性海和尚の書をもたらす。
　　　王宗に頼み、性海をよびよせる。
大中元年（八四七）

閏三月一〇日　新羅人鄭客の車を雇い、衣物を載せ、密州へ向かおうとする。
一七日　密州諸城県界で新羅人陳忠の載炭船に会い、楚州まで乗る。
六月　五日　楚州の新羅坊に到着。新羅坊惣管劉慎言が迎接。
一八日　新羅坊の王可の船に乗り出発。
七月二一日　登州界に達す。勾当新羅使張詠来船。
九月　二日　赤山浦を出帆。
一七日　博多西南（西北か）の能挙嶋で下船。
一八日　鴻臚館に入る。

以上のように、円仁の日記『行記』には、彼がいかに多くの新羅人に会い、そしていかに多くの新羅人から恩義・助力を受けたかを詳細に記している。そればかりではなく、唐における新羅人のさまざまな活動についての見聞を、実によく伝えている。

三――張保皐と円仁

円仁は、国家の公式的な入唐僧として（遣唐請益使）入唐しているが、恵運はそうではない。それだけではなく、円仁の旅行には、上記のように新羅人が深く関わっていたといえるのに対して、恵運の場合は、その点があまりみられない。

その理由は、公的かどうか、ということではなく、出発時日の差によるところが大きい。恵運が渡唐したのは、承和九年（八四二）であったが、それは、張保皐《ちょうほこう》の死後であった、ということである。

張保皐（張寶高・弓福・弓巴）は、新羅の清海鎮大使という職にあって、海上交易を掌握していた。当時のアジア海域において、最も勢力を有していたのが張保皐であった。

円仁は、渡航する前にすでに張寶高の名を知っていた。『行記』開成五年（八四〇）二月一七日条には、

……圓仁郷を辞するの時、伏して筑前太守寄書一封を蒙り、轉じ大使に獻ぜんとす。忽ち船の淺海に沈むに遇い、資物を漂失せり。付せられし所の書札は、波に隨いて沈落せり。悵恨の情、日として積まざる無し。伏して冀くは恠しみ責め賜うこと莫かれ。祗しみ奉ずること未だ期せず、但だ馳結の情を増すのみ。謹しみて状を奉じ起居す。不宣。謹しみて状す。

開成五年二月十七日　日本国求法僧傳燈法師位圓仁状上す。

清海鎮大使麾下　謹しみて空す。

というように、清海鎮大使すなわち張寶高に宛てた手紙を載せているが、そこには、出発するにあたって、筑前太守（小野末嗣）から託された張寶高への手紙を海中に失ったことを記している。それは、円仁を紹介する内容をもったものであろう。

『三国史記』新羅本紀第一〇・興徳王三年（八二八）条には、

夏四月、清海大使弓福、姓は張氏【一に保皐と名づく】、唐の徐州に入りて軍中小將と為り、後ち国に帰り、王に謁し、卒萬人を以て清海に鎮す【清海は今の莞島なり】。

とあり、この年が、清海鎮設置の年であるとみることができる。

『行記』会昌五年（八四五）九月二二日条には、

新羅人還俗僧李信恵、弘仁末載（八一六）、日本国太宰府に到り、住まること八年。

須井宮、筑前国太守と為りしの時、斯の人等を哀恤す。張大使、天長元年（八二四）、日本国に到る。廻る時、船に付して唐国に却帰す。今見居、寺荘に在り。日本語を解し、便ち通事を為す。

とあり、還俗僧李信恵が日本に八年滞在したあと、「張大使」の船で唐に戻った、というのであるが、この「張大使」は張保皐を指すとみることができる。そうであれば、八二四年の時点で、張保皐が日本に来たことを伝える史料ということになる。

張保皐は離唐後、故郷にもどり、海上交易と関わって、知られるようになっていた。そのような前提があってはじめて、新羅王に要請することができ、また新羅王が認めることがあったと考えられる。

新羅において、鎮というのは、いくつか知られている。新羅本紀によれば、北鎮（武烈王五年条）・浿江鎮（宣徳王三年条）・大谷鎮（宣徳王四年条）・施彌知鎮（憲徳王一四年）・唐城鎮（興徳王四年）・穴口鎮（文聖王六年）が登場する。

しかし、それらの長官は頭上大監（または軍主）であり、それ以下の諸官をみても、大使という職名はない。また、穴口鎮については、新羅本紀一一・文聖王六年（八四四）条に、「秋八月、穴口鎮を置き、阿湌啓弘を以て鎮頭と為す。」とあり、長官が「鎮頭」であることがわかる。いずれにしても、大使ではなく、その点では、清海鎮は特殊な組織であったとみることができる。

清海鎮大使という職名の由来は、唐の節度大使などの〝大使〟に求めることができる。新羅の唐制指向とは関係なく、張保皐自身がそうした唐制のもとで、より具体的には武寧軍の大使のもとで活動していたことと関わりがあるとみるべきである。

『行記』会昌五年（八四五）七月九日条には、円仁が崔暈第十二郎に会ったことを記しているが、彼は、「曾て清海鎮兵馬使たり」という。この「兵馬使」も、唐における節度使の下での職名である。職制としても、節度使体制にならっていたことをうかがうことができる。

清海鎮大使としての張保皐の活動は、決して、新羅の官人としての活動とみることができない。円仁は『行記』によれば、上記のように、開成四年（八三九）六月七日から翌年の二月一九日まで、「本と張寶高初めて建てし所なり」という赤山法花院に滞在したが、その間のこととして、

『行記』六月二七日条には、

張大使の交關船二隻、旦山浦に到ると聞く。

とあり、『行記』六月二八日条には、

夜頭、張寶高の大唐に遣わせし賣物使崔兵馬司、寺に來たりて問慰す。

とある。「旦山浦」は赤山浦の誤りとみられ、「賣物使崔兵馬司」は、その交関船すなわち交易船に乗ってきたとみられる。崔兵馬司は、崔兵馬使の誤りで、上記の崔暈第十二郎にあたると考えられる。

張保皐は、このように、部下を「売物使」として交関船を唐に派遣しており、唐とのあいだで交易を行っていたことを確認することができる。

交易の先は、唐のみではない。

『続日本後紀』巻九・承和七年（八四〇）一二月己巳（二七日）条に、

大宰府言えらく、藩外新羅臣張寶高、使を遣わし方物を獻ぜしむ。即ち鎮西従り追却

さる。人臣として境外の交無きが為なり。

とあり、『続日本後紀』巻一〇・承和八年（八四一）二月戊辰（二七日）条に、

太政官、大宰府に仰せて云わく、新羅人張寶高、去ぬる年十二月、馬鞍等を進ず。寶高は是れ他臣為り。敢えて輙ち貢を致すは、之を舊章に稽うるに、物宜に合わず。宜しく禮を以て防閑し、早く返却に従うべし。其れ身に随いし物は、民間に任聽し交關するを得しむ。但だ人民をして沽価を違失せしむる莫かれ。競いて家資を傾くるは亦た優恤を加え、程粮を給するは並びに承前の例に依れ、と。

とあるように、承和七年一二月に、大宰府へ使者を派遣し、馬鞍等を進上している。これらはともに、新羅国としての遣使ではない。そして実際に、持ってきた物について、交関することができている。そもそもそれが目的でやってきたのであろう。

『続日本後紀』巻一一・承和九年（八四二）正月乙巳（一〇日）条に、

是の日、前筑前国守文室朝臣宮田麻呂、李忠等の賫らせし所の雑物を取る。其の詞に云わく、寶高存せるの日、唐国貨物を貿わんが為に、絁を以て付贈す。報獲す可き物、其の数尠なからず。正に今寶高死すれば、物實を得るに由無し。因りて寶高使の賫らす所の物を取りし者なり。

とあるように、さきの筑前国守であった文室朝臣宮田麻呂が、張保皐在世中に交易をしており、そのときに預けた絁にみあうような物資を、死後にやってきた李忠らがもたらしたものから取ってしまったことについて述べている箇所であるが、これを通しても、張保皐が、唐と日本との間で、交易活動を推進していたことがわかる。

同前条には、

其の後、於呂系等化來して云わく、己等、張寶高の攝する所の嶋民なり。寶高去ぬる年の十一月中に死去し、寧居するを得ず。仍りて貴邦に參著せり、と。

という箇所もあり、張保皐は、新羅国が設置した清海鎮の長官として任地に赴任していたというようなものではなかったとみるべきである。それはあたかも、唐中央政府の掣肘を受けない、独立的な藩鎮のようである。赤山法花院を創建したのが、彼が清海鎮大使になってからか、それ以前であるのかはわからないが、清海鎮大使になってからあとも、そこをひとつの拠点としつつ、交易活動を主体的に行っていたことは確かである。

『類聚三代格』巻一八にみえる天長八年（八三一）九月七日官符の「應に新羅人の交關物を検領すべき事」は、こうした張保皐集団の交関に即して、家財を傾けて唐物を買い求めようとする官人たちの実態をつたえており、その統制が必要になったものである。

『続日本後紀』巻五・承和三年（八三六）一二月丁酉条には、遣新羅使として派遣された紀三津が、携えた太政官の牒と、その口上とがくいちがうことから、新羅の執事省に疑われて詰問され、そのあと太政官に対して発された執事省の牒を載せているが、そこには、「知らざるや、嶋嶼の人、東西に利を窺い、官印を偸学し、公牒を仮造し、用て斥候の難に備え、自ら白水の遊を逞しうするを」とあり、嶋嶼の人として、清海鎮が官印・公牒を偽造しているとされているようであるが、そうであれば、設置した王権に近い執事省とのあいだに、そうした乖離がみられることになる。そのような意味も含めて、張保皐集団を、独立王国として規定するみかたには、納得できるものがある。少なくとも、そうした独立的なありかたをめざしていたことは十分に認めることができる。

清海鎮の位置について、『三国史記』張保皐伝には「清海は、新羅の海路の要なり。今、之を莞碁と謂う」とする。特に後半は、その典拠である晩唐の詩人杜牧の「張保皐鄭年伝」(『樊川文集』巻六)にはみえない、追加である。『三国史記』祭祀志・中祀・四瀆には「清海鎮【助音島】」とある。

全羅南道莞島《ワンド》郡長佐里一帯が、清海鎮のあったところと推定されているが、本営があったとみられるのは将島という小島であり、「助音島」と音通になるとみられる。あるいは将軍の島、ということに由来する名かとも考えられる。将島の周囲に一部残る木柵列について、一九八〇年代はじめに韓国エネルギー研究所で、放射性炭素の年代測定法によって分析したところ、一〇九〇±一〇〇BPという年代が得られた。長佐里一帯の本格的な調査は一九八九年からはじまり、二〇〇一年まで継続した。法華寺址からは初期の緑青磁の破片が出土したが、特に張保皐およびその時代と結びつけて考えられるような遺物は検出されなかった。ただし北宋・崇寧年間(一一〇二~一一〇六)に鋳造された銅銭「崇寧重寶」が出土しており、高麗時代においても海上交易に関わっていたことをうかがわせる。将島には、周長八九〇mの土城がめぐらされており、島全体が要塞であることを示している。城内からは建物址が五棟発見されている。祭祀遺物が多く、新羅の中祀であったことと関わると見られる。(注三)

四――新羅王権と張保皐

そのころ新羅王室では、内紛がつづいた。興徳王の死後、王位継承争いを経て僖康王が

注三●すでに『莞島法華寺址』(国立文化財研究所、一九九二年)と『将島清海鎮　遺蹟発掘調査報告書Ⅰ』(国立文化財研究所、二〇〇一年)『将島清海鎮　遺蹟発掘調査報告書Ⅱ』(国立文化財研究所、二〇〇二年)が刊行されている。

即位した。

『三国史記』新羅本紀第一〇・僖康王即位紀・二年（八三七）条には、

僖康王、立つ。諱は悌隆【一に悌顒と云う】。元聖大王の孫伊湌憲貞【一に草奴と云う】の子なり。母は包道夫人。妃は文穆夫人にして、葛文王忠恭の女なり。初め興徳王の薨ずるや、其の堂弟均貞・堂弟の子悌隆、皆な君と為らんと欲す。是に於て侍中金明・阿湌利弘・裴萱伯等は悌隆を奉じ、阿湌祐徴は姪の禮徴及び金陽と與に其の父均貞を奉じ、一時に内に入りて相戰う。金陽、箭に中り、祐徴等と逃走す。均貞、害に遇いて後る。悌隆乃ち位に即くを得たり。

二年（八三七）春正月、獄囚の誅死已下を大赦す。考を追封して翌成大王と為し、母朴氏を順成大后と為す。侍中金明を拜して上大等と為す。阿湌利弘を侍中と為す。

とあり、この時、僖康王を擁立した金明が、その後僖康王を弑した。

『三国史記』新羅本紀第一〇・僖康王三年（八三八）条には、

正月、上大等金明・侍中利弘等、兵を興して亂を作し、王の左右を害す。王、自全することあたわざるを知り、乃ち宮中に縊す。諡して僖康と曰う。蘇山に葬る。

とある。これによれば、僖康王は、自ら縊死したのであるが、現実に死に追い込んだのは金明である。この閔哀王の行動に対して、張保皐が立ち上がったのであるが、それには背景があった。

同王二年（八三七）条に、

五月、祐徴、禍の及ぶを懼れ、妻子と與に黄山津口に奔り、舟に乗り、往きて清海鎮大使弓福に依る。

とあり、まず祐徵が張保皐を頼って、清海鎮に行っていたのである。祐徵は、僖康王との王位争いに破れて死んだ均貞の子である。祐徵が、なぜ張保皐に頼ったかといえば、それを直接述べる史料はない。しかし、張保皐が清海鎮大使になった時に、祐徵がそれに関わっていたのではないかという想定が可能である。

『三国史記』新羅本紀第一〇・興徳王三年（八二八）条に、

春正月、大阿湌金祐徵を侍中と為す。

とあるが、張保皐が清海鎮大使になったのは、その年の四月であった。蒲生京子は「清海鎮大使の設置は、特別の措置であり、保皐一人のはたらきかけでは不可能なことであり、中央政界において、この侍中祐徵が後援したのではないだろうか」としている。

『三国史記』伝にはみえないが、杜牧の伝によれば、「其の国の使」が至り、「大臣、其の王を殺し、国亂れ主無し」と伝えたようである。

その後、『三国史記』新羅本紀第一〇・閔哀王元年（八三八）条に、

二月、金陽、兵士を募集し清海鎮に入り、祐徵に謁す。阿湌祐徵、清海鎮に在り。金明位を簒（簒）するを聞き、鎮大使弓福に謂いて曰わく、「金明、君を弑して自ら立つ。利弘、君父を枉殺す。共に天を戴くべからざるなり。願わくは将軍の兵に仗りて以て君父の讎に報いん」と。弓福曰わく、「古人言有り。義を見て為さざるは勇無きなり、と。吾れ庸劣なると雖も唯だ命是れ従うのみ」と。遂に兵五千人を分かち其の友鄭年に與えて曰わく、「子にあらざれば禍亂を平らぐるあたわず」と。

とあるように、張保皐が王位争いに関わっていくのである。

張保皐のもとにいた祐徵に合流した金陽について、『三国史記』金陽伝には、

大和二年・興徳王三年（八二八）、固城郡太守と為る。尋いで中原大尹を拝し、俄かに武州都督に轉ず。臨む所、政譽有り。

とあり、武州都督であったことが知られる。これについて蒲生京子は「武州は清海鎮の設置以前は莞島をその管轄下に置いていた州であり、地理的にも政治的にも清海鎮とは最も関係が深い州である。それ故、清海鎮の急激な発展のかげには、武州都督金陽の協力もあったのではないかと思う」としている。ただし、清海鎮は武州の管下というわけではなく、張保皐が、武州都督時代の金陽と接触があったかどうかは、明確ではない。

このあと、金陽は、張保皐の協力を得て、新羅王都に攻めのぼり、閔哀王を攻撃する。『三国史記』新羅本紀第一〇・閔哀王元年（八三八）条には、

冬十二月、金陽、平東將軍と為り、閻長・張弁・鄭年・駱金・張建榮・李順行と與に軍を統べて武州鐵冶（治）県に至る。王、大監金敏周をして軍を出だして迎え戰わしむ。駱金・李順行を遣わし馬軍三千を以て突撃し、殺傷すること殆ど盡くす。二年（八三九）春閏正月、晝夜兼行し、十九日、達伐の丘に至る。王、兵の至るを聞き、伊湌大昕・大阿湌允璘・嶷勛等に命じ、兵を將いて之を拒がしむ。又た一戰し大いに克つ。王軍、死せる者、半ばを過ぐ。時に王、西郊の大樹の下に在り。左右皆な散ず。獨り立ち為す所を知らず。奔りて月遊宅に入る。兵士尋ねて之を害す。羣臣、禮を以て之を葬る。諡して閔哀と曰う。

というように、閔哀王を殺害し、ついで、『三国史記』新羅本紀第一〇・神武王即位紀に、

神武王、立つ。諱は祐徵。元聖大王の孫均貞上大等の子にして、僖康王の従弟なり。

禮徵等、既に宮禁を清め禮を備えて之を迎え、位に即かしむ。

とみえるように、祐徴が即位したのである（神武王）。

このような経緯は、在唐の円仁も知ることになる。『行記』開成四年（八三九）四月二日条には、

第二船頭長岑宿禰申して云わく、其れ大珠山は計るに新羅の正西に当たる。若し彼に到りて進発すれば、災禍量り難し。加うるに彼の新羅、張寶高と亂を興して相戰うを以てす。西風及び乾坤の風を得ば、定めて賊境に着かん、と。

とあり、さらに、『行記』開成四年（八三九）四月二〇日条には、

早朝新羅人、小船に乗りて來たる。便ち聞くに張寶亮（高）新羅王子と心を同じうし、新羅国を罰し得て、便ち其の王子をして新羅国王子と作し既に了りぬ、と。

とある。これらは、やってきた新羅船からの情報などによるものであった。

即位することができた神武王は、張保皐を感義軍使とした。『三国史記』新羅本紀第一〇・神武王元年（八三九）条に、

清海鎮大使弓福を封じて感義軍使と為し、食實封二千戸とす。

とあるとおりである。ただしその実体については、よくわからない。少なくとも『三国史記』張保皐伝等にあるような「相」になったわけではない。また、鄭年が代わって清海鎮大使になったという記録もない。『行記』においても、それ以後も張保皐を大使としている。

神武王はしかしまもなくなくなり、そのあとをついだ子の文聖王も、張保皐に恩賞を与えている。『三国史記』新羅本紀第一一・文聖王元年（八三九）条に、

八月、大赦す。教して曰わく、「清海鎮大使弓福、嘗て兵を以て神考を助け、先朝の巨賊を滅ぼせり。其の功烈、忘るべけんや。」と。乃ち拜して鎮海將軍と為し、兼ねて章服を賜う。

とみえている。しかし、『三国遺事』巻二・神武大王閻長弓巴条に、

第四十五神武大王、潛邸たりし時、俠士弓巴に□（謂）いて曰わく、「我れに天を同じうせざるの讎有り。汝能く我れの為に之を除け。大位を獲居せば即ち爾の女を娶りて妃と為さん」と。

とあるように、神武王は、即位以前に、張保皐のむすめを王妃にする約束をしていた。文聖王は、父のその約束を果たそうとするが、反対にあう。『三国史記』新羅本紀第一一・文聖王七年（八四五）条に、

春三月、清海鎮大使弓福の女を娶りて次妃と為さんと欲す。朝臣諌して曰わく、「夫婦の道は人の大倫なり。故に夏は塗山を以て興り、殷は㜪氏を以て昌え、周は褒姒を以て滅び、晉は驪姫を以て亂る。則ち国の存亡は、是に於てか在り。其れ慎まざるべけんや。今、弓福は海島人なり。其の女、豈に以て王室に配すべけんや。」と。王、之に従う。

とある。そして、『三国史記』新羅本紀第一一・文聖王八年（八四六）条に、

春、清海の弓福、王の女を納れざるを怨み、鎮に據りて叛す。朝廷、將に之を討たんとすれば、則ち不測の患い有るを恐る。將に之を置かんとすれば、則ち罪、赦すべからず。憂慮して圖る所を知らず。武州人閻長なる者、勇壯を以て聞こゆ。時に來たりて告げて曰わく、「朝廷幸いに臣に聽さば、臣、一卒をも煩わさず、空拳を持ちて以

て弓福を斬り、以て献ぜん。」と。王、之に従う。閻長、国に叛せりと佯わり、清海に投ず。弓福、壮士を愛し、猜疑する所無し。引きて上客と為し、之と飲し歓を極む。其の酔うに及び、弓福の劔を奪いて斬り訖り、其の衆を召して之に説く。伏して敢えて動かず。

とあるように、そのために、反乱を起こした、ということになる。『三国遺事』巻二・神武大王閻長弓巴条では、その間の事情を次のように伝えている。

既に纂位し、巴の女を以て妃と為さんと欲す。羣臣、極諌して曰わく、「巴は側微なり。上、其の女を以て妃と為すは則ち不可なり」と。王、之に従う。時に巴、清海鎮に在り。軍戍を為す。王の違言を怨み、亂を謀らんと欲す。時に将軍閻長、之を聞き、奏して曰わく、「巴、將に不忠を為さんとす。小臣、之を除かんことを請う。」と。王、喜び之を許す。閻長、旨を承け、清海鎮に帰す。謁者に見え、通じて曰わく、「僕、小しく国君に怨み有り。明公に投じ以て身命を全うせんと欲す。」と。巴、之を聞きて大いに怒りて曰わく、「爾輩、王を諌めて我が女を廢せり。胡ぞ我を顧見せんや。」と。長、復た通じて曰わく、「是れ百官の諌めし所にして、我れ謀に預らず。明公、嫌う無かれ」と。巴、之を聞きて廳事に引入し、謂いて曰わく、「卿、何事を以て此れに來たるや」と。長曰わく、「王に忤うあり。幕下に投じ以て害を免かれんと欲す。」と。巴、曰わく、「幸いなり」と。置酒し、歓すること甚し。長、巴の長劔を取りて之を斬す。麾下の軍士、驚き慴れ皆な地に伏す。長、引きて京師に至りて復命して曰わく、「已に弓巴を斬れり」と。上、喜び之を賞し、爵、阿干を賜う。

なお、新羅本紀によれば、張保皐が反乱を起こし、殺されたのは八四六年ということになるが、それは日本側の所伝とは異なる。

『後紀』巻一一・承和九年（八四二）正月乙巳（一〇日）条には、

新羅人李少貞等卌人、筑紫の大津に到る。大宰府、使を遣わし來たる由を問わしむ。頭首少貞申云わく、「張寶高、死す。其の副將李昌珍等、叛亂せんと欲し、武珍州列（別）駕閻丈、兵を興して討平す。今、已に虞れ無し、但だ賊徒の網を漏れ、忽ち貴邦に到り黎庶を擾亂するを恐る。若し舟船の彼に到る有れば、文符を執らざる者、並びに請う、切に所在に命じ、推勘し收捉せんことを。……

とあり、また後文には「寶高去ぬる年の十一月中に死去し」の語もある。これらに従えば、張保皐の死は、八四一年のこととみるべきである。ふたつの年代は、史料的な価値から言って、『後紀』のほうが妥当であろう。

五――張保皐後の清海鎮

『三国史記』新羅本紀に、張保皐を斬殺したと伝える「武州人閻長」について、もう少し考えてみたい。上掲の、『続日本後紀』には、張寶高死後の副将李昌珍らの反乱を鎮圧した人物として「武珍州列（別）駕閻丈」が登場するが、「長」と「丈」は音通であり、両者が同一人物であることは、容易に判断できる。

やはり上掲の『三国遺事』巻二・神武大王閻長弓巴条には、「将軍閻長」として登場している。

「武珍州別駕」であるが、『三国史記』職官志下の外官条にみえる州の官員構成は、都督、九人。智證王六年（五〇五）、異斯夫を以て悉直州軍主と爲す。文武王元年（六六一）、改めて惣管と爲す。元聖王元年（七八五）、都督と稱す。位、級湌より伊湌に至るまで之を爲す。……州助【或いは州輔と云う】、九人。位、奈麻より重阿湌に至るまで之を爲す。……長史【或いは司馬と云う】、九人。位、舎知より大奈麻に至るまで之を爲す。

というように、長官としての都督（惣管）と、州助（州輔）・長史（司馬）から成り立っている。「別駕」の存在はまったく記していない。ただし、「州別駕」の実例はある。まず『昌林寺無垢淨塔誌』（八五五年）には、「檢校副使守溟州別駕金嶷寧」がみえている。そして、『聖住寺朗慧和尚白月葆光塔碑』（八九〇年）には、「全州別駕英雄」がみえている。

前者には、「溟州別駕金嶷寧」よりも前に、

同監修造使從叔行武州長史金繼宗

がみえており、「別駕」は「長史」とは別であるといえる。

唐制によれば、州の長官である刺史と、司馬・録事参軍事との間に別駕という職が実在した。そのことから、新羅の職官志にみえない別駕は、長官都督と長史（司馬）とのあいだの「州助」を指すものと考えるべきである。碑文におけるその雅名的な用い方かとも思われるが、『続日本後紀』が新羅人李少貞の言として伝える点からすれば、実際にも用いられていたのであろう。

新羅本紀で、暗殺前に「武州人閻長」としている。『遺事』には、「上喜賞之賜爵阿干」とあり、「阿干」とされているが、州助は、阿湌（阿干）から奈麻までであり、該当す

る。暗殺の功によって、別駕（州助）とされたのであろう。

ところが、『続日本後紀』巻一一・承和九（八四二）春正月条の、上掲の二記事の中間の記事をみれば、その時やって来た李少貞は、「閻丈の筑前国に上るの牒状を賚らし參來せる者」であり、その来着をうけて、公卿が議して言った内容は、「少貞は曾て是れ寶高の臣にして、今は則ち閻丈の使なり。彼の新羅人、其の情不遜にして、通ずる所の消息は、彼此定まらず。定めし知る、商人の交通を許さんと欲すれば、巧言にして稱する攸《ところ》なり」というようなものであり、具体的には、「去年」に李忠・揚圓らがもたらした貨物をとりもどしたいということであった。ここで問題は、閻丈が、「筑前国に上るの牒状」を発し、李少貞を派遣しているということである。あるものが「少貞今既に閻丈に託して」と言っているが、それは、少貞が閻丈の名で牒を作ったという可能性を示唆するものであるともいえるが、その場合でも、閻丈に託することができたのは事実であろう。そもそも「武州別駕」という地方官が、そのような牒状を発することができたとは考えにくく、その牒状は「宰府に進上するの詞無く、乃ち例に合うと謂う可きもの無し」というように、通例とも異なっていた。当然、正式のものとはいえない。

張保皐も、先にふれたように独自に日本に遣使貢献することがあったが、「人臣として境外の交無きが為」に放却されている。閻丈の行動は、まさにそれと近似するといえる。

このことは、閻丈が、単に、暗殺の功によって「武州別駕」になったという次元ではなく、あたかも張保皐に代わって、それまでの部下を支配し、交易に関わるようになったかのように、受け取ることができる。

張保皐は新羅の清海鎮大使であったが、清海鎮とは先にもふれたように、唐の藩鎮にならったものであり、張保皐と鎮の兵士たちとは、個人的な結びつきをしていたと考えられる（唐の藩鎮の場合、仮父子結合とよばれる）。李少貞のあとにやってきた於呂系らは「己等は張寶高の攝る所の嶋民」であるといい、張寶高の死後は「寧居するを得ず」という（『後紀』）。それが一般的であり、それを解体するには、『三国史記』の文聖王一三年（八五一）春二月条に、「清海鎮を罷め、其人を碧骨郡に徙す」とみえているように、その地から切り離す必要があったのである。

ところが李少貞は、さきの公卿も議するように「曾て是れ寶高の臣にして、今は則ち閻丈の使なり」であり、もともと張保皐の部下であった。もちろん、張保皐の死によって、新羅側に降るものがいたことはあろうが、「武州別駕」の閻丈の配下になるというのは、経路が異なるのではなかろうか。

閻長は、すでにみたように、『三国史記』閔哀王元年冬一二月条に、金陽の武将としてみえている。これは、金陽が張保皐の支持をうけ、閔哀王追討の兵をあげたときの記事で、清海鎮から、ともに都に攻め上ろうとしたときのことである。そこに閻長が登場するのは、閻長がもともと、清海鎮にいたことを意味する。鄭年のように、清海鎮当初から張保皐と行動をともにしていた可能性もあろう。「武州人」というのであるから、新羅王京とは関わりなく、自らの意志で清海鎮に投じたと想像することができる。もちろん、金陽らに従ってここにやってきた可能性もあるが、いずれにしても、清海鎮に住んでいた時期があったことはまちがいない。

そのことと関連して、日野開三郎は、張保皐の反乱・暗殺には新羅奴婢掠売禁止が背景にあり、中国浪人にすぎない張保皐が清海鎮大使になり得たのは、奴隷掠売阻止の国策に乗じたからであり、張保皐の暗殺は、理由はどうあれ、奴隷貿易の再開の障害となる彼を排除しようとした海上勢力の陰謀であったとしている。[注四] 蒲生京子は、張保皐自身が、人道的見地から奴隷掠売阻止に動いたのではなく、むしろ「巨利をあげていた奴婢掠売を独占しようとする意図をもって、余人の掠売活動に制限を加えようとしたのではないか」としている。「奴婢貿易」については、何の明証もなく、単純に従うことはできないが、暗殺の背景に交易権の獲得があった可能性は十分あろう。閻長は、新羅王権のためにのみ、張保皐を暗殺したのでなく、清海鎮時代の知識・見聞をもとに、そのような意図をもつようになったといえるのではなかろうか。

しかし、閻長の思惑ははずれることになる。それは、前筑前国守文室朝臣宮田麻呂のように、私的な交易を行って利を得ている官人がいて、それが問題になっていることも関わっている。また、「境外の交無き」はずの人臣である張保皐のそれまでの態度も問題であったものと思われる。『続日本後紀』巻一二・承和九年（八四二）八月条に、この年の正月、すなわち張保皐の死についての情報が届いてからあとの正月一三日に大宰大貳に任命された藤原朝臣衛が上奏した内容を伝えているが、そこでは、新羅国人を、一切、境内に入れるのを禁じるべきである、と要請している。それにたいして朝廷は、帰化については今後認めず、食料を給して放還することを決めたが、商人の来航は従来通り認め、すみやかに民間で交易してすぐに放却することにした。つまり、要請の通りにはならなかったが、新羅人に対する見方が厳しくなっていることを窺うことができる。[注五]

このあと、次第に新羅排除の考えが浸透していく。ただし、日本における「唐国貨物」すなわち「唐物」の需要がなくなったわけではない。新羅商人の場合も、多くは「唐物」

注四●日野開三郎「羅末三国の鼎立と対大陸海上交通貿易」（『日野開三郎東洋史学論集』九冊、三一書房、一九八四年）。

注五●唐商人の来航については呉玲「九世紀唐日貿易における東アジア商人群」（『アジア遊学』三、一九九九年）。交易のありかたの変化については山崎雅稔「九世紀日本の対外関係」（『アジア遊学』二六、二〇〇一年）・田中史生「「帰化」と「流来」と「商賈之輩」」（『日本古代国家の民族支配と渡来人』校倉書房、一九九七年）などを参照。

を唐から日本に運んで利益を得ていたのであった。その後は、唐の商人（唐人と称する新羅人も含めて）の活動が盛んになるのである。

六――恵運の渡海と唐商人

恵運が渡海したのは、まさにこのような新羅における内乱を経て、張保皐が殺された直後にあたっている。

張保皐の死後、清海鎮に頼っていた日本の外交や交易関係はたちまち不安定になり、承和九年（八四二）には、新羅人の入境を禁止し、鴻臚館における新羅人との貿易も閉ざすようになる。

『安祥寺資財帳』に、

或いは銅器等、余、昔、大宰府講師兼筑前國講師に拜さるの日、新羅商客、頻々往来し、銅鋺畳子等を貨売す。此の客に逢着し、之を道場に備え、國家講經の儭施に用いんが爲に買得せし者なり。

とあるように、恵運も、渡海以前には、新羅商人から銅器等を購入することがあったのであるが、渡海にあたって頼りにしたのは、唐の商船であった。

上記のような日本側の変化によって、唐の商人が交易の主体になっていき、そのため新羅の商人たちは、海賊とならざるを得ない状況になっていくのである。

ところで、『扶桑略記』寛平六年（八九四）九月条に、

五日、対馬島司、新羅の賊徒の船四十五艘、到着せるの由を言えり。大宰府同九日、

飛驛使を進上す。同十七日の記に曰わく、同日卯の時、守文室善友、郡司・士卒等を召集し、仰せて云わく、汝等、若し箭もて背に立てれば、軍法を以て將に罪を科さんとす。額に立てれば賞せらる可きの由、言上す、と。仰せ訖り、即ち郡司・士卒を率列し、前の守田村高良を以て反問せしむ。即ち嶋分寺の上座僧面均・上縣郡副大領下今主、押領使と爲り、百人軍各々廿番を結び、賊の要害に移るの道を絶たしむ。豐圓(國)の春竹、弱軍四十人を卒いて賊の前に度る。凶賊、之を見て各々兵を鋭くして守善友の前に來向す。善友、楯を立てて弩を調えしめ、亦た亂聲せしむ。時に凶賊隨いて亦た亂聲す。即ち射戰す。其の箭、雨の如し。賊等の射られ并びに逃げ歸るを見て、將軍追うて射す。賊人迷い惑い、或るもの海中に入り、或るもの山上に登る。合計三百二人を射殺す。中に就き大將軍三人・副將軍十一人あり。取る所の雜物、大將軍の縫物・甲冑・貫革袴・銀作太刀・纏弓革・胡籙・宛夾・保呂各々一具。已上、脚力多米常繼に附して進上す。又た船十一艘・太刀五十柄・桙千基・弓百十張・胡籙百十房・楯三百十二枚を奪取す。僅かに賊一人を生獲りす。其の名賢春。即ち申して云わく、彼の國、年穀登さず、人民飢苦す。倉庫悉く空き、王城安からず。然るに王、仰せて穀絹を取らんが爲に、帆を飛ばして參來せり。但だ在る所の大小の船百艘、乘人二千五百人。射殺されし賊、其の數甚だ多し。但し遺賊の中に最敏將軍三人有り。
中に就き大唐一人有り。……

というよく知られた記事がある。ただしこの記事の、特に新羅王の命令とされることなどをもとに、新羅を「海賊国家」と規定することがある(注六)が、それは石井正敏が指摘するように、史料の誤読にもとづくものであり、軽率であろう(注七)。

注六●生田滋「新羅の海賊」(『海と列島文化』二巻、小学館、一九九一年)。
注七●石井正敏「寛平六年の遣唐使計画と新羅の海賊」(『アジア遊学』二六、二〇〇一年)。

第5章●宮廷女性の仏教信仰
―御願寺建立の史的意義―

本郷　真紹

はじめに

古代日本における仏教は、朝廷―律令国家が思想支配の手段として利用するために興隆と統制を図ったことから、国家仏教として捉えられ、その諸側面について具体的に検討する研究が主流となっていた。しかし実態として、近親者の治病や追善を目的として、女性、特に宮廷の女性が担った役割は大きく、政治的性格の濃厚な国家仏教とは別の、宮廷仏教と称すべき信仰が、極めて大きな意義を有したこともまた、注目すべき古代仏教の特色と評価することが出来る。ここに取り上げる安祥寺は、平安時代初期に文徳天皇の母なる藤原順子により建立された寺院で、皇族・貴族等の個人の発願にかかる寺院であることから御願寺《ごがんじ》という範疇《はんちゅう》で捉えられるが、このような宮廷の女性や天皇などを施主・開基とする御願寺が平安初期に出現してくることが、歴史的にいかに評価されるかを文献史の立場から追究し、平安期における寺院の特質を考察することが本稿の目的とするところである。

一――古代寺院の特質

古代寺院の特質を分析するにあたり、四つの指標が想定される。

①建立の経緯・目的

②経営の実態―財政基盤・外護者《げごしゃ》の性格等―

③立地条件・構造的特質

④宗教機能―法会等の宗教活動―

①は、言うまでもなく何のためにその寺院が建立されたのかという点である。②は寺院運営にとりわけ重要な財政基盤の問題である。古代社会においては、皇族や貴族等を外護者＝パトロンとして財政的援助を得るケースが多く、地方寺院においても、檀越《だんおつ》と呼ばれる地方豪族の外護者がおり、寺院が設営されていた。こうした経営実態の面から寺院の類型化が可能であろう。③の立地条件であるが、例えば、山林寺院と言っても、その位置する高度差により性格や意味は異なる。数百メートル級の高度に位置する寺院は、当初修行場として開かれ、草庵的な施設から発展した場合が多い。一例を挙げれば、延暦寺は、最澄が比叡山に設けた庵が前身であり、その後、宝塔を設け、伽藍として成立したものである。一方、平地の寺院で言えば、その伽藍配置が重要な指標となってくるだろう。こうした構造的な特質は、決してデザインではなく、寺院そのものが有していた機能に関連して規定されたと考えられる。最後に④であるが、寺院でいかなる法会が勤修《ごんしゅ》されたのかということである。現代的な感覚からすれば、寺院で法会が勤修されるのは当然のように感じ

られるが、古代においては、必ずしも僧侶が常住し、日常的に仏教的儀礼を行う場として寺院が設けられていたとは言い難い側面もあるのであり、建立の経緯とも深く関わるが、その寺院がいかなる機能を有していたかを考察していく必要があろう。

以上、四つの指標を提示したが、もちろんこれらの指標は、画然と区分されるものではなく、それぞれが連関性を有しながら一つの寺院の性格を規定していたことは言うまでもない。以下、これらの指標から導き出される古代寺院の時代的・段階的な特徴を述べていきたい。

飛鳥期（〜七世紀前半）　六世紀の欽明《きんめい》朝に朝鮮半島経由で伝来した仏教であるが、伝統的な祭祀体系を有する豪族にとって、仏教の性格で最も馴染《なじ》み深かったのは、祖先追善或いは祖先崇拝という側面であった。推古大王（天皇）が聖徳太子と蘇我馬子に仏教興隆を命じたことから、諸豪族が競って「君親の恩の為」に寺院を建立したと『日本書紀』に記されている。[注一]これは、各豪族の長たる氏上《うじのかみ》がその中心的役割として担っていた、祖先祭祀と深く関わるものとして受け止められたことを示すものと考えられる。併《あわ》せて、最新の技術と莫大な財を用いて築かれた寺院には、設営主体の権力を象徴するシンボルとしての意味が込められたことも見逃すことはできないであろう。古墳が消長し、それに代わって寺院が増加してくるという現象は、考古学の分野で古くより指摘されているが、これは、それぞれの設営主体が権力を示す手段として、古墳から寺院へと転換していく様を表しているものと受け取ることが可能である。[注二]

このように飛鳥期においては、在来の祖先祭祀と結びつく形で、また自らの権力を示す手段として寺院は建立されたのであって、寺院に仏事を実践する場としての意味合いは、

注一●『日本書紀』推古二年二月丙寅条。

注二●拙稿「古代寺院の機能」（『律令国家仏教の研究』所収、二〇〇五年三月、法藏館）。

さほど強く意識されたものではなかったと推察される。この時期においては、仏事を行う事よりも、その場に寺院を建立すること自体に重きが置かれていたと言えよう。

白鳳期（七世紀中葉～）　白鳳期以前において、仏教興隆の実質的主導権を掌握していたのは、間違いなく蘇我氏であった。しかし、六四五年の乙巳《いっし》の変により蘇我本宗家が滅亡すると、蘇我氏に代わり大王家がその権限を継承した。中央集権国家体制の指向と並行して、朝廷は仏教興隆を宣し、全面的に各階層の寺院興隆を援助する体制が整えられたことによって、各豪族の仏教導入、寺院建立が積極的に進められることになった。その結果寺院の数が増加したが、この時寺院には、前代とは異なる新たな位置づけがなされるようになる。右大臣の蘇我石川麻呂が謀反の嫌疑で追討され、山田寺で最期を迎えた際、「この伽藍は元より自身の故に造れしものにあらず、天皇のおんために誓ひて作るなり。」と述べたと『日本書紀』に記されることに象徴的に表われているように、(注三)寺院は「天皇の寺」とする意識が付与されたのである。また、そうすることによって、仏教興隆の主導権・指揮権を天皇が掌握していることを社会に示す目的があったと考えられる。同時に、寺院の建立を推進する地方の豪族にとっては、規則的な伽藍配置という中央の企画を踏襲した寺院を建立することで、その背後に朝廷・天皇の威信が存在することを地域の住民に誇示し、自らの新たな権威を構築することにも繋がったと推測されよう。つまり、寺院は統治の手段という政治的意味を有して建立されるところとなったのである。それと同時に、地方の豪族は、公地制が実施されようとしている中で、自らの財産を寺に仮託し、国家の収公から逃れるという、いわば世俗的な目的を持った寺院の建立も行われた。このようなことから、七世紀後半から寺院が爆発的に増加し、仏教は中央のみならず地方にも広がっ

注三●『日本書紀』大化五年三月己巳条。

ていったのである。

一方、この時期に建立された大官大寺《だいかんだいじ》や薬師寺と言った中央の官寺に対しては、天皇の権威を粉飾する視覚的な効果と共に、具体的な国家鎮護の役割が担わされ、ここで国王（天皇）の正当性を思想的に保証するために、「金光明経《こんこうみょうきょう》」「仁王経《にんのうきょう》」といった特定の護国経典の講説がすすんで行われた。[注四]すなわち、護《ご》国法会《こくほうえ》という一定の政治的目的を持った法会を勤修する場としての意味が強められたのである。

以上のように、この時期の寺院は、様々な目的をもって造られた。したがって、ある地域で発掘調査により寺院の存在が確認されたとしても、それが即ち仏教信仰の社会への浸透を指し示しているとは必ずしも言えず、信仰とは別個の論理で寺院の建立がなされた可能性も念頭に置いておく必要があろう。

天平期（八世紀前半〜） 八世紀中葉の天平期になると、国家はより一層仏教興隆政策を推進していくことになる。聖武《しょうむ》天皇は、天災や内乱等で荒廃した社会を立て直し、その荒廃の中で危機に瀕した自らの権威を回復し、また当時緊張関係が高まっていた新羅との抗争に打ち勝つために、仏教の現世利益を期待して、天平一三年（七四一）各国に国分寺・国分尼寺の建立を命じた。この両寺は、それぞれ「金光明四《こんこうみょうし》天王護《てんのうご》国之《こくの》寺《てら》」「法華《ほっけ》滅《めっ》罪之《ざいの》寺《てら》」と称され、「金光明最勝王経」「法華経」という特定の経典に依拠した寺院であったが、このように特定の経典の思想に依拠する寺院というのは、前代には見受けられず、この時期に出現したと言うことが出来る。この当時、寺院では僧尼がさまざまな仏教の教義体系の研鑽に励んでいた。複数の教義体系を併せて学ぶことが一般的であったが、次第に自ら専攻する体系を固定化する様になり、衆（宗）と呼ばれる同じ専攻教学の集団を形

注四●拙稿「律令国家仏教の成立と展開」（『律令国家仏教の研究』、二〇〇五年三月、法蔵館）。

成した。国分寺・国分尼寺を濫觴《らんしょう》として特定の教義体系に基づく寺院が現れるのと並行して、僧尼の衆（宗）もまた他の衆（宗）との優劣を意識する集団に発展し、やがて寺院にも、衆（宗）との対応関係が生じる様になる。その意味で、天平期の国分寺・国分尼寺の建立は、古代寺院史上重要な出来事と評価出来るものであった。

平安初期（八世紀終末〜）　奈良末・平安初期の桓武朝には、画期的な寺院政策が打ち出される。平城京から長岡京・平安京に遷都した桓武天皇は、遷都に際して平城京に築かれた官寺の移転を認めなかった。平安京内には、京南辺の近くに朱雀大路《すざくおおじ》を挟んで東寺・西寺が造られただけで、京内にそれ以外の官寺が新たに築かれることはなかった。これは、前代の天平期に異常なまでに仏教信仰熱の高揚を見、その弊害的な状況も現出したことに対する反省から、意図的に打ち出された政策と考えられる。桓武天皇は、前代の天皇のように、豪壮華麗な官寺による王権の粉飾を望まず、むしろ寺院に対しては、現世利益をもたらす実践的な機能を期待した。東寺・西寺も、その立地に注目すれば明らかなように、平安京の鎮護のための寺院、京外から治安を乱す存在が侵入することを防ぐための寺院として建てられたものであった。桓武天皇は、その皇統の始祖と仰いだ曾祖父・天智天皇の建立にかかる崇福寺《すうふくじ》や、これに隣接して自らが建立した梵釈寺《ぼんしゃくじ》を重く処遇し、また天皇の寵遇を受けた最澄の開いた比叡山寺、すなわちのちの延暦寺にも庇護を与えたが、これらの寺院は山林寺院で、修行の場としての性格を強く有する存在であった。これらの寺院は、のち密教の隆盛と相俟《ま》って発展を遂げる事になるが、一方で、藤原順子の発願した安祥寺のように、個人の治病祈願、追善、あるいは安産祈願といった、特定の意図をもって築かれた寺院が、次第に平安京の周辺部に営まれるようになる。ここでは、「開基」「開山」とされた特定の有力な皇族・貴族、あるいは高僧との関係が強調されたが、のちに御願寺と呼ばれるこれらの寺院は、やがて一つの寺格を有する寺院群として捉えられるようになるのである。

二——宮廷女性の仏教信仰

先に触れたように、古代における宮廷女性即ち宮人《くにん》は、古くより宮廷の仏事を担っていた。推古大王や皇極上皇の発願による繍仏像の製作、持統天皇発願の繍菩薩像などは、その一例と言えよう。(注五)

さて、豪族や貴族の仏教信仰は、それぞれの家に所属する家僧と呼ばれる存在によって支えられていた。家僧は、それぞれの家で仏教的素養を研鑽し、彼らに仏教を伝え、彼らのための法会を修すると同時に、当時一流の知識人たる家僧は、その家の子供たちに家庭教師的な立場で様々な学問を教授するという役割を果たしていたという指摘がなされている。(注六)こうした豪族・貴族レベルでの仏教信仰の実態の中で、宮人による仏教信仰が醸成されてきたと言えるのではなかろうか。

具体的にその傾向を論じることが出来るのは、八世紀前半期に活躍した県犬養三千代である。後宮《こうきゅう》の宮人として活躍し、また藤原不比等の妻で光明子を生んだ三千代は、元明天皇の崩御に際して出家を願い出たが、男性の出家の場合と異なり、女性の出家の場合は、位階等は召し上げられることはなく、出家者でありながら在俗の身分も保障された。このような女性出家者のあり方が、伝統的に宮廷の女性が仏教信仰を受け継ぐ一つの要因と

注五●拙稿「国家仏教と宮廷仏教—宮廷女性の役割—」(『律令国家仏教の研究』、二〇〇五年三月、法蔵館)。

注六●勝浦令子「古代の「家」と僧尼—八世紀の中央貴族層の公的「家」を中心に—」(同『日本古代の僧尼と社会』、二〇〇〇年一一月、吉川弘文館)。

なったと評価出来るであろう。宮廷女性の仏教信仰の実態を語る史料が少ないため、断言は憚《はばか》られるが、神仏習合の思想が広まる以前の段階では、一族連帯の中核たる祖先神祭祀を自らの中心的役割としていた男性は、公の場で仏教と直に触れることがタブーとされ、そのために、代わって女性が仏教信仰に関して主導的な役割を担う、というような、いわば祭祀上の役割分担がなされていた可能性があるのではないだろうか。とりわけ、神祇信仰の忌避する治病祈願や死者追善等については、女性が担い手となる仏教が重要な役目を果たしたと見做されるのである。

県犬養三千代に次いで挙げるべき女性は、三千代の娘である藤原光明子である。光明子は夭逝した基王《もといおう》のために金鐘山房《こんじゅさんぼう》を建立し、また大規模な写経事業を主導したが、それ以外にも、藤原氏の氏寺である興福寺の伽藍を整備し、父である不比等から継承した邸宅の一角に隅院《すみのいん》を建立し、さらに天平一七年（七四五）には皇后宮を宮寺とし、のちにその宮寺を法華寺とするなど、仏教に深く帰依して諸事業を展開したことで有名である。また、唐・洛陽の勅置法華道場・安国寺の影響を受けたと考えられる国分尼寺（法華滅罪之寺）を国分寺と一体のものとして建立するなど、天平期に行われた一連の大規模な仏教興隆事業は、そのほとんど全てに彼女との密接な関係が見て取られると言っても過言ではない。

とりわけ、国分尼寺の根拠とする法華経には、宮廷女性と仏教との関係を示唆する教義が含まれており、その意味から、法華信仰を普及させようと図った彼女は、法華経の注釈書である『法華義疏』を著したとされる聖徳太子の仏教信仰を宣揚するために、斑鳩宮《いかるがのみや》跡に法隆寺東院と称される伽藍を建造したと推察される。今日残存する法隆寺の夢殿こそ、まさにその中心的な施設である。

そして、聖武天皇の譲位により光明子の娘である皇太子・阿倍内親王が即位した天平勝宝元年（七四九）から、正月に吉祥天悔過《きっしょうてんけか》が修される。これは「金光明最勝王経」の吉祥天品に基づく仏事であるが、周知の通り吉祥天は、宮廷の女性的な容姿をした天像であり、それを用いた悔過が、予定された女帝としては史上初の孝謙天皇の即位の年に始修され、その後、重祚《ちょうそ》した称徳天皇の時代に各国で行う事が定められ、さらにこの女帝の崩御をもって一旦停止されたことは、極めて示唆深い事実と言えよう。こうした経緯から、孝謙（称徳）天皇も、仏教との深い関わりのもと、様々な新しい政策を展開していくこととなる。孝謙天皇は淳仁天皇に譲位した後、出家して尼となるが、天平宝字八年（七六四）恵美押勝《えみのおしかつ》の乱後に重祚した際には、還俗することなく尼の身分を持続しながら天皇として君臨した。またそれを前提として、彼女が師と仰ぐ内道場出身の道鏡が重用されることになった。

以上の様に、律令国家成立以来、宮廷女性が仏教信仰の国家レベルでの高揚に極めて重要な役割を果たし、大規模な仏教興隆政策を実質的に導く存在であったとすれば、称徳天皇の崩御により天皇位についた光仁天皇が以前の国政の是正を志すに際して、先ず講ずべき措置は、当然の事ながら、この宮廷女性と仏教との密接な関係にメスを入れる事であった。その意味で、次に挙げる宝亀三年（七七二）に生じた一連の事件は、古代仏教史上に極めて大きな意味を持つものとなる。

この年、称徳天皇の崩御により法王の任を解かれ下野薬師寺に配されていた道鏡が死去するが、それと前後して、光仁天皇の皇后である井上《いのえ》内親王が夫を呪詛《じゅそ》したというかどで皇后の地位を奪われ、のちその所生の他戸《おさべ》親王もまた、皇太子の地位を剥奪される。井上内親王は聖武天皇と県犬養広刀《あがたいぬかいのひろと》自《じ》との間に生まれた皇女で、称徳天皇とは異母姉妹の関係にある。当時としてはかなり老齢の光仁天皇が称徳天皇の後継として即位したのも、この井上内親王を妻に持ち、また二人の間に男子・他戸王が誕生していたことによる部分が大きかった。井上内親王もまた、仏教信仰の厚い女性であった可能性が大きい。この井上内親王の廃后に伴って、新たに十禅師《じゅうぜんじ》という僧職が設けられた。そして、この十禅師の設置こそは、内道場の改革としての意味合いと、国家の仏教行政を主導すべき僧綱《そうごう》と皇室との癒着を是正する意味合いをもって講じられた施策と受け止める事が出来るのである。（注七）

さて、制度の面では、このように光仁朝に講じられた施策により、宮廷仏教は改革され、前代の、国家仏教と宮廷仏教が渾然《こんぜん》一体となった状態に、一定の秩序が組み込まれた訳であるが、信仰という観点からすれば、当時既に皇族・貴族の各人に仏教信仰は深く浸透し、かつまた、称徳朝に於いて、仏教の仏・菩薩と神祇信仰の神々とを融合させ、神仏の併祀を可能とする観念が扶植されたことから、宮廷内での仏教信仰は、平安時代になってむしろ盛んに行われていた。当初は仏教に対して一定の距離を置いて接する事を目論んだ桓武天皇も、死に追いやった弟・早良《さわら》親王による祟りが自らの身体を蝕むと自覚した後は、その霊障を回避する目的で仏教を身近に取り込むようになり、それが、最澄を重用する一つの大きな契機となる。（注八）僧侶は競ってその呪力をアピールし、現世利益を目的とする仏事に勤《いそ》しんだ。同様に、天皇の側近くに侍る宮廷の女性も、前代より継続してその伝統的な追善等の役割を担い、それが、次に述べる御願寺の設営を導くところとなる。安祥寺建立を発願した、仁明天皇の女御で文徳天皇を生んだ藤原順子も、間違いなくこのような宮廷女性の伝統的な役割を踏襲した女性であった。

注七●拙稿「宝亀年間に於ける僧綱の変容」「内供奉十禅師の成立と天台宗」（『律令国家仏教の研究』、二〇〇五年三月、法蔵館）。

注八●拙稿「光仁・桓武朝の国家と仏教」（『律令国家仏教の研究』、二〇〇五年三月、法蔵館）。

三——御願寺の出現とその意義

先に触れたように、桓武天皇は、新都造営に伴って平城京に位置する旧来の官大寺の移転を認めなかった。仏教による王権の粉飾を必要とせず、中国流の君主権の強い皇帝のあり方、即ち外来の要素をも含めた祭主である天皇として、新たな王権のあり方を指向したためであろう。もっとも桓武天皇は、決して仏教を忌避したのではない。むしろ仏教に一定の政治的役割を課したのである。それは、王権を粉飾するというような感覚的な役割ではなく、東寺・西寺の建立や、崇福寺の整備・梵釈寺の建立に象徴されるように、有能な僧侶の養成、鎮護国家の功徳を得るための諸仏事の勤修といった、明確な目的をもつ寺院・僧侶の利用である。ところが、このように新たに置かれた官寺が国家法会の公的な場としての役割を担うようになると、皇族や貴族が個人的な目的を有する仏事を行うための場の設定が必要となり、やがて御願寺という新たな寺院が登場する。

御願寺は、天皇やその近親者、貴族、僧の発願にかかる「私寺」であり、天皇の発願といえども、本来官寺的性格は認められなかった。その一方で個人の追善や治病祈願、安産祈願といった明確な建立の意図を有するという特徴を持っている。また、平安初期の御願寺は、外護者となる発願主体の一代限り、あるいは存続してもせいぜい数代にして廃絶するものがほとんどであるという特徴も有している。(注九)

従来の御願寺に対する評価は、一つの共通した「寺格」を有するものとして、同じ範疇で捉える傾向にあった。しかし、御願寺それぞれの建立の経緯や経営形態などを見てみる

注九●西口順子「平安時代初期寺院の考察—御願寺を中心に」(同『平安時代の寺院と民衆』、二〇〇四八月、法蔵館)。

と、その全てに共通する要素を見出すことは困難である。そもそも何をもって御願寺と判断するかと言えば、史料中に、ある特定個人の御願と確認できる場合、特にそれが明記されている場合に、御願寺として捉えているに過ぎない。そして更に、特定個人の御願であると主張している主体は何人かと言えば、それは発願主体たる皇族や貴族自身よりも、寺院の側であるという点が確認される。すなわち、寺院はその発願の主体や経緯を主張することで、新たな権威を構築し、様々な政治的あるいは経済的な特権を得ようとしたと考えられるのである。

このように考えると、御願寺の出現については、奈良時代から平安時代にかけての寺院の性格の転換という流れの中で、その意義を評価しなければならないことになろう。

天平年間の大量得度政策などが功を奏して、平安期に入り数的にも質的にも僧侶が充実し、僧侶集団が一つの社会集団として成長する。この動向に即して、僧侶に帰属意識が醸成され、同じ教学を専攻する僧侶の集団である宗というものが、他宗に対し一定の排他的意識をもって、独立性を自覚するようになってきた。こうした動きを決定的にしたのが、最澄の奏請に基づく延暦二五年（八〇四）の宗ごとの年分度者の認可であった。

ところが、九世紀中葉以後の段階になると、同じ宗派の中でも、どの寺院に属しているかという意識が強く作用するようになる。それに伴い、自分の所属する宗派・寺院を他宗派・他寺院よりも上位に位置付けようとする競争原理がより一層強く作用するようになり、その寺院が何時、何者によって、どのような経緯で建立され、またどこから援助を得ているかということが、大きな意味を持つものとして認識された。このような情勢に則り、寺格というものが形成され、寺院はこれを誇張することで自らのアイデンティティーを主張するに至る。ここに、御願寺出現の素地が形成されたのである。

御願寺の成立をこのように考えるならば、その契機として注目されるのは、嵯峨天皇の皇后であった橘《たちばなのか》嘉智子《ちし》が建立した檀林寺《だんりんじ》の存在であり、この檀林寺を、発願主体の意向を強く反映した御願寺の初例と受け止めて差し支えないものと考えられる。橘嘉智子は、一族の氏神祭祀を継承して、新たにその祭祀体系を成立させるが、そこでは、特定個人の報ずる氏神という形で本質が語られている。即ち、個人を機縁とする寺院の建立、仏事の勤修に通ずる側面がそこに見出されるのである。

古代国家仏教の変革という流れのなかで、従来から仏教に関わりの深かった宮廷女性は、伝統的に保持していた信仰の性格を踏まえて、新たな礼拝施設を創造する役割を担うことになる。ここに出現したのが平安初期の御願寺であり、安祥寺の建立についても、このような観点からその性格について考察していく必要があろう。

第Ⅱ部　安祥寺文物の世界

第６章●安祥寺伽藍の復原

山岸常人

はじめに

平安時代前期に創建された山林寺院である山科の安祥寺の遺跡は、景山春樹の踏査以来幾度もの調査がなされ、京都大学大学院文学研究科二一世紀ＣＯＥプログラムによる測量の結果（注一）、極めて明瞭な姿を現すことになった。とはいえ発掘調査を行っていないために、礎石の位置や基壇の規模・形状などが正確に把握できたわけではない。なお隔靴掻痒の感があることはやむを得ない。また創建期の安祥寺の実態を記す「安祥寺資財帳」の解釈についても、主として美術史の分野から様々な説が展開されてきたが（注二）、同ＣＯＥプログラムの研究の一環として発表された吉川真司の論考（注三）により、確度の高い解釈が可能となった。これらをふまえて、建築史的観点から伽藍や堂舎の形態を復原的に考察するのが本稿の目的である。

注一●『安祥寺の研究』Ⅰ（京都大学大学院文学研究科二一世紀ＣＯＥプログラム『グローバル化時代の多元的人文学の拠点形成』二〇〇四年）。

注二●美術史分野の資財帳に関する考え方は、以下の論考に整理されている。根立研介「安祥寺五智如来像の造像と仏師工房」（前掲注（一）所収）。

注三●吉川真司「安祥寺以前—山階寺に関する試論—」（前掲注（一）所収）。

一　「安祥寺資財帳」の記述

「安祥寺資財帳」(注四)（以下資財帳と略記する）は多様な記載内容を持つが、その内容を仮に表題を付して記載順に掲げれば、A縁起、B上寺寺地、C安置尊像・経典（仏菩薩像・秘密教伝法祖師・大乗経）、D法具（道具・阿闍梨附法物）、E堂舎、F調度品（灌頂壇具・説法具・荘厳供養具・楽器・西影堂什物・東影堂什物・僧房具・庫頭具）、G下寺寺地、H文書目録、I規式、J奥書、となる。

この内にE堂舎の記事を引用する（行論の都合上、区分のための註記や罫を付した）。

上寺の堂舎

堂院

礼仏堂一間 長五丈、

五大堂一間 長四丈、

仏頂尊勝陀羅尼石幢一基 唐

恵蕚大法師所建

宝幢二基 各高四丈一尺、金銅葱台獣頭、太皇太后宮御願

僧房

東房二間 一檜皮葺、一板葺、各長一丈、二面有庇、

西房二間 一檜皮葺、一板葺、各長七丈、二面有庇、

東西軒廊 各長二丈、並檜皮葺、

注四●鎌田元一・中町美香子「安祥寺資財帳　校訂・釈読」（前掲注（一）所収）に拠る。

下寺の堂舎

庫頭
檜皮葺屋一間長
檜皮葺井屋一間長
檜皮葺客亭十一間長一丈、
板葺大宜所一間長二丈、
浴堂一院
檜皮葺屋二間各長三丈二尺、床代二所、
釜一口着二石五斗、
浴槽一口
已上々寺

堂院
毘盧舎那五輪率塔婆一基
金翅鳥王宝幢二基各高四丈一尺、金銅蔥台、同鳥形、
檜皮葺仏堂一間長五丈六尺、四面有庇、
檜皮葺軒廊二間各長三丈五尺、
檜皮葺門楼一間丈四尺、
檜皮葺僧房二間各長五丈六尺、二面有庇、

庫頭
檜皮葺倉一間長三丈二尺、
板葺屋四間二長八丈八尺、二面有庇、一長五丈六尺、
檜皮葺門屋三間各長一丈五尺、
築垣内縦七十二丈五尺、広三十二丈、
已上下寺

この他にF調度品の部分に西影堂と東影堂の名が見えるが、それが上記堂舎とどのような関係があるのか定かではない。資財帳の調度品の目録Fは、灌頂壇具・説法具・荘厳供養具・楽器・西影堂什物・東影堂什物・僧房具・庫頭具の順で記載されている。上寺・下寺共に堂院と庫頭があるから、調度品はどちらのものか、両寺を併せたものか、判然とはしない。しかし東影堂什物・西影堂什物は僧房具の前に記載されているので、東西影堂什物は堂院の調度品と考えられる。とすれば、東影堂・西影堂は堂院の一部、つまり・礼仏堂か、五大堂の内部の一室を指すと考えられる(注五)。

上寺・下寺の堂舎の造営過程は、吉川の指摘するとおりである(注六)。いまそれを整理すると以下のようになる。上寺は、嘉祥元年（八四八）に恵運によって建立された。その後、斉衡二年（八五五）に定額寺となり、翌年寺之四辺山が施入され、貞観元年（八五九）に年分度者が置かれるまでの過程で朝廷や藤原順子の援助を受けて整備された。下寺は貞観元年に建立された。

資財帳の堂舎に関する記述Eは、上寺と下寺を分けた上で、宗教活動に枢要な中心的な堂宇から、それ以外の附随的な堂舎の順に記載しており、造営の順次は判明しない。その

注五●副島弘道「安祥寺五智如来像の造立年代と承和以後の作風展開」(『佛教藝術』一三三号　一九八〇年)の、東西影堂が下寺にあるとする説は採らない。

注六●前掲注(三)。

中に安置された尊像もまた確定は容易ではない。C安置尊像・経典の冒頭の、金押五仏・純銀六仏・綵色五仏・五大明王については、金押五仏は五智如来像、綵色五仏は五大虚空蔵像と考えられる。東寺観智院に移されて今に伝わる五大虚空蔵の内の法界虚空蔵像台座の銘に、永和二年（一三七六）に根本上安祥寺に安置してあったと記すことは有力な手掛かりとして知られている。（注七）副島が指摘するように（注八）五大明王を祀るのが五大堂であり、それより前に記載された五智如来・五大虚空蔵等が、堂舎の項で五大堂より前に記載のある礼仏堂に安置されたと見るのか、五大虚空蔵は「賢宝法印記」によって伊東史朗が指摘するように（注九）五大堂に安置されていたと見るのかは、決め手がない。一方、傅大士や僧伽和尚等、庫頭の建物に安置されていたと想定される尊像は仏菩薩像の項の末尾に記されていて、建物の記載順とある程度の整合性があることが知られる。

従って資財帳の仏菩薩・調度など、堂内安置物の記載順序は、概ね堂舎の記載順に従っていると言えよう。

二――礼仏堂の復原的考察

五智如来・五大虚空蔵が安置された礼仏堂は間口五丈の規模を持つが、その平面形式はどのようなものであろうか。既に地形測量の成果をふまえて、桁行七間、梁間五間の平面が想定されている（注一〇）が、妥当なものか、手掛かりとなる根拠史料はないのだろうか。

ここで資財帳の荘厳供養具の記載に注目したい。この部分の記載は、堂舎ごとの仕分けが仏菩薩像の項目以上に困難ではあるが、以下の部分の解釈の可能性がある（傍線は著者

注七●丸尾彰三郎他『日本彫刻史基礎資料集成　平安時代　重要作品篇』四（中央公論美術出版　一九八二年）。

注八●前掲注（五）。

注九●伊東史朗『平安時代彫刻史の研究』（名古屋大学出版会　二〇〇〇年）。

注一〇●梶川敏夫・上原真人・岩井俊平「安祥寺上寺の測量成果」（前掲注（一）所収）。

が付した）。

五層円幡四十流長一丈一尺、

錦枚幡廿四流各長一丈一尺、

右従一位藤原女御施入

繍額二条一条長五丈二尺三寸、一条長八尺唐、

繍幡八流六条長一丈二尺、二各長八尺四寸唐、

天井幡二流甲纈、

内陣幡四十流甲纈、

角幡四流甲纈、

外陣幡三十六流甲纈、

花鬘代三十八枚各有金銅鈎、

飛炎幡三十六流甲纈、

堂内荘厳には、柱一本に二流の幡、柱間一間に一枚の幡が懸けられるのが通例である。このことは例えば「春日権現験記絵」巻十の興福寺維摩会の場面に明瞭に描かれており、中世の法会指図でもこの原則は確認される。資財帳の記載で、内陣の幡が四十流、外陣の幡が三十六流あることについて、この原則を適用すれば、内陣・外陣の規模は以下のように示される。

（内陣の桁行柱間数＋内陣の梁行柱間数）×２×２＝40

（外陣の桁行柱間数＋外陣の梁行柱間数）×２×２＝36

同一の建物であれば、内陣の桁行柱間数と外陣の桁行柱間数は同じであるのが通常の形

態であるから、

桁行柱間数＋内陣の梁行柱間数＝10

桁行柱間数＋外陣の梁行柱間数＝9

となり、桁行柱間数が七間であれば、内陣の梁行柱間数は三間、外陣の梁行柱間数は二間となり、桁行柱間数が五間であれば、内陣の梁行柱間数は五間、外陣の梁行柱間数は四間となる。後者は仏堂の平面形式としては特異であるから、この内陣と外陣を持つ仏堂の規模は全体で、桁行七間、梁間五間、前二間分が外陣、後方三間分が内陣と考えるのが妥当である（図6－1）。

内陣の柱間数は二十間、外陣の柱間数は十八間であるから、合わせて三十八間は花鬘の数を示すはずであるが、これは外陣幡の直後に記載された花鬘代の数と一致する。

七間堂に該当する仏堂としては、資財帳の上寺の礼仏堂一間〈長五丈〉か、下寺の檜皮葺仏堂一間〈長五丈六尺、四面有庇、〉の可能性がある。いずれに充てるのかの決め手はないが、この規模の仏堂であれば、当初から伽藍造営が行われ、皇族の帰依も篤かった上寺の礼仏堂と見ておきたい。

ところで以上の解釈は、いくつもの仮定や推測の下で行ったものである。まず資財帳の内陣と外陣の記述は同一の建物

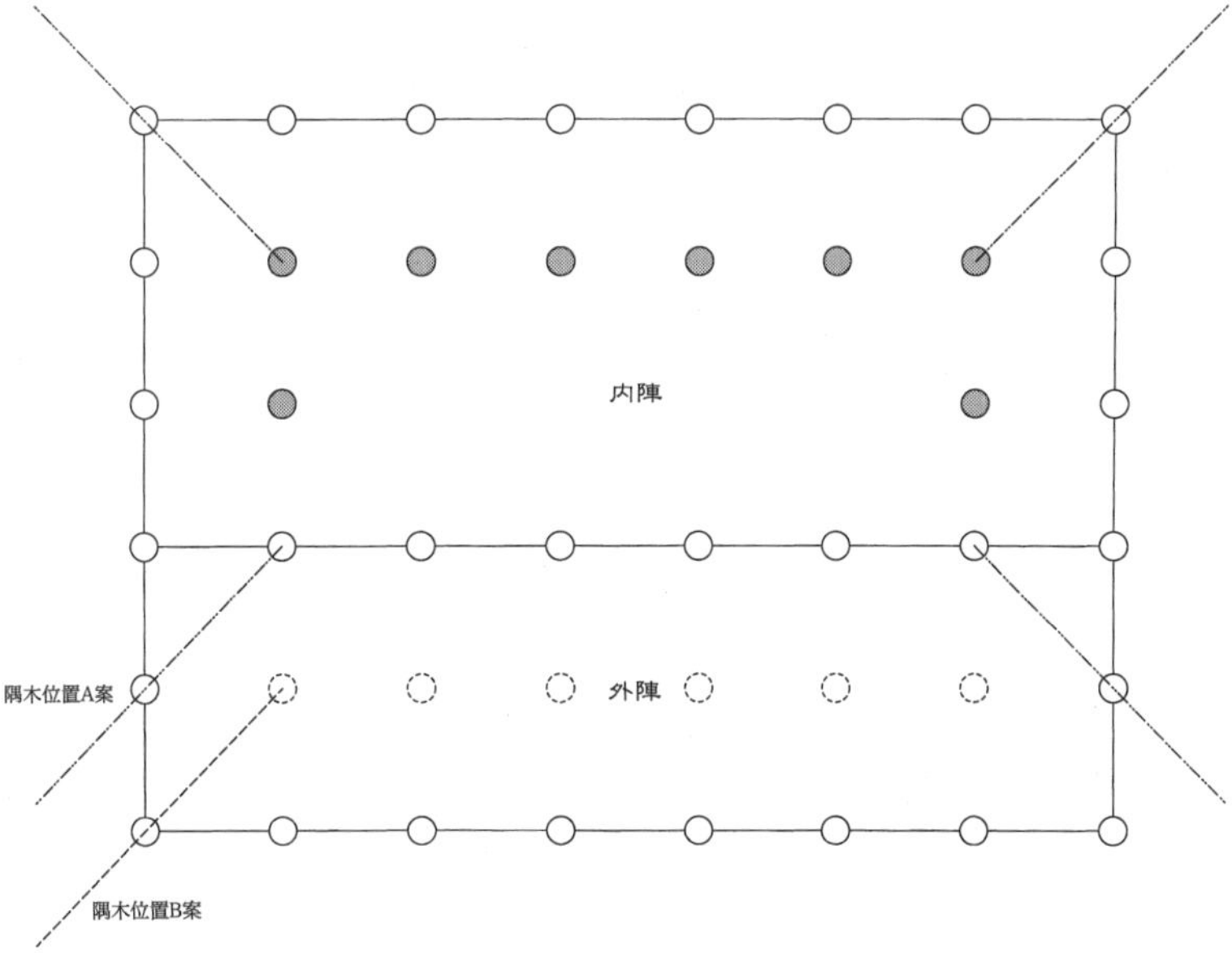

図6－1　安祥寺上寺礼仏堂推定略平面図

のそれを示す保証はない。複数の仏堂の内陣・外陣の幡の数を併せたものである可能性もある。利用した項目以外の荘厳の記載はどの堂宇のことを記すのか判然としない。荘厳具の堂宇毎の所属が全体として判明しているわけではない。さらに重要なことは、堂内部に立つ柱の幡、柱間の花鬘の数は考慮していない点である。

桁行七間、梁間五間と推定した場合、内部には少なくとも内陣の側・背面の入側に八本の柱が立つと推定される（図6－1網掛けの柱）。外陣内部にも柱が立っていた可能性はある（図6－1の点線）。これらには上記引用部分の錦枚幡・繍幡等が用いられていたのかもしれない。しかし花鬘の記載は他にはない。

以上の問題点を捨象し、内陣幡・外陣幡の記載を同一建物の側廻り柱間数と関連づけるならば、上記想定は可能性の一つとして許されよう。

ところで、そのように想定した礼仏堂の構造はどのように想定でき、平面や構造の特質は九世紀中期の仏堂として妥当な建築的特質を持っているのだろうか。

図6－1に示した礼仏堂の平面は内陣の入側柱筋、すなわち桁行五間、梁間二間の身舎の側・背面に庇が付き、正面には梁間二間の庇が付いた形をとっている。屋根を造るために必要な隅木は、背面側では身舎隅の柱と庇の隅の柱を繋いで架けることができるが、正面側は二通りの構造が想定できる。

第一は側面の前から二本目の柱に隅木を架ける構造で、この場合、身舎隅の柱（内外陣境の柱）に隅木後端が載る（図6－1のA案）。従って、五間四面庇の建物の前に縋破風で前一間通りの孫庇が付いた構造となる（図6－2・3）。

第二は正面隅の柱に隅木を架ける構造である（図6－1のB案）。この場合は身舎前面の

注一一●中世初頭以降の建物では、天井の上、屋根の下の空間に梁・束・桔木等を組んで、柱とは無関係に屋根を支える構造を造ることが多い。これを野小屋と呼び、柱配置に規制されずに屋根の形状を決められるため、広い内部空間を作ることが可能とした。

垂木がその流れのまま正面の桁にまで到達できず、前から二間目に、一端、水平な天井を張る必要が生ずる。こうすると天井面と屋根との間に空間ができ、野小屋《のごや》(注一)を組まねばならなくなる(図6－4)。

野小屋の成立は、従来は十世紀末の法隆寺大講堂が初例とされてきたが、静岡県大知波

図6－2　安祥寺礼仏堂推定略断面図

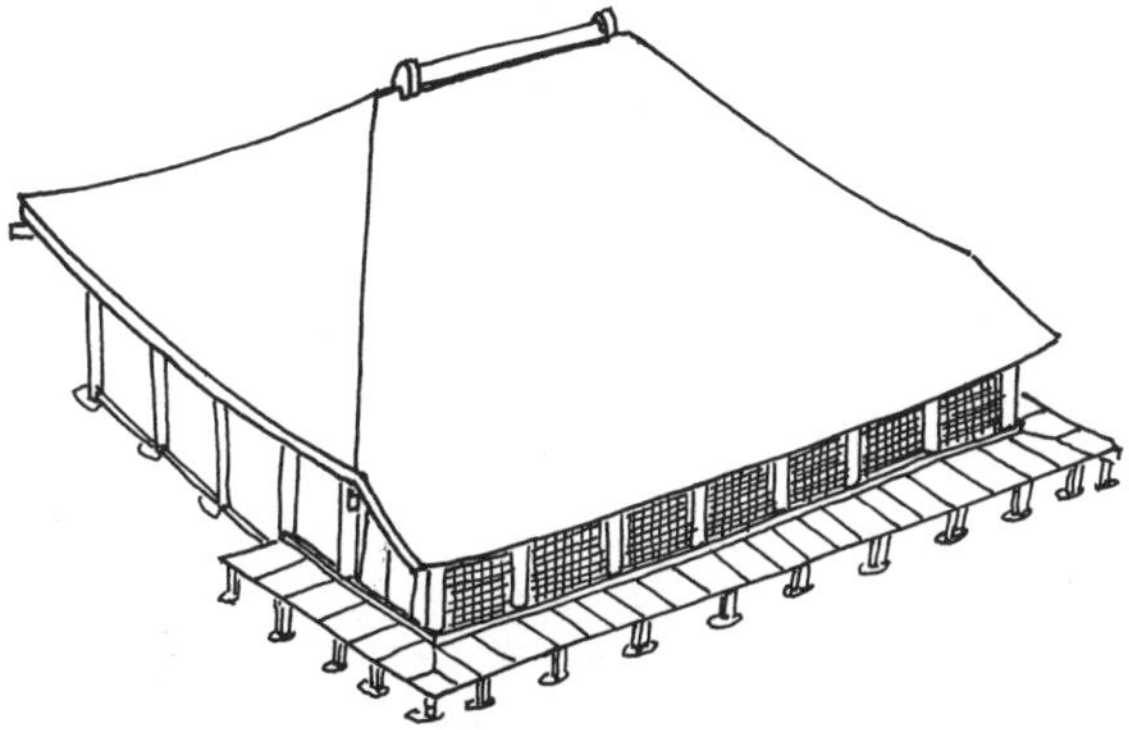

図6－3　安祥寺礼仏堂推定見取図

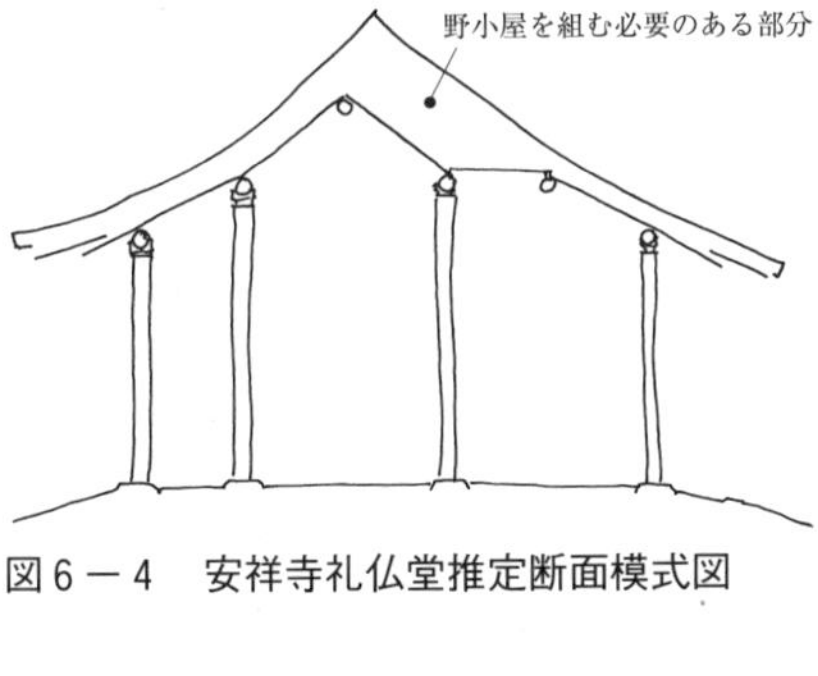

図6－4　安祥寺礼仏堂推定断面模式図

峠廃寺の遺構（建物CⅠ）の解釈（図6－5・6）（注一二）から、少なくとも十世紀後半に遡ると考えられるに至っている。勿論、古代には用いられない技術であった。

大知波峠廃寺でも十世紀前半に建てられた建物BⅠは四面庇付きの本体の前に孫庇を縋破風で付加する形式であったし（図6－7・8）、当麻寺曼荼羅堂の前身建物も九世紀前半に四面庇付建物に孫庇が付加されているが（図6－9・10）、いずれも野小屋はない。

安祥寺礼仏堂の事例を以て、野小屋の成立を九世紀にまで遡らせることも可能であろうが、積極的に第二の案を支持する根拠はない。数少ない事例とはいえ、前後の時期の類例の存在から、野小屋を用いない第一の案の解釈をとるのが穏当であろう。

この場合、前から二列目、すなわち正面の庇の柱（図6－1の点線）があれば、完全な

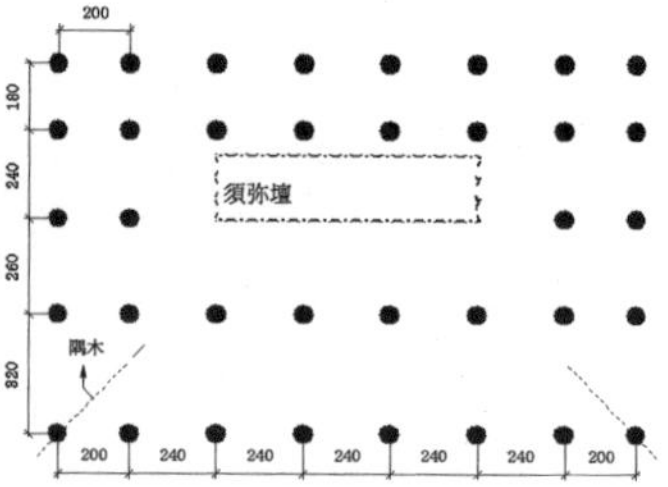

図6－5　大知波峠廃寺建物 CI 略平面図

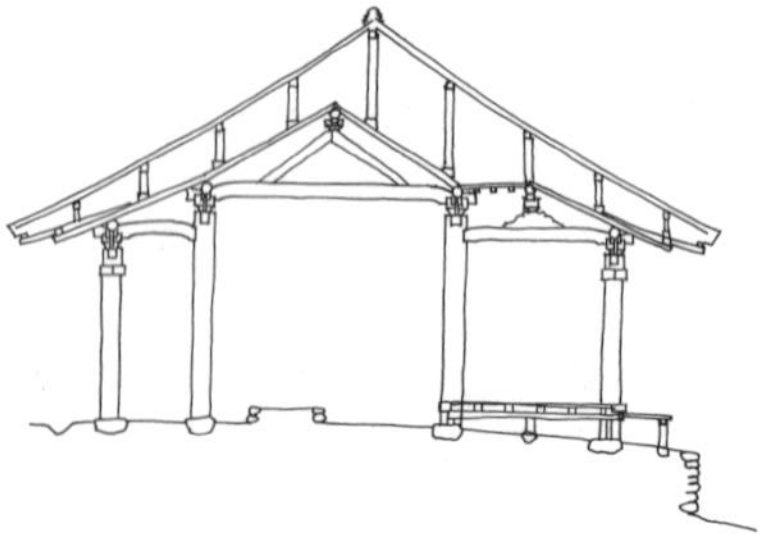
図6－6　大知波峠廃寺建物 CI 推定略断面図

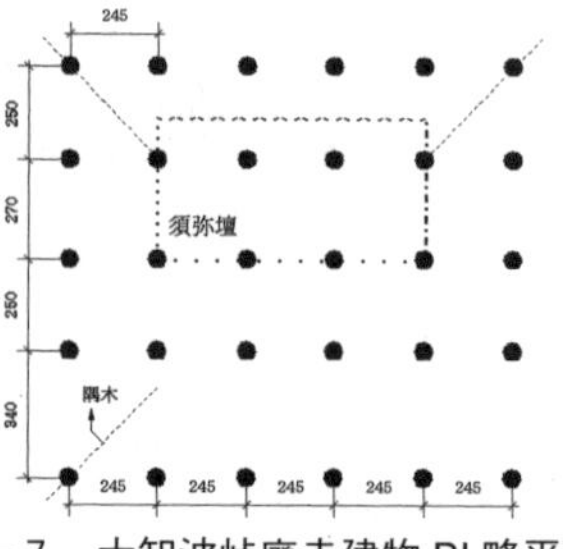

図6－7　大知波峠廃寺建物 BI 略平面図

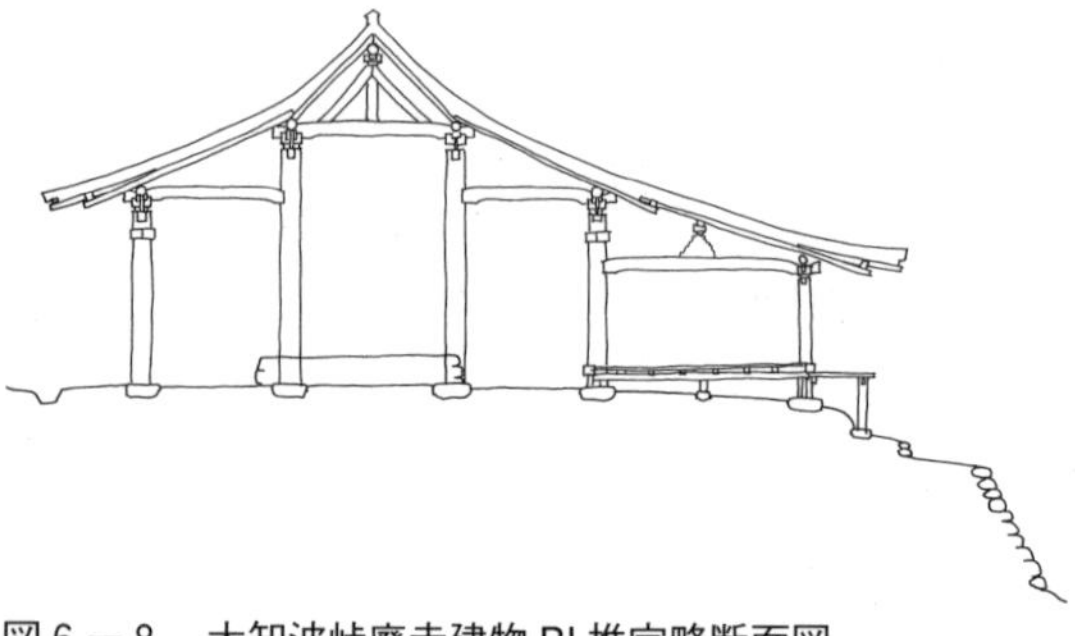
図6－8　大知波峠廃寺建物 BI 推定略断面図

注一二●山岸常人「大知波峠廃寺の礎石建物の構造と性格」（湖西市文化財調査報告第三七集『大知波峠廃寺跡確認調査報告書』　湖西市教育委員会　一九九七年）。

四面庇付きの建物に孫庇が付く構造になるが、その柱がなくとも、虹梁を架けてその上の組物などで正面庇の桁を受ければ、構造的な問題はない。

とすると、安祥寺礼仏堂は、古代の構造に忠実な四面庇建物に孫庇の付いた当麻寺曼荼羅堂・大知波峠廃寺ＢＩからは変化して、前面庇の柱を省略しながら曼荼羅堂・大知波峠廃寺ＢＩと同様の形態を持つ建物であり、しかしながら大知波峠廃寺ＣＩのように野小屋を用いるには至っていない。つまり礼堂を持つ仏堂の構造的変遷の途中段階に位置付けられるものと言える。

勿論この構造的変遷は、単なる技術的な変化とだけ評価されるのではなく、礼堂を持つ中世仏堂形式の内部空間の整備と連動するものと見なければならない。いかに広い内部空間を確保するか、その際、堂内の使用に障害となる柱をいかに排除するか。さらにその背後には僧団組織の形成や法会の整備があったわけで、(注一三)中世初頭の寺院社会・寺院建築空間の形成期の様相を具体的に示すものとして、上述

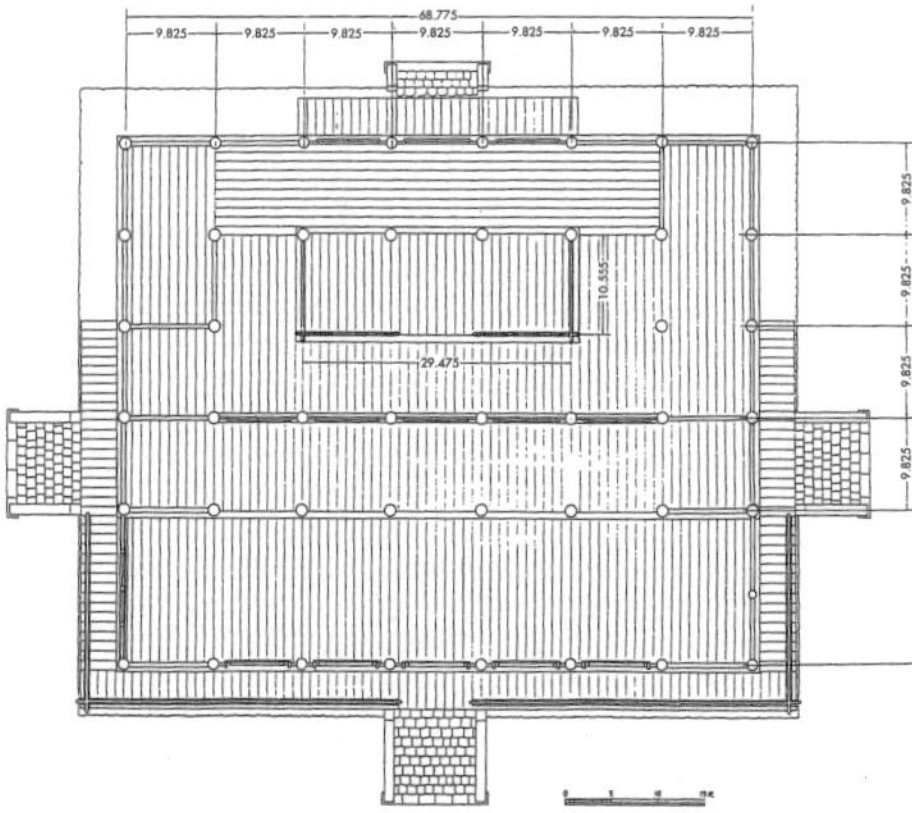

図６－９　当麻寺曼荼羅堂前身建物平面図
（岡田英男『日本建築の構造と技法』思文閣出版2005年刊より引用）

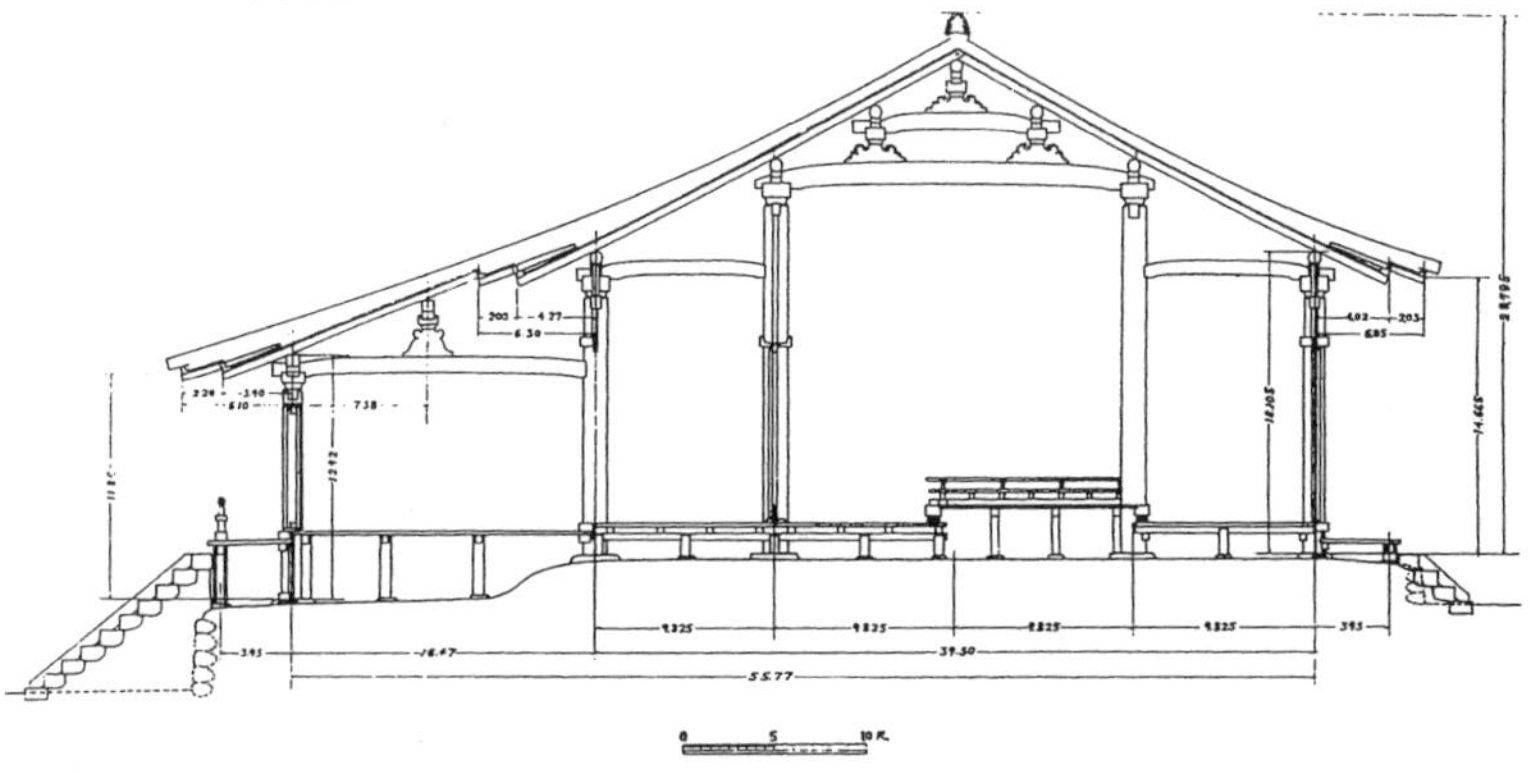

図６－10　当麻寺曼荼羅堂前身建物断面図
（岡田英男『日本建築の構造と技法』思文閣出版2005年刊より引用）

のように推定した安祥寺礼仏堂の平面形式を評価することができるわけである。

三――伽藍の堂舎

さて、前節のように推定した場合、資財帳に記載された礼仏堂の規模は、「長五丈」である。一般に、奈良時代から平安時代に作成された資財帳では建物の規模を長・広・高で記載する例が多く、長は間口幅を示す。その通例に従うならば、安祥寺礼仏堂の間口（桁行）規模は五丈となるが、記載が正しければ、七間堂としてはやや規模が小さい部類に属し、また柱間寸法は七尺程度であろう。

測量調査では(注一四)南に礼仏堂、北に五大堂があると推定している。五大堂は残存礎石から桁行四丈九尺の規模と推定され、礼仏堂は、その推定位置の東西にある雨落溝の間隔が八丈あることから、桁行七間、七丈に想定されている。梶川らが指摘するように、建立当初の資財帳の記載と、廃絶後の姿を示す遺跡と合致しないのは当然かもしれないが、資財帳がその奥書に記すように、「湿損雨露、多失文字」という状態の原本を書写したのであるから、文字の誤写も少なくないと思われる。礼仏堂と五大堂の位置関係も確認できる根拠はない。

しかし仮に、桁行五丈の礼仏堂がこれまでの推定通り、安祥寺上寺跡の尾根の先端部にあるならば、その東西の僧房と推定される建物との間には二丈の間隔が開くことになり、ここに資財帳の軒廊のあったことを推定することはできよう。僧房はいずれも二面庇付きであるから、梁間は少なくとも三間あり、表面に露出する礎石を使って、桁行七間以上、

注一三●山岸常人『中世寺院社会と仏堂』（塙書房　一九九〇年）。

注一四●前掲注（一〇）。

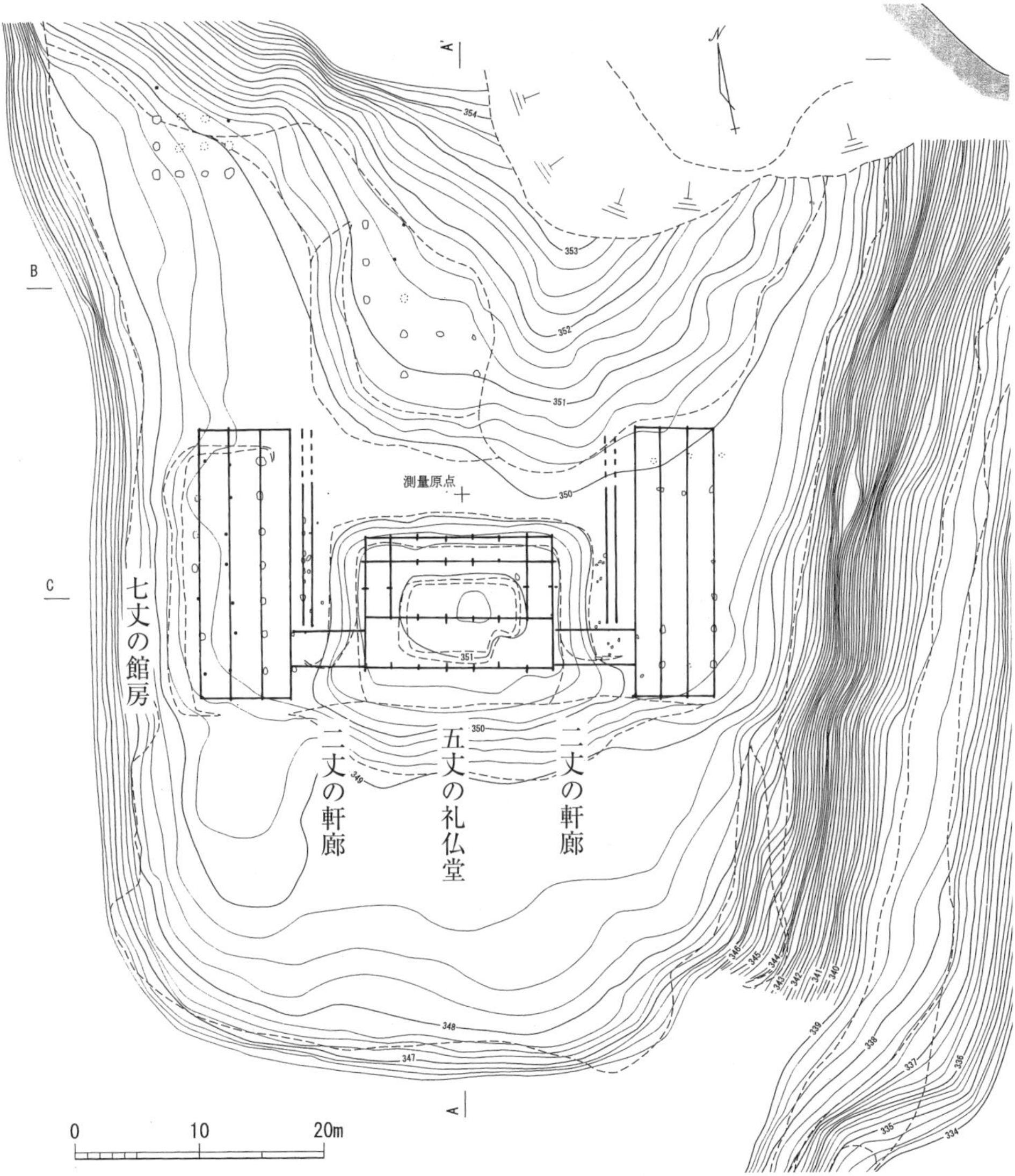

図６－11　安祥寺上寺跡測量図および伽藍配置復原図
（測量図は注10所載図版を転載、伽藍配置復原案は山岸作成）

梁間三間と想定し、礼仏堂の雨落溝と推定した石組は、僧房の雨落溝と見ることもできよう。このように考えると、図6－11のような伽藍配置が想定できる。勿論、基本的な形態は既往の復原案と大差はない。

そもそも、同じ山科盆地の廻りの山地に開かれた醍醐寺では、開山聖宝の住房浄光院、その弟子観賢の中院など、独立した僧侶止住の場である院家が九世紀末から形成されていたが、安祥寺ではそのような状況になく、東房二間・西房二間（ここでの間は棟数を示す）と記される四棟の僧坊が建てられ、奈良時代以来の三面僧房の形式を曲がりなりに継承していた点が注目される。しかし遺跡では確認できないが、資財帳にあるように十一間の客亭は、記載が正しければすべて長さ一丈の小規模なものであり、東房・西房のような棟割長屋風の形態とは異なる。あるいはこのあたりに院家が形成されてゆく端緒を見ることができよう。

まとめ

資財帳と測量調査の成果をふまえて、安祥寺伽藍の形態について推定できる点をいくつか指摘した。資財帳は正確な記述か否か定かではない面もあり、その内容を堂舎毎に仕分けて理解することの困難さがある。測量調査は現状で可能な正確な記録がなされているとはいえ、未発掘である。いずれの史料も確実性が低く、いささか恣意的な史料操作をした嫌いがあるが、あえて解釈すればこのような可能性もあるだろうという意味で、一案を提示した。今後の調査を期待したい。

第7章●「安祥寺資財帳」の成立

中町 美香子

はじめに

安祥寺には、開基僧恵運が貞観九年（八六七）に自ら勘録した資財帳がある。安祥寺建立の経緯、貞観九年段階での寺の規模、財産などが詳細に記されている。この資財帳は、紙の破損等によって失われた文字もあるものの、巻首から巻尾まで備わった貴重な九世紀の資財帳史料のひとつといえる。原本はすでに失われているが、東寺観智院に伝来した南北朝期の古写本（以下、観智院本と記す）と、それをもとに江戸時代に書写されたものが現在まで伝わっている。本章ではこの「安祥寺資財帳」の概要を紹介しながら、その特徴や留意点を考えたい。

一――「安祥寺資財帳」写本の書誌学的考察

当「王権とモニュメント」研究会では、二〇〇四年に『安祥寺の研究Ⅰ』を発行した。そこに「安祥寺資財帳　校訂・釈読」と題した一章を設け、現存写本を底本とし、活字本

（『続群書類従』所収本、『大日本仏教全書』所収本、『平安遺文』所収本、『日本彫刻史基礎資料集成　平安時代　重要作品篇』所収本）を用いて校訂を行った。(注一)この時点では、観智院本の所在が不明となっていたため、知られていた唯一の写本であった東京大学総合図書館所蔵の写本（架蔵番号C 40/1609。以下、東大図書館本と記す）を底本に用いたが、その後、観智院本の所在が判明し、二〇〇五年に京都大学文学部図書館が収蔵することとなった。

　この観智院本の本格的な検討はこれからであるが、観察結果の概要については、二〇〇五年一一月に当研究会が行ったシンポジウムにおいて、鎌田元一氏により報告がなされている。その内容を踏まえ、ここでは観智院本の紹介をしたい。

観智院本の系譜　「安祥寺資財帳」末尾の保延二年（一一三六）の奥書によれば、この資財帳は勧修寺《かじゅうじ》宝蔵の梁上に安置されて後、数十年の間忘れ去られ、その間に多くの文字が湿損したという。その発見の際に、前少僧都寛信は散位広兼朝臣に命じて書写させている。ただし、この発見された資財帳が貞観九年（八六七）の原本であったかその写本であったかは不明である。そして、さらに至徳二年（一三八五）の奥書にあるように、この保延二年の写本である勧修寺法務御持本を、東寺観智院の権大僧都賢宝が宗海闍梨に書写させたものが現観智院本である。したがって、観智院本は書写回数を最少に考えれば、原本の孫本ということになる。また、現観智院本には至徳二年の奥書の後に、権僧正賢賀による元文四年（一七三九）の修補記がある。

　なお、江戸後期、塙保《はなわほ》己《き》一《いち》の続群書類従編纂に関係して書写されたと考えられる東大図書館本には、至徳二年の奥書の後に、文政二年（一八一九）の識語があり、観智院所蔵

注一●これに関しても若干の校正漏れがあり、二〇〇六年発行の『安祥寺の研究Ⅱ』に正誤表を掲載している。

至徳古本を写したことが記されている。ただし、この写本は鎌田氏の指摘されるように、『続群書類従』に収められた「安祥寺資財帳」と比較すると、脱落している一行（大乗経の項目の「無量義経一巻」）があり、続群書類従編纂に用いた本そのものではないと考えられる。

このように、現在知られる「安祥寺資財帳」は、活字本も含め、すべてこの観智院本をもとにしていると推定できるが、肝心の観智院本は、その至徳二年の奥書に「書様散々なり、重ねてこれを書き改むべし」（原文は漢文。史料引用は以下同じ）とあるように、忠実に丁寧に書写したものとは言いがたく、その点が非常に惜しまれる。

観智院本の体裁　さて、観智院本は本紙三四枚と表紙一枚、継紙一枚、修補記一枚からなる巻子本であるが、体裁を観察すると、その書写・修正過程を考える上でいくつか参考になる箇所がある。たとえば、この写本には界線が天地に一本ずつ引かれているが、その引き方に注目すると、第二三紙・第二四紙にそれぞれ一行ずつ（「僧房具」「庫頭具」と書かれた行）、もと書かれていた文字を消し、文字の書き出し位置を一字分程度下げて書き

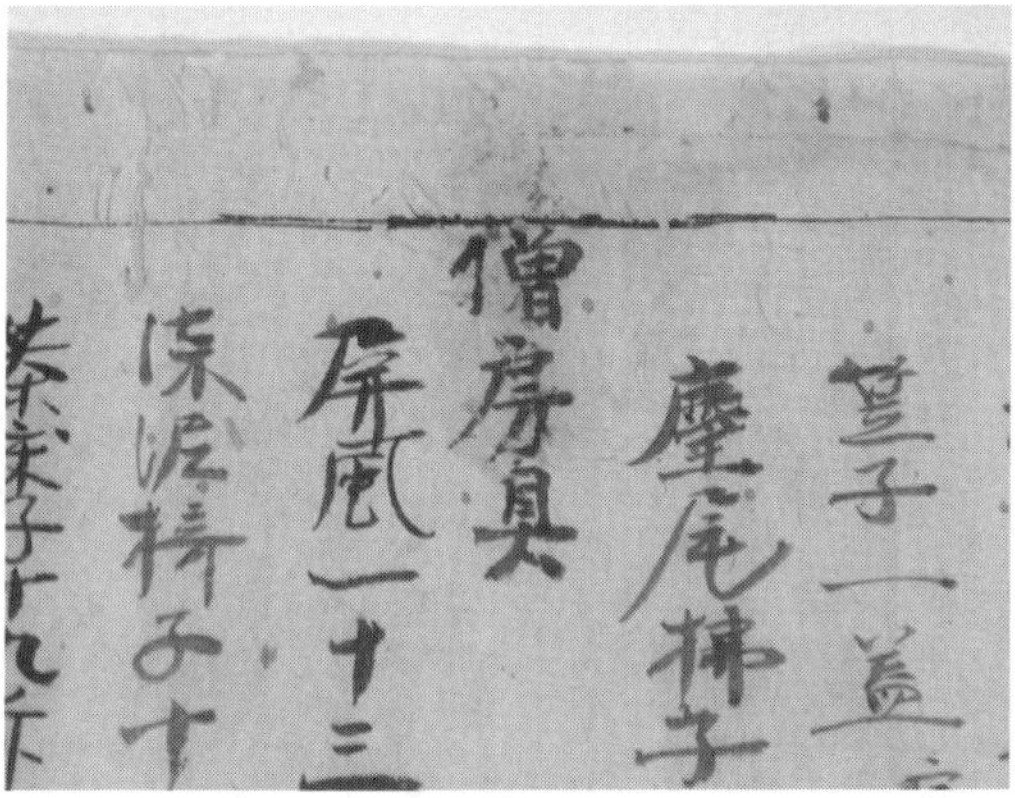

図７－１　資財帳部分写真

直しているところがある（図7－1）。これは界線からはみ出るために修正したものと考えられ、したがって、この界線は書写した後に引かれていることがわかる。しかも、一度はその文字の位置のまま界線を引こうとしたのか、第二二紙から第二三紙にわたって左に向かって斜めに上がっていく界線の跡がある。結局、その線があまりに不体裁になってし

紙幅寸法表（括弧内はその内糊代分）

単位：cm

表紙（後補）	二四・五
継紙（後補）	二八・二（〇・五）
第一紙	四四・四（〇・五）
第二紙	四六・一（〇・五）
第三紙	四六・四（〇・二）
第四紙	四六・三（〇・二）
第五紙	四六・二（〇・二）
第六紙	二六・二（〇・五）
第七紙	三八・〇（〇・四）
第八紙	四四・〇（〇・四）
第九紙	四四・一（〇・三）
第一〇紙	四四・〇（〇・四）
第一一紙	二二・七（〇・五）
第一二紙	一七・六（〇・四）
第一三紙	四六・三（〇・三）
第一四紙	三四・八（〇・三）
第一五紙	一〇・一（〇・五）
第一六紙	二八・一（〇・五）
第一七紙	四七・三（〇・六）
第一八紙	四二・四（〇・六）
第一九紙	四一・九（〇・九）
第二〇紙	三九・一（〇・九）
第二一紙	六・七（〇・四）
第二二紙	三五・八（〇・三）
第二三紙	三四・九（〇・六）
第二四紙	三八・八（〇・五）
第二五紙	三七・四（〇・五）
第二六紙	四・五（〇・四）
第二七紙	三〇・七（〇・四）
第二八紙	四五・八（〇・四）
第二九紙	四五・五（〇・五）
第三〇紙	三二・八（一・二）
第三一紙	三〇・五（〇・五）
第三二紙	四六・四（〇・三）
第三三紙	一九・六（〇・七）
第三四紙	二四・八（〇・四）
修補記（後補）	三八・〇（〇・五）
全長	一二六三・七（原長　一一七四・五）

（2005年シンポジウム資料より作成）

まうためか、それを消し、文字の位置を変え、界線を引き直したのであろう。

また、各紙の寸法を記した表（二〇〇五年のシンポジウム資料に掲載された寸法表をもとに作成）を見ると、紙の寸法が様々であることがわかる。一紙の全長はおよそ四六センチメートル前後だと思われるが、中には一〇センチメートルに満たない紙もある。第一五紙や第二一紙、第二六紙などはとくに短い。紙の切除・挿入・貼り直しなどが行われたことが窺える。

紙の貼り継ぎは前紙を後紙の上に重ねる形であるが、詳細にその箇所を見ると、糊代の下側になっている後紙の右端にも界線が見えるものがある。たとえば、第五紙と第六紙の間の貼り継ぎがそのような例である。ほかにも、確認できたものとしては、第一一紙と第一二紙の間、第二〇紙と第二一紙の間、第二五紙と第二六紙の間、第三〇紙と第三一紙の間、第三二紙と第三三紙の間などで見られる。つまり、貼り継ぐ以前に界線が引かれていたことになるが、この場合、界線のみを先に引いた紙を貼り継いだものに書写したか、あるいは、修正等のため、いったん書写し界線を引いた紙に切除などの加工を施した後、貼り直したか、が考えられる。前述したような界線の引き方からすれば、後者の方が想定しやすいが、ただし、このような部分でも、継ぎ目の行の文字が前後両紙にわたっているような場合があることには注意が必要である。

紙の貼り継ぎと修正　第五紙と第六紙の貼り継ぎ箇所は、「龍樹菩薩像一軀」の文字が前後両紙にわたっている（図7－2）。この場合、「龍樹菩薩像一軀」の行を書く余白が不自然なく十分に取られていて、修正のための第六紙右端の切除を想定しにくい。つまり、書写後に界線が引かれたと考える場合、その修正過程は、第六紙を貼り継いでいない状態で書写し、その際、もとから継ぎ目に書くつもりでこの一行を書写せず余白をとってお き、界線を引いた第六紙（何らかの修正済）を貼り継いだ後に一行書き加えたということ になる。ただし、それではあまりに過程が複雑で、また、第五紙にこの行がなかった理由 も理解しづらい。あるいは、書写方法が一貫しておらず、第六紙としてたまたま先に界線 の引かれた紙が継がれ、そこに書写された可能性も考えた方がよいかもしれない。

第一一紙と第一二紙の間でも、すでに界線が引かれた第一二紙が継がれたことがわかる

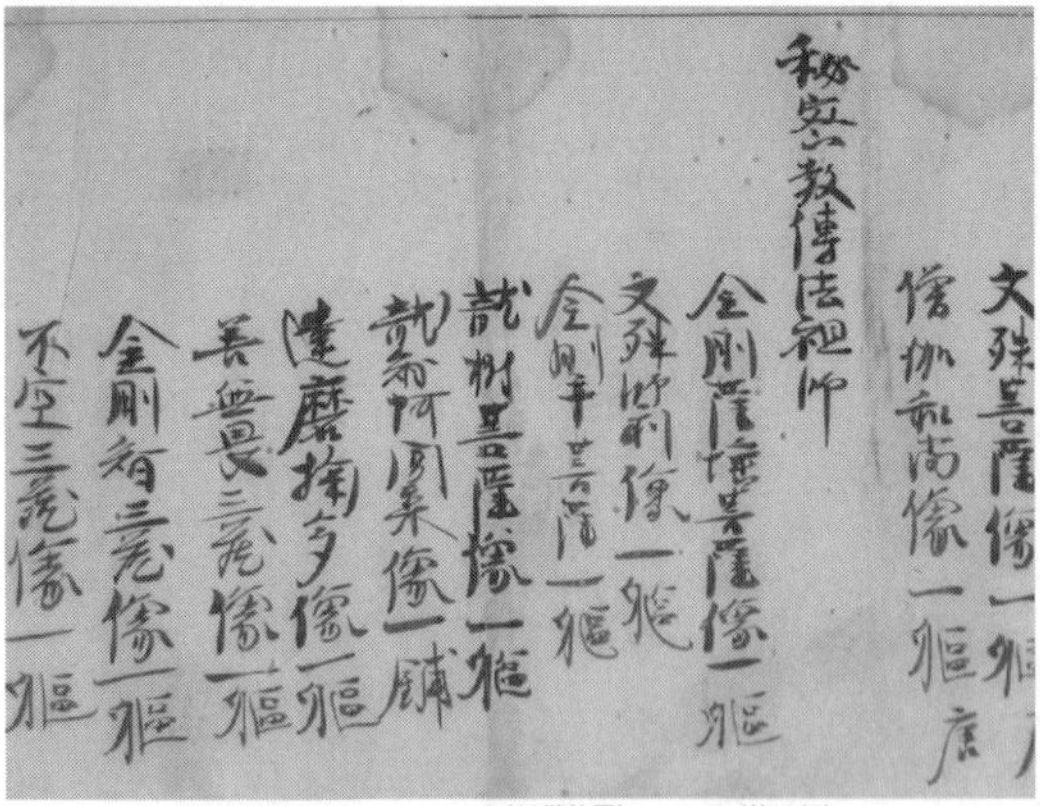

（第6紙）　▲（紙継位置）　（第5紙）

図7－2　資財帳部分写真

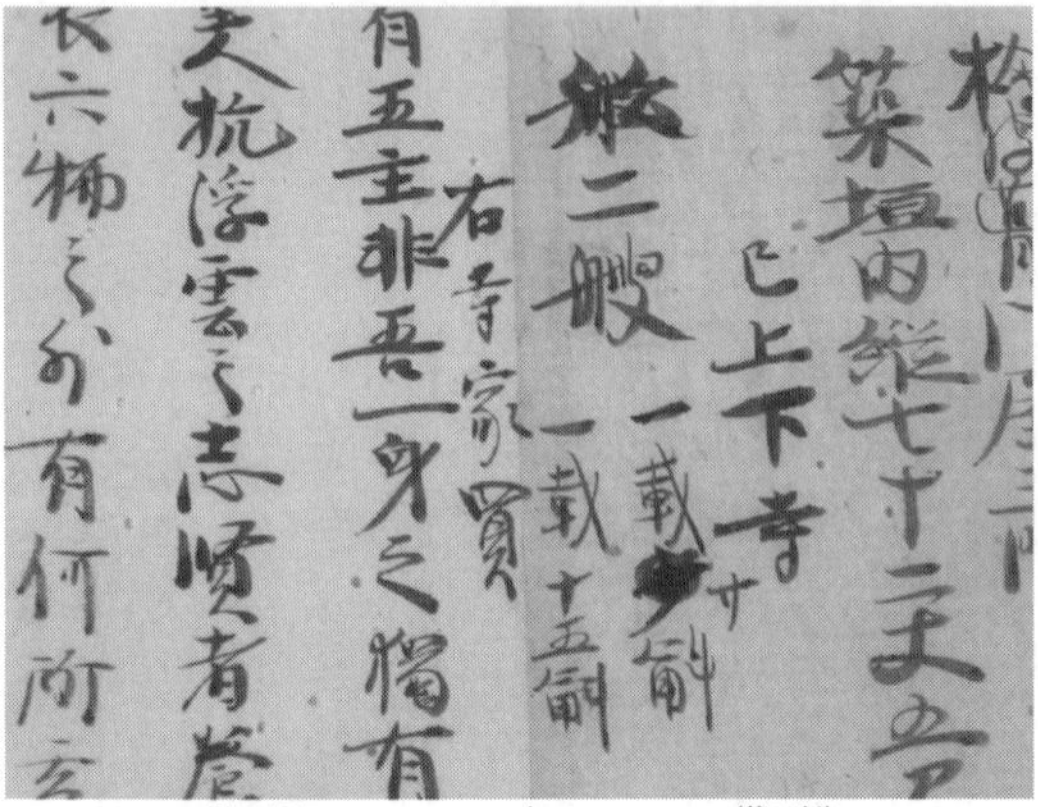

（第12紙）　▲　（第11紙）

図7－3　資財帳部分写真

が、第一二紙一行目の「右寺家買」の文字は第一一紙にもかかる（図7－3）。ただし、この行はいかにも空白に無理に後から挿入した感じがあり、この場合はもともと書かれていた「右寺家買」の修正のためその行を切除して貼り継いだ後、書き足したか、またはこの行が脱落行で、それを補った可能性の方が高い。

第六紙について、さらに見てみると、その左端は「大乗経」と書かれた一行であるが、この文字は第六紙の左端間際に書かれており、「経」の文字の左側が切れているようにも見える。一方、第七紙の右端（糊代の部分）に墨の痕跡があって、残画から「大乗経」の可能性がある。もしそうであれば、第六紙と第七紙の関係は、いったん書いた第七紙の「大乗経」の行かそれより右の数行を切除し、別に書写した第六紙を、行間が開きすぎないようにぎりぎりまで余白を切って、第七紙と貼り継いだと考えられる。

第六紙は一紙の全長の半分強の長さであり、何らかの修正の結果であると考えられるが、第五・六・七紙の関係や、その修正過程を正しく推測するのは容易ではない。この写本が単純とはいえない書写・修正過程を経たものであることを推測させる一例である。

書写後の貼り継ぎ　もう一つ、書写・修正過程を考える上で注意しておきたい点がある。それは、一連の道具類などを書き上げる際に、紙継ぎの前後で書き出し位置がずれることがある点である。たとえば、「荘厳供養具」を書き上げている第一九紙と第二〇紙の間で見られる。本資財帳の全体を通して、書写している人物は一連のものを書き上げる際には、行の書き出し位置が左下がりになっていく傾向がある。第一九紙の最終行「同注銃三口」までは同様に左に下がっているが、次の第二〇紙一行目の「白銅宝子一合」で書き出し位置が上がっている（図7－4）。これは紙継ぎによるものであろうから、そうであれば、少なくともこの部分に関しては、先に貼り継がれた紙に書写したのではなく、第一九紙と第二〇紙を別々に書写した後に貼り合わせたということが想定できる。後から修正した紙を挿入した箇所である可能性もあるが、しかし、第一九紙、第二〇紙ともに長さは四〇センチメートル前後あり、修正の場合、修正したい箇所を含む短い紙を挿入する方法をとるようであるところからすれば、先に書写した紙を後から貼り継ぐ形をとっていた可能性の方が高い。ほかに、たとえば、第二一紙は六・七センチメートル、文字も三行分と

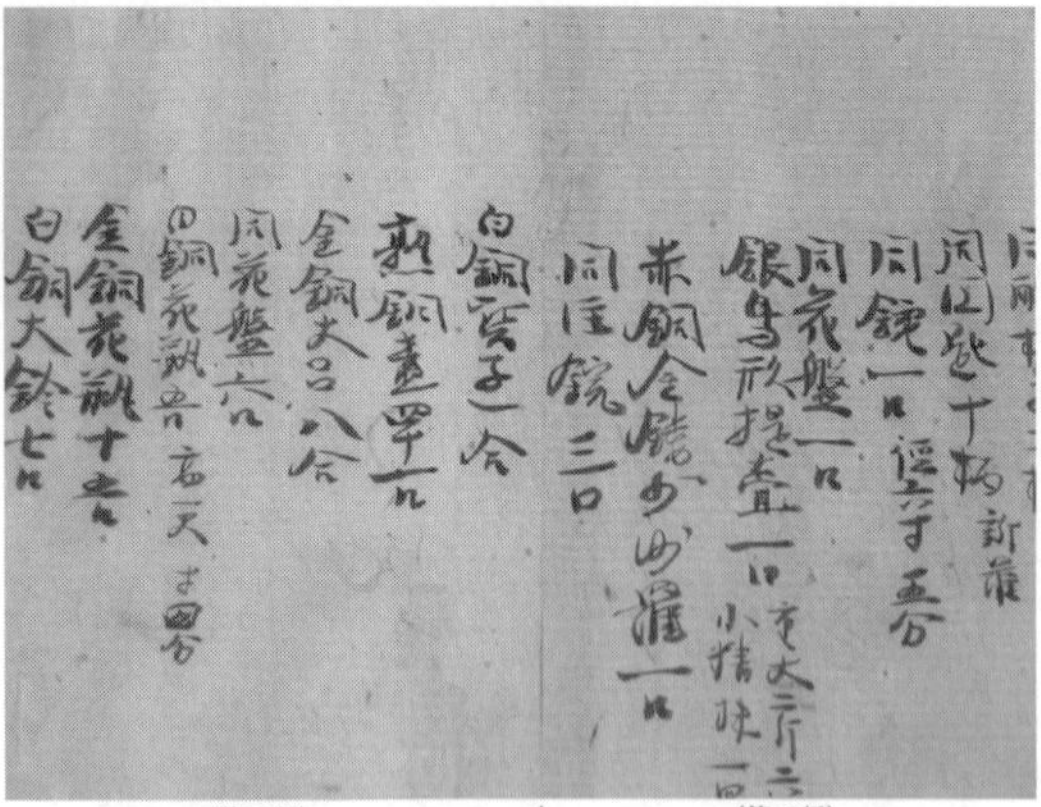
(第20紙)　▲　(第19紙)

図7－4　資財帳部分写真

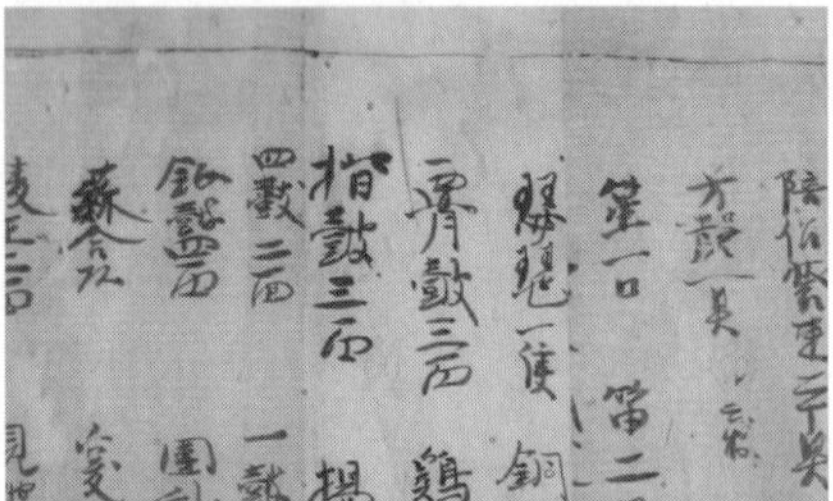
(第22紙)　▲　(第21紙)　▲　(第20紙)

図7－5　資財帳部分写真

短く、修正のため挿入した紙であると考えられるが、この部分は第二〇紙の左端に、第二一紙の一行目と同じ文字と思われる墨が残っている。紙の長さから考えて、もとは第二一紙に記される三行のどこかで、第二〇紙と第二二紙が貼り継がれていたと判断できる。そういう目で見れば、第二〇紙の最後の行と第二二紙の最初の行には書き出し位置のずれが見られ、やはり紙継ぎ部分で書き出し位置が変わっている可能性がある（図7-5）。第二〇紙・第二二紙ももとは書写した後の紙を貼り継いでいたことが推測できる。

写本全体にわたってすべて一紙ごとに書写した後に貼り継いだわけではないであろうが、そのように、書写した後に余白を切り取って貼り継いだ箇所があったと考えれば、紙幅が様々であることの説明の一案にはなろう。(注二) いずれにしろ、観智院本は、重ね書きや墨抹・傍書などによる単独の文字の訂正はもちろんながら、それ以外に、紙の切除・挿入・貼り直しを伴う大幅な修正も含んだ複雑な過程を経て成立していると考えられる。それらの修正がどの段階で行われたのか、また、書写の際に大きな脱落がないのかという問題もあり、その書写過程や修正過程はさらなる検討の必要があろう。

なお、観智院本により、新たに誤写の判明した文字もあるが、観智院本の翻刻についても刊行を検討中であるので、それらの指摘はその機会に譲りたい。

二――「安祥寺資財帳」の概要と特徴

現在知られている古代の資財帳のうち比較的まとまって残っているもので、八世紀に作成されたものとしては、元興寺（天平一九年）、大安寺（天平一九年）、法隆寺（天平一九

注二●なお、このように書写方法が一貫していなかった可能性があり、先にも述べたように界線の問題やそのほかの修正についても、それを踏まえて理解する必要があるかもしれない。

年）、法隆寺東院（天平宝字五年）、西大寺（宝亀一一年）など、九世紀に作成されたものとしては、安祥寺のほか、多度神宮寺（延暦二〇年）、広隆寺（貞観一五年、寛平二年頃）[注三]、観心寺（元慶七年）などの資財帳があげられる。それらに関してはすでに多くの先行研究があり、作成背景や記載内容に関して検討が行われている。「安祥寺資財帳」についても、松田和晃氏が「安祥寺資財帳について」[注四]の中で、その特徴や作成理由について検討を加えられている。松田氏のあげられた特徴を列挙すれば、まず縁起部分が恵運の自伝と称しても過言でない内容をもつこと、また、一般的資財帳作成制度に拘らず、独自の意思をもって作成され、官印を請うて公験としようとしたものであること、資財の記述の後に戒文があり、そこで各種経典類を引用しつつ資財管理に対する戒めを強調していること、である。紙幅の都合上、本章に「安祥寺資財帳」の翻刻を載せることができないため、やや煩雑になるが資財帳の内容を紹介しながら、松田氏の指摘された点も含め、本資財帳の特徴を見ていきたい。

縁起　まず、資財帳のはじめには縁起が記される。縁起の付された資財帳は多いが、その寺の創建にいたる事情や発展の歴史が記載されるのが通常である。本資財帳の場合、すでに指摘のあるように、開基僧恵運個人の自伝的内容、すなわち、安祥寺創建以前に、具足戒を受けて後の、真言密教を学ぶに至る経緯、坂東や鎮西府での写経監督任務、入唐の経緯など、恵運の宗教的経歴が語られている。これは他の資財帳には見られない特徴の一つである。なお、安祥寺建立以後は、太皇太后藤原順子に関係しての寺の発展の経緯が述べられる。そして、縁起部分の最後に、後裔に建寺の由縁を知らしめるため、これを帳首に録したと記される。

注三●正確には資財帳ではなく、それをもとに作成した資財交替実録帳である。なお、『平安遺文』では仁和三年（八八七）に収めるが、先行研究の指摘にしたがって寛平二年頃としておく。川尻秋生「資財帳と交替公文—広隆寺帳を中心として—」『日本古代の格と資財帳』（吉川弘文館）二〇〇三年（初出は一九九〇年）等参照。

注四●『日本歴史』四四九（吉川弘文館）一九八五年。

なお、安祥寺には上寺と下寺があるが、これまでこの縁起部分は美術史における五智如来像の造像や安置場所の問題に関係して、上寺建立と下寺建立のどちらが先かという点でしばしば取り上げられてきた。[注五]しかし、この点については『安祥寺の研究Ⅰ』において、梶川敏夫氏、上原真人氏、根立研介氏、吉川真司氏らが各先行研究を引きながら論じられたように、上寺先建と考えてよいであろう。

四至　次に書かれるのは、安祥寺の寺域である山五十町の四至である。これは上寺の寺域の記載である。下寺の寺域については資財帳の後の部分に記されている。安祥寺が嘉祥元年（八四八）に建立され、それから九年を経て斉衡三年（八五六）に周囲の山を順子が施入したことが改めて記されている。資財目録の初めに寺域が記されるのは、たとえば、宝亀一一年（七八〇）の「西大寺《さいだいじ》資《し》財《ざい》流《る》記《き》帳《ちょう》」では、巻第一の縁起坊地第一に、縁起に続き「居地参拾壱町、右京一条三四坊にあり、東を限る佐貴路〈東北角喪儀寮を除く〉、南を限る一条南路、西を限る京極路〈山陵八町を除く〉、北を限る京極路」（〈　〉は割注）とあり、また、元慶七年（八八三）の観心寺の資財帳では、縁起の冒頭に「寺壱院　河内国錦部郡以南山中にあり、敷地拾伍町許、四至（後略）」とあり、寛平二年頃成立の「広隆寺資財交替実録帳」でも縁起の次の仏物草のはじめに寺院地の敷地が示されるなど、同様な例がある。

仏像・祖師像　そして、以降は安祥寺の資財目録となる。まず仏菩薩像、祖師像が記され、次に大乗経の経典、続いて密教道具、阿闍梨附法物、堂院・僧房等の建物があげられる。その内容を見てみると、仏菩薩像には、まず第一に毘盧遮那仏《びるしゃなぶつ》があげられる。これを含む不空成就仏《ふくうじょうじゅぶつ》までの五体が、現在京都国立博物館にある五智如来像と考えられてお

注五●上寺先建説としては、紺野敏文「創建期の安祥寺と五智如来像」『日本彫刻史の視座』（中央公論美術出版）二〇〇四年（初出は一九七六年）、八賀晋「安祥寺上寺跡」『学叢』三（京都国立博物館）一九八一年など、下寺先建説としては、毛利久「安祥寺五智如来像考」『日本仏教彫刻史の研究』（法蔵館）一九七〇年（初出は一九五五年）、福島弘道「安祥寺五智如来像の造立年代と承和以後の作風展開」『仏教芸術』一三三（毎日新聞社）一九八〇年、丸山士郎「安祥寺五智如来像、観心寺仏眼仏母如来像・弥勒如来像とその周辺」『MUSEUM』五一四（ミュージアム出版）一九九四年などがある。

り、はじめにあげられるところからしても、最重要な仏像群であった可能性が高い。この安置場所について、上寺か下寺か議論のあるところであるが、伽藍の規模からしても資財帳の記載の順序からしても寺の中心は上寺であり、その最重要な仏像群はやはり上寺にあったと考えるのが資財帳記載上からは妥当ではないだろうか。次に、太皇太后を願主とする仏像や文徳天皇を願主とする仏像（観智院にある五大虚空蔵仏《こくうぞうぶつ》と考えられる仏像を含む）、従一位藤原女御(注六)を願主とする仏像、尚侍《ないしのかみ》従三位広井女王(注七)を願主とする仏像（これについてのみ、下寺安置が明記される）、その他の仏像や仏画が書き上げられる。仏菩薩像に続いては秘密教伝法祖師として、金剛薩埵《こんごうさった》菩薩像から恵運の師である実恵少僧都阿闍梨像まで、一六像があげられており、密教色が窺える。

経典・密教道具・阿闍梨附法物　次に経典等が記載される。これもやはり太皇太后、従一位藤原女御、尚侍従三位広井女王らを願主とするものが記される。はじめにあげられる太皇太后御願の妙法蓮華経、金光明最勝王経、仁王般若経は安祥寺で安居に読まれることになっていた経典である。法華経と最勝王経は毎年交替で読まれることが『日本三代実録』貞観元年（八五九）四月一八日条や『類聚三代格』同日官符からわかる。なお、従一位藤原女御願として「已上十七行」とあるが、その直前の経典は「華厳経《けごんきょう》　一部六十巻」から「六字《ろくじ》神呪《じんじゅ》王経《おうきょう》　一巻」までの七行であり、さらにその前は「毘盧遮那経一部〈七巻〉」から「般若心経六巻」までの九行である。九行の次にある「右十行金泥」という行も含めれば、一七行となるが、その「右十行」という記載からすれば、その前の経典類に一行脱落を認め、それらの一〇行と次の七行を合わせて一七行であったという想定もできる。ここに記される経典類は多くはないが、厨子が列挙された後の大乗経の項目最終行に

注六●藤原古子。太皇太后藤原順子と同じく父は冬嗣。文徳天皇の女御となった人物。順子出家の際にはともに出家する。

注七●天長八年（八三一）に尚膳に、文徳朝の嘉祥三年（八五〇）には権典侍に任じられる。その後、尚侍をつとめ、貞観元年（八五九）に薨ず。

「並びに経論疏章記等を着く。目録は別巻にあり」とある別巻に、これら以外の経典類が記されていたであろう。

その次に、密教道具、阿闍梨附法物が記される。唐の義真から入唐した恵運が授かったものや、唐の恵果から空海へ、空海から実恵へ、実恵から恵運へと相伝されたもの、また、恵運自身が新たに附法物としたもの、春禎大法師が捨施し附法物としたものなどがあげられている。これらは師資相承を示すものであり、秘密教伝法祖師像とともに、安祥寺が真言密教の寺であることをよく示している。

建物・施設 次に堂院や僧房などの建物が、上寺と下寺に分けて記されている。上寺は堂院・僧房・庫頭・浴堂一院に分けて記されるが、下寺では堂院と庫頭のみに分けられ、僧房は堂院に含まれる。また、倉や門、築垣は下寺のみに記されている。築垣が下寺のみにあるのは、上寺が山中の寺であったため、垣が必要なかったからであろうか。『安祥寺の研究Ⅰ』で梶川敏夫氏、上原真人氏、根立研介氏等により、僧房・客亭・浴堂などの存在や規模から、上寺は法会を行う場であり、それに対し、倉のある下寺は寺院経営を主とする場であったと指摘されている。また、年分度者が七年間山に籠もり専勤精進することが義務づけられたように、上寺は僧が生活する場でもあったと考えられる。

なお、「庫頭」はほかの資財帳には見えないが、井屋や客亭や倉が属していて、また、本帳の後の道具等を書き上げた部分に「庫頭具」として、釜や臼、竈、甕などがあるところからすれば、他の資財帳の「大衆院」あるいは「政所」に相当するものと考えられる(注八)。「庫頭具」の最後には「寺家　一面」とあり、「家」と「一」の間に一字分余白があって、『平安遺文』は「印脱ヵ」と傍書しているが、政所に属する道具として印が記されること

注八●石村喜英「政所の構成と機能」『日本古代仏教文化史論考』（山喜房仏書林）一九八七年などの論考で、安祥寺資財帳の「庫頭」が政所に相当するものとして扱われている。

は多く、本資財帳のこの箇所も「印」が入る可能性があろう。また、同じく本帳の後の部分に、東西の「影堂」什物があげられており、影堂があったことがわかるが、あげられた建物群にはそうした名称の建物はなく、どれが相当するのか、あるいは別にあったのかはわからない。

中間部長文　さて、建物群の最後に寺家の購入した船二艘が記された次に、末尾の戒文と同じく、長文が挟まれており、これもこの資財帳の特徴の一つとなっている。

この中間部の長文では、財宝は独有してよいものではないことがはじめに記され、僧の所有できる財物について、薩婆多《さっばた》（薩婆多毘尼毘婆沙《さっばたびにびばしゃ》）、四分律《しぶんりつ》、十誦律《じゅうじゅりつ》、善見論《ぜんけんろん》（善見《ぜんけん》律毘婆沙《りつびばしゃ》）、五分律《ごぶんりつ》（彌沙塞部和醯五分律《みしゃそくぶわけいごぶんりつ》）、毘尼母論《びにもろん》などの書物を引用して詳しく示された後、仏果を得るためには「智」と同時に「施」が重要であることが、分別業報経《ふんべつごうほうきょう》、法華経を引用しながら説かれている。末尾の戒文に並んで、多くの書物の引用があり、入唐僧恵運の博識を示すところであるが、しかし、戒文の部分の引用については、それぞれの書物自体からではなく、その類書である『諸経要集《しょきょうようしゅう》』を出典とすることが松田氏により明らかにされている。同様に、この中間部の長文についても、『安祥寺の研究Ⅰ』で指摘したとおり、列挙された書物の引用文は、それぞれの書物自体の文言よりも、『四分律刪繁《しぶんりつさんばん》補闕行事鈔《ほけつぎょうじしょう》』という書物に引用文として記されている文言の方とよく一致しており、同書を出典とする可能性が高い。

『四分律刪繁補闕行事鈔』は七世紀前期に中国の道宣が撰述した書物で、四分律を基本としつつ、他律も用いて、律の諸解釈の整理・補足を行ったもので、後世に大きな影響を与えたとされる。道宣の開いた南山律宗は日本にも伝わり、天平八年（七三六）には道璿《どうせん》が来朝して行事鈔などを講じており、また、天平勝宝六年（七五四）に入京した鑑真は日本律宗の開祖となる。なお、『諸経要集』を著したとされる道世は道宣と同時代の人物であり、その著書にはほかに『法苑珠林《ほうおんじゅりん》』『毘尼討要《びにとうよう》』などがあり、両者ともに長安弘福寺の智首の弟子であった。

この部分にも縁起部分と同じく、恵運の主体的な記述が見える。「施」の重要性を主張した後、恵運が草菴を構え仁祠とし、安祥の額を賜り、道場のためにもとから所有していたものや、作らせたもの、大宰府講師・筑前国講師であった頃に新羅商人から買ったものなど、様々な方法で手に入れたものをすべて伽藍に捨施したことが記される。そして、「色目左のごとし、太皇太后宮ならびに別人の奉納物、同帳に録し著す」とあり、以下、恵運の捨施したものを中心に、順子等の奉納物もあわせて書き上げられていることが示される。具体的には、灌頂壇具、説法具、荘厳供養具、楽器、西影堂什物、東影堂什物、僧房具、庫頭具などについて、それぞれ物品と数量が詳細に書き連ねられており、その中に太皇太后、従一位藤原女御、尚侍広井女王などの施入の品も列挙されている。

下寺四至・文書群　この次に下寺の四至の記載がある。やや唐突な印象があり、なぜこの部分に下寺の四至が記されているのかはよくわからないが、他の資財帳の例を見ると、仏像や経典や道具や建物等の後に、稲や封戸や土地などが書かれているものが多い。また、「西大寺資財流記帳」を見ると、封戸や田園の項目のほかに、官符類の項目が立てられていて、そこには墾田や稲や封戸などの施入の文書が収められていることがわかる。「安祥寺資財帳」でも下寺の四至の次行の「常燈分頴稲一千斤」という記載とは別に、この常燈分稲の施入に関する文書類が続いて記されている。「広隆寺資財交替実録帳」でも後の方に、水陸田、雑公文、別院という項目が立てられている。それらを考え合わせるなら、寺の所有する土地という意味で、稲と同じく、寺院内にある財物（建物も含む）とは別に、また、文書類とも別に、下寺寺域が記されたと考えられるかもしれない。(注九)

続いて、寺に施入された稲や土地の文書群が載せられている。これらが縁起部分の内容によく対応する文書群であることはすでに指摘されている通りである。(注一〇)また、施入に関してどのような文書がどこからどこへ発給されるのかを知るよい史料でもあろう。(注一一)

最後には、前述したように寺の財物の流用を戒める長文が、『諸経要集』から引用した多くの書物の文言とともに記される。そして、公験とするため、この資財帳に官印を請うているが、結局、その奥に記載されるように、安祥寺が太皇太后宮の御願寺であるため、官印ではなく、職家の印を捺すよう、寺家別当を通して命じられている。現存している資財帳は写本であるので、この印は見えないが、資財帳原本には職家の印が捺されていたのであろう。職印と太皇太后宮職官人らの署名が加えられた資財帳は寺に返され、公験とされたと考えられる。

なお、前述した大乗経の項目の最終行と阿闍梨附法物の「諸儀軌」に、それぞれ「目録は別巻にあり」と書かれており、本資財帳には別巻が付されていたようである。

以上、本資財帳を概観した。全体を通して受ける印象は、安祥寺は藤原順子の御願寺として発展したとはいえ、恵運がいかに安祥寺の建立に自負をもっていたか、そして、安祥寺の存続にいかに注意を払っていたか、というものである。本資財帳は開基僧が自ら残したという点でも稀有な資財帳といえる。

注九●ただし、この資財帳では、そのほかの施入された水陸田や野地、庄などは土地が列挙されず、官符類の記載のみである。

注一〇●井上正・水野敬三郎「五智如来像」『日本彫刻史基礎資料集成　平安時代　重要作品篇』四（中央公論美術出版）一九八二年、丸山士郎「安祥寺五智如来像、観心寺仏眼仏母如来像・弥勒如来像とその周辺」（前掲）など。

注一一●その点に注目して本帳を用いた論考としては、坂内三彦「九・十世紀の地方行政文書について─機能論的分析の試みとして─」『紀尾井史学』三（上智大学大学院史学専攻院生会）一九八三年などがある。

三――八・九世紀の資財帳

ここでは、八・九世紀に成立した他の資財帳との全体的な比較を通して、「安祥寺資財帳」を考えたい。まず、資財帳制度一般について先行研究（注一二）に依拠して述べておきたい。

資財帳制度　資財帳制度のもととなったのは、『続日本紀』霊亀二年（七一六）五月庚寅条に載せる詔といわれる。寺の資財を記録すること、財物・田園について国師・衆僧・国司・檀越が相対検校することが命じられている。定額寺《じょうがくじ》の資財帳は、『類聚三代格』巻三（定額寺事）に収められた延暦一五年（七九六）三月二五日付太政官符や延暦一七年正月二〇日付太政官符により、国司・三綱・檀越がともに検校処分すること、朝集使に付して毎年進官されていたが、国分二寺以外、進官が停止され、国司に任されることになったことなどがわかる。しかし、中央に全く送付されない状態では、国司の交替時に不与解由状と勘会する手段がなく、不便が生じたため、天長二年（八二五）五月二七日付太政官符で、六年に一度、上進することとなった（『貞観交替式』）。さらに、貞観一〇年（八六八）六月二八日付太政官符では六年一進から四年一進へと変更されているが、これは国司の任期変更（承和二年）に合わせたものである（『類聚三代格』）。ただし、たとえば、「広隆寺資財帳」（貞観一五年）の巻末に、貞観一〇年の官符を引き、「すでに多年を経るも件の帳を進めず」とあって、造進を催促されていることや、また、「広隆寺資財交替実録帳」（寛平二年頃）には同寺の資財帳として二巻、貞観一五年のものと仁和二年（八八六）のものがあげられており、それぞれ「初帳」「後帳」と呼ばれていて、広隆寺では寛

注一二●川尻秋生「日本古代の資財帳」（前掲著書第二部）、松田和晃「奈良朝における資財帳の制について」瀧川博士米寿記念会編『律令制の諸問題』（汲古書院）一九八四年、同「平安朝における資財帳の制について」『杏林社会科学研究』一（杏林大学社会科学学会）一九八四年、同「資財帳の保存について」『杏林社会科学研究』二（杏林大学社会科学学会）一九八五年など。

平二年頃までに資財帳の作成はこの二回（他の帳の破棄の可能性もあるが）であったと考えられることなどから、必ずしも規定通りの作成は守られていないことが窺える。

資財帳の様式　資財帳の様式について、川尻秋生氏は、「資財帳からみた伽藍と大衆院・政所」[注一三]の中で、奈良時代の資財帳は資財を仏・法・僧に分類して記していたこと、平安時代になると、仏の空間を金堂、法の空間を講堂、僧の空間を僧房と考えるような資財帳が現れる一方で、三宝の区別がなくなり、建築物ごとの資財の列記となるものも現れてくることを指摘されている。

今、具体例として、奈良時代の「法隆寺《ほうりゅうじ》伽藍《がらん》縁起《えんぎ》并《ならびに》流《る》記《き》資財帳《しざいちょう》」（天平一九年）の構成を見てみると、まず縁起が記され、次に、仏像類、経典類、見前僧が記されるが、川尻氏によれば、これが仏、法、僧に対応している。そして、金・銀銭等や、様々な道具類、糸・綿・布などが記されるが、それらは仏分や法分などの注記がなされているものが多い。次に、寺院の建物が記される。次行には「以前、皆伽藍内蓄物、件のごとし」とあり、ここまでが伽藍内であることが記される。その後には、賤や牛馬、水田、陸地、海、池、庄、穀、稲、食封などが列挙されている。

それに対し、平安時代の資財帳の具体例としてあげられている「多度神宮寺伽藍縁起并資財帳」（延暦二〇年）には、仏物、法物、僧物、通物の区分がかかげられているが、塔や法堂や僧房などの建物自体をそこにそれぞれ区分して資財を記している。また、同じく例としてあげられている「広隆寺資財交替実録帳」（寛平二年頃）[注一四]でも、やはり仏物章、法物章、常住僧物章、通物章と分け、それぞれ属する建物とそこに収められる資財を仏像や経典なども含めて記し、そのほか、唐楽具、呉楽面形、水陸田、雑公文、別院といった

注一三●『古代』一一〇（早稲田大学考古学会）二〇〇一年。

注一四●貞観一五年（八七三）のものも、前欠であるが同様であろう。

項目が立てられている。これらは寺院統制のため課せられた正式な資財帳であったため、三宝による書き分けが厳密であったと川尻氏は述べられる。一方、「河内国観心寺縁起資財帳」(元慶七年)は仏・法・僧の項目はなく、建物ごとに資財が列挙されている。また、「安祥寺資財帳」の記載も、仏像、経典はあるが僧の項目がなく、一貫性に欠けるとする。これらの資財帳は正式な資財帳ではなく、私的に作成されたものであったため、三宝による区別も明確ではなかったとされている。

「安祥寺資財帳」の様式　「安祥寺資財帳」は、概要でも見たように、平安時代の資財帳の特徴としてあげられたような、建物自体を三宝に分けて載せる書き方や、建物ごとに財産を書き分ける書き方は取っていない。建物は一箇所にまとめて記されており、その配列はむしろ奈良時代のものに近いという印象を受ける。川尻氏の指摘されるように、仏像、経典の後に、天平一九年(七四七)の法隆寺や大安寺の資財帳のような見前僧の口数は記していないが、これは正式な資財帳とされる多度神宮寺のものも広隆寺のものも記していないので、この点だけでは一貫性に欠けるともいいがたい。確かに道具類など種々の資財を書き上げた箇所に、仏分、法分、僧分などの区別は記されないし、寺院の建物を書き入れる場所も異なり、法隆寺や大安寺の資財帳をそのまま踏襲しているともいいがたい。

ここで、天平一九年の法隆寺や大安寺の資財帳と平安期の資財帳の間に位置する天平宝字五年(七六一)の「法隆寺東院縁起資財帳」を見ると、前欠で縁起部分は見えないが、資財部分が仏像、経典の順に記されていることがわかる。その後、道具類が列挙され、銭、米、稲、寺院地と建物、墾田地という順で記されており、「安祥寺資財帳」と共通点が見出せる。また、仏物、法物などが項目名として立てられていない点や、仏像や経典以外の資財に仏分、法分、僧分などの記載のない点も共通する。宝亀一一年（七八〇）の「西大寺資財流記帳」は四巻一四章のうち、現在は第一巻の六章分しか残らないが、はじめの目録によってその全体像を窺うことができる。それによれば、縁起坊地、堂塔房舎、仏菩薩像、経律論疏、官符図書、楽器衣服、幡蓋厳具、金銀雑財、林薹舗設、釜雑器、封戸出挙稲、田園山野、別功徳物、奴婢名籍の順で記されていたことがわかる。列挙する順序は異なるが、これも項目の立て方は「安祥寺資財帳」と共通する所がある。なお、「西大寺資財流記帳」が仏菩薩像や経律論疏を堂ごとにまとめて書き上げる所は、観心寺の資財帳と類似する。「法隆寺東院縁起資財帳」は僧綱所に申上されており、「西大寺資財流記帳」は僧綱・三綱・衆僧がともに商量し計会勘定している。これらを正式な資財帳といってよいなら、「安祥寺資財帳」も、戒文など特異な部分は別にして、正式な資財帳に沿う形で記されているといえ、正式な資財帳でないため三宝による区分が明確でないとするよりは、天平の様式を踏襲しつつ、平安の様式へ変化する過渡期の多様なありかたを示すものと考えてよいのではないだろうか。なお、資財帳の中で、寺の建物が書かれる位置は資財のはじめや道具類等の後が多いが、「安祥寺資財帳」が建物群を阿闍梨附法物の次に記しているのは、この資財帳が施入によるものを区別して記載しようとしたため、分類上施入に当たらないそれを先に記したからかもしれない。

「安祥寺資財帳」の作成理由について松田和晃氏は、貞観九年（八六七）頃に伽藍・資財が整い、堂舎や財物を公認させようとしたこと、恵運が老後あるいは没後の安祥寺運営に危惧感を懐いていたことなどをあげられる。同じような時期に成立した観心寺の資財帳について、川尻秋生氏は、宗叡から恵淑への座主交替のために作成した置文的性格のものであったとする(注一五)。観心寺の創建は天長年間で、資財帳によれば恵運と同じく実恵の弟子であった真紹、あるいは実恵によるものとされる。安祥寺と同じ真言密教の寺の資財帳が座主交替に際して作成されていたということは、安祥寺においても、老齢の恵運が付法の弟子に安祥寺を引き継ごうとして作成したと考えることも十分可能であり、松田氏の見解の妥当性を示していよう。

おわりに

安祥寺は、御願寺、定額寺という性格をもち、藤原氏との関わりも強く、また、伽藍が上寺・下寺に分かれる形態をとるなど、政治史、仏教史などさまざまな分野で研究材料を提供する寺である。資財帳は当時の実態を示す好史料であり、その記載内容の個別的検討や他の資財帳との比較等は、まだ研究の余地が大いにあろう。今後の研究の進展を期待したい。

では最後に、資財帳以後の安祥寺について簡単に述べ、本章を終えよう。

恵運は資財帳を勘録した二年後、貞観一一年(八六九)九月に没したとされる(史料によっては貞観一三年とする)。また、最大の庇護者であった藤原順子も貞観一三年九月には崩御する。その後の安祥寺は、『類聚三代格』貞観一六年二月一七日付太政官符に、これまで安祥寺僧が正月御斎会聴衆に預かっていたが、去年・今年と預かっておらず、それをもとの通り預からせるよう命じていることが見え、早くも庇護者を失った影響が出ていると推測できる。その後もある程度寺格は維持していたと思われるが、次第にその寺運は

注一五●川尻秋生「『観心寺縁起資財帳』の作成目的」(前掲著書、初出は一九八七年)。

衰えていく。

『山科安祥寺誌』(注一六)には累代座主として、恵運の後、推俊、観礼、貞慶、寛朝、深覚の名前があがっている。この第六代の深覚は勧修寺第五代長吏でもあった人物である。以降、勧修寺と安祥寺は密接な関係をもつことになる。深覚の後、朝寿、朝源が安祥寺座主職をつとめるが、次にはまた勧修寺第六代長吏信覚が兼務し、勧修寺長吏職・安祥寺座主職はともに厳覚に譲られる。厳覚は安祥寺を宗意に、勧修寺を寛信に譲り、保安二年(一一二一)閏五月に寂す。厳覚の弟子である寛信、宗意、そして増俊はそれぞれ、勧修寺流、安祥寺流、随心院流の小野流三派の祖となっている。安祥寺流の祖とされる宗意は久安四年(一一四八)に寂したが、その際、安祥寺座主職は寛信に、安祥寺流は実厳に伝えたとされる。以降、安祥寺流の法流と寺務は分かれて伝わることとなる。

寛信が勧修寺宝蔵の梁上から「安祥寺資財帳」を発見したのはこの頃、保延二年(一一三六)のことであった。勧修寺長吏が安祥寺座主を兼務していたいずれかのときに、安祥寺資財帳が勧修寺に渡ったのであろう。寛信が資財帳を発見したのが偶然であったのか、勧修寺にあるという情報を得て探したのかは不明であるが、『山科安祥寺誌』によれば、かつて宗意が病悩のときに、実厳がまだ成人しておらず、寛信に安祥寺座主職も法流も譲付することを約束したが、その後、病が癒え、久安初年に法流を実厳に附属し、座主職を寛信に譲ったとする。そうした経緯からしても、寛信にとって「安祥寺資財帳」は関心の高いものであったと思われる。

なお、至徳二年(一三八五)の書写の契機としては、永和二年(一三七六)に賢宝が、大風で顚倒した安祥寺金堂において本尊以下大破した中、わずかに残っていた五大虚空蔵

注一六●上田進城編(安祥寺)一九二九年。

菩薩像を見付け、勧修寺の先の門主に申請し、観智院に移し修理したこと（『賢宝法印記』）が関連するのかもしれない。(注一七)

安祥寺は御願寺として成立・発展し、定額寺にも列して、平安初期には有力な寺院であったと思われる。しかし以後は、願主の死や定額寺制度そのものの衰退に伴い、次第に衰微していく。中世には上寺は退転し、下寺も応仁・文明の乱で焼かれ、寺そのものの形は失われるが、一方で、宗意が開いた法流、安祥寺流は、後に高野山宝性院に場所を変えはするが、連綿と相伝されていく。その後、安祥寺の伽藍は寺域を縮小されながらも江戸期に復興され現代に至る。本章で扱った「安祥寺資財帳」は同寺が最も華やかであった時期の伽藍を今に伝えるものである。

注一七●なお、『入唐五家伝』恵運伝の奥書には「右比挍安祥寺資財帳、不審字直之了、賢宝記之」とあり、ここにも賢宝とこの資財帳との関わりが見える。

第8章●安祥寺と当土刀禰

西山　良平

はじめに

『安祥寺資財帳』（以下、『資財帳』）(注一)は安祥寺の建立の経過や事情を詳細に記載する。『資財帳』冒頭の〈縁起部〉(注二)では、その経過はつぎの通りである。

(A)嘉祥元年（八四八）：恵運《えうん》が前摂津国少掾《せっつしょうじょう》の上毛野松雄《かみつけぬのまつお》の「松山一箇峯」を得て、太皇太后藤原順子《のぶこ》などのため、安祥寺を建立する。

(B)仁寿元年（八五一）：順子が七僧を置く。

(C)　　二年　　　　：「頴稲一千斤」を常燈分とし、官符《かんぷ》を下し山城国に付す。

(D)斉衡二年（八五五）：言上して「官額に編む」（定額寺《じょうがくじ》となる）。

(E)　　三年　　　　：「寺の四辺山」を施入する。

(F)貞観元年（八五九）：毎年、年分者《ねんぶんしゃ》を得度する。

しかし、この経過と安祥寺の上寺・下寺や五智如来像《ごちにょらいぞう》の造立の対応は複雑であり、諸説がある。そのうち、井上正氏・水野敬三郎氏は〈縁起部〉の嘉祥元年から斉衡三年の記載の順が『資財帳』〈資財部〉(注三)のつぎの事項の順と「対応するかに見える」と指摘する。(注四)

注一●『資財帳』の本文は、鎌田元一・中町美香子「安祥寺資財帳　校訂・釈読」『安祥寺の研究』Ⅰ（京都大学大学院文学研究科二一世紀COEプログラム）二〇〇四年に依拠する。

注二●冒頭の「少僧都法眼和尚位恵運進具の後」から「録して帳首に在り、爾云う」までを〈縁起部〉と呼称する。

注三●「山五十町」以下を〈資財部〉と仮称する。〈資財部〉は〈縁起部〉に後続し、『資財帳』は〈縁起部〉と仮称〈資財部〉で構成される。

注四●『資財帳』の「下寺地」

《表》『安祥寺資財帳』〈文書部〉

β 1 下寺地拾町八段　十二歩
2 四至　東限諸羽山　南限興福寺地　西限山陵　北限山川
3 常燈分頴稲一千斤
4 　仁壽三年秋壬八月下㆓官符㆒附㆓之山城國㆒

1 1 施㆓入常燈分稲㆒官符案一枚
2 山城國勘㆓収燈分本稲㆒牒一枚
3 應㆑預㆓定額安祥寺㆒官符案文一枚
4 奉㆓行同官符㆒山城國牒一枚
5 　右四枚為㆓一巻㆒

2 1 安祥寺上寺山券文一通
2 同山依㆓官符㆒施㆓入安祥寺㆒山城國公験一枚
3 同山施㆓入安祥寺㆒官符案文一枚
4 同山依㆓官符㆒施㆓入安祥寺㆒状山城國下㆓宇治郡㆒符案一枚
5 同山施㆓入安祥寺㆒　中宮職施入文一枚
6 　右五枚為㆓一巻㆒

3 1 在近江國志賀郡錦部郷大津村庄家一區券文三枚
2 　右太皇太后宮職施入
3 在同郡地二百歩

以下を《表》に整理する。「下寺地」から「仁寿三年」までを（β）、「施入常燈分稲官符案一枚」以下は巻子ごとに（1）から（20）、（1）から（20）の内部を行ごとに、例えば（1―1）とする。

4 大宰少貳藤原朝臣元利萬侶施入
5 在山城國宇治郡餘戸郷地三段券文二枚寺家買〔弓弦羽里六坪〕
6 在近江國神埼郡墾田六町八段三百十四歩
7 畠地一段百八十歩國郡判券文二枚
8 　太皇太后宮職施入
4-1 安祥上寺山四至勘定當土刀祢等解文一枚
2 中宮職為レ勘二定同山四至一差レ使下二當土刀祢一符案一枚
3 　右二枚為二一巻一
5-1 同山留郡券文并施二入安祥寺一国符請納宇治郡解文一枚
2 墾田野地柒町留郡券文請宇治郡解文一枚〔墾田二町六段 野地四町四段〕三条
3 　右二枚為二一巻一
6-1 墾田并野地七町國判券文一通
2 同田并野地　中宮職施二入安祥寺一文一枚
3 　右二通為二一巻一〔三條石雲之北里之内田邊村地在二坪付券文一〕
7-1 野地六町五段百九十二歩国判券文一通
2 同野地　中宮職施二入安祥寺一文一枚
3 地十町五段六十歩國判券文一通〔四条大槐里之内。坪付在二券文一〕
4 　右三通為二一巻一
8-1 墾田家地并林九十六歩國判券文一通
2 同地本券文一通〔四条大槐里卅六坪〕

3 右二通為二一巻一

9 1 東大寺慶基法師畠一町施二入安祥寺一文一枚

2 同地惣公験案文一枚石雲里卅一坪

3 右二枚為二一巻一

10 1 墾田四段國判券文一通

2 同田　安祥寺宮内少丞安倍佐主文一枚

3 東京四條

4 同地施二入安祥寺一文一枚

5 右四枚為二一巻一

11 1 山十町進二中宮職一公験一枚

2 同山進二中宮職一山城國下二宇治郡一符案一枚

3 勘二定同山四至一當郡刀祢并郡司判解文案一枚正解文進レ宮了天安二年郡券見在

4 同山中宮職施二入安祥寺一文一枚

5 右四枚為二一巻一

12 1 在阿波國〻〻〻　庄田九丁六段八十四歩并野地二丁

2 在下野國芳賀郡石田庄墾田百廿町畠地四丁券一巻

3 右二庄　家施入

13 1 在周防國吉敷郡　保庄田券文一巻

14 1 民部省符下二三箇國一案文一巻

2 山城國　近江國　周防國

15 1 山城國請二納民部省符一之牒一枚念定院建立文

2 同省符施二行宇治郡一國符一枚施入田九町

3 宇治郡司同國符施二行餘戸郷一之符案一枚一条山口。二条大伏。三条石里。阿可里。弓弦羽里。在坪付番帳。

4 右三枚為二一巻一

16 1 近江國奉二行民部省符一之牒一枚

2 同國施行　一枚

3 犬上郡奉行　一枚

4 右三枚為二一巻一

17 1 太皇太后宮職請二空閑地五丁一牒一帋

2 右近江國犬上郡田鹿郷田鹿村

3 赤罡庄東南山谷口。謂東人谷

4 國符一紙池内空閑地

5 件二枚為二一巻一

18 1 在山城國宇治郡三条石雲北里諸羽

2 町施入文一枚。地一丁同里三坪

3 已上太皇太后宮職施入

4 在同郡山四丁郡判貞観八年薬王寺法性買与。在二券契一。

5 右二枚為二一巻一

19 1 應レ得二度年分者一太政官牒一道

2 開二三蔵供一太政官牒一通

3　毎年請㆓用維摩最勝兩會聽衆竪義各一人㆒之状太政官牒一道

4　　右三道為㆓一巻㆒

20
1　應㆑得㆓度年分者㆒僧綱牒一通

2　開㆑供僧綱牒一道

3　聽衆竪義僧綱牒一通

4　　右三道為㆓一巻㆒《表》は以上

(A)嘉祥元年‥下寺地拾町八段　十二歩（β－1・2）

　四至　東限る諸羽山　南限る興福寺地
　　　　西限る山陵　北限る山川

(C)仁寿二年‥常燈分頴稲一千斤（β－3・4）

　　仁寿三年秋閏八月官符を下しこれを山城国に附す

　常燈分稲を施入する官符案一枚（1－1・2）

　山城国が燈分本稲を勘収する牒一枚

(D)斉衡二年‥まさに定額に安祥寺を預かるべき官符案文一枚（1－3・4）

　同官符を奉行する山城国牒一枚

(E)　三年‥安祥寺上寺山の券文一通（2）

　同山を官符に依り安祥寺に施入する山城国公験一枚

　同山を安祥寺に施入する官符案文一枚

　同山を官符に依り安祥寺に施入する状、山城国が宇治郡に下す符案一枚

　同山を安祥寺に施入する　中宮職施入文一枚

井上氏・水野氏はこの対応から「松山一箇峯」は「下寺地に当る」と論定する。(注五)

丸山士郎氏は〈縁起部〉と〈資財部〉は「よく対応」し、(A)(B)を除き、同一の事柄が〈縁起部〉と〈資財部〉のそれぞれに記されるとする。(α)は〈資財部〉の冒頭である。

(C)仁寿二年…(β－3・4、1－1・2)

(D)斉衡二年…(1－3・4)

(E)　三年…山五十町　四至 東限る大樫大谷 西限る堺峯 南限る山陵 北限る檜尾古寺所

在りどころ山城国宇治郡余戸郷北方、安祥寺上寺がその裏《うち》に在り、建立已後九箇年を経て、斉衡三年歳次丙子冬十月に至り、太皇太后宮が件の山を買い上げ、安祥寺に施入す(α)

(F)貞観元年…まさに年分者を得度すべき太政官牒一道(19－1)

まさに年分者を得度すべき僧綱牒一通(20－1)

丸山氏は(A)(E)に該当の地を〈資財部〉から検討し、(A)は(β－1・2)下寺地、(E)は(2)上寺地とし、嘉祥元年に下寺が創建され、斉衡三年に上寺地が施入されると結論する。(注六)

井上氏・水野氏や丸山氏の見解は示唆的である。(C)と(β－3・4、1－1・2)は「常燈分」とあり、(D)と(1－3・4)は「官額」と定額寺、(F)と(19－1・20－1)は年分者とあって、明確に一致する。また、(E)の「寺の四辺山」と(α)「山五十町」は斉衡三年の年次、(2)と(α)は「安祥寺上寺山」「安祥寺上寺がその裏に在り」の記述から、同一である。(注七)しかし、井上氏・水野氏は(β－1・2)から(2)を取り上げるが、それ以下は検討せず、たとえば(19－1・20－1)が不明である。丸山氏の見解のよう

注五●井上正・水野敬三郎「五智如来像」『日本彫刻史基礎資料集成』〈平安時代〉重要作品篇・四(中央公論美術出版)一九八二年。

注六●丸山士郎「安祥寺五智如来像、観心寺仏眼仏母如来像・弥勒如来像とその周辺」『MUSEUM』五一四、一九九四年。

注七●「安祥寺上寺がその裏に在り」の「裏」は「うち」で、

に、Ⓕと（19－1・20－1）が対応する。

丸山氏は（1－1・2）の「常燈分稲を施入する官符案一枚／山城国が燈分本稲を勘収する牒一枚」以下は文書《もんじょ》の列挙であるが、（β－1・2）と（β－3・4）の「常燈分頴稲一千斤／仁寿三年秋閏八月官符を下しこれを山城国に附す」は性格を異にすると指摘する。〈資財部〉では、（β－3・4）は資財自体の記載であるが、（1－1・2）は文書の目録で、両者は異質である。したがって、（β－3・4）と（1－1・2）が対応する可能性がある。また、Ⓔと〈資財部〉の（2）「安祥寺上寺山の券文一通」以下・（α）「山五十町」以下は同一で、（2）と（α）が照応する。Ⓔの二箇所との合致は異例であるが、（2）は文書、（α）は山自体で、（2）と（α）は異質である。〈資財部〉では、資財自体とそれに対応する文書が対応する蓋然性がある。

〈縁起部〉は安祥寺の創立の経過を記載するが、その経過はまさしく資財と定額寺や年分者などの権利の獲得の次第である。資財や権利の所有は文書によってこそ保証される。Ⓒや（β－3・4）の「常燈分」は（1－1・2）「常燈分稲を施入する官符案一枚」などによって、Ⓔや（α）「山五十町」は（2）「安祥寺上寺山の券文一通」以下によって歴史的に認定される。そこで、〈資財部〉のうち、（1－1・2）から⑳「まさに年分者を得度すべき僧綱牒一通／供を開く僧綱牒一道／聴衆竪義の僧綱牒一通／右三道を一巻となす」までを〈文書部〉と呼称し、（α）から（β－3・4）までは〈資財部〉に分類する。すなわち、（β）までと（1）以下を切断する。かくして、〈文書部〉と〈縁起部〉〈資財部〉の照応を検討し、つぎに〈文書部〉の内容を分析する。この観点から、安祥寺の建立の経過や、安祥寺の山・庄家などの性格を考察し、とくに上寺山と刀禰の関係に言

上寺は「四辺の山」の「うち」にある（紺野敏文「創建期の安祥寺と五智如来像」『日本彫刻史の視座』中央公論美術出版、二〇〇四年）。「寺の四辺山」であるから、「裏」は「うら」ではありえない。

及する。

一――『安祥寺資財帳』〈縁起部〉と〈文書部〉

『資財帳』〈縁起部〉は建立の経過や資財・権利の由来を記述するが、その多くは〈文書部〉と見事に対応する。

〈縁起部〉の(C)では、仁寿二年（八五二）閏八月に「頴稲一千斤」を常燈分とし、官符を下し山城国に付す。〈資財部〉の（β―3・4）では仁寿三年八月であるが、これは二年が正確で、〈文書部〉（1―1・2）の「常燈分稲」に該当する。（1―1・2）には「常燈分稲を施入する官符案一枚」と「山城国が燈分本稲を勘収する牒一枚」があり、前者は太政官《だいじょうかん》が「常燈分稲」を施入し山城国に下す官符の案文《あんもん》、後者は山城国が官符を受けて「燈分本稲」を勘収し、それを安祥寺に通知する国牒《こくちょう》である。官符案文と国牒が安祥寺の〈権利〉を認定・保障する。（注八）

〈縁起部〉(D)では安祥寺は定額寺となり、〈文書部〉の（1―3・4）の「定額」と一致する。（1―3・4）の「まさに定額に安祥寺を預かるべき官符案文一枚」は太政官が安祥寺を定額寺とする官符の案文、「同官符を奉行する山城国牒一枚」は山城国が官符を奉行し安祥寺に通知する国牒である。一方、斉衡二年（八五五）、安祥寺を定額寺とし、稲一〇〇〇束を施し「燈油」に充てる（『日本文徳天皇実録《にほんもんとくてんのうじつろく》』斉衡二年六月朔条）。この措置は国家の事業で、官符が下され、正史が記録する。後半の稲一〇〇〇束は(C)の記事である。

〈縁起部〉(E)は〈資財部〉（α）・〈文書部〉（2）と合致する。(E)「寺の四辺山」は（2）の

注八●坂内三彦「九・十世紀の地方行政文書について」『紀尾井史学』三、一九八三年。坂内氏は〈文書部〉の国司文書と太政官や郡郷の文書の相互関係を綿密に検討する。

「安祥寺上寺山」で、（α）安祥寺上寺は「その裏《うち》にあり」。（α）では、上寺山は山城国宇治郡余戸《あまるべ》郷の「北方」にあり、太皇太后《たいこうたいごう》宮藤原順子が施入する。（2－3）の「同山を安祥寺に施入する官符案文一枚」は、上寺山を施入する官符の案文である。また、斉衡三年、宇治郡粟田《あわた》山を安祥寺に施入する（『日本文徳天皇実録』斉衡三年十月辛卯条）。この施入も国家が措置し、官符を下す。ところが、さらに〈文書部〉には（4）に「安祥上寺山の四至を勘定する当土刀禰ら解文一枚」などがある。上寺山の施入文書は〈文書部〉に分割記載される。上寺山の施入の経緯や施入文書の分割記載の意味は次節以下で検討する。

　上寺山は宇治郡の粟田山であるが、愛宕《おたぎ》郡に粟田郷があり、元慶四年（八八〇）、清和《せいわ》太上天皇を愛宕郡の上粟田山に葬る（『日本三代実録《にほんさんだいじつろく》』元慶四年十二月七日丙戌条）。粟田山は宇治郡・愛宕郡に展開し、上寺山はその一画である。

　〈縁起部〉の(F)の年分者は（19－1・20－1）の年分者に対応する。「まさに年分者を得度すべき太政官牒一道」は案文ではないので、太政官が安祥寺に通知する官牒《かんちょう》の正文《しょうもん》、「まさに年分者を得度すべき僧綱牒一通」は僧綱《そうごう》から安祥寺に送られる僧綱牒である。貞観元年（八五九）四月一八日、この太政官牒・僧綱牒に対応し、太政官符《だいじょうかんぷ》「まさに安祥寺の年分者三人を得度すべき事」が下される（『類聚三代格《るいじゅうさんだいきゃく》』貞観元年四月十八日官符、『日本三代実録』貞観元年四月十八日癸卯条）。

　さて、〈文書部〉の末尾はつぎの通りである。

　　まさに年分者を得度すべき太政官牒一道（19－1）
　　三蔵供を開く太政官牒一通（19－2）
　　毎年、維摩・最勝両会の聴衆・竪義各一人に請用するの状、太政官牒一道（19－3）

右三道を一巻となす
まさに年分者を得度すべき僧綱牒一通（20－1）
供を開く僧綱牒一道（20－2）
聴衆・竪義の僧綱牒一通（20－3）
右三道を一巻となす

〈縁起部〉には(F)のつぎに(G)「維摩・最勝会の立義・聴衆らの人に講（請）ず」[注九]とあり、これは〈文書部〉（19－3・20－3）に一致する。さらに、〈縁起部〉(G)のつぎの(H)「また供を開き以て三蔵教法を講ぜんと擬す」は〈文書部〉（19－2・20－2）に相応する。このうち、〈縁起部〉(G)・〈文書部〉（19－3・20－3）は、貞観三年に「まさに毎年、維摩・最勝両会の聴衆并びに竪義者各一人に請用すべき事」太政官符が発給され（『類聚三代格』貞観三年四月十三日官符、『日本三代実録』貞観三年四月十三日丁巳条）、（19－3）とほぼ同文である。(G)・（19－3・20－3）は貞観三年の措置と推定される。

しかし、〈縁起部〉では恵運は(F)・(G)・(H)を貞観元年の一連の行事のように記載する。これと対応して、（19－1・19－3）を太政官牒として一括し、（20－1・20－3）を僧綱牒として成巻する。また、（19・20）は〈文書部〉冒頭の（1－1・2）の「常燈分稲」・（1－3・4）の定額寺・(2)の上寺山に連続せず、末尾に列挙される。この問題も次節以降で考察する。

さて、〈縁起部〉の(C)・(D)・(E)・(F)・(G)・(H)は〈文書部〉と正確に照応する。このうち、(C)の「常燈分」・(E)の「寺の四辺山」は資財で、〈資財部〉に（β－3・4）「常燈分」・（α）山五〇町と記述される。(D)の定額寺・(F)・(G)・(H)の年分者などは権利で、〈文

注九●「講」は「請」の誤りである（鎌田元一・中町美香子「安祥寺資財帳 校訂・釈読」前掲）。

書部〉だけに対応する。また、(C)・(D)・(E)・(F)・(G)・(H)は太政官符・官牒がそれぞれ発給され、また正史が記録する。

二――〈文書部〉の構成

八・九世紀には、元興寺《がんごうじ》・大安寺・法隆寺・西大寺・多度神宮寺《たどじんぐうじ》・広隆寺・観心寺などの資財帳が伝来するが、そのうち西大寺に「官符図書」（『西大寺資財流記帳』『寧楽遺文』中）、広隆寺に「雑公文」の記載がある（『広隆寺資財交替実録帳』『平安遺文』一七五）。西大寺には別個に「田薗山野」の一章があり、これは伝来しないが、こちらこそが「田薗山野」の目録である。安祥寺は〈文書部〉以外には、〈資財部〉冒頭に（α）「山五十町」（上寺山）、末尾に（β）「下寺地拾町八段　十二歩」だけがあり、山や庄家《しょうけ》は文書を媒介に列挙される。また、西大寺の「官符図書」は「一巻 美作国解文墾田地文図 白紙、黄表、綺緒、絵軸、神護景雲二年、在国印」と詳細であるが、安祥寺の〈文書部〉は文書の内容・差出者・受取者・様式などを丁寧に記録する。（2－4）の「同山を官符に依り安祥寺に施入する状、山城国が宇治郡に下す符案一枚」は、内容が「同山を官符に依り安祥寺に施入する状」、差出者は山城国、受取者は宇治郡、様式が符《ふ》式である。内容の「同山を官符に依り安祥寺に施入する状」は、国符《こくふ》の事書《ことがき》に相当すると推定される。この形式は繁簡があり、売券《ばいけん》など証文は所在・地種・面積・由来を記録する。恵運は文書を熟視し内容を点検しながら、〈文書部〉を筆録すると想定される。安祥寺の資財帳は文書に関心が深く、かつ正確無比である。〈文書部〉の記載から、様々な歴史世界が復原可能である。

〈文書部〉では、冒頭の（1－1・2）「常燈分稲」・（1－3・4）定額寺・（2）の上寺山は〈縁起部〉の年代順の通りであるが、（19・20）の年分者などは一転して末尾に記載される。また、（2）の上寺山は（4）に「安祥上寺山の四至を勘定する当土刀禰ら解文一枚」などが記述される。そこで、〈文書部〉の順序の意味を検討する。（注一〇）

〈文書部〉の秩序の手掛かりは、第一に既述の(C)・(D)・(E)・(F)と（1－1・2）・（1－3・4）・（2）・（19・20）の対応である。〈文書部〉冒頭の（1－1・2）・（1－3・4）・（2）は正確に年代順であり、（19・20）は末尾であるが、（2）から（19・20）はやはり年代順である。

第二の手掛かりは中宮職《ちゅうぐうしき》の記載である。藤原順子は文徳《もんとく》天皇の生母で、嘉祥三年（八五〇）に皇太夫人《こうたいふじん》、斉衡元年（八五四）に皇太后、貞観六年（八六四）に太皇太后となる。奈良時代から平安前期には、天皇の生母が皇太夫人となり、中宮職を付置される。（注一一）天安二年（八五八）、藤原明子《あきらけいこ》が皇太夫人となり、藤原順子の中宮職を改め皇太后宮職とする（『日本三代実録』天安二年十一月廿五日壬午条）。順子の中宮職は、嘉祥三年から天安二年までの八年間である。

〈文書部〉の基本的な構成は、まず文書名を記載し、つぎに「右」以下に枚数・成巻や由来を付記する。藤原順子は中宮職（2・4・6・7・11）また太皇太后宮職（3－2・8、17、18）と表記されるが、中宮職は文書名だけに使用される。一方、太皇太后宮職のうち、二例は（3－2・18）「右（已上）太皇太后宮職施入」とあり、一例は「右」の省略または脱落である（3－8）。「右」以下では、（3－4）「大宰少弐藤原朝臣元利万侶施入」が注意される。藤原元利万侶《もりまろ》が大宰少弐《だざいのしょうに》に在任する期間は、貞観五年二月・貞観九

注一〇●吉川真司氏は「おおむね時間順に配列され」ると指摘する（吉川真司「安祥寺以前」『安祥寺の研究』Ⅰ前掲）。

注一一●橋本義彦「中宮の意義と沿革」『平安貴族社会の研究』（吉川弘文館）一九七六年。

年正月以降・貞観一二年一一月で（『国司補任』二）、恵運は『資財帳』の日付の貞観九年六月の官職を記載すると推定される。「右」以下には貞観九年の身分を表記し、〈文書部〉の〈地《じ》の文《ぶん》〉に相当する。(注一二)

一方、恵運は文書名に中宮職と表記するが、これは文書の記載を忠実に転記すると想定される。（17－1）の太皇太后宮職の一例も同様に文書の転写である。文書名の記載では、中宮職は（2・4・6・7・11）、太皇太后宮職は（17）の一例であるが、中宮職は〈文書部〉の前半に集中し、太皇太后宮職が後半にある。中宮職と太皇太后宮職はまさしく時代順である。

〈文書部〉には年次の記載が二例ある。（11－3）の天安二年と（18－4）の貞観八年で、（11－3）と（18－4）は年代順である。（11－3）の天安二年は「同山の四至を勘定する当郡刀禰并びに郡司判の解文案一枚正解文は宮に進め了りぬ天安二年郡券見に在り」とある。（11）は四枚で一巻であり、この一行が一枚の文書である。（11）の「山十町」の一連の措置は、天安二年の年内に終了すると推測される。天安二年は中宮職の最後の年次で、〈文書部〉では（11）は中宮職の最後である。（18－4）の貞観八年は〈文書部〉の資財の末尾で、しかも『資財帳』の貞観九年の前年である。「在りどころ同郡（宇治郡）の山四丁の郡判貞観八年、薬王寺法性が買与す、券契に在り」とあり、貞観八年は山四町の買与の年次である。(注一三)

〈文書部〉の秩序の手掛かりは年代順を強く示唆する。例外は、（18－4）の貞観八年と、（19・20）の貞観元年・三年である。この事実は、（2）で上寺山の文書を記載し、そのため山や庄家など資財を貞観八年まで列挙し、つぎに（19・20）の年分者などの権利を

注一二●『資財帳』では藤原順子を一般に太皇太后宮と表記し、中宮職は〈文書部〉の文書名に限定される。

注一三●（10－2）の宮内少《しょう》丞《じょう》安倍佐主《あべのすけぬし》は所見がないが、藤原順子の太皇太后宮少進《しょうじょう》の安倍肱主《ひじぬし》の可能性がある。貞観六年、肱主は太皇太后宮少進で正六位上から従五位下になる。宮内少丞は正六位上以下の官職で、（11）の天安二年以前の中宮職と齟齬しない。

記述すると推定される。(19・20)は太政官牒と僧綱牒を別個に成巻するが、(19)と(20)の内部では(19―1・20―1)が貞観元年、(19―3・20―3)が貞観三年である。上寺山の文書が(2)と(4)に分割されるのは、(2)は斉衡三年一〇月と直後の出来事、(4)は少々の時間が経過する可能性がある。藤原順子は安祥寺を建立し、「資財田園を割き給うこと甚だ多」い(『日本三代実録』貞観十三年九月廿八日辛丑条)。〈文書部〉では、(2、3―1・2、3―6〜8、4、6、7―1・2、11、17、18―1〜3)が該当するが、このうち(2)から(11)までは中宮職の施入である。(注一四)〈文書部〉が年代順の場合、(2)から(11)までは(E)斉衡三年一〇月から天安二年一一月以前の出来事で、順子の施入はこの二年間に集中する。

さて、(11―3)の「同山の四至を勘定する当郡刀禰并びに郡司判の解文案一枚正解文は宮に進め了りぬ天安二年郡券見に在り」では、当郡刀禰・郡司判解文《げぶみ》の案文に「正解文は宮に進め了りぬ」とあり、注目される。〈文書部〉は案文と正解文を区別し、解文の正文を「宮」(中宮職)に進め、その代わりに案文を保有する。〈文書部〉には数多く「案」と記載され、正文と案文を区別する。(1)では官符は案文、国牒は正文であるが、官符の充名は山城国、国牒の充名は安祥寺である。官符の正文は山城国が保管し、安祥寺は案文を入手する。(19・20)の官牒・僧綱牒は充名が安祥寺で、安祥寺は官牒・僧綱牒を保有する。(17―1)の「太皇太后宮職が空閑地五丁を請う牒一紙」は、太皇太后宮職が近江国犬上郡《いぬがみぐん》の空閑地を申請する宮牒、「国符一紙池内空閑地」は宮牒の内容を犬上郡に通知する国符である。ともに「案」とないので、宮牒・国符の正文と推定されるが、宮牒の充名は近江国、国符は犬上郡である。九・一〇世紀には国符(公験《くげん》国符)の案文が権利保持者に交付さ

注一四●(5―1)の宇治郡解文は(4)と一連の文書。(5―2)の「墾田野地漆町の留郡券文を請《う》くる宇治郡解文一枚墾田二町六段、野地四町四段三条」は、(6)の「墾田并びに野地七町の国判券文一通」以下と面積・所在が一致する。

れ、一〇世紀から正文を権利者に直接交付する原則がはじまる。(注一五)（17―4）の近江国符は重要であるが、〈文書部〉では（16）以降〈案〉の記載がなく、検討の余地がある。

三――〈文書部〉と上寺山

〈文書部〉には山や庄家の券文《けんもん》などが多数列挙されるが、（17）の国符のほか、（2）の上寺山や（14～16）に太政官符・民部《みんぶ》省符《しょうふ》や国符があり、留意される。

（14―1）「民部省符、三箇国に下す案文一巻」は民部省が山城国・近江国・周防《すおう》国に下す省符の案文である。山城国・近江国は（15・16）で、周防国は（13）と関連する可能性がある。この民部省符は山城国・近江国・周防国が充名なので、安祥寺は案文を獲得する。（15―1）の「山城国が民部省符を請《う》け納むるの牒一枚念定院建立文」は、山城国が民部省符を「請け納むる」すなわち受領し、その内容を安祥寺に通知する国牒である。山城国は民部省符を受領し、民部省に請文《うけぶみ》の国解《こくげ》を提出し、安祥寺に国牒を発給する。また、（15―2）「同省符を宇治郡に施行する国符一枚施入田九町」とあり、山城国は民部省符を宇治郡に施行するが、その「国符」に案とない。一方、（15―3）「宇治郡司が同国符を余戸郷に施行するの符案一枚」は「符案」とあり、郡符《ぐんぷ》は案文である。国符の充名は宇治郡で、「案」の脱落の可能性があるが、(注一六)郡符は「案」と明記するので、国符は正文の可能性がある。（15）と同様に、（16―1）の「近江国が民部省符を奉行するの牒一枚」は（14）の民部省符の奉行を安祥寺に通達する国牒である。（16―2）「同国施行　一枚」は近江国が民部省符を施行する国符、「犬上郡奉行　一枚」は犬上郡が国符を奉行し近江国に上申

注一五●坂内三彦「九・十世紀の地方行政文書について」前掲、富田正弘「国務文書」『日本古文書学講座』三古代篇Ⅱ（雄山閣出版）一九七九年。

注一六●坂内三彦「九・十世紀の地方行政文書について」前掲、加藤友康「平安時代の文書とその機能」石上英一ほか編『古代文書論』（東京大学出版会）一九九九年。

した郡司解と想定される。全て「案」とないので、近江国符・犬上郡司解の正文の可能性があるが、（16）以降には「案」の表記が一切なく、疑問がある。（15－2）の国符がもっとも重要で、史料自体から解決する必要がある。

（15－1）の山城国牒には「念定院建立文」とあり、念定院《ねんじょういん》が民部省の指示で建立される。山城国符は「施入田九町」とあり、念定院に「田九町」が施入される。念定院の建立は民部省が関与し、〈文書部〉の山や庄家と少々異質である。その年次は、（11）の天安二年（八五八）以降、（18）の貞観八年（八六六）以前と推定される。〈縁起部〉には、貞観元年に「遂に勝願を発して、堂宇を建立」するとあるが、念定院がこの「堂宇」の可能性がある。この念定院は安祥寺の「院家」で、「下寺の旧名」とされる。[注一七]

斉衡三年（八五六）一〇月、藤原順子は安祥寺の上寺山を施入するが、〈文書部〉には多数の関連の文書があり、その経過が詳細に判明する。[注一八]その文書群は（2）と（4・5）に分割記載されるが、（2）から（4・5）へは少々の時間が経過すると推定される。

〈資財部〉冒頭では、上寺山は藤原順子が「件の山を買い上げ」、安祥寺に施入する。（2－1）の「安祥寺上寺山の券文一通」はこの買い上げの券文である。（2－2）「同山を官符に依り安祥寺に施入する山城国公験一枚」は山城国が施入を認定する公験、（2－3）「同山を安祥寺に施入する官符案文一枚」は太政官の施入官符の案文、（2－4）「同山を官符に依り安祥寺に施入する状、山城国が宇治郡に下す符案一枚」は山城国が宇治郡に下す国符の案文、（2－5）「同山を安祥寺に施入する　中宮職施入文一枚」は中宮職から安祥寺への施入文である。このうち、（2－1）の券文や（2－2）の公験は（2－5）の施入文に副えて安祥寺に施入される。一方、（2－3）の官符の充名は山城国、（2

注一七●吉川真司「安祥寺以前」前掲。

注一八●坂内三彦「公験の基礎的考察（下）」『日本古代・中世史研究と資料』一九（二〇〇二年）。坂内氏はこの施入などを詳細に分析する。少々の私見があり、再説する。

なお、坂内氏は時間の経過を、順子の買い上げ（2－1）→中宮職の職符発給・使者派遣（4－2）→刀禰の勘定（4－1）→中宮職の施入（2－5）、「この間に」官符（2－3）→国符（2－4）→宇治郡の請文（5－1）とする。

ー4）の国符の充名は宇治郡であるが、安祥寺はその案文を獲得する。（2ー3・4）はともに山城国が関係するので、山城国が案文を作成し、安祥寺に伝達すると推定される。

（2）の手続きは、太政官や山城国から宇治郡に上から下降する。（15ー3）「宇治郡司が同国符を余戸郷に施行するの符案一枚」があるが、（2・4）では宇治郡から余戸郷に下達《げたつ》されない。（4ー2）「中宮職が同山の四至を勘定せんがために、使を差し当土刀禰に下す符案一枚」とあり、中宮職は使者を派遣し、当土刀禰《とね》に「中宮職符」を下達する。中宮職は国郡を媒介せず、独自に当土刀禰と交渉する。（4ー1）「安祥上寺山の四至を勘定する当土刀禰ら解文一枚」は、当土刀禰らが上寺山の四至《しいし》を勘定し、中宮職に上申する解文である。（4ー2）の職符は案文であるが、（4ー1）の刀禰等解文は正文である。（5ー1）「同山の留郡券文并びに安祥寺に施入する国符を請け納むる宇治郡解文一枚」は、「同山の留郡券文」と「安祥寺に施入する国符」の請文である。「安祥寺に施入する国符」は（2ー4）に相当するが、山城国から宇治郡に「同山の留郡券文」と「安祥寺に施入する国符」が同時に伝達される。

（5ー1）の「留郡券文」は宇治郡に留め置かれる券文である。嘉祥二年（八四九）、山城国葛野《かどの》郡の高田郷長は家地《やち》を立券するが、郡判《ぐんぱん》に券文は二通で、一通は「郡に留む」、一通は「買人に賜う」とある。嘉祥三年、同様に家地の新券文を立てるが、郡判では券文は二通で、一通は「郡に留む」、一通は「買人に給う」である。この二件は、ともに「買人料」が伝来する（山城国高田郷長解、『平安遺文』九二、山城国高田郷長解、『平安遺文』五九）。また、延暦七年（七八八）、大和国添上《そうのかみ》郡司は家一区を立券《りっけん》するが、国判《こくはん》では一通は「国に留む」、一通は「郡に置く」、一通は「今主に給う、主料」とある（大和国添上郡司解、『平安遺文』五）。大同元年（八〇六）、大和国添下《そうのしも》郡司は墾田を立券するが、国判に一通は「国に留む」、一通は「郡に置く」、一通は「今主に給う」とある（大和国添下郡司解、『平安遺文』二九）。現存の売券は「買人料」「主料」で、「留郡券文」は一般に消滅する。承和一三年（八四六）、山城国宇治郡の賀美《かみ》郷長は家地を立券するが、国判に「参通郡料」とあり、この売券は郡料すなわち「留郡券文」である（賀茂成継家地売券、『平安遺文』八一）(注一九)。

国判には三通、郡判では二通とある。（5−1）は「留郡券文」と国符の請文で、留郡券文は山城国から送付され、三通作成されると推定される。（2−1）は山城国に一通、宇治郡に一通、安祥寺に一通が保管される。（5−2）「墾田・野地漆町の留郡券文を請くる宇治郡解文一枚墾田二町六段野地四町四段三条」は、墾田・野地の「留郡券文」の請文であり、この券文も山城国から伝達される。まさしく宇治郡は「留郡券文」を留め置き、山城国に請文を提出する。

家・家地や墾田は、国・郡に券文が留め置かれるが、「留郡券文」の請文や山の「留郡券文」は類例がない。また、宇治郡は「留郡券文」の請文の解文を提出するが、これは国符の請文でもあり、山城国が充名である。ところが、〈文書部〉には（5−1・2）に「案」となく、正文である。安祥寺は「留郡券文」や国符の請文を保有する。この請文は領有を保障するため、「権利者に交付された」(注二〇)。宇治郡の「留郡券文」の請文は、次節で再考する。

注一九●西山良平「〈郡雑任〉の機能と性格」『日本史研究』二三四、一九八二年。

注二〇●坂内三彦「公験の基礎的考察（下）」前掲。

四――上寺山と当土刀禰

斉衡三年（八五六）、藤原順子は上寺山を「買い上げ」施入する。上寺山は売買されるが、山の売券は希少である。

謹しんで解《げ》し　申す地を売り進むる事
　合わせて壱佰弐拾町在りどころ近江国愛智郡大国郷高野村
　野地五十七町
　畠地三町
　山六十町　西は限る愛智河　東・南は限る黒山　北は限る岸壇上
右件の地は、銭壱佰貫文を以て価直に充て、无品俊子内親王家に売り進むること既に畢りぬ、仍りて事状を録し、以て解す
　天長元年十月十一日散位正七位下紀朝臣「鷹守」
　　相沽散位正六位下紀朝臣「鷹成」

天長元年（八二四）、紀鷹守《きのたかもり》らが野地五七町・畠地三町・山六〇町を俊子内親王家に売り進める（近江国大国郷野地売券、『平安遺文』四九）。この売券は野地・畠に中心があるが、墾田・家地はなく、山の売券の様相を窺知できる。[注二一]山の売買は、〈文書部〉の（18－4）にも「在りどころ同郡（宇治郡）の山四丁の郡判貞観八年、薬王寺法性が買与す、券契に在り」とある。延暦一七年（七九八）、寺や王臣家・豪民が山野・藪沢・浜嶋を占点するが、「官符有りて賜う及び旧来占め買うるを論ぜず」、ことごとく収公する（『類聚三代

注二一●承和一二年（八四五）、紀伊国那賀郡司は墾田一町三段余（荒）・野地一〇町・池山一〇町などの券文三通を造り、紀伊国司が判許する（紀伊国那賀郡司解、『平安遺文』七九）。

格』延暦十七年十二月八日官符）。山野・藪沢・浜嶋の占有には「官符有りて賜う」と「旧来占め買う」があり、「官符有りて賜う」は国家が太政官符を発給し山野などを施入する。一方、「旧来占め買う」は、寺や王臣家が実力で占拠・売買する。山野などの占有・売買は相当に広範に展開する。

安祥寺の上寺山は（2）の一連の文書が先行し、（4・5－1）は（2）に後続すると推定される。（4）では、中宮職は直接に使者を派遣し、職符を刀禰に下達する。刀禰は解文を差し出すが、この解文は安祥寺に保管される。刀禰は山野の四至の確定に重要な役割を担い、この認定は刀禰の独自の機能である。(注二二)（2－2）山城国公験は「上寺山領有を国衙が認定・保証するような文書」であるから、(注二三)（2－1）の券文は国司や郡司が関係せず、売人・買人だけで成立すると推定される。（2－4）山城国は宇治郡に国符を下すが、（2）では宇治郡以下の手続きは途絶する。刀禰の勘定が必須で、中宮職は直接に刀禰に指示する。安祥寺には（4－1）刀禰等解文の正文こそ必要である。宇治郡の処置は（4）より遅延し、ようやく（5－1）で「留郡券文」と国符の請文を上申する。（5－1）宇治郡の解文以外に宇治郡の文書はなく、安祥寺には（5－1）が不可欠と想定される。本来は（2－4）国符に継続し、（11－3）のように刀禰・郡司判解文が作成されると推測される。「上から」の施入が先行し、刀禰の勘定で完結する。

（11）は「山十町」の一連の文書である。（11－1）「山十町を　中宮職に進む、　公験一枚」は山を中宮職に進上する公験、（11－2）「同山を　中宮職に進む、　山城国が宇治郡に下す符案一枚」は山城国が宇治郡に下す国符の案文である。（11－3）「同山の四至を勘定する当郡刀禰并びに郡司判解文案一枚正解文は宮に進め了りぬ天安二年郡券見に在り」では、当郡

注二二●木村茂光「刀禰の機能と消滅」『日本初期中世社会の研究』（校倉書房）二〇〇六年。

注二三●坂内三彦「公験の基礎的考察（下）」前掲。

刀禰が山の四至を勘定し、郡司が判許する。この文書は刀禰・郡司判解文で、充名は国司である。「正解文は宮に進め了りぬ」とあり、解文の正文は中宮職に進上するが、恵運が〈文書部〉に国司の進上を記載すると想定しがたく、恵運が正文を進上すると推定される。安祥寺は一旦刀禰・郡司判解文を入手し、正文は中宮職に進上し、案文を手元に保有する。「天安二年郡券見に在り」は、(12)は四枚で一巻で、(11－3)の一行が一枚である。郡券は刀禰・郡司判解文を指示し、正文が中宮職から返却され、それを「見に在り」と注記すると憶測される。安祥寺は山城国の公験や刀禰・郡司判解文を保有する。(注二四)山城国の公験は(2)と同様に、刀禰・郡司判解文に先行する可能性がある。

　延暦一二年、播磨国赤穂郡坂越《さこし》郷では、民が東大寺の塩山を恣に伐損するので、東大寺の僧慈親は播磨国に処分を請う。播磨国は赤穂郡司に国符を下し、その四至は「先の官符」により伐損を禁断させる(播磨国符案、『平安遺文』七)。東大寺の「使の僧ら」が到来し、「当土の人夫らを追い召し、山の堺を勘問す」る。坂越郷や神戸《かんべ》里の刀禰らは「細(マ子マ)・先後の行事を證し申」し、当郷などの人夫は「寺の山」と知ると上申する。郡司が勘定し、国司が判許《はんきょ》する(播磨国坂越・神戸両郷解案、『平安遺文』九)。太政官符や「村里刀禰ら證し申す」により、「国郡判許」が東大寺に宛て行われる。その官符や「国郡判」は東大寺に「在り」。そこで、東大寺は赤穂庄司(郡司カ)に塩山の四至は官符の如くで、切損を禁断させる(東大寺牒案、『平安遺文』八、以上『兵庫県史』〈史料編〉古代1)。(注二五)

　東大寺は太政官符や村里刀禰らの証言により国郡判許を宛て行われ、官符や国郡判許は東大寺に「在り」と主張する。刀禰の証言は重大である。しかし、国符や東大寺の「使の僧ら」の勘問が刀禰に証言させ、郡司・国司の裁許が必要である。安祥寺の刀禰と同様

注二四●坂内氏は「正解文進」から、本来正文が交付されると指摘する(坂内三彦「九・十世紀の地方行政文書について」前掲)。なお、坂内氏はこの公験を、山城国が宇治郡司や刀禰の認知に基づき、中宮職の領有を保証する公験とする(坂内三彦「公験の基礎的考察(下)」前掲)。

注二五●福島好和氏は赤穂庄司を赤穂郡司の「誤り」とする(『赤穂市史』第一巻第三章第三節、一九八一年)。

に、証言は太政官や国司に先導され、国郡に補完される。山野の領有には刀禰の証言が必須であるが、それには意義と限界がある。

五――中宮職と当土刀禰

延暦一二年（七九三）、播磨国赤穂郡では、東大寺の「使の僧ら」が到着し、「当土の人夫らを追い召し、山の堺を勘問」する。東大寺の使者が坂越郷や神戸里の証言を主体的に誘導する。この刀禰・郡司判・国司判解文は墾田や家地の売券と同一様式であり、東大寺が正文を直接に獲得する可能性がある。「使の僧ら」が赤穂郡に到来し、刀禰を勘問し、証言・郡判・国判を入手すると推定される。そこで、東大寺は「国郡判許」は「寺家に在り」と強調する。(注二六)

本主は、山や庄家の経営に使者を派遣する。播磨国赤穂郡では、天平勝宝五年（七五三）から七年に播磨守の大伴犬養《おおとものいぬかい》が山や葦原・墾田を点ずるが、犬養は秦大炬《はたのともしび》を「私設の代官」とし、「家の使」を設定する。秦氏は当地の名族で、使者は平城京から派遣されると推定される。(注二七) 一方、勝宝八年以降、東大寺は「山守使」を宛て、林を治め守り、当土の人夫は山守使の口上に随い、地子《ちし》を奉る。しかし、延暦七年、相論《そうろん》が発生するので、東大寺の「使の僧らが来り」、当土の人夫を追い召し、山の堺を勘問する。延暦一二年、僧慈親は播磨国に処分を請うが、慈親こそ東大寺の「使の僧」と推定される。「使の僧ら」は東大寺から差遣され、赤穂郡に到来すると想定される。大伴犬養や東大寺の山経営の中枢は使者である。延暦一七年、寺や王臣家・豪民の山野占有を禁断するが、とくに「かの

注二六●播磨国坂越郷解案カ〔前欠〕など播磨国赤穂郡墾生山《ハブヤマ》文書案〔前欠〕（東大寺文書1—24—311）は、書写年代が「平安院政期」（寛治～元暦）と推定され、紙背は「平安院政期」の某天皇綸旨《りんじ》案と某書状礼紙書《らいしがき》である（奈良国立文化財研究所『東大寺文書目録』二）。

注二七●西山良平「奈良時代「山野」領有の考察」『史林』六〇―三、一九七七年。

使人を捉《とら》うるを聴す」(『類聚三代格』延暦十七年十二月八日官符)。東大寺の使者などは、禁制の「使人」に該当する。

斉衡三年(八五六)、中宮職は上寺山の四至の勘定に使者を派遣し、当土刀禰に「中宮職符」を下達する。中宮職は国郡を経由せず、直接に当土の刀禰に指示する。また、「山十町」は中宮職が安祥寺に施入するが、山城国が宇治郡に国符を下す。当郡刀禰や郡司が四至を勘定するが、「正解文は宮に進め了りぬ」とあり、解文の正文は中宮職に進上される。斉衡三年以降、中宮職は刀禰や郡司を強く掌握する。

中宮職は当土刀禰に「中宮職符」を下すが、符式は公式様《くしき》文書のうち、所管《しょかん》の上級官司から被管《ひかん》官司に下達される文書である。符式には解式が対応し、解式は下級官司が上級官司に上申する様式である。また、貴族の諸家《しょか》では家符《かふ》が家使《かし》に持参され、各部局に下達される。家符には「験となす」ために「家印《かいん》」が捺される。[注二八] 延喜五年(九〇五)、「諸院・諸宮・諸家」(院・宮・諸家)が国司を経由せず郡司や雑色を召し勘ずるが(『類聚三代格』延喜五年八月廿五日官符)、院や宮も符式を発給すると想定される。院は太上天皇の家政機関、宮は春宮坊や中宮職などで、[注二九](4−2)の「中宮職符」はその実例である。院の事例には、承和八年(八四一)、淳和院《じゅんないん》の政所《まんどころ》が院領某庄に符式を下達する(淳和院政所符案、『平安遺文』六九)。ところが、院・宮・諸家の下達文書には「告書《こくしょ》」があり、承和八年に淳和院の政所は越中国諸庄別当に「告」を送付する(淳和院政所告書案、『平安遺文』六八)。告書は九世紀前半に発生し、一〇・一一世紀に展開するが、差出者は大寺・上層貴族、受取者は郡司がほとんど、ほかは国衙《こくが》・刀禰である。告書の充名は「自己の管轄外の下級公的機関」である。[注三〇]

注二八●西山良平「家牒・家符・家使」『日本史研究』二一六、一九八〇年。

注二九●吉川真司「院宮王臣家」『平安京』〈日本の時代史5〉(吉川弘文館)二〇〇二年。

注三〇●菊池武雄「日本の「告

康保元年（九六四）、伊賀国名張《なばり》郡司は東大寺告書を東大寺符と引用し（伊賀国夏見郷薦生村刀禰解案、『平安遺文』二八二）、貞元二年（九七七）の法家《ほうか》問答では「告書を下符」するとある。（注三一）符式は告書と近似し混同され、「中宮職符」は告書の可能性がある。延喜五年、院・宮・諸家が「偏《ひとえ》に田宅・資財の事に就きて」国司を経ず直接に「家符」を放ち、郡司・雑色を召し捕え、責め閉じ籠《こ》めが今少しで囚人に過ぎる。「使たるの人」は多く家来を率い、力ずくで侵入しふみにじる（『類聚三代格』延喜五年八月廿五日官符）。家符は諸家の符式で、その充名は（4－2）「中宮職符」を参考に郡司・雑色と推定される。郡司・雑色は「管轄下にない」ので、この家符は告書で、符式と「同一視」される可能性はある。（注三二）しかし、告書を符式と表記する事例は希少で、「中宮職符」や家符は文字通り符式と想定される。九世紀に、院・宮・諸家では刀禰や郡司・雑色に符式を下達する。

刀禰や郡司・雑色は「自己の管轄外の下級公的機関」であるが、院・宮・諸家の「管轄下」の側面が発生し、とくに差出者からそう見做すと推測される。山城国宇治郡余戸郷では、安祥寺に中宮職から上寺山や墾田・野地など（2・4・6・7・12・18）が矢継ぎ早に施入される。中宮職は余戸郷と余程由縁があり、それは(E)上寺山の施入以前に遡及する可能性がある。中宮職は異例の職符を下すが、その充分な理由があると想定される。諸家の家符も「田宅・資財」を根拠に郡司・雑色を召し捕えるが、田宅・資財は「負物」と推定される。承和一二年、諸家が「家印を出だし」負物《ふもつ》ありと称して、競って郡司や富豪の宅を封じその蓄える稲を取る（『類聚三代格』貞観十年六月廿八日官符）。家印は文書に捺されるから、家符などが介在すると想像される。告書の充名はほとんど郡司であるが、中宮職符は早期に刀禰に下達される。

書」に就いて」『東京大学史料編纂所報』一三（一九七九年）、川端新「荘園制的文書体系の成立まで」『荘園制成立史の研究』（思文閣出版）二〇〇〇年。承和八年の越中国諸庄別当は「自己の管轄外の下級公的機関」ではなく、告書の発生は検討の必要がある。

注三一●西岡芳文「金沢文庫新出の『法曹類林』残巻について」『金沢文庫研究』二九二、一九九四年。

注三二●森田悌「平安期権勢家の発給文書」『日本古代律令法史の研究』（文献出版）一九八六年。

上寺山の施入では、中宮職が刀禰に使者を派遣し職符を下達する。（4－1）の当土刀禰等解文はこの使者が入手し、（5－1）の宇治郡の「留郡券文」と国符の請文の正文や（5－2）の墾田・野地の「留郡券文」の請文も使者が獲得すると推定される。（11－3）の当郡刀禰・郡司判解文の正文は中宮職に進上されるが、この使者が担当する可能性がある。（2）の太政官符の案文や国符の案文も同様の蓋然性があり、下達文書は〈当事者〉が充名に伝達する可能性は充分にある。(注三三)

注三三●吉川聡「律令制下の文書主義」『日本史研究』五一〇、二〇〇五年。

おわりに

貞観一一年（八六九）、恵運は七二歳で遷化するが（『入唐五家伝』「安祥寺恵運伝」(注三四)）、『安祥寺資財帳』の勘録から僅か二年である。『資財帳』は恵運の生涯の記録の側面がある。

注三四●あるいは、貞観一三年に入滅（『僧綱補任』）。

『資財帳』では〈縁起部〉と〈文書部〉が見事に対応し、〈縁起〉はすなわち〈文書〉である。また、〈文書部〉では、文書の内容・様式などを丁寧に記録し、正文と案文を区別する。『資財帳』は文書に関心が深く、〈文書部〉から比類ない歴史世界が復原できる。恵運の歴史意識はきわめて鋭敏である。

その歴史世界では、上寺山の施入の経過が詳細である。中宮職が使者を派遣し、職符を下達する。安祥寺は当土刀禰等解文や、上寺山の「留郡券文」や国符の宇治郡請文を保有する。「留郡券文」の請文や山の「留郡券文」は類例がない。また、安祥寺は「山十町」の当郡刀禰・郡司判解文も保管する。山の領有に刀禰の証言は必須である。中宮職の使者は国郡を経由せず、刀禰と直接に対峙する。「中宮職符」は家符の一例であるが、充名が明確に判明する。刀禰は「自己の管轄外の下級公的機関」であるが、半面では中宮職に強く支配される。職符・家符の意義は重大である。

〈文書部〉の歴史世界には、少々異例の事態が数多い。恵運はその内容を丁寧に記録する。この背景は中宮職にあるが、中宮職の先鋭な行動は歴史を誘導する。恵運は卓抜な歴史意識から、その情景を〈文書部〉に写影するのである。

第9章●安祥寺の仏教彫刻をめぐる諸問題
―創建期彫像の国際性と新奇性の問題を中心にして―

根立　研介

はじめに

真言宗の古刹、安祥寺の名は、日本美術史、特に彫刻史を専門とする者には、現在京都国立博物館新館一階中央室に主のように長期にわたって展示されている五智如来像《ごちにょらいぞう》、さらには現在東寺《とうじ》観智院《かんちいん》に所在している五大虚空蔵菩薩像《ごだいこくうぞうぼさつぞう》と強固に結び付いている。特に前者については、造像当初の安置伽藍・堂宇や製作年代をめぐって一九四〇年頃から現在に至るまで諸見解が提唱されるなど、平安時代前期木彫像の代表作の一つとして取り扱われてきた。安祥寺を主要な題材として研究を進めてきた「王権とモニュメント」研究会（京都大学大学院文学研究科二一世紀ＣＯＥプログラム「グローバル化時代の多元的人文学の拠点形成」プログラム）でもこの群像は当然取り上げられ、研究会成果報告書の一つとして出版された『安祥寺の研究Ⅰ』（注一）の中でもこの五智如来像について様々な方が言及され、私自身、そこで「安祥寺五智如来像の造像と仏師工房」という一論を著している。一方、後者五大虚空蔵菩薩像については、法界《ほっかい》虚空蔵菩薩像の台座に記された元禄一六年（一七〇

注一●『安祥寺の研究Ⅰ―京都市山科区所在の平安時代初期の山林寺院―』（京都大学大学院

三）の修理記に「大唐青龍寺金堂之本尊」「恵運僧都之請来」とあって、安祥寺開山、恵《え》運《うん》が長安からもたらしたというこの伝承を元に、従来しばしば晩唐期の木彫の代表作として言及されてきた。この群像については最近東京文化財研究所から詳細な調査報告書が出版されているが、[注二]中国木彫像の研究の進展に伴い、改めて脚光を浴びており、本群像に対してもその製作時期や製作地を再検証しようとする動きが近年特に目立って出てきている。

このように、安祥寺といえば五智如来像と五大虚空蔵菩薩像の問題に集約されるところがあったが、改めて安祥寺に現存する彫像を調査すると、平安・鎌倉時代に遡り得る注目すべき遺品が数多く伝えられていることも判明した。このことについては、「王権とモニュメント」研究会の研究成果報告書の第二段『安祥寺の研究Ⅱ』[注三]で調査報告を行い、また四天王像については別に検討を加えた論考を上梓したが、[注四]本尊十一面観音像や四天王像などの本堂安置仏など、幾つか注目すべき古仏が今なお本寺に伝存していることには驚かされた。

ところで、『安祥寺の研究Ⅰ』には、梶川敏夫・上原真人・岩井俊平氏による考古学的見解や、鎌田元一、中町美香子両氏による『安祥寺資財帳』（以下、『資財帳』と略記する場合がある）の精度の高い校訂・釈読が収められている。こうした研究成果に五智如来像と五大虚空蔵菩薩像を始めとする現存作例に関する彫刻史研究の成果を反映させれば、草創期の安祥寺の様相を安置仏像から多少とも描き出すことができるかと思われる。それとともに、そこから窺えるものの中に草創期の安祥寺の持つ一種の国際性といったものが垣間見られるが、そこで気になってくるのが安祥寺に当初祀られ、現在は東寺観智院に安置

文学研究科二一世紀COEプログラム「グローバル化時代の多元的人文学の拠点形成」成果報告書、第一四研究会「王権とモニュメント」)、京都大学大学院文学研究科、二〇〇四年)。

注二●東京文化財研究所編『東寺観智院五大虚空像菩薩像』(中央公論美術出版、二〇〇三年)。

注三●『安祥寺の研究Ⅱ―京都市山科区所在の平安時代初期の山林寺院―』(京都大学大学院文学研究科二一世紀COEプログラム「グローバル化時代の多元的人文学の拠点形成」成果報告書、第一四研究会「王権とモニュメント」)、京都大学大学院文学研究科、二〇〇六年三月)。

注四●根立研介「十世紀前半頃の仏師動向」(『京都美学美術史学』四、二〇〇五年、『日本中世の仏師と社会―運慶と慶派・七条仏師を中心に―』〔塙書房、二〇〇六年五月〕序論附論に加筆改訂を行い所収)。

されている木造五大虚空蔵菩薩像である。先にも触れたようにこの群像については、従来しばしば晩唐期の木彫の代表作として言及されてきたが、こうした見解についてはその見直しを行う機運が高まってきている。その際参考になるのが、近年発見された中国の唐から宋代の、あるいは中国周辺地域の同時期の、新出の木彫資料であろうか。この五大虚空蔵菩薩像を、こうした新出資料と対比することは、この群像の彫刻史上の位置付けの確認作業の一つとして必要なのではなかろうか。このような視点から、この本稿を進めて行くことにしたい。

一――安祥寺に関わる彫刻遺品の研究の現状と問題点

論を進めていく前に、安祥寺に関わる彫刻遺品、特にすでに長い研究史がある五智如来像と五大虚空蔵菩薩像について、研究の現状と、そこから見いだせる問題点を少し整理しておきたい。

五智如来像　まず、五智如来像（図９－１）である。この一具像は主要な平安前期彫刻遺品として早くから注目されてきた。その重要性は、第二次世界大戦以前にすでに認識されたようで、足立康氏が一九四〇年にこの一具像を論じた一論を発表されている[注五]。爾来、数多くの論考がなされているが、殊に一九五五年の毛利久氏の論考[注六]、一九七六年の紺野敏文氏の論考[注七]、一九八〇年の副島弘道氏の論考[注八]、あるいは一

図９－１　京都・安祥寺五智如来像（京都国立博物館提供）

九八二年に出版された『日本彫刻史基礎資料集成　平安時代　重要作品篇四』(注九)などの研究は重要で、さらには一九九〇年代に入っても伊東史朗(注一〇)氏や丸山士郎(注一一)氏によってこの一具像は論じられている。殊に近年の研究の成果により、この五智如来像が東寺講堂諸尊像、観《かん》心寺《しんじ》如意輪観音像、神護寺《じんごじ》五大虚空蔵菩薩像等、九世紀第二四半期から第三四半期にかけて造られたみられる乾漆《かんしつ》併用系木彫像の系譜の末尾辺に連なる像であることが予想され、それ故にこの群像の正確な製作年代の把握がますます必要とされてきたところがある。

ここまでの本一具像の一連の研究史については、副島氏や丸山氏の論文などを参照にしていただきたいが、さらに『安祥寺の研究Ⅰ』においても第一章で梶川敏夫氏及び上原真人氏によって研究史が簡潔に整理されている。なお、私自身「安祥寺五智如来像の造像と仏師工房」と題してこの報告書で論じているが、さらにこの報告書が刊行された直後、佐々木守俊(注一二)氏によって新たにこの群像が詳細に論じられている。ただし、本群像の製作年代の問題には、上寺と下寺の二伽藍からなる独得の伽藍構成を持つ安祥寺における当初の安置堂宇の比定の問題が密接に絡んでいるため、従来の日本彫刻史研究では貞観九年（八六七）に安祥寺第一世恵運によって勘録作進《かんろくさくしん》された『安祥寺資財帳』や『日本三代実録』（以下、『三代実録』と略記する）などの関連記事を手掛かりにして、この群像の当初の安置堂宇の比定にかなり労力を費やしてきた観がある。

これらの問題について、私自身は『安祥寺の研究Ⅰ』に掲載された論文の中で、この五智如来像が仁寿年中から造営が始まった上寺の造営時期（八五一～八五九）に、礼仏堂《らいぶつどう》の本尊として製作されたものである蓋然性がもっとも高いとみなす見解を明らかにした。そして、こうした見解は『安祥寺の研究Ⅰ』の他の諸論とも、また佐々木守俊論文の見解と

注五●足立康「安祥寺五智如来像の造顕年代」（『建築史』二―六、一九四〇年、『日本彫刻史の研究』〔一九四四年、龍吟社〕所収）。

注六●毛利久「安祥寺五智如来像考」（『佛教藝術』二四、一九五五年、『日本仏教彫刻史の研究』〔一九七〇年、法蔵館〕所収）。

注七●紺野敏文「創建期の安祥寺と五智如来像」（『美術史』一〇一、一九七六年『日本彫刻史の視座』〔二〇〇四年、中央公論美術出版〕所収）。

注八●副島弘道「安祥寺五智如来像の造立年代と承和以降の作風展開」（『佛教藝術』一三三、一九八〇年）。

注九●丸尾彰三郎他篇『日本彫刻史基礎資料集成　平安時代　重要作品篇四』（一九八二年、中央公論美術出版）。

注一〇●伊東史朗「真言密教彫像論」（『神護寺と室生寺　小学館ギャラリー　新編名宝日本の美術八』、一九九二年、小学

も概ね一致しており、近年の最大公約数の見解と言えるであろう。

ただ、安祥寺五智如来像に関しては、むしろこうした見解を踏まえた上で新たな問題を検討する段階に入ったのではなかろうか。私が先の論考の後半で論じた九世紀半ば頃の造仏工房の問題、すなわち安祥寺像の製作に携わった仏師工房の系譜が平安前期彫刻史の中でどのように位置づけられるかという問題の検証も、こうした新たな課題の一つである。また、佐々木守俊氏がその論考の末尾で提示した、恵運請来の図像と安祥寺の造形作例への影響の問題も重要であろう。というのも、この五智如来像の像容が恵運将来の可能性が高い仁和寺《にんなじ》本[注一三]「唐本曼荼羅図《とうほんまんだらず》」所収の「金剛界五仏図像《こんごうかいごぶつずぞう》」とほぼ一致することはすでに指摘されていたが、こうした恵運請来の新図像に基づく造形への影響は、五智如来像に留まらず、創建寺の安祥寺の仏像仏画のかなりの部分に及ぶ可能性が出てきたのである。このことは、創建時の安祥寺の造仏の様相を考える上できわめて興味深い視点を提示してくれると思われ、後ほど改めてこの問題について言及してみたい。

五大虚空蔵菩薩像　次に、現在東寺観智院に所在している五大虚空蔵菩薩坐像（図9―2）の問題に移りたい。この群像は、各像とも楠に似た広葉樹材を用いて、本体幹部及び台座蓮肉部を一木材から彫出する一木彫成像で、表面を彩色仕上げとする（ただし、法界虚空蔵菩薩像の面部などには金泥を用いた痕跡が認められるようである）。また、いずれも瞳に珠を嵌入し、瓔珞《ようらく》、垂飾《すいしょく》、臂《ひ》・腕釧《わんぜん》などの当初部はいわゆる練物《ねりもの》によって塑形されている[注一四]。瞳に異物を嵌入し、また瓔珞、垂飾などの細部装飾を練物で塑形するやり方は、南宋時代の神奈川・清雲寺《せいうんじ》観音菩薩坐像（滝見観音）など、中国木彫像と共通する技法で、日本の仏像とは明らかに異なる特異な顔立ちなども勘案し、本群像が中国の地で製作

館）、「安祥寺五智如来像」（前述したものを抄出、増補したものを『平安時代彫刻史の研究』〔二〇〇〇年、名古屋大学出版会〕に所収）。

注一一●丸山士郎「安祥寺五智如来像、観心寺仏眼仏母像・弥勒如来像とその周辺」（『MUSEUM』五一四、一九九四年）。

注一二●　佐々木守俊「安祥寺五智如来坐像について」（『國華』一三〇六、二〇〇四年）。

注一三●紺野敏文「仁和寺本五仏図像と安祥寺五智如来像について」（『佛教藝術』一二一、一九七八年『日本彫刻史の視座』〔注〈七〉参照〕）。

注一四●東京文化財研究所編『東寺観智院蔵五大虚空蔵菩薩像』（注〔二〕参照）。

されたものであることは多くの研究者が一致する見方である。

　しかしながら、問題はこの群像の伝来の曖昧さである。これについては、近年岡田健氏の諸論[注一五]に詳しいが、従来の見解を多少整理しておこう。

　現在『東寺《とうじ》観智《かんち》院聖教《いんしょうぎょう》』に延文三年（一三五八）の杲宝《ごうほう》書写本が遺る、「安祥寺恵運請来目録」[注一六]に仏像類の記載が見あたらないにもかかわらず、この五大虚空蔵菩薩像が恵運請来像として見なされてきたのには幾つか理由がある。第一に挙げられるのは、先にも触れた法界虚空蔵菩薩像台座の修理銘である。この銘文は、上・中・下三段に分かれるが、上段の大正八年（一九一九）の修理銘はともかくとし、中段の永享七年（一四三五）の修理銘と、下段の元禄一六年（一七〇三）の修理銘は重要である。今少し述べれば、「大唐青

図９－２a　京都・東寺（観智院）五大虚空蔵菩薩像（『東寺観智院五大虚空蔵菩薩像』より）

図９－２b　京都・東寺（観智院）五大虚空蔵菩薩像のうち金剛虚空蔵菩薩像（『東寺観智院五大虚空蔵菩薩像』より）

注一五●岡田健「五大虚空蔵」（『新東寶記—東寺の歴史と美術—』、東寺、一九九五年）、同「東寺観智院蔵木造五大虚空蔵菩薩像に関する調査研究」（『重要美術作品資料集成に関する研究　平成一四（二〇〇二）年度』、東京文化財研究所、二〇〇三年）、同「東寺観智院蔵虚

龍寺金堂之本尊」や「恵運僧都之請来」の記載が認められる下段の修理銘は、安祥寺開山、恵運が本群像を長安からもたらしたという伝来の根拠の一つとして有名なものである。一方、これを大きく遡る室町時代の記録である中段も、この像が青龍寺伝来と言うことまでは触れていないものの、観智院第二世賢宝《けんぽう》（一三三三〜九八）に関わる「賢宝法印記」を引用しながら本群像が安祥寺金堂に所在したものを観智院に移座したものであることを記し、そこには「請来大師恵運」の名も記している。

ところで、この中段の銘記は、「賢宝法印記」に則るものであるが、この原本に当たるものが『東寺観智院聖教』に現存する「五大虚空蔵様」(注一七)の再末尾にある一文である。すなわち、「賢宝法印記」と称されるものは、五大虚空蔵菩薩像に関わる心覚本の図像集を永和二年（一三七六）に賢宝が書写した「五大虚空蔵様」の書写奥書に続いて記載された一文のこととみられるのである。

さて、本群像の伝来で問題となるのが、この記録の中で「五大虚空蔵菩薩」と記した箇所の割注に「根本上安祥寺安置像也／唐仏也」とあることがまず挙げられる。なお、当初は「根本北堂安置像也／形像唐仏也」（／は改行を表す）とあるので、この修正は岡田氏が触れたように安祥寺の中の安置堂宇の確定が困難であった(注一八)ためとみることもできるかもしれないが、要はこの割注は五大虚空蔵菩薩像が元来上安祥寺の堂宇に安置されていたという伝承を賢宝が採録したということを示しているということであろう。もう一つの問題は、後半部の記載(注一九)の内容である。この記載の前半は、おそらく当時安祥寺を管理していた勧修寺《かんじゅじ》門主の同意を得て、安祥寺金堂にあったこの群像を観智院に移して修理を行ったことを示している。一方、後半は恵運等が慈眼を廻らせていたおかげで修復が速やかに成就

空蔵菩薩像」（『東寺観智院五大虚空蔵菩薩像』〈注（一二）参照〉）。

注一六●京都府教育委員会編『東寺観智院金剛蔵聖教目録』第七三箱第九号。

注一七●京都府教育委員会編『東寺観智院金剛蔵聖教目録』第七一箱第四号（『大正新脩大蔵経』図像編六に収録）。

注一八●岡田健「東寺観智院蔵虚空蔵菩薩像」（注（一五）参照）。

注一九●該当個所の原文は、「当年二月申請勧修寺門主親ヵ王ヵ奉遷渡彼霊像於東寺観智院漸／所奉加修復也請来大師恵運三修等早廻慈眼速令成心願終」である。

したとでも解釈されるであろうが、「請来大師」以下は何を示しているかよく理解できないところがある。殊に「請来大師恵運三修等」については、「三修」が恵運に掛かる言葉であるかどうかも問題で、これを別人とする見方も強い。因みに、三修は岡田氏が指摘されているように（注二〇）、一般に入唐八家《にっとうはっけ》の宗叡《しゅうえい》に学んだ三修律師《さんしゅうりっし》（八二九～九〇〇）を指すようであるが、彼には入唐の経験はないようである。もっとも例え両者が別人であっても、「請来大師」は「恵運」に掛かるので、賢宝が恵運をこの群像の請来者とみなしていたのは間違いない。

その一方、この伝来というか、請来者の問題をより複雑にしているのが、「五大虚空蔵様」の本文中と、平安時代最末・鎌倉時代初頭に成立した『覚禅抄《かくぜんしょう》』巻第六四「五大虚空蔵下」に引用されている五種類の五大虚空蔵図の問題である。現観智院安置像にいずれに該当するかの考察は岡田論文に譲るが、三修律師が請来した唐本五大虚空蔵木像がかつて安祥寺の大日堂にあり、その堂が破損したので金堂に移されたという伝承がすでに『覚禅抄』に記されている点は興味深い。ただ、「五大虚空蔵様」には大日堂について「勧修寺西也」とする記載もあり、三修律師が請来したという唐本五大虚空蔵木像が現観智院像であるとみなすことも確定できないところがある。

いずれにしても、本虚空蔵菩薩像の請来者や伝来については、史料の制約もあって、決め手がない状態であり、三修といった些か唐突な人物を請来者と見なすよりも、現段階では岡田氏が述べているように（注二一）やはり承和一四年（八四七）に帰国した恵運請来像という見通しが基準となると思われる。

本堂の諸像　なお、創建期の遺品ではないが、本堂その他には中世以前に遡る古仏が今

注二〇●岡田健「東寺観智院蔵虚空蔵菩薩像」（注〔一五〕参照）。

注二一●岡田健「東寺観智院蔵虚空蔵菩薩像」（注〔一五〕参照）。

なお現存している。特に注目すべきは、本堂の仏像、すなわち本尊十一面観音菩薩立像と四天王立像である。これらの仏像は、保存状態に多少難があり、殊に四天王立像は、その一体全体が江戸時代のものに変わっているが、この像を除くと、平安時代前期、十一面観音立像に至ってはさらに古く奈良時代に遡り得るものであり、特記すべき木彫像の遺品といえる。そこで、『安祥寺の研究Ⅱ』の記述と重なる部分もあるが、その概要を以下で改めて紹介することにしたい。

まず、本堂所在の彫刻から見ていく。本尊十一面観音立像（図9－3）は、像高二五二・五cmと半丈六《はんじょうろく》の大きさを有する巨像で、表面は漆箔仕上げ（後補）としている。前傾し、一見卑俗な顔立ちのようにもみえる頭部は、かなり複雑な構造を持つこともあり（X線透過写真からの所見等）、大幅な改変を受けたものとみられる。体部はカヤとみられる針葉樹材を用いた一木造《いちぼくづく》りの技法で造られているが、X線透過写真からの所見も併せ考慮

図9－3　安祥寺十一面観音像

すれば、背面腰以下に長方形の内刳《うちぐ》りを入れている他、背部にも一部内刳りが施されている。また、現状の両足先は後補であるが、乾漆を薄く盛り上げたカヤ材製の足先が別に遺されており、これは当初のものの可能性が高い。像本体にも薄い乾漆層が確認できる部分があり、元来は乾漆を一部併用した木彫像であったとみられる。

　肩を張った腰高の造形や、用材、造像技法を考慮すれば、製作時期は平安時代前期もかなり早い頃、あるいは奈良時代に遡る可能性がある。作風がきわめて近似するといったものではないが、奈良・金剛山寺《こんごうせんじ》十一面観音立像や法隆寺観音菩薩立像の造形などに相通じるところがあるのではなかろうか。そうすると、この像の造像時期は安祥寺創建を遡る時期かと思われ、さらに安祥寺創建時の安置諸仏を記載する『安祥寺資財帳』には該当する像が見あたらないこともあって、当初の安置寺院が問題になってこよう。半丈六の立像となれば、かなりの規模の寺院の本尊級の仏像であり、また比定した製作時期や、乾漆を併用したカヤ材を用いた一木造りという造像技法(注二二)で造られた可能性があることを考えると、南都との関わりを考慮する必要もあろう。そうすると、気になるのが安祥寺に隣接した可能性が高い山階寺《やましなでら》(注二三)の存在であり、当初の安置場所として比定される可能性も出てくる。ただし、山階寺が果たしてそのような大規模伽藍を有していたかは不明であり、また仏像はより巨大な像でも移動され得るので、当初の安置場所を山階寺に安易に比定する訳にもいかない。

　次に四天王立像（図9－4）である。像高は一五二・三（西一像）から一六五・五cm（東二像）で、等身より多少小さめな大きさを持つ群像で、本尊十一面観音立像を安置する中央須弥《しゅみ》壇《だん》を挟んで、左右の壇上にそれぞれ二体ずつ安置されている。像内に嘉永元年

注二二●カヤ材を用いながら乾漆を併用する木彫像の数は多くないが、奈良時代末頃に造られた大安寺伝楊柳観音立像や伝馬頭観音立像など、若干その存在が知られている（参考　金子啓明・岩佐光晴・能城修一・藤井智之「日本古代における木彫像の樹種と用材観Ⅱ—八・九世紀を中心に—」（『MUSEUM』五八三、二〇〇三年））。

注二三●吉川真司「安祥寺以前—山階寺に関する試論—」（『安祥寺の研究Ⅰ—京都市山科区所在の平安時代初期の山林寺院—』〔注一〕参照）。

（一八四八）の造像銘のある西二像を除き、いずれも一木造りの古像である。二〇〇〇年三月から二〇〇二年一〇月にかけて実施された修理で、各像の表面は一新され、一部新たに彩色が加えられたほかは、いわゆる古色《こしょく》仕上げを施されている。寺に残されている写真を見ると、修理前の状態はかなり損傷が進行していたようで、今回の調査で実施したX線透過写真の所見などを合わせ考えると、過去の修理で部材が変わっている部分もかなりあるようである。

しかしながら、江戸時代に新たに補われた西二像を除く、三像はいずれも一木造りの技法で造られた像で、頭体幹部を一材から彫出し、腕などは別材を矧付けている。なお、X線透過写真の所見から、西一像は、背面背部と臀部辺に方形の内刳りを、東二像では臀部にやはり方形の内刳りを施していることがわかる。用材は、樹種同定調査から、西一像と東一像についてはトチノキとみられる。問題は東二像で、ヒノキと報告されている。しかしながら、同定可能な部分がいずれも足枘の部材に限られているので、この部分の保存状態が問題となり、樹種同定を行った箇所は、左方分は後補とみられ、また右方分も後補の可能性がある。当初部とみられる部分の木材の目がかなり粗いことから想定すると、この像もやはり用材としてはトチノキが用いられている可能性もあろう。

ところで、古様な三体の像のうち、西一像と東二像は共に類似の怪異な容貌を示し、体部の造形も近似しているが、この二体は一〇世紀第一四半

図９－４a（西一像）

図９－４b（東一像）

図９－４c（東二像）

期頃の作とみられる醍醐寺霊宝館五大明王像（中院伝来）の作風ときわめて近く、製作の時期もほぼこの頃かと思われる。さらに、最近この二体の安祥寺四天王像と作風が類似するものとして、志賀・井上区二天像の存在が指摘された。（注二四）醍醐寺五大明王像はきわめて特異な造形を持つものとみられてきたが、こうした造形性が畿内及び周辺地域に広がっていた可能性があり、一〇世紀の仏師工房の問題を考える上でも、安祥寺四天王像の存在が確認されたことは重要な意味を持つかと思われる。

地蔵堂・大師堂の諸像　次に、地蔵堂に安置される地蔵菩薩坐像（図9－5）である。この像は、像高一三四cmの半丈六の大作で、頭体幹部をほぼ正中及び体側で矧ぎ合わせた四材から木取りした寄木造りの技法で造られ、像内に内刳りを施し、割首《わりくび》を施している。目には玉眼《ぎょくがん》を嵌入している。表面は彩色仕上げ（後補、ほとんど剥落）としている。その像容は、左手で宝珠《ほうじゅ》を捧げ、右手で錫《しゃく》杖《じょう》を持つ形に手を構え、左足を外して安《あん》坐《ざ》する坐勢で表されている。地蔵菩薩に関わる安坐する坐勢はすでに平安時代後期には出現しているが、鎌倉時代頃から遺品が増加するように思われる。

図9－5　安祥寺地蔵菩薩坐像

　さて、その作風に目を向けると、多少目尻を吊り上げた理知的な顔立ちなどは、鎌倉時代前期の慶派彫刻を思わせるところもある。しかしながら、頸部が長

注二四●伊東史朗『日本の美術四七九　十世紀の彫刻』（至文堂、二〇〇六年）。

く、また両脚部の高さも低くなり、身体のバランスに均衡を欠くところがあり、また衣文表現も形式的に処理しているところがある。鎌倉時代後期まで製作の時期は下降する可能性のあるものであるが、この時代の半丈六の大作が、比較的保存良好の姿で伝えられてきたことは注目される。

大師堂には、宗祖弘法大師《こうぼうだいし》坐像（厨子内安置、像高八二・五cm、木造・彩色、江戸時代）を始めとして、恵運（七九八～八六九、開基、像高　八五・九cm）、宗意《そうい》（一〇七四～一一四八、安祥寺一一世、像高　八八・〇cm）、興雅《こうが》（～一三八七、安祥寺二一世。像高八一・九cm、木造・彩色、江戸時代）、宥快《ゆうかい》（一三四五～一四一六、安祥寺二二世。像高八一・二cm、木造・彩色、江戸時代）の五体の肖像彫刻がある。

このうち注目されるのが、恵運（図9－6）と宗意（図9－7）と伝えられる二体の肖像彫刻である。現在、比較的新しい時期に補われた紙貼り彩色のため、像容が損ねられている。また、共に両脚部などは後世の修理で代わっているほか、X線透過写真の所見も合わせ考えると、かなり大規模な修理が行われている可能性がある。なお、両像とも現状では、頭体とも像内に大きな内刳りを施している。像の構造については、現状の木寄はかなり細かい部分もあるが、X線透過写真の所見からすると、元来は一木造りの技法で造られたものである可能性が高い。その作風からすると、製作の時期は共に平安時代後期まで遡るかと思われるが、そうであれば当代に遡る数少ない肖像彫刻の遺品として注目される。

このように、安祥寺には今も注目すべき古仏が多く伝わっていることが、調査によって確認された。安祥寺は、地震を鎮めるために平安京周辺における主要な寺院に『仁王経《にんのうきょう》』一万部を転読させたという『本朝世紀《ほんちょうせいき》』天慶元年（九三八）七月三日条の記事などから、一〇世紀前半期においても重要寺院としての地位を未だ保っていたことは史料から窺うことができる。しかしながら、九世紀後半頃の創建期を過ぎると寺院の様相が曖昧になる部分が多く、さらに先に触れた五大虚空蔵菩薩像の伝来に関する諸史料を勘案すると、南北朝期にすでにかなり寺勢が衰えていたことが想定される。伝来が必ずしも明瞭でないところもあるので少し慎重に考えていく必要もあるが、本堂四天王像は一〇世紀前半においても本寺の造営活動がなおも続けられていたことを証する遺品になり得るであろうし、大師堂の二体の肖像彫刻や地蔵堂の地蔵菩薩像の存在から、安祥寺は平安後期から鎌倉時代にかけてもある程度の伽藍が維持されていたことも想定可能となろう。現存する彫刻遺品は、このように史料上の空白期の安祥寺の歴史の考察に有益な示唆を与えるものとして評価されよう。

図９－６　安祥寺恵運像

図９－７　安祥寺宗意像

二――五大虚空蔵菩薩像と中国木彫像をめぐる問題

前節で安祥寺に関わる彫刻遺品の研究の現状と問題点を少し整理してみた。ところで、これら安祥寺に関わる彫刻遺品の中で類品に恵まれず、解明すべき課題が多く残されているのが、現在東寺観智院に所在する五大虚空蔵菩薩像である。というのは、この群像に関わる一番大きな問題は製作地や製作年代に関わることであり、さらにこれらの問題はこの群像に端を発する晩唐期から宋代（九世紀から一三世紀）頃にかけての中国及びその周辺地域の木彫像の展開といった問題へと波及していくからである。前節でこの群像の請来者と伝来の問題をかなり詳しく復習したのは、実はこの群像がこうした問題を内包し、その解明を多少とも進めるためには、まず基礎的事実の確認が必要と思われたからである。

そこで、前節でのこの群像の伝来についての整理を踏まえ、論をもう少し深めていきたい。さて、先にも触れたように、現在東寺観智院に所在している五大虚空蔵菩薩像については承和一四年に帰国した恵運が長安青龍寺から請来したという伝承がある程度信じられ(注二五)てきた。しかしながら、こうした伝承のうち、長安伝来とすることについて斉藤孝氏や田邊三郎助氏(注二六)によってすでに疑問が呈示されている。むしろ、岡田氏が示唆しているように(注二七)、この群像と類似する作風をみせる遺品は中・晩唐期には見いだせないと言った方がよいであろうし、安祥寺に関わる遺品の中で中・晩唐の長安に関する彫刻遺品を挙げるとすれば、蟠龍石柱の方がはるかに適切な例となろう(注二八)。ただ、従来から諸氏によって指摘されているように、この五大虚空蔵菩薩像の作風には、宋代彫刻、特に江南地域の南宋彫刻

注二五●斉藤孝「東寺観智院五大虚空蔵菩薩坐像考—中国彫刻への一展望—」（『美術史』七二、一九六九年、『日本古代と唐風彫刻』〔創元社、一九七八年〕所収）。

注二六●田邊三郎助「中国の木彫像について」（『論叢　仏教美術史』、吉川弘文館、一九八六年『田邊三郎助彫刻史論集』〔二〇〇一年、中央公論美術出版〕所収）。

注二七●岡田健「東寺観智院蔵虚空蔵菩薩像」（注〔一五〕参照）。

図9－8　神奈川・清雲寺観音（滝見観音）像

図9－9　京都・泉涌寺観音菩薩（楊貴妃観音）像

に親近性が感じられ、田邊氏が的確に触れられたように「面長で眼が細く、鼻梁が長く、肉取りに抑揚の少ないのっぺりした顔立ち」は、神奈川・清雲寺観音菩薩像（滝見《たきみ》観音《かんのん》）（図9－8）京都・泉涌寺《せんにゅうじ》観音菩薩像（楊貴妃《ようきひ》観音《かんのん》）（図9－9）といった日本所在の浙江省地域と関わりの深い「南宋」彫刻と類似性をみることができるのである。

そうすると、こうした南宋木彫像にみられる造形的な特色の萌芽が実はすでに晩唐期の江南地域に出現しており、この地域こそ観智院五大虚空蔵菩薩像の製作地という想定が当然なされよう。さらに、唐代の長安を中心とした地域では木彫像に関する資料さえ見いだし難いという事実も、考慮すべきである。

ここで気になるのが、『安祥寺資財帳』や『入唐五《にっとうご》家《け》伝《でん》』（注二九）に、恵運が中国大陸から出帆

注二八●景山春樹・毛利久「安祥寺出土の蟠龍石柱について」（『佛教藝術』二〇、一九五三年）。なお、COEプログラム「王権とモニュメント」研究会では、二〇〇五年一一月一五日に韓釗（中国陝西省文物交流中心副主任研究員）が、「唐時代の石灯籠について―日本安祥寺にある蟠龍石柱との比較―」と題して研究発表を行っている

した地が「明州望海鎮」と記されている点である。明州《めいしゅう》は、現在の浙江省寧波《にんぽう》市周辺の地とみられ、宋、明代においては日本との交易の中心である。また、もう少し地域を広げて江南という地に範囲を広げてみると、江蘇省揚州を拠点に活動していた鑑真《がんじん》の伝記「唐大《とうだい》和尚東征伝《わじょうとうせいでん》」の記載も注目される。すなわち、鑑真の天平二〇年（七四八）の第五次渡航に関連して、鑑真一行が海南島の崖洲開元寺で仏殿等の建築をした後、椽《たるき》の余材で丈六の釈迦如来像を造らせるという記事が認められ、少なくとも江南地域では唐代において木彫仏がある程度造られていたことを裏付ける史料が見いだせるのである。そうすると、この五大虚空蔵菩薩像の製作地としては、恵運が出帆した明州辺りがやはり最有力候補となろうか。ただ、江南という地域の中・晩唐期の彫刻の情報については明らかにされていないところが多く、もし現在唐招提寺に伝えられている伝薬師如来像や伝衆宝王菩薩像《でんしゅうほうおうぼさつぞう》といった木彫像が鑑真と深い関わりを有する揚州辺りの中唐期の彫像様式を体現したものならば、観智院五大虚空蔵菩薩像の様式は大きな隔たりがあることになる。また、塑像で、さらに保存状態もかなり問題があるが、晩唐期の遺品とみられる江蘇省蘇州市保聖寺《ほせいじ》の塑壁の羅漢像[注三〇]（図９－10）などは初唐彫刻以来の写実性を継承したような造形が認められる。こうしてみると、中・晩唐におけるこの地域に流布していた彫刻様式については、かなり幅を持って考える必要性や、より細かな地域性も考慮する必要があるかもしれない。

　ところで、近年中国及び朝鮮半島では、この群像が請来されたとみられる九世紀半ばから一二世紀頃にかけての時期に関する従来知られていない木彫資料が確認されてきている。こうした新出の資料も、その造形からすれば観智院五大虚空蔵菩薩像と直接的な関連性に言及できるものではないが、中国大陸で言えば唐から宋へと展開する時期の東アジア

が、その中で韓氏は安祥寺蟠龍石柱を長安中心とする京畿様式の作例で、唐王室に関わる遺品と見なす見解を提唱されている。本書第10章参照。

注二九●『入唐五家伝』（『続群書類従』一九三所収）。

注三〇●全国重点文物保護単位編集委員会『全国重点文物保護単位』Ⅰ（文物出版社、二〇〇四年）に現状の写真が掲載されている。ただし、呉郡奇蹟、大村西崖『塑壁残影』（文玩荘、一九二六年）には、第二次世界大戦後の修理以前の諸像の写真が掲載されている。筆者は二〇〇五年八月にこの塑壁を実見しているが、一九二六年頃の状況を写す写真とかなり様相が異なっている。唐代彫刻の写実性を継承するかのような造形は、修理で一層強調された可能性がある。

の木彫像の諸問題を考える上で、我々に様々な問題点を投げかけるものであるのは間違いない。次節では、これらの問題を少し検討することにしたい。

図９―10　中華人民共和国江蘇省蘇州市・保聖寺の塑壁羅漢像（全国重点文物保護単位編集委員会『全国重点文物保護単位』Ⅰより）

三――中国と周辺地域における新出木彫資料との関わり

中国唐～宋代の木彫　日本の彫刻史研究者が従来関心を抱いてきた中国の木彫仏は、唐から宋の時代に製作されていたものに集中している。ただ、この期間の中国の木彫像と言っても、唐代のものとなると檀像《だんぞう》とよばれる特殊な小仏像と、日本に所在する観智院五大虚空蔵菩薩像や東寺毘沙門天像《びしゃもんてんぞう》といったごく少数のものに限られ、宋代のものが数の上では圧倒的に多いであろう。

さて、その宋代木彫であるが、北宋期で言えば従来から注目されてきたものは、雍熙二年（九八五）に台州（浙江省）で造られ、日本にもたらされた清涼寺《せいりょうじ》釈迦如来像（図9－11）以外は、日本や欧米の美術館に所蔵されているもの中心であった。後者については、米国カンザス・シティーのネルソン・アトキンズ美術館の菩薩立像や観音菩薩坐像など、山西省から流出したとみられるもの（注三一）を中心に概ね河北地域で製作されたものがその例に挙げられてきた。ただし、こうした木彫像は、一般に宋代木彫として扱われているものの、銘記を伴う基準的作例が乏しい上、伝来に明瞭さを欠くものがほとんどであるが故、時代も厳密に言えば、「北宋」なのか、あるいは「遼《りょう》」や「金《きん》」といった宋の北側に対峙していた、「異民族国家」（注三二）が支配した時代や地域で製作されたものかどうかよくわからないものも多い。

むしろ、こうした河北関連の木彫遺品で伝来が確実で、製作時期が概ね把握できるもの

注三一●田邊三郎助「南宋・金の彫刻」（『世界美術大全集・東洋編　第六巻　南宋・金』、小学館、二〇〇〇年）。

注三二●遼や金を単純に異民族国家と規定すること自体は慎重であるべきであり、例えこうした王朝の支配地であっても、仏像製作の工人が漢民族である可能性も十分考えられる。

図9－11　京都・清涼寺釈迦如来像

図9－12　中華人民共和国河北省張家口市・宣化遼墓（下八里Ⅱ区出土）木俑（『河北歴史文化名城宣化文物精華』から複写）

となると、墓等から出土する木俑《もくよう》、木偶《もくぐう》などが参考になるかもしれない。これについては、内モンゴル自治区赤峰市や河北省張家口市、北京市等の遼墓から出土する新出資料が（注三三）数多くある。特に近年出土したものの中で注目されるものとしては、河北省張家口市宣化の既報告の宣化《せんか》遼墓《りょうぼ》の周辺に所在する遼墓（下八里Ⅱ区、一一世紀後半から一二世紀初頭頃のものか）から出土した木偶や木俑（図９―12）（注三四）で、これらは写実性などの問題でも特記すべきものである。こうした遼墓出土の新出木彫遺品については、近く稿を改めて言及する予定であるが、これらの木彫資料から窺える写実性は遼の美術品にしばしば指摘される唐代の様式の残存性の問題と深く関わるとみられ（注三五）、明らかに観智院五大虚空蔵菩薩像とも鎌倉時代日本に伝来したとみられる南宋期の木彫像とも造形性が異なる。

高麗以前の朝鮮半島の木彫　ところで、中国大陸周辺の東アジア地域で、木彫像の製作がほとんどなされていないとみなされてきたのが、朝鮮半島である。通常新羅《しらぎ》との関連で捉えられている現在京都・広隆寺の、いわゆる宝冠弥勒像《ほうかんみろくぞう》を除くと、高麗《こうらい》時代頃まではほとんど木彫像が製作されてこなかったように従来は語られてきた。高麗時代に遡る木彫像については近年幾つかその存在が知られてきたが、最近慶尚南道海印寺《かいいんじ》から統一新羅《とういつしらぎ》末期の中和三年（八八三）銘の半丈六の大きさを有する（像高一二八㎝）毘盧舎那《びるしゃな》仏像《ぶつぞう》（図９―13）が発見された。この像をめぐっては、二〇〇六年一二月海印寺でシンポジウムがあり、その年紀を製作年代とみなす姜友邦氏の発表や諸科学調査の結果などを納めたシンポジウムの発表要旨を納めた図書も刊行されている（注三六）。私自身はこの像を実際見ていない上に、表面の補修の問題もあって当初の姿を推測するのが困難なところもあるので判断しがたいところもあるが、その造形は姜友邦氏が指摘しているように他の統一新羅末頃の石彫

注三三●遼墓出土の木偶については、根立研介「遼代出土木雕真容偶像と日本の肖像彫刻―立石寺木造頭部の問題を中心として―」（『遼文化・慶陵一帯調査報告書　二〇〇五』（京都大学大学院文学研究科二一世紀COEプログラム「グローバル化時代の多元的人文学の拠点形成」）、京都大学大学院文学研究科、二〇〇五年）で若干の言及を行っている。

注三四●これら木偶と木俑については、『河北歴史文化名城宣化文物精華』（嶺南美術出版社、広州市、二〇〇六年六月）に写真掲載がなされている。

注三五●北宋周縁部には唐代の写実性をなお保持したかのような彫刻が散見されるが、この問題については、「南都再興造仏における慶派仏師の「中国」美術の受容をめぐって」（『講座日本美術史　第二巻』、東京大学出版会、二〇〇五年）及び『日本中世の仏師と社会―運慶と慶

像の作例に相通じるところがあるように思われる。ただ、この像及びやはり海印寺に所在するこれと大きさも作風もきわめて近似するもう一体の毘盧舎那仏像の製作年代については、韓国国内では様々な議論があるようなので、今後の議論の推移を見守る必要があるが、観智院五大虚空蔵菩薩像と製作時期がさほど隔たらぬ頃に造られた可能性がある作例が、朝鮮半島南部から発見されたことはやはり日本の研究者も留意すべきであろう。

もっとも、海印寺の毘盧舎那仏像の作風は、統一新羅の石彫像に類似し、観智院五大虚空蔵菩薩像のそれとはかなり乖離したところがある。他の素材で造られたものと別個に木彫像のみ独自な様式を保持するということは基本的にはありえないので、これは当然と言えば当然のことと言える。むしろ同時代の東アジアの彫刻との様式類似を考えてみると、

図9－13a　大韓民国慶尚南道・海印寺毘盧舎那仏像（『国内最古　九世紀　統一新羅木造仏像』より）

図9－13b　同上体内銘（同上）

派・七条仏師を中心に―』（〔注四〕参照）第二部第五章で論じている。

注三六●『九世紀海印寺毘盧舎那仏の歴史性と芸術性―海印寺毘盧舎那仏学術講演会―』（海印寺、二〇〇五年一二月）。

海印寺像は敢えて言えば、肩を張った太造りの体貌などが、仁和四年（八八八）に造られたとみられる京都・仁和寺阿弥陀三尊像といった九世紀末頃の日本の彫刻の造形感覚に近いことが気になろう。なお、海印寺の毘盧舎那仏像の構造は、不明なところが多いようであるが、シンポジウム関係の図書の像内写真を見ると、体部などは複数の材を矧ぎ合わせて造る寄木造りに近い技法で造られているようにみられる。ただ、造像技法は像内は内刳りを施して空洞を広げる日本の通常の寄木造りというよりは、断ち割った複数の材を箱形状（といっても方形材を規則的に接合したものかどうかは写真では判断できない）に組んだ結果、内部に空洞が生じる、箱形寄木《はこがたよせき》造《づく》りのやり方に近いようである。これは、この像の大きさが半丈六とかなり像高が大きいことに拠るかもしれないが、一木造りの観智院像とは明らかに異なる。ただし、清雲寺観音菩薩像や泉涌寺観音菩薩像といった日本所在の「南宋」彫刻とは、多少類似性をみることができるかもしれず、海印寺像の木彫技法に関してはやはり中国の影響を考慮する必要があろうか。

いずれにしても、日本を含め初唐期の写実を理想化した美術様式の影響を強く受けながら、「中国」の周縁部では多様な美術現象が展開する。先に触れた遼の木偶などは、美術情報の発信源で過去に失われた様式が、周縁部ではより長期に亘って残存する場合があるという、地域や時代を超越してもしばしば認められる文化現象の一つの現れとして理解できる。ただ、新羅のように唐とのかなり濃厚な交流を有しながらも独自の文化を発展させていった地域では、美術様式はやはりその地域独特のものを生みだしていくのが一般的である。海印寺木造毘盧舎那仏像なども、そうした文化現象の産物の一例として捉えるべきものかと思われる。

四――五大虚空蔵菩薩像の製作地をめぐって

このように、多少新知見を交えて、改めて東アジアの木彫像を見渡してみたが、安祥寺に伝来し現在東寺観智院に所在する五大虚空蔵菩薩像と作風全般が近似する遺品はやはりなかなか見いだせない。ただ、第三節でも触れたようにやはり気になるのが、南宋期の作とみられる泉涌寺像などの面貌との類似性である。さらにここで注目したいのが、現在の浙江省台州で雍熙二年（九八五）に造られた京都・清涼寺釈迦如来立像である。この像と、清雲寺観音菩薩像や泉涌寺観音菩薩像、(注三七)あるいは兵庫（姫路市）・報恩寺《ほうおんじ》菩薩形坐像(注三八)といった日本所在の「南宋」彫刻との類似性である。これについては、磯博及び奥健夫の両氏によってすでに指摘されているが、(注三九)確かに頬の長い平板な顔立ちや、撫で肩の体貌などに類似性が認められる。清涼寺像は、古代インドの優塡王が釈迦の在世中に造らせたという伝承を有する瑞像の模刻像という造像背景を持つが故に、しばしば北宋彫刻の中でも特殊なものと位置づけられることが多い。ただ、清涼寺像の製作が、「優塡王所蔵栴檀釈迦瑞像歴記《うてんのうしょぞうせんだんしゃかずいぞうれきき》」に記されているような当時の北宋の都汴京《べんけい》（開封）に所在した源像を直接見て模刻がなされたものではなく、清涼寺像納入品の「奝然入宋求法巡礼行並瑞像造立記」にあるように「様《よう》」を基に台州《たいしゅう》で彫刻がなされた可能性が高いとみられることを考えれば、(注四〇)台州の彫工によって製作された清涼寺像には多少なりともこの地域の造形的な特色が反映してくることはあり得よう。このように、江南という地域の視点から改めて清涼寺釈迦如来像を見てみると、この像の造形には意外に大きな時間的な広がりが内在していることが

注三七●泉涌寺観音菩薩坐像は、明州に滞在したこともある湛海が寛元二年（一二四四）乃至建長七年（一二五五）に日本に請来したとする見解が有力である（参考　西川新次「宋風彫刻雑感―楊貴妃観音像を巡って―」〔『MUSEUM』一九五、一九七五年。『日本彫刻史論集』〈中央公論美術出版、一九九一年〉所収〕）。

注三八●報恩寺菩薩形坐像は、像内銘により、建仁寺僧覚心が入宋中の嘉禎三年（一二三七）に明州（寧波）の工人、沈一郎に造られたものであることが判明する。

想定されるのである。

ところで、安祥寺伝来五大虚空蔵菩薩像は、宋代彫刻、特に江南地域の南宋彫刻の面貌に親近性が認められることは、先に記したように田邊三郎助氏らによって指摘されている。もちろん、一木彫刻である本五大虚空蔵菩薩像は、清凉寺像とも、箱形寄木造りの清雲寺像や泉涌寺像とも造像技法は異なり、また両肩を張った体貌なども異なる。ただし、こうした技法の相違は、入手できた用材の大きさといったことにも関わる点は考慮すべきであろう。

しかしながら、面貌表現に注目してみると、晩唐期に製作されたとみられる五大虚空蔵菩薩像から、一〇世紀末の台州で造られた北宋彫刻である清凉寺釈迦如来像、西暦一二三七年に明州で造られた報恩寺像やおそらくそれとさほど隔たらぬ時期にやはり明州で造られた可能性が高い泉涌寺像などへと、造形性が継承されていったとみることも可能ではないだろうか。もちろん、この地域の晩唐から南宋にかけての彫刻全ての面貌表現に共通性を見出すことも難しいであろう。ただ、江南というよりは、地域をかなり限定して、台州や明州といった浙江省東部という地域で改めて捉えてみると、より鮮明なものになってくるが、先ほどからみてきたように、この地域で造られたとみられる彫刻の中に面貌表現に類似性が認められるのである。そして、この類似性は、晩唐から南宋に至るまでかなり長期にわたって継承されたとみることもできよう。

第三節でも少し触れたように観智院五大虚空蔵菩薩像の製作地は、恵運が中国大陸から出帆した地である明州辺りが最有力候補地とやはり考えても良く、さらに面貌表現と言った造形上の特色について言えば、本五大虚空蔵菩薩像が寧波、台州といった浙江省東部地

注三九●磯博「播磨報恩寺の宋風仏像彫刻について」(『美学論究』三、一九六三年)、奥健夫「清雲寺蔵　観音菩薩坐像」(『國華』一二八八、二〇〇三年)。

注四〇●長岡龍作「清凉寺釈迦如来立像」(『世界美術大全集・東洋編　第五巻　五代・北宋・遼・西夏』〔小学館、一九九八年〕)。

域で造られた宋代彫刻の先駆けと位置づけられるようにも思われる。なお、本五大虚空蔵菩薩像の造形的特色をかなり限定的な地域性との関わりで捉えてくると、寧波にも近く、南宋時代には都（臨安府）が置かれた現在の杭州市域の様子も気になってくる。北宋一〇世紀頃の烟霞《えんか》洞洞口西壁《どうどうこうにしへき》の浮彫観音菩薩立像、(注四一)あるいは北宋・乾興元年（一〇二二）銘の飛来峰青林洞洞口盧《ひらいほうせいりんどうどうこうる》舎那《しゃな》仏会《ぶつえ》龕諸尊像《がんしょそんぞう》（図９－14）の類の長い面長の顔立ちも、こうした浙江省東部地域で造られたとみられる諸像のそれと親近性を有しているようにも思われてくる。さらに、木俑であるが、杭州市老和《ろうわ》山宋墓《さんそうぼ》出土の南宋初頭（一二世紀）(注四三)頃の作とみられる文官の木俑は、(注四二)簡明なものながらこうした顔立ちに通じるところがあり、先に触れた河北省張家口市宣化の遼墓（下八里Ⅱ区）から出土した木俑にみられる写実的な面貌のそれとは明らかに異なっている。

　ところで、浙江省東部地域が中心となるこの地域は、晩唐九世紀末期には銭氏《せんし》が実質的に支配し、西暦九〇七年には現在の杭州を都として呉越国《ごえつこく》が銭氏によって建国される。この王朝は、北宋建国（九六〇年）後の九七八年まで続いているが、支配地には天台山《てんだいさん》が所在していたこともあって、独特の仏教文化を育んできた地域とも言える。(注四四)さらにその文化的な遺産は宋代にも持ち越され、一二七九年に元によって南宋が滅ぼされるまで継承されていったものも多いように思われる。呉越国滅亡から七年ほど経った時期に奝然が台州で造らせた清涼寺釈迦如来像も、確かに特異な瑞像の模刻像であるという点は忘れてはならないが、こうしたこの地域の文化的な背景の下に製作された遺品と

図９－14　中華人民共和国浙江省杭州市飛来峰青林洞洞口盧舎那会仏龕諸尊像

注四一●杭州市烟霞洞洞口西壁の浮彫観音菩薩立像の製作年代は、『世界美術大全集・東洋編第五巻　五代・北宋・遼・西夏』（注四〇参照）に拠った。

いうことも無視してはいけないであろう。

改めて浙江省東部地域についてみると、金や元という北方民族王朝の圧力によって誕生した南宋王朝の都が置かれた地であり、日本との交易でも重要な役割を担っていた地であるが、唐以前の歴史を考えると過去の文化的求心地からかなり距離が離れた辺境の地とも言える。こうした地では、朝鮮半島や日本のような中国周縁部と同様に、規範として受け入れた造形を次第に変容させながらも多様な造形現象が生じると思われる。浙江省東部地域は、前章で触れた新羅の場合ほど顕著な独自性が見られるわけではないが、晩唐から五代にかけて独自の地方政権を成立させ、また地域性に則った仏教文化を育んでいった地である。それが故に、造形表現の一部であるが、もっとも重要な面貌表現というところで、独特なものが形成され、それがかなり長期にわたって継承された地と捉えることができるのではあるまいか。そして、安祥寺に伝来したこの五大虚空蔵菩薩像は、正しくこうした歴史的、文化的な土壌の中で生み出されたもののように思われるのである。

――結びにかえて――安祥寺創建時の彫刻の特殊性について――

創建期の安祥寺に関わる遺品は、ここまでに触れてきたように、五智如来像と蟠龍石柱、そして現在東寺観智院に所在する五大虚空蔵菩薩像のみであろうか。しかしながら、『安祥寺資財帳』の記載を改めて見ていくと、仏像に限らず実に多くの文物が施入されていることがわかる。その中でも目を引くのが、「大唐」あるいは「唐」などと注記がなされている請来文物である。こうした文物は、「仏菩薩像」では、田邑《たむら》（文徳《もんとく》）天皇《てんのう》御願の

注四二●杭州市老和山宋墓出土木俑の製作年代は、『世界美術大全集・東洋編　第六巻　南宋・金』、注〔三一〕参照）に拠った。

注四三●浙江省臨安市呉越国王陵のうち、一〇世紀前半に築かれた康陵の石造浮彫官人は、写真で見る限り、かなり概念化された顔立ちであるが老和山宋墓出土木俑に比すれば写実的な造形が認められる（参照　全国重点文物保護単位編集委員会『全国重点文物保護単位』Ⅱ〔文物出版社、二〇〇四年〕）

注四四●呉越国仏教については、畑中浄円「呉越の仏教」（『大谷大学研究年報』七、一九五四年）、上川通夫「中世仏教と「日本国」」（『日本史研究』四六三、二〇〇一年）を記述の際に参照した。

「金銅少仏像七躯」と現在東寺観智院に所在像に比定される可能性がきわめて高い五大虚空蔵菩薩像、画像の八大明王像《はちだいみょうおう》八巻、文殊菩薩像《もんじゅぼさつぞう》、僧伽和尚像《そうがわじょう》程度であるが、「道具」「阿闍梨附法物《あじゃりふほうぶつ》」「荘厳供養倶《しょうごんくようぐ》」「楽器」などの項目には、法具類のかなりの数に「唐」と注記され、さらに「荘厳供養倶」には「新羅」と注記される文物も幾つか記されている。

なお、こうした請来文物のなかでも、一風変わったものが、「堂院」の項目に記載されている「仏頂尊勝陀羅尼石童《ぶっちょうそんしょうだらにせきとう》(ママ)一基」である。この石幢の一部をなしていたものが一般には蟠龍石柱とされる(注四五)。ところで、この石幢の記載には「唐」という注記の他に、「恵萼大《えがくだい》法師《ほっし》所建」という記載も認められる。恵萼は、『元亨釈書』一六などによれば、嵯峨天皇の皇后で、仁明天皇の母に当たる橘嘉智子《たちばなのかちこ》の命により入唐し、五台山《ごだいさん》等を巡礼するなど、複数の入唐をなした僧侶で、また大中一二年（天安二年、八五八）浙江省四明山を経て帰国する際に、後に中国の観音信仰の一代拠点となる寧波沖合の舟山列島《せんざんれっとう》中の普陀山に、一寺（普済寺）を開いた僧侶とみなす伝承も形成された人物である。そうすると、この石幢は、恵萼が長安辺りで入手し、それを安祥寺に施入して建てたものとみなすことができようか。

ところで、恵萼のこうした施入がなされた背景としては何が考えられるのであろうか。一つは、安祥寺開山恵運と恵萼との交友といったことが考えられるかも知れない。承和一四年（八四七）の恵萼帰国に際しては円載《えんさい》及び唐人張友信等が同行していることは『続日本後紀』承和一四年七月辛未条の記述からわかるが、この記事と、同じ承和一四年の六月二一日に明州から出帆した恵運の帰国に関する『安祥寺資財帳』の記事は共通するところが多く、恵萼と恵運は一緒に帰国の途についたことが想定され、この両者の間には交流が

注四五●景山春樹・毛利久「安祥寺出土の蟠龍石柱について」（注〔二八〕参照）。

あったことは推測可能である。ただ、もう一つ考えなければならないのは、安祥寺が太皇《たいこう》太后宮藤原順子《たいごうぐうふじわらのぶこ》を願主として創建された寺院であるという、創建期安祥寺の寺院としての性格である。藤原順子（八〇九～八七一）は、仁明・文徳・清和と嵯峨天皇直系の皇位継承が続く時期（八三三～八七六）のかなりの期間において朝廷の最大実力者であった藤原良房の娘で、仁明天皇の女御となり、文徳天皇の母后となった人物である。『安祥寺資財帳』によれば、この寺の主要な仏像の発願者として明記されているのは、この順子及びその子田邑天皇（文徳天皇）、順子の妹で文徳天皇の女御であった藤原女御《ふじわらにょご》（藤原古子《ふじわらのふるこ》）、そして文徳・清和朝において権典侍《ごんないしのすけ》、典侍、尚侍《ないしのかみ》として天皇に近侍した最上級の女官であった「広井女王《ひろいにょおう》」（注四六）といった、順子と文徳天皇を中核とする皇族とその側近である。そして、順子を中心に古子、広井女王たちは、この寺に中国あるいは朝鮮半島からの請来品を含めた数多くの文物を施入しているのである。創建期の安祥寺、特に上寺が単なる山林修行の場ではなく、文徳帝を中心とする宮廷（後宮）ファミリーの要請に応える法会施設が充実し、そこには数多くの請来品を含む、仏像や法具という視覚的な文物が資財として納められていたことについては、すでに『安祥寺の研究Ⅰ』に所収された梶川・上原・岩井氏の論考に触れられている（注四七）が、王権に関わる人々が中国や朝鮮半島からの請来文物を積極的に集積していった様は、この寺が院政期の宝蔵と同様な機能を有していたようにもみえてくる。安祥寺が、このような性格の寺院であるが故に、入唐僧恵蕚の唐製の石幢を建てるといった事態も発生したのではあるまいか。

　さらに類推すれば（注四八）、安祥寺にこうした大陸の文物が集積された背景には、中国文化に精通したとみられる順子の夫に当たる仁明天皇の影響を見ることもできるかもしれない。し

注四六●広井女王については、佐藤忠彦「催馬楽の成立をめぐって—広井女王について一・二のこと—」（『国語国文研究』一八・一九、北海道大学国文会、一九六一年）を参照した。なお、和琴の血脈は、嵯峨天皇から広井女王を経て仁明天皇へと伝えられたとする史料（「和琴血脈」〔『続群書類従』五三三〕）もある。

注四七●梶川敏夫・上原真人・岩井俊平「第二章　安祥寺上寺跡の測量調査成果」（『安祥寺の研究Ⅰ』〔注一〕参照）。

注四八●吉川真司「平安京」

かしながら、この時期の唐王朝は一〇世紀初頭の崩壊に至る大きな変動期に入っており、朝鮮半島の王朝新羅もやはり王朝崩壊に向かう大きな変動の渦中にあった。こうした大陸の情勢は、わが国の宮廷にもかなり詳細に伝わっていたはずである。それにも拘わらず、順子たち宮廷ファミリーは、安祥寺という場に崩壊期の大陸王朝で製作された請来文物を積極的に集積しようとしているのである。五大虚空蔵菩薩像を例に取れば、長安といった唐王室所縁の地から遠く離れた地域で造られたとみられるものでさえ、『資財帳』には「大唐」と注記し、誇示されているのである。

そこにあるのは唐や新羅に対する一種の理念的なイメージの問題であり、日本側が「唐」と見なしたものであれば、地域やあるいはその真偽についてさえも固執しない姿勢が窺えるのである。唐の美術を規範として受け入れていた奈良時代と異なり、平安時代に入ると中国美術の規範性は次第に希薄になってくるところがあるものの、当時の貴族たちにとっては唐代美術のブランドイメージは簡単に崩壊するものではなかったようである。ただ、請来文物の評価には新奇さといった問題も深く関わっていることも考えて良いと思われる。こうした請来美術に纏わるイメージや新奇さが、順子、文徳母子のファミリーの法会施設の優位性を保証するものとして捉えられたが故に安祥寺という場に集積され、逆に言えば安祥寺はそれらを誇示する場でもあったかもしれない。

さらに言えば、第二節で触れたように五智如来像が、宗祖空海が関わった東寺講堂像の像容によらず、五智如来像の像容が恵運将来の可能性が高い仁和寺本「唐本曼荼羅図」所収の「金剛界五仏図像」によったとみられることも、先に触れた新奇さの問題と関わるかも知れない。この群像の造像には、新奇なホトケの持つ新たな霊験に対する期待と、その

（『日本の時代史五　平安京』、吉川弘文館、二〇〇二年）。

造像により他の寺院との差異化が図られるということへの期待が綯い交ぜになっていたのではなかろうか。また、こうした造形の新奇性の問題は、創建時の安祥寺の仏像仏画のかなりの部分に及ぶ可能性もあろう。あるいは、現在本堂に所在する四天王像のまことにユニークな像容も、新奇なものを好んだ創建時の安祥寺の寺院の性格が一〇世紀に入ってもなお作用したためであろうか。

〔付記〕　安祥寺本堂本尊十一面観音像については、二〇〇七年二月より保存修理事業が財団法人美術院によって行われている。その実施に伴い幾つか新知見が出ているが、特に注目すべきは、本像の頭体の関係の問題である。『安祥寺の研究Ⅱ―京都市山科区所在の平安時代初期の山林寺院―』では、補修の問題にX線透過写真の所見（頭部はかなり前傾し、また用材の木目もそれに応じてかなりの傾斜が認められた）を併せ考慮し、頭部については後補の可能性を指摘した。しかしながら、修理で頭部の額上方部（表層材は後補、ただし中央部は当初材が円筒状に遺る）及び後頭部から上背部の矧ぎ付け部材を取り外したところ、頭体幹部はカヤとみられる縦木一材から彫出されていたことが明らかになった。ただし、木芯は頭頂部及び像脛部辺ではほぼ中央に位置するが、上背部で一旦体の外に外れ、さらに腰下辺りで再び体部に入り込んでおり、背面に向かって大きく湾曲するカヤ材を用材としていることが判明した。これほど湾曲した用材を用いて半丈六の巨像を造っている例は、管見では他に知るところはない。なお、本像の構造や保存状態の新知見などについては、修理完成後、新たに報告を行う予定である。

コラム●

安祥寺の梵鐘

五十川 伸矢

現在の吉祥山安祥寺にある梵鐘は、京都府指定文化財となっている。ただし、本来、安祥寺が保有していたわけではなく、かつて大阪市にあった安曇寺の鐘であることが銘文からわかる。

安祥寺鐘の文様意匠と製作技術 安祥寺の鐘楼にかかる梵鐘（図C－1）は、日本中世鎌倉時代の定型化した銅鐘であり、鋳上りもきわめて良好な優品である。総高は一一〇センチ、口径は六一センチで、鎌倉時代鐘として平均的な大きさである。銘文は、池の間の第一区、第二区、第三区に、陰刻によって記されており、嘉元四年（一三〇六）正月二十六日、河内丹南の鋳物師治部入道浄仏によって製作されたことがわかる。（注一）このたび、その実測拓本調査をおこなったので、コラムに紹介することとしたい。（注二）

安祥寺鐘の龍頭は、二頭の獅噛みの上に宝珠を載せたものであり、龍頭と撞座との関係は新式で、二個の撞座を結ぶ直線は、龍頭の長軸線上にある。笠形は、緩やかに傾斜し、段や凸線がない。上帯には紋様はない。縦帯は、中心に一本の凸線、両脇は二本一対の凸線で飾る。乳の間には、縦四列、横四列に乳を整然と配置しており、この時代の平均的な乳の配置に一致する。乳は、半球状の頭部と喇叭形の頸部からなり、頂部には小さい突起があり、鐸身の接地部分には小さい段をもつ。

撞座の中房は大きく、中央に一＋八の蓮子をふくみ、その外縁に雄蘂帯をめぐらす。周囲の蓮弁は内に二個の子葉をふくむ複弁を呈する。その幅は丈の倍以上あって横に平たく、そのうちの四葉は全形をあらわしているが、その間に配置されたほかの四葉は中央の子葉をあらわすのみで、両端はかくれている。撞座の高さは、駒の爪（下端）から二〇センチであり、鐸身高に対する撞座

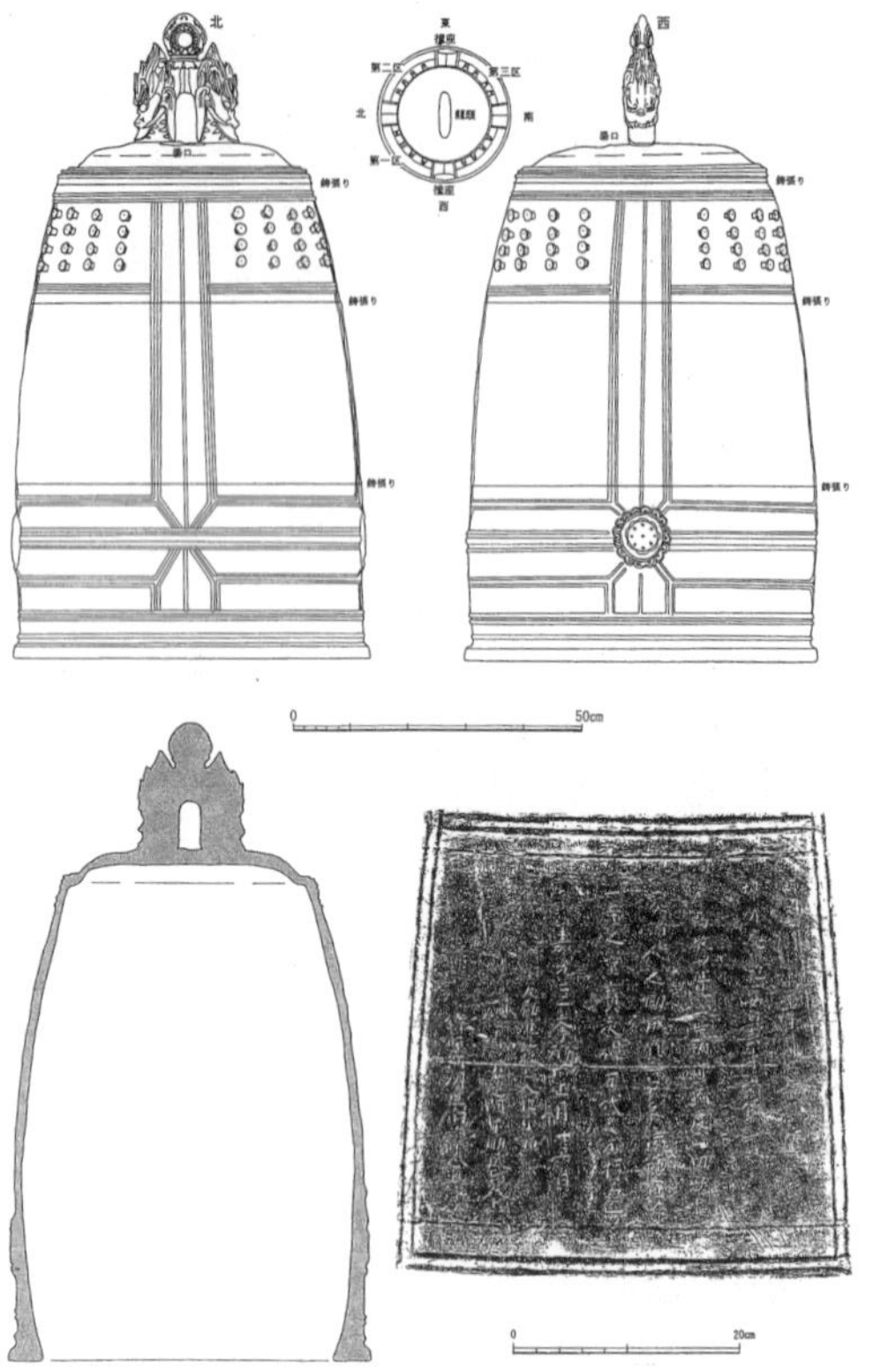

図C－1　安祥寺鐘（立面・断面・第一区銘文）

高の比率は二三・九で、鎌倉時代の鐘の平均の二三・〇にほぼ等しい。下帯は、上帯と同様に紋様はない。駒の爪は、少し発達した形態を示す。

この梵鐘の鐸身や笠形部の表面には、引き板を回転したためについた引き目が残っている。また、外型は、鋳張りの痕跡によって、駒の爪から池の間の下部、池の間の下部から池の間の上部、池の間の上部から上帯の中央部、そして、上帯の中央部から笠形そして龍頭にいたる最上部の四段に分かれていることがわかる。こうした外型分割は、一二世紀に成立したものであり、鋳型の各単位を小型化し、なおかつ銘文がはいる草の間の中央部に鋳張りをつくらないという配慮によって成立したものと推

定できる。また、笠形上の龍頭の付け根付近には、湯口の痕跡が残っている。その痕跡は長径七センチ、短径〇・八センチの楕円形を示し、いわゆる一文字湯口の形態を示す。根元からへし折られているが、身喰いはしていない。五十川の分類によるD型式であり、一三世紀以降の梵鐘にみられる鋳造技術である。(注三)

安祥寺鐘の歴史的意義　本鐘の池の間の第一区には、次のような銘文が陰刻されている。

攝州渡邊安曇寺洪鐘一口
右爲驚覚三世諸佛濟度一切衆生
蒙諸人之助成作一口之洪鐘宜爲
一寺之重寶永傳万代之不朽而已
嘉元四季歳次丙午正月廿六日
大勧進法橋上人位印昭
願主沙弥蓮阿并助成諸人等
鋳師河州旦南治部入道浄仏

この銘文によると、この鐘は摂津渡辺の安曇寺《あんどじ》の梵鐘として鋳造されたものである。安曇寺については『日本書紀』に白雉四年（六五四）に孝徳天皇が、病床に臥す僧旻を見舞う記事があり、或本に、僧旻は阿曇寺（安曇寺）に臥病していたとある。阿曇寺（安曇寺）とは海部を統括する伴造の系譜をひく安曇氏の氏寺と思われ、その所在地は、大阪市南区安堂寺町《あんどうじ》ほか、諸説があるが、安祥寺鐘の銘文によって、安曇寺は、一四世紀初頭には渡辺《わたなべ》の地に存在したことが判明する。(注四)しかし、正確な場所は定かでない。また、安曇寺に納められた鐘が、いか

図C－2　安祥寺鐘　縦帯拓本

なる転変を経て、いつごろ山城の安祥寺に落ち着いたかに関しては、それを語る確実な文献史料が残っていない。

本鐘は、河内国丹南の鋳物師によって製作されたものである。丹南は、一二～一四世紀の梵鐘鋳造において、最も隆盛を誇った鋳造工人集団の本拠であることが古くから知られており、丹南の故地にあたる堺市・松原市一帯に所在する真福寺遺跡、余部《あまべ》遺跡、日置荘《ひきしょう》遺跡などから、鋳鉄鋳物の鍋釜の生産を基本として、青銅鋳物の梵鐘や仏具を鋳造していた中世前半の工房の遺跡が発見されている。とくに、字黒山《くろやま》に所在する真福寺《しんぷくじ》遺跡では、ほぼ完形にちかい鍋鋳型や梵鐘の鋳造土坑が発見された。これらは丹南郡の鋳物師たちの生産活動をしめすものと考えられる。銘文にみえる鋳師治部入道浄仏については、丹治氏説もあるが、他の丹南の鋳物師が製作した梵鐘と比較すると、安祥寺鐘は、龍頭や撞座の紋様意匠が、丹南郡黒山郷河内助安が製作した滋賀県愛知郡愛荘町金剛輪寺鐘（乾元二年（一三〇三年））に最も類似している。安祥寺鐘が黒山で鋳造された可能性もある。

注一●安祥寺鐘に関しては、木崎好尚『摂河泉金石集』（郷土史研究会、一九一四年）、川勝政太郎・佐々木利三『京都古銘聚記』（スズカケ出版部、一九四一年）、清水卓夫・藪田嘉一郎・川勝政太郎・佐々木利三「京都古銘選釈　二安祥寺鐘」『史迹と美術』第一四四号（史迹美術同攷会、一九四二年）、坪井良平『日本古鐘銘集成』（角川書店、一九七二年）に銘文が収録されており、坪井良平『梵鐘実測図集成』（『奈良国立文化財研究所史料』第三七冊、一九九二年）に実測図と拓本が掲載されている。

注二●五十川伸矢「京都市山科区安祥寺の梵鐘」『安祥寺Ⅱ―京都市山科区所在の平安時代初期の山林寺院―』（第一四研究会「王権とモニュメント」、二〇〇六年）。

注三●五十川伸矢「日本古代の梵鐘と中世の梵鐘」『鋳造遺跡研究資料二〇〇六』（鋳造遺跡研究会）二〇〇六年。

注四●中尾芳治「難波宮周辺の海人」『万葉集の考古学』（筑摩書房）一九八四年。

第10章●唐時代の石灯籠
―中国から見た安祥寺蟠龍石柱―

韓　釗

はじめに

石灯籠は仏堂の前に置く献灯具である。仏教の経典には、仏に灯火を供えると功徳があると説くものもあるが、仏堂前の灯籠には、仏への礼拝や供養を象徴する意味がこめられている。寺の灯籠は、灯を絶やさず常に燃えつづけるので、長命灯と言われる。唐時代の文献『隋唐嘉話』によると、江寧県寺には晋時代の長命灯があった。隋時代の文皇帝は、陳国を滅ぼした時、その灯籠の古さに驚いたという。その長命灯は石灯籠であったと推測できるので、寺に石灯籠を置く制度は、中国の両晋南北朝時代に始まっていたと思われる。

中国で石灯籠の形を備える遺品としては、山西省太原市北斉時代（西暦五五六年）の灯籠が最古の例となる（図10－1）。しかし、その時代に、寺のどこに灯籠を置いたのかは、わからなくなっている。

唐時代には、仏堂の前に石灯籠を置く制度が定着していた。唐時代の長安城にある西明寺（西暦六五八年）の発掘調査によると、石灯籠は仏堂の正面参道中心線上に一基だけ置いていた。韓国や日本の例をみても、これが当時における普通の石灯籠設置法である。したがって、今の中国でも、唐時代を模した建物では、正面に石灯籠を飾っている。

本稿においては、中国の唐時代の石灯籠と韓国、日本同時代の石灯籠について検討し、石灯籠の様式と分類について私見を述べ、山科安祥寺の蟠龍《ばんりゅう》石柱を理解する上での材料を提供する。

図10－1　山西省大原市童子寺石灯籠

一――唐時代石灯籠の遺例

現存する唐時代の石灯籠として、以下の五例がある。

1　河北省廊坊地区隆福寺石灯籠

（図10－2）西暦六八八年に作られた。高さ三四〇センチの漢白玉製で、上から蓮弁石托（中台）、八角石柱（竿）、基礎（台座）の三石からなる。基礎石四面の壺門（格狭間）には伎楽図を表現する。八角石柱の真ん中に文字があり、「大唐幽州安次縣隆福寺長明燈楼之頌」という題額が残る。中国では、日本の石灯籠に一般的な、石柱（竿）によって灯室（火袋）を高く支える形態を「燈（灯）楼」と呼んだのである。石柱上段の各面に、二段に龕《がん》を彫り込む。龕内には仏座像を一体ずつ、あわせて一六体を半肉彫する。石托は円形で上面に二本の溝を彫る。本来、石托上には燈室（火袋）があったはずである。[注一]

2　山西省子長県法興寺石灯籠（図10－3）　西暦七七三年に作られた。完形の石灯籠で、高さ二〇四センチの青石製である。平面は八角形で、基礎に一二体の神獣像がある。基礎の上に直接灯室（火袋）がのる灯塔形を呈する。灯室の外側石柱に「唐大歴八年」の製作年代が刻まれている。[注二]

3　西安碑林博物館蔵石灯籠（図10－4）　唐時代もので、もとは陝西省則天武后の墓に

図10－2　河北省廊坊地区隆福寺石灯籠

図10－3　山西省子長県法興寺石灯籠

注一●廊坊数字図書館「広陽区唐代隆福寺長明灯楼」（文物典藏一六）。

注二●山西旅游信息港「法興寺」。

図10－4　西安碑林博物館蔵石灯籠

図10－5　西安市文物保護考古研究所蔵石灯籠

図10－6　黒龍江省寧安県興隆寺石灯籠

近い乾県にある石牛寺の灯籠であった。一九五九年に西安碑林博物館に収蔵された。屋根（笠）、灯室（火袋）、石托（中台）、石柱（竿）基礎の五つの部分がそろっている。高さ一八〇センチの漢白玉製である。もともとは全体九石からなっていたが、現在は宝珠などを失って、七石しか残っていない。上からその構造を見ると、屋根は方形で、軒瓦と軒下の隅木も表現している。灯室は平面四角形を呈する。灯室を受ける石托は、上から蓮華座、太鼓形石、各隅に龍頭を表現した平面八角形の石の、計三石からなる。石托を支える石柱には、浮彫表現による四匹の龍が巻き付いている。基礎にも八つの小山を彫刻している。（注三）

4　西安市文物保護考古研究所蔵石灯籠（図10－5）　唐時代もので、一九七六年、西安市から出土した。高さ一四三センチの青石製である。石柱（竿）に一匹の龍が巻き付いている。また、地文として、流れるような雲文が龍のまわりを埋めている。石柱の上端には灯室もしくは石托の受座を造り出す。下の基礎は新たにつけくわえたものである。（注四）

5　黒龍江省寧安県興隆寺石灯籠（図10－6）　渤海《ぼっかい》上京龍泉府（東京城）の興隆寺所用の石灯籠（注五）。渤海国時代（西暦七一三～九二六年）の完形品で、高さ六〇〇センチの玄武岩製である。屋根（笠）・灯室（火袋）・石托（中台）・基礎（台座）は平面八角形で、石柱

注三●武天合「西安碑林石刻基粋」西安地図出版社、一九九六年。

注四●新潟市歴史博物館『開館記念特別展　長安文物秘宝展』二〇〇四年。

注五●東亜考古学会『東京城―渤海国上京龍泉府址の発掘調査―』東方考古学叢刊第五冊、一九三九年。

（竿）はエンタシス状にふくらんだ円柱形をなす。屋根には瓦葺と垂木を、灯室上部には斗栱を表現し、石托と基礎に立体的な蓮弁を彫刻する。

二——唐代石灯籠の分類

上述した五基の石灯籠は、様式およびその出土地によって、二種に分類できる。すなわち、石柱（竿）部を龍の彫刻で装飾し、長安城およびその周辺（京畿地域）に分布する京畿様式と、龍の彫刻がなく地方に分布する地方様式である。

（一）京畿様式

この様式に属するのは、西安碑林博物館蔵品（図10－4）と西安市文物保護考古研究所蔵品（図10－5）の二つである。前者は屋根、灯室、石托、石柱、基礎の各部分が残る。後者は、石柱だけを残し、灯室などの形状はわからない。しかし、蟠龍石柱は、よく残っているので、京畿様式に分類できる。この二つの石灯籠を京畿様式と呼ぶのは、石柱のデザインと出土地とを根処とする。

デザインから見た京畿様式　まず、デザインから検討する。この二つの石灯籠は、石柱に龍の装飾を施す。中国古代では、龍は権力のシンボルである。龍の装飾は、中国の原始時代にもあった。最近、今から約六〇〇〇年前の河南省西水坡仰韶文化の墓葬にともない、貝殻を組み合わせた龍の造形が出土した。新石器時代から殷周時代まで、龍は、原始氏族のシンボルとして、神仙崇拝、祖先崇拝、原始巫術の意味を持っていた。中国の封建社会に入ると、龍の様式は変化し、権力のシンボルになった。そして、龍は、皇帝・皇室専用の模様となり、建築、彫刻、デザイン、絵画に広く使われた。とくに、古代宮殿の梁、柱に使用されている。しかし、龍の模様の使用に際しては、厳しい規定と制限が設けられ、普通の役人や平民たちは、自由に使うことができなかった。

唐時代になると、龍と鳳凰の模様は、幸運のシンボルとなった。龍のデザインは、皇室用の金銀器、すなわち椀、杯、盆などによく見られる。

蟠龍石柱の装飾を観察すると、唐時代における龍の模様がどのようなものかよくわかる。もちろん、その模様は金銀器の龍の模様と同じように、装飾としての実用性以外に、権力のシンボルとして意味もある。それで、石灯籠の蟠龍石柱は、皇室独自の印であるとともに、都の寺院の特別な地位も表していると思われる。

出土地から見た京畿様式　つぎに、この二つの石灯籠の出土地に注目する。西安碑林博物館蔵品は唐の京畿地区から見つかったもので、西安文物保護考古研究所蔵品は長安城内から出土したものである。いずれも、唐時代の長安城とその周辺地域に属する文化財遺産といえる。

西安碑林博物館が所蔵する石灯籠は、もともとは、乾県西湖村石牛寺所用のものである。石牛寺は、文献記録には出てこない。しかし、その村には唐時代、石で作った臥牛があったと言われている。推測すると、石牛寺は臥牛寺だと思われる。あるいは、石牛寺は、臥牛寺の別名になるのかもしれない。西湖村は、唐時代の京畿地区奉天県に属している。西暦六八三年、唐の高宗李治がなくなり、梁山を墓陵とした。乾陵である。則天武后は、六八四年に、乾陵のために、奉天県を作った。七〇五年、則天武后が亡くなり、高宗と合葬された。それで、乾陵は、中国の歴史の中では、二人の皇帝を埋葬する唯一の皇陵になっている。梁山は、海抜一〇四七・九メートル、主峰は高く、山麓には平野が広がっている。麓には川が流れ、名勝地となっている。その陵園は、唐の長安城をまねて営造され、二重の城壁が作られた。その当時の建物は、今はほとんど残っていない。しかし、無字碑と首を打ち落とされた六一王の石像から見れば、皇室陵園の美しさと広さが想像できる。西湖村は、乾県の西にあり、乾県から約一〇キロ離れているが、皇帝陵園の範囲内にある。石牛寺の石灯籠の美しい彫刻は、その意味でも理解できる。そのほかに、西湖村には、たくさんの唐時代の遺物が残されている。一九八〇年の陝西省による文化財調査により、村の中に石経幢、石獅子などの唐時代の石造物も発見された。それで、唐時代の石牛寺（臥牛寺）は、この地域の重要な仏寺であったと思われる。

西安市文物保護考古研究所が所蔵する石灯籠は、一九七六年、西安市から出土したものである。出土地は、もと長安城の西市にあたる。長安は、唐時代の政治、経済、文化の中心であっただけでなく、宗教の中心でもあった。「両京城坊攷」によれば、唐時代の長安城内には、いたるところに壮麗な寺院や道観があり、僧寺八一、尼寺二八、道士観三〇、女観六、波斯寺（景教と摩尼教寺院）二、胡祆祠（ゾロアスター教寺院）四の、あわせて一五一箇所を数えたという。この数値は文献に記された数で、実際には、その数を超えていたと思われる。長安城にある西明寺と青竜寺などの唐時代の寺では、考古学的調査により、石灯籠の破片が出土している。とくに、これらの遺跡において、仏堂正面で発見された石灯籠は、唐時代の仏教寺院が石灯籠を設置していた証拠となる。西市から出土した石灯籠も、長安城の仏寺のものと思われる。

そのほかの京畿様式遺例　長安城内や京畿地域の寺院遺跡発掘時に出土した石灯籠の破片以外に、長安城に関わると推定できる唐時代の蟠龍石柱の伝世品二例が知られている。

その一つは、二〇世紀の前半に、日本の常盤大定、関野貞が紹介した西安香城寺内の蟠龍石柱（図10－7）である。(注六) 同写真の説明によると「香城寺は西安府城南門内にある。五代石晋時代の創建。後周の顕徳年間（九五四―九）、広福禅院の額を賜い、宋の仁宗、名を更めて善感といい、現代に屡々重修せられたとの事、〈西安府志〉に見ゆる。今、唯尊勝陀羅尼経鐘と蟠龍を刻せる石柱とを委するのみ。経幢は年代不明なれども、唐宋間の者であろう。今、頭部を失って居る。蟠龍を刻せる柱は、恐らくは唐時の者であろう。手法極めて精麗である。今、地上に出づること三尺許、灰黒色の大理石より刻み出されて居る。当初何の目的に用いし者なるか、明らかでない。今、上に石製の香炉を載せてある」とのことで、百年近く前、西安城内に蟠龍石柱一体が存在しことがわかる。香城寺があった場所は、現在の西安城内安居巷に相当するが、寺はすでになく、蟠龍石柱も行方不明となっている。

注六●常磐大定・関野貞『支那文化史蹟』第九巻、法蔵館、一九四〇年（一九七六年に『中国文化史蹟』第九巻（陝西）と改題し、同社より復刊された）。

図10－7　西安香城寺蟠龍石柱

図10－8　西安碑林博物館旧蔵蟠龍石柱

図10－9　西安草堂寺蔵蟠龍石柱台座

もう一体は、西安碑林博物館旧藏蟠龍石柱（図10－8）で、現存部の高さ約一メートル、青石質である。残念ながら出所は不明である。この二例は、いずれも京畿様式石灯籠の石柱部とデザインが共通し、京畿様式が唐時代の長安城およびその周辺において、広く使用されていたことを推測する上での間接的証拠となる。長安城の西市から出土した蟠龍石柱は、本来は長安城内の寺院で使用されていたと推測できるが、このほかに、もと西安草堂寺院内に置かれていた蟠龍石柱台座がある（図10－9）。これは、龍のとぐろの形状から宋代の遺品と見られ、これによって、京畿様式の石灯籠が、宋代に至るまでの、比較的長期間にわたって製作されていたと推測できる。

(二)　地方様式

唐時代の地方の石燈籠としては三例が知られており、形から二種に分類できる。

Ⅰ型の石灯籠は、屋根（笠）、灯室（火袋）、石托（中台）、石柱（竿）、基礎からなる灯楼形で、河北廊坊地区隆福寺石灯籠（図10－2）と渤海国興隆寺石灯籠（図10－6）が該当する。

Ⅱ型の石灯籠は法興寺石灯籠（図10－3）が該当する。石柱部分がない、塔の形をした灯塔形である。

以上の三例の石灯籠は、形がそれぞれ異なり、細部の表現にも違いがある。しかし、石柱に龍が彫刻されていない点が共通し、京畿様式の石灯籠と根本的に違っている。

それらの石灯籠が所在する寺について検討してみよう。隆福寺は、現在の河北省に属し、唐時代の幽州安次県にあたる。法興寺は、現在の山西省に属し、唐時代の上黨郡に当たる。興隆寺は、今の黒竜江省寧安市に属し、唐時代の渤海国の上京龍泉府の遺跡である。三つの寺は、都から離れた地方の仏教寺院であった。寺院の規模と配置は、京畿地区の寺院とは比較にならないほど小規模である。地方の仏教寺院なので、置かれていた石灯籠も簡素化され、石柱は龍の彫刻で装飾されなかった。

三――安祥寺蟠龍石柱

一九五三年、日本の京都市山科区にある安祥寺から、中国唐代の京畿様式石灯籠の竿部に似た石柱とその基礎が発見された（図10－10）。安祥寺蟠龍石柱である。

図10ー10　京都市安祥寺蔵蟠龍石柱

安祥寺蟠龍石柱は、蓮弁を彫刻した八角形の基礎（台座）部と石柱（竿）部とからなる。高さは一〇五センチ。漢白玉製で、石柱には三匹の龍を彫刻している。三匹の龍は絡み合いつつ、右前脚を龍体上で踏ん張り、左前脚を上に掲げて、灯室（火袋）もしくは石托（中台）をはめ込むために造り出した石柱上端部を支える姿をとる。石托、灯室よりも上の部分がなくなっているが、中国の例と比較して石灯籠の石柱部と考えてよいと思う。

安祥寺は、嘉祥元年（西暦八四

八年）に、仁明天皇の皇后、藤原順子を願主とし、恵運を開基として創建された真言宗寺院であった。

　蟠龍石柱は、恵運自身が勘録した「安祥寺伽藍縁起資財帳」において、恵蕚《えがく》が唐から持ち帰ったと記載されている「佛頂尊勝陀羅尼石童一基」に相当すると考えられている。(注七)「陀羅尼」は「陀羅尼」、「童」は「幢」もしくは「塔」の意味と考えられる。佛頂尊勝陀羅尼は八七句からなる陀羅尼すなわち梵文のまま唱える咒文で、これを誦すれば、罪障消滅、寿命増長などの功徳があるとのことである。さらにこれを高幡や塔婆に安置すれば、無量の功徳が得られるという説にもとづき製作したのが、佛頂尊勝《ぶっちょうそんしょう》陀羅尼《だらに》石幢《せきどう》あるいは佛頂尊勝陀羅尼石塔の本意であろう。具体例としては、京都府加茂町の海住山寺にある異形五輪塔（南北朝時代）が知られているが、平安時代初期の形制を知るすべはない。しかし、蟠龍石柱がその一部ならば、本来、石灯籠として製作した石柱（竿）を利用して、その上に陀羅尼を刻んだ塔身部あるいは幢身を安置した可能性が考えられる。もちろん、当初から「石幢」として唐で製作された可能性も否定できないが、中国石幢の形制史のなかで、安祥寺の蟠龍石柱を位置づける作業は、将来の課題としたい。

　もし、蟠龍石柱が「佛頂尊勝陀羅尼石童」の一部材ならば、京都国立博物館に出陳中の五智如来像、東寺観智院所蔵の五大虚空菩薩像とともに、「安祥寺資財帳」に記された現存の遺品ということになる。円仁が唐に旅行したとき、恵蕚のことを『入唐求《にっとうぐ》法巡礼行《ほうじゅんれいこう》記《き》』の中で記しているので、恵蕚が留学僧として、唐で勉強したことは確実である。留学僧は、仏教の勉強のほかに、色々な法事活動に参加し、仏教関係の仏具を収集した。唐の仏教文化を日本で生かしたいと考えて、恵蕚が帰国の際に、石灯籠の部材を唐の仏教文化

注七●景山春樹・毛利久「安祥寺新出の蟠龍石柱について」『佛教藝術』第二〇号、毎日新聞社、一九五三年。

の貴重な物として持ち帰り、それを日本の安祥寺に寄贈したことは、十分にあり得ることだろう。円仁や恵蕚が入唐した頃、唐では武宗による廃仏の嵐が吹き荒れた。中国では龍のモチーフの一般の使用が禁止されており、古代日本においても、安祥寺例以外に蟠龍石柱がもたらされた事実が確認できない。そのような特殊な文物を、恵蕚が入手できた歴史的背景として、会昌の廃仏のような社会情勢を想像してもよいのかもしれない。

以上のべたように、安祥寺の石柱のデザインから見て、唐の文物であったことが確認できる。それは、中国の遺例から長安城あるいは京畿地方でつくられた石灯籠と思われる。石柱に蟠龍を表現するのが、京畿地方の石灯籠の特徴だからである。龍の彫刻は、西安碑林博物館蔵品（図10－4）は四匹、安祥寺例（図10－10）は三匹、西安市文物保護考古研究所蔵品（図10－5）は一匹と、石灯籠により違っている。しかし、龍の数は違っていても、京畿様式の石灯籠に属していると認めてよい。

四――石灯籠の設置場所の変遷

仏教の伝来にともない、石灯籠は仏教美術の一つとして、朝鮮半島を経て、日本に伝えられた。しかし、文化伝来の中で、内容が変容することもある。石灯籠は日本で形と置く場所が変わった。以下、韓国、日本の事例から、その変容過程を瞥見してみよう。

韓国において現存する石灯籠は、統一新羅時代（西暦六六八年―九三五年）のものである。慶州国立博物館が所蔵する石灯籠（図10－11）は、高さ五〇〇センチで、屋根（笠）、灯室（火袋）、石托（中台）、石柱（竿）、基礎（台座）からなる。屋根には宝珠を載せ、屋根・灯室・石托・石柱・基礎の形状はすべて平面八角形を呈する。石柱に龍のデザインが彫刻されておらず、中国の隆福寺や興隆寺の石灯籠と同様、その地方様式に属していると認識できる。なお、慶州佛国寺大雄殿前の石灯籠は、本殿の中心線上に置かれている。(注八)それは、韓国寺院における石灯籠の設置場所として通例である（図10－12）。統一新羅時代の法住寺、海印寺、浮石寺などの寺には、多数の石灯籠が残っている。慶州国立博物館の庭内にも沢山の基礎が陳列され、多くの石灯籠を使用した証拠といえる（図10－13）。いずれも、中国の地方様式に属すると考えられる。

次に、日本の場合を見てみよう。日本では飛鳥時代に、朝鮮半島から石灯籠が伝わった。百済と交流のあった飛鳥朝廷の中枢にいた蘇我馬子は、寺工、瓦博士、画工などの技術者を百済から迎え、日本で最初の仏教寺院である飛鳥寺（奈良県明日香村所在）を造営した。創建時の飛鳥寺は、五重塔の三方を中金堂（北）と東西金堂が囲む一塔三金堂の伽藍配置を採り、塔と中金堂を南北に結ぶ参道のちょうど真ん中で、白大理石製の石灯籠の基礎が発掘されている。(注九)石柱（竿）よりも上の部材の形状は不明であるが、設置場所は確認できる。しかも、日本寺院の石灯籠の歴史は、仏寺建造技術の伝来に伴なってはじまったことがわかった。

石柱よりも上の部材まで残る日本最古の石灯籠と言われるのは、奈良県葛城市当麻町にある当麻寺金堂前の石灯籠（図10－14）である。灯室（火袋）を欠くが、宝珠を含めた屋根（笠）・石托（中台）・石柱（竿）・基礎（台座）の一部は、二上山の凝灰岩（流紋岩質凝灰角礫岩）製で、奈良時代初期（白鳳時代、七世紀末）のものと考えられている。(注一〇)屋根は摩耗が著しく、本来の姿は明確ではないが、石托は平面八角形で、受花の蓮弁が古式で

注八●濱田耕作ほか『佛国寺と石窟庵』朝鮮宝物古蹟図録一、朝鮮総督府、一九三八年。

注九●奈良国立文化財研究所『飛鳥寺発掘調査報告』学報第五冊、一九五八年。

注一〇●天沼俊一『慶長以前の石燈籠』スズカケ出版部、一九三七年。

図10−12　慶州佛国寺石灯籠

図10−11　慶州国立博物館蔵石灯籠

図10−15　奈良県山田寺石灯籠復元図

図10−14　奈良県当麻寺石灯籠

図10−13　慶州国立博物館庭内石灯籠

ある。石柱は中央に二節、下端に一節の凸帯をめぐらし、中央がエンタシス状にふくらむ。基礎は簡単な板石で、本来は反花座があったと推測されている。金堂前面中軸上に立つが、本来の設置場所であるか確認されていない。

石灯籠の設置場所に関しては、飛鳥寺以外に、山田寺（奈良県桜井市）の発掘調査で検出された石灯籠台座（基礎）が参考となる。[注一一] 板石を立てて囲んだ正方形の石組壇の中に、直方体の花崗閃緑岩の台石を据え、上に蓮弁をかたどった八角形の台座を置く。山田寺は北に金堂、南に塔を配した一塔一金堂の四天王寺式の伽藍配置を採り、石灯籠の台座は、金堂・塔の中軸線上、金堂南面階段と塔北面階段のちょうど中間に据えていた。石組壇は八世紀中頃に改修され、台座も同じ頃に据えなおしているが、石灯籠自体は山田寺金堂や塔が建った七世紀中頃～後半のものと考えられる。石組壇周辺からは、灯心痕をもつ八世紀後半～一〇世紀後半の土師器皿が大量に出土しており、長期にわたり、土師器皿を灯火器として石灯籠で使用したことがわかる。なお、流紋岩質溶結凝灰岩（榛原《はいばら》石）製の屋根（笠）や灯室（火袋）の部材破片も出土しており、金堂前面に石灯籠を設置した姿が復原されている（図10－15）。[注一二] 以上、飛鳥寺および山田寺の例から、七世紀の日本の石灯籠は、金堂の前面中軸上、もしくは金堂と塔の中間の中軸線上に配置するのが一般的であったことがわかる。

八世紀になると、これまで金堂とともに回廊内に建っていた塔は、回廊外もしくは別院（塔院）に配置するようになる。八世紀における石灯籠の設置場所に関しては、近年調査された奈良市興福寺中金堂の例が参考となる。以前からその存在が知られていた興福寺中金堂前の石灯籠台座（基礎）は、発掘調査によって、中門と金堂を結ぶ中軸線上で、金堂

注一一●奈良国立文化財研究所『山田寺発掘調査報告』創立五〇周年記念学報第六三冊、二〇〇二年。

注一二●図10－15は、飛鳥資料館『山田寺展』奈良国立文化財研究所飛鳥資料館図録第八冊一九八一年より転載した。注（一一）文献の石灯籠の復原案とはやや異なる。

前面に施した石敷の中に設置したことが判明した。六角形の台座およびその周囲の地覆状の凝灰岩は、平安時代に据え直しているが、本来の据え付け痕跡も確認され、創建時（八世紀前半）の金堂院の中でも、金堂にきわめて近接した場所に、石灯籠を据えたことがわかった。（注一三）ただし、回廊外の東に建つ興福寺五重塔の前にも、奈良時代と推測される石灯籠の台座が残っており、（注一四）七世紀における塔・金堂間に置いた石灯籠は、堂塔の分離にともない、それぞれ別個に設置する場合もあったと推測できる。以上、七世紀には伽藍中軸線上の金堂と塔の中間にあった石灯籠は、八世紀には伽藍中軸線上でも、金堂に接近した位置に設置するようになった。また、それとは別に、塔の前面にも石灯籠を設置することがあった。唐時代の中国や統一新羅時代の朝鮮においても、石灯籠は金堂前面の伽藍中軸に設置したが、上述した七世紀～八世紀の古代日本における石灯籠設置位置の変化が、中国や朝鮮の影響によるか否かは、今後の検討課題である。

図10―16　京都府平等院鳳凰堂石灯籠

図10―17　対灯

注一三●奈良文化財研究所『興福寺（第一期境内整備事業にともなう発掘調査概報Ⅲ）』興福寺、二〇〇二年。

注一四●天沼俊一『慶長以前の石灯籠』前掲書。

平安時代後期以降、まったく新しい石灯籠の設置方法が日本で登場した。平安時代は日本歴史の中で非常に重要な時代であった。遣唐使制度を廃止し、それまでの唐風文化は国風文化へと移行した。石灯籠の様式と設置位置の変化もそれに対応する。鎌倉時代には、唐時代および統一新羅時代の古い様式の八角形石灯籠がなくなり、六角形や四角形の石灯籠が誕生し、主流となった。また、屋根（笠）の角に、蕨手を置くのも、この時代以降の特徴である（図10－16）。石灯籠の設置場所も、伝来当初は仏堂への献燈を意図していたが、平安時代には、神社にも石灯籠を献じるようになった。桃山時代からは、石灯籠が庭園の風物として使用されるようになり、社寺の灯籠が二基一対として用いられるようになったのもこの頃からと言われている（図10－17）。

「謝辞」
図10－8・10－9の写真は坪井清足先生からいただきました。末筆ながら、記して感謝いたします。

執筆者紹介（五十音順）

五十川　伸矢（いそがわ　しんや）　一九五〇年生　京都橘大学文化政策学部教授（考古学）
上原　真人（うえはら　まひと）　一九四九年生　京都大学大学院文学研究科教授（考古学）
梶川　敏夫（かじかわ　としお）　一九四九年生　京都市文化市民局文化財保護課課長補佐（考古学）
韓　　釗（かん　しょう）　一九五七年生　陝西省文物交流中心研究員（考古学）
田中　俊明（たなか　としあき）　一九五二年生　滋賀県立大学人間文化学部教授（朝鮮古代史）
中町　美香子（なかまち　みかこ）　一九六八年生　京都大学大学院文学研究科博士後期課程修了（日本史学）
西山　良平（にしやま　りょうへい）　一九五一年生　京都大学大学院人間環境学研究科教授（日本史学）
根立　研介（ねだち　けんすけ）　一九五六年生　京都大学大学院文学研究科教授（美術史学）
本郷　真紹（ほんごう　まさつぐ）　一九五七年生　立命館大学文学部教授（日本史学）
山岸　常人（やまぎし　つねと）　一九五二年生　京都大学大学院工学研究科助教授（建築史学）
山田　邦和（やまだ　くにかず）　一九五九年生　花園大学文学部教授（考古学）
吉川　真司（よしかわ　しんじ）　一九六〇年生　京都大学大学院文学研究科助教授（日本史学）

皇太后の山寺

—山科安祥寺の創建と古代山林寺院—

発行日　2007年3月15日　初版第一刷

編　者　「王権とモニュメント」研究会
代表 上原真人

企画協力　京都大学大学院文学研究科21世紀COE
「グローバル化時代の多元的人文学の拠点形成」
事業実施委員会

発行者　柳原喜兵衛

発行所　柳原出版株式会社
〒615-8107 京都市西京区川島北裏町74
電話　075-381-2319
FAX　075-393-0469

印刷／製本　亜細亜印刷株式会社

http://www.yanagiharashoten.co.jp/

ISBN978-4-8409-5017-6　C3020